로이드 존스 연구 시리즈 3

A Theological Study of D. M. Lloyd-Jones
Centered on the Exposition of the Epistle to the Romans

로이드 존스의
신학 연구

로마서 강해를 중심으로

양 우 광 지음

기독교문서선교회

기독교문서선교회(Christian Literature Center: 약칭 **CLC**)는 1941년 영국 콜체스터에서 켄 아담스에 의해 시작되었으며 국제 본부는 미국의 필라델피아에 있습니다.

국제 CLC는 59개 나라에서 180개의 본부를 두고, 약 650여 명의 선교사들이 이동도서차량 40대를 이용하여 문서 보급에 힘쓰고 있으며 이메일 주문을 통해 130여 국으로 책을 공급하고 있습니다.

한국 CLC는 청교도적 복음주의 신학과 신앙서적을 출판하는 문서선교기관으로서, 한 영혼이라도 구원되길 소망하면서 주님이 오시는 그날까지 최선을 다할 것입니다.

Theological Studies of Martyn Lloyd Jones
Centered on the Lectures on the Epistle to the Romans

Written by

Woo Gwang Yang

Korean Edition
Copyright © 2016 by Christian Literature Center
Seoul, Korea

추천사

이은규 박사
전 안양대학교 총장

마틴 로이드 존스(David Martyn Lloyd-Jones)는 의사와 목회자의 갈림길에서 노동자 계층에 대한 목회적 소명으로 목사로 사역을 시작하여 웨스트민스터 채플을 29년간 목회자로 섬기다가 은퇴한 복음주의 운동의 리더(Leader)입니다.

『로이드 존스의 신학연구』의 저자는 시에라 비스타 한인연합장로교회를 섬기는 이론과 실천을 겸비한 이 시대에 보기 드문 목사인 양우광 박사입니다. 추천자는 이 책이 목회자들과 신자들에게 교리에 대한 깊은 이해를 갖게 하고 복음의 정수인 로마서를 연구하고 공부하는 데에 확실한 길잡이가 될 것이라고 믿어 한인교회와 한국교회에 기쁘게 추천하는 바입니다.

민종기 목사
충현선교교회 담임 / 충현새일세계선교회 이사장

청교도 신앙을 계승한 로이드 존즈의 방대한 로마서 연구를 분석하고 종합하여 내어 놓은 양우광 목사의 저술은 자칫 심오한 주해에 몰입하느라 종종 잊어버리기 쉬운 신학적 주제에 깊은 통찰로 정리하고 있습니다. 평신도나 신학도를 위하여 한 위대한 영성을 가진 거성의 사상의 얼개를 발견하여 제공하는 귀중한 공헌이 담긴 책입니다. 이 책을 모든 이들에게 적극 추천합니다.

조종곤 목사
사우스베이선교교회 / 제 36대 미주성결교회 총회장

양우광 목사의 『로이드 존스의 신학연구』를 통해 로이드 존스의 신학 세계를 선명하고 편하게 읽게 된 것은 큰 은혜입니다. 고전은 3독이라고 했습니다. 텍스트를 읽고 저자를 읽고 독자 자신을 읽기 때문입니다. 따라서 이 책을 읽으시는 모든 독자는 텍스트를 뛰어넘는 높고 깊은 신앙 탐구를 체험하게 되실 것을 확신하고 기쁨으로 추천합니다.

민경엽 목사
나침판교회 담임 / 남가주 OC(오렌지카운티) 교회협의회 제35대 이사장

　탁월한 설교를 장대한 산에 비유한다면 위대한 설교자 마틴 로이드 존스의 산은 너무도 울창하고 아름답지만 정작 그 숲이 너무 깊어 선뜻 들어가게 되지 않는 산입니다. 독서광 양우광 목사는 이스라엘 백성이 걸었던 광야 같은 사역지 아리조나 시에라 비스타에서 그만이 해낼 수 있는 깊이 있는 독서와 정리와 요약에 대한 열정으로 마틴 로이드 존스의 글을 누구라도 쉽게 다가가 이해할 수 있게 해놓았습니다. 그래서 이 글을 읽는 이들마다 그 숲에서 위대하신 하나님의 길을 발견하게 될 것입니다.

고재봉 목사
기쁨이 있는 교회 담임 / 부산칼빈신학교-국제신학대학원대학교 신학연구원 교수

　마틴 로이드 존스가 쓴 『로마서 강해』가 무려 14권입니다. 이렇게 방대한 『로마서 강해』를 보는 순간, 아무나 읽고 싶은 생각이 들까요? 로마서 16장의 100배 이상이 더 되는 양으로 풀어낸 강해 내용을 읽어낸다는 것은 쉽지 않습니다.

　이 책을 갖고 싶지만, 가질 수 없는 찰나에 기쁜 소식이 들려왔습니다. 방대한 『로마서 강해』를 19개의 큰 주제와 작은 주제 135개, 단 한권으로 정리하였습니다. 강해 설교의 거장 로이드 존스의 『로마서 강해』를 누구나 쉽게 만날 수 있도록 아주 이해하기 쉽도록, 아주 명쾌하게 정리되었다

는 것입니다. 이 한 권의 책을 보는 순간, 그리고 읽는 순간, 보배를 얻은 것처럼 큰 즐거움을 누리게 될 것입니다.

로이드 존스의 "『로마서 강해』를 중심"으로 그의 방대한 신학 세계를 알기 쉽게 정리한 『로이드 존스의 신학연구』는 목회자만이 아니라 평신도까지 편하게 읽을 수 있습니다. 또한 한 번만 읽기 보다는 옆에 두고 틈틈이 읽어보기를 권하는 책입니다.

이흥록 목사
리버사이드 희년교회 담임 / 에베소 바이블 하우스 원장

로이드 존스의 『로마서 강해』는 그의 사상이 집대성된 교회사에서 가장 뛰어난 강해설교집입니다. 그만큼 방대하고, 깊은 내용이어서 독자들이 완독하기 어려운 것이 현실입니다. 양우광 목사가 오랜 수고 끝에 로이드 존스의 『로마서 강해』이해를 위한 길라잡이 같은 좋은 책을 집필해준 것이 너무 감사합니다.

이 책으로 인해 우리는 성경에 대한 바른 이해와 균형잡힌 믿음을 갖는데 큰 도움을 받게 될 것입니다. 로이드 존스가 보여주는 개혁주의의 탁월함을 느끼게 되리라 생각합니다.

이승훈 목사
잔스크릭 한인교회 담임목사

    18, 19세기를 지나면서 사라져버린 영국교회의 부흥과 청교도에 대한 관심을 새롭게 불러일으킨 탁월한 강해 설교자로, 성경과 교리, 신학, 역사에 매우 충실한 설교자, 그리고 20세기의 구별된 청교도로 우리에게 알려진 마틴 로이드 존스 목사!

    오늘날 일반 목회자의 서재에 이 분의 책 한 권이 안 꼽혀 있는 분은 없으리라 생각합니다. 오늘날 교회는 교리적으로, 신학적으로, 신앙적으로 너무 많은 혼란을 겪고 있습니다. 이러한 때에 우리들에게는 일생동안 피 묻은 십자가만을 외쳤던 로이드 존스와 같은 참된 설교자, 참된 목회자가 절실히 필요합니다. 참된 복음 설교자로, 신학과 교리가 견고한 영적 지도자로 세워지기를 사모하는 분들에게 그의 메시지를 삶으로 전하는 양우광 목사의『로이드 존스의 신학연구』는 바싹 메말라 버린 이 땅과 교회에 참된 부흥이 다시 일어나는 귀중한 초석이 되리라 기대합니다.

저자 서문

양우광 목사

　사람은 어떤 사람을 만나느냐가 중요합니다. 왜냐하면 사람은 자신에게 영향을 준 사람을 닮기 때문입니다. 사도 바울은 "너희는 나를 본받으라"(빌 3:17)고 말씀하셨습니다. 사도 바울이 하나님께 영광 돌리기 위한 신앙의 열정을 본받는 것은 우리 모두의 소망이기도 합니다. 20세기 최고의 설교자로 불리는 마틴 로이드 존스는 이 시대에 살고 있는 목회자들에게 목사로서의 좋은 본이 되는 분입니다. 이것이 이 책을 쓰게 된 첫 번째 동기입니다.

　마틴 로이드 존스(David Martyn Lloyd-Jones, 1899년 12월 20일-1981년 3월 1일)의 아버지인 헨리 로이드 존스는 칼빈주의 감리교회(Calvinistic Methodist Church)의 목회자였습니다. 마틴 로이드 존스는 이런 아버지의 영향을 받으셨습니다. 마틴 로이드 존스가 알미니안과 개혁주의 그 어느 한편에 지나치게 치우치지 않는 것도 그런 신학적 배경을 가지고 있기 때문일 것입니다.

　마틴 로이드 존스는 다음과 같은 목회자로서의 특징이 있습니다.

첫째, 그는 위대한 설교자였습니다.

그는 말씀 중심의 목회자였습니다. 그는 성경 말씀에 근거하여 메시지를 증거하셨습니다. 그는 위대한 강해 설교자였습니다. 그는 말씀에 대한 연구를 평생에 걸쳐서 하셨습니다. 로이드 존스처럼 말씀을 평생 연구를 한다는 것은 목회자로서 큰 기쁨이지만 쉽지 않은 일입니다. 그런데 그는 그렇게 하셨습니다. 로이드 존스가 남긴 저서는 백여 권이 넘습니다. 그의 사후에도 그에 대한 연구와 설교집은 계속해서 진행되고 있습니다.

로이드 존스는 중요한 교리에 대한 강조가 목회자로서 매우 중요한 사역이라고 하셨습니다. 그리고 중요한 교리에 대한 반복적 설교를 부끄러워하거나 게을리 하지 말 것을 말씀하셨습니다. 그래서인지 그의 책들을 읽어보면 같은 주제에 대하여 매우 다양하게 강조하는 것을 볼 수 있습니다.

그는 설교란 토론이나 논쟁이 있어서는 안 되며 선포하는 것이라 하십니다. 그래서 로이드 존스는 말씀을 놓고 토론하시는 것을 하시지 않았습니다. 그는 신학자로 불리기보다는 설교자로 불리기를 더 좋아하실 것입니다. 그의 책들을 연구하는 것은 강해 설교자로의 길라잡이가 될 것입니다.

둘째, 그는 목회자이면서 동시에 신학자였습니다.

삼위 하나님에 대한 연구는 방대한 양을 보여줍니다. 그의 책 성부 하나님, 성자 하나님, 성령 하나님을 보면 그의 삼위일체 하나님에 대한 연구가 얼마나 깊은 지를 알 수 있습니다. 그는 신학이 없는 설교, 교리가 없는 설교의 위험성을 지적하셨습니다. 그는 교리 중심의 목회자였습니다. 그는 모든 설교는 신학에 근거를 두어야 함을 말씀합니다.

로이드 존스는 평생에 걸쳐 교리를 연구한 분입니다. 이는 목회자들에게 매우 중요한 일이기도 합니다. 이와 같은 교리 연구는 신학이 잘못된 방향으로 나가는 것을 방지하기 때문입니다. 이를 위해서 개혁교회 신앙고백과 웨스트민스터 표준문서 그리고 초대교회 신앙고백을 연구하는 것은 목회자들에게 매우 중요한 일이라고 생각합니다. 또한 목회자들은 자신의 교단의 교리에 대한 분명한 이해와 지식을 갖추는 일은 중요한 일입니다.

그는 지식이 없는 신앙은 오래 가지 못하며 환난의 때에 넘어질 수 있다는 것을 경고하셨습니다. 그러면서 신학의 깊이가 성숙한 신자로서의 신앙생활을 할 수 있도록 도울 수 있음을 증거하였습니다. 그는 목회자는 어느 정도 타고 나야 한다고 말씀합니다. 그가 목회론에 대해 말씀하신 목회자와 설교는 모든 목회자가 필독해야 할 책이기도 합니다. 그는 목회자라면 특히 설교자라면 말씀을 전하는 자로서의 은사가 있어야 함을 말씀합니다. 이는 어떤 면에서는 설교는 온전히 성령님의 역사이고 그 역사에 효과적으로 반응할 수 있는 자이어야 한다는 의미이기도 합니다.

셋째, 그는 성령 중심의 목회자였습니다.

로이드 존스는 성령의 역사를 강조하십니다. 특히 개인적 경험의 중요성을 강조하십니다. 그는 이에 대해 요한 웨슬레가 1738년 5월 24일 저녁 8시 45분 런던 올더스게잇(Oldersgate)에서 성령을 체험한 일을 설교에서 자주 인용하여 말씀하셨습니다.

로이드 존스는 조나단 에드워즈에 영향을 받았습니다. 조나단 에드워즈는 목회자요, 신학자이면서 동시에 성령의 사람이었습니다. 조나단 에드워즈에게 영향 받은 로이드 존스 역시 말씀을 전할 때 성령에 따라 말씀을 전하였습니다. 그의 설교는 언제나 성령의 충만함을 경험할 수 있습니다. 그는 인간적인 방법으로의 설교사역을 배격하셨습니다. 그래서 그는 설교 시간이 제한 될 수밖에 없는 방송 설교를 하시지 않으셨습니다. 그는 설교가 시간에 제한 되서는 안 된다고 말씀하십니다. 왜냐하면 설교는 성령의 역사이기 때문입니다.

목회 초기에는 완전한 설교문을 가지고 강단에 올라가셨지만, 후에는 중요 줄거리만을 가지고 강단에 올라가 말씀을 전하셨습니다. 그리고 오직 성령에 의지하여 말씀을 증거하셨습니다. 이는 충분한 연구가 뒷받침된 자만이 가능한 일입니다.

넷째, 그는 찬양의 목회자였습니다.

로이드 존스는 메시지에서 찬양을 많이 강조합니다. 특히 요한 웨슬레에 대한 스토리와 찰스 웨슬레의 찬양을 많이 인용하십니다. 그는 설교시에 찬송가 가사를 최소한 한 번은 인용한다고 해도 과언이 아닐 것입니다. 그는 단순히 찬송을 하는 것이 아니라 찬송가에 있는 가사의 의미를 말씀을 듣는 회중에게 전달하시려 노력하셨습니다. 그러니 찬양이라기보다는 찬송가 가사에 대한 연구가 병행되어 전달하였던 것입니다. 그는 말씀을 효과적으로 전하기 위해 찬송을 인용하신 것이 아니라 때에 따라 찬송가 가사 그 자체가 말씀이었습니다. 그는 상당히 많은 찬송가 가사를 암송하셨고, 그것을 매우 효과적으로 사용하셨습니다.

다섯째, 로이드 존스는 "하나님께 영광"을 돌리는 것을 목적하는 삶을 살았습니다.

하나님께 영광을 돌리며 그 영광을 소망하였던 그는 주님의 재림의 신앙에 기초하여 주의 재림을 준비하는 삶을 살았습니다. 그는 하나님의 사람이 되려면 먼저 회개하여야 함을 강조하였습니다. 회개가 없는 구원받는 신자는 없기 때문입니다. 그는 회개를 통한 메시아의 필요성과 자신의 죄인 됨을 깨달아야 십자가의 대속의 은혜가 얼마나 소중한지를 깨닫게 되기 때문입니다.

그는 인간은 죄인이요, 사망의 몸(롬 7:24)을 가지고 있기에 성령의 도움심이 절대적으로 필요함을 강조하였습니다. 성령의 도우심없이 신자는 성화의 삶을 살아갈 수 없기 때문입니다. 또한 그는 하나님의 섭리로 인해 신자는 이 땅에서 성화의 삶을 살아갈 수 있음을 말씀합니다(롬 8:29-30).

여섯째, 그는 성화의 사람이었습니다.

그는 하나님 나라에서의 영화를 소망하였고, 이 땅에서는 성화의 삶을 살았으며 그것을 강조하였습니다. 이를 위해 신자들이 하나님 나라에서 받을 상급을 강조하셨습니다. 주님의 재림이 가까왔으니 주님의 재림을 준비하는 신자가 지혜로운 자이며 그런 자는 죄에서 멀어져서 성화의 삶을 살아야 할 것이라고 강조하였습니다.

일곱째, 그는 신앙의 삶에 대해 다른 신앙의 위인들을 많이 연구하고 나눌 것을 말씀하였습니다.

신앙의 위인들이 그들의 삶에서 어떻게 신앙생활을 해 왔는지는 같은 경험을 공유하는 우리들에게 큰 도움을 줄 것이라고 확신하였습니다. 로이드 존스는 특히 청교도 목회자들에 대한 관심과 연구를 하였습니다. 그는 존 번연의 천로역정, 리차드 박스터의 생애 그리고 조오지 폭스의 생애를 읽으며 청교도 정신에 대하여 배웠습니다. 그래서인지 그의 삶 자체가 청교도적인 모습으로 사셨습니다. 그를 이 시대 마지막 청교도인이라고 말씀하는 것도 그 이유입니다.

그는 존 칼빈, 조나단 에드워즈, 찰스 핫지, 로버트 댑니, 존 머레이, 윌리암 바클레이, C. H. 다드, B. B. 워필드, 로버트 할데인, 마빈 빈센트, 헨리 알포드 등 많은 분들의 책들을 인용하여 말씀하였습니다. 이는 신앙생활을 하는 우리에게 매우 효과적인 교훈이 됩니다.

이 책을 쓰게 된 두 번째 동기는 로이드 존스의 『로마서 강해』 14권의 책들의 내용을 정리해서 좀 더 쉽게 로마서의 내용을 함께 나누자는 생각이었습니다. 그러던 중 CLC 편집부와 내용을 상의하면서 내용에 많은 변화가 생겼습니다. 그러면서 로이드 존스의 『로마서 강해』에 국한되지 않고 로이드 존스의 다른 책들을 추가하였습니다. 그리고 설명이 부족한 부분에 대해서는 개혁주의 조직신학자들의 책들을 추가하였고 그리하여 지금의 책이 나오게 되었습니다.

이 책이 나오기까지 수고해 주신 CLC의 모든 분들께 감사를 드립니다. 책의 방향을 잡을 수 있도록 도와주신 박영호 목사님과 변길용 목사님, 그리고 편집부 모든 분들에게도 감사드립니다. 그동안 수고해주신 CLC 모든 분들에게 마음 깊이 그리고 정중하게 감사를 표합니다.

언제나 나에게 기도와 인정으로 함께하는 사랑하는 아내 혜숙과 아들 수환, 수인 그리고 사랑하는 어머니 최순재 권사님과 저를 위해 기도해 주시는 모든 가족 분들에게 감사드립니다. 책을 낼 때마다 재정으로 도움을 주시는 큰형님 양정택님에게도 늘 감사한 마음입니다. 또한 시에라 비스타 한인연합장로교회 교우님들의 기도와 성원에 늘 빚진 자의 마음입니다. 이분들이 계시기에 저는 하나님의 영광을 위한 일에 더욱 열심을 내야하는 이유를 더하게 됩니다.

2016년 8월 목양실에서

목차

추천사_이은규 박사(전 안양대학교 총장) 외 6인 _5
저자서문 _10

1장 하나님 _24

   1. 하나님의 언약 _25
   2. 하나님의 의 _27
   3. 합력하여 선을 이루시는 하나님(롬 8:28) _32
   4. 하나님의 진노 _35
   5. 하나님의 선고 _39
   6. 하나님의 판단 _40

2장 성자 하나님 _42

   1. 예수와 아담의 공통점 _43
   2. 성경에 나타나는 메시아 약속 _45
   3. 예수 그리스도 _47
   4. 그리스도와 역사의 시간 _50
   5. 그리스도의 죽음은 계획되고 예언되었다 _51
   6. 성육신 _52
   7. 그리스도는 율법의 완성 _56

8. 만물의 머리로서의 그리스도 _62
9. 주님의 주되심 _66
10. 예수의 부활 _71

3장 성령 하나님 _73

1. 성령은 누구인가? _74
2. 그리스도인과 성령의 관계 _78
3. 성령 세례 _81
4. 성령의 사역 _87

4장 성경 _92

1. 성경은 무엇인가? _93
2. 성경의 주요 목적 _95
3. 말씀과 성령의 관계 _99
4. 성경의 영감성 _100
5. 칼빈이 생각하는 특별계시(성경)의 이해 _104

5장 복음 _106

1. 복음이란? _107
2. 복음을 믿는다는 의미 _110
3. 부끄러운 복음이 아닌 복음 _113
4. 복음에는 하나님의 능력이 나타난다 _116

5. 복음의 목적 _118

6. 복음 전도에 의한 복음 설교를 통해 주님의 부르심을 받는다 _120

7. 빚진 자의 삶 _123

6장 교회 _124

1. 교회는 무엇인가? _125
2. 예배의 참된 방식 _140
3. 주일/안식일 _141
4. 참된 교회의 속성 _143
5. 교회 생활에 있어서 회의 시에 토론의 자세 _145

7장 기독교와 국가 _146

1. 기독교가 주는 위안 _147
2. 교단에 대한 성경적 관점 _149
3. 교회와 국가의 관계 _151
4. 권세 _154
5. 사형제도 _159
6. 전쟁에 대한 성경의 가르침 _160

8장 그리스도인 _164

1. 그리스도인의 정의 _165

2. 기도는 무엇인가? _171
3. 회개 _175
4. 하나님과의 화목 _186
5. 하나님의 선택과 인간의 책임 _190
6. 하나님의 자녀들 _199
7. 은사 _205
8. 은혜의 정의 _209
9. 그리스도의 후사 _212

9장 그리스도인의 삶 _217

1. 그리스도인의 삶의 특징들 _218
2. 그리스도인에게 있어서의 열심 _230
3. 다른 그리스도인들과의 관계 _234
4. 판단하지 말아야 하는 이유 _238
5. 원수에 대해 어찌 행동해야 하나 _240
6. 그리스도인의 새롭게 됨 _244
7. 그리스도인의 자살 _249
8. 그리스도와 결혼하여 누리게 되는 특권 _254

10장 구원 _257

1. 구속과 구원의 정의 _258
2. 구원에 대한 하나님의 계획과 결과 _276
3. 하나님이 인간의 죄를 즉시로 심판하시지 않는 이유 _281
4. 구원의 삼중적인 의미 _288

5. 구원에 대한 시간적 차원에서의 이해 _292
6. 이미(already)와 아직(but not yet) _298
7. 구원과 확신 _302
8. 구원하심과 긍휼의 관계 _314
9. 구원의 궁극적인 목표 _315

11장 믿음 _323

1. 믿음의 정의 _324
2. 믿음은 활동입니다 _326
3. 믿음의 요소 _333
4. 믿음이 산출되는 방식 _334
5. "믿음으로 말미암아"의 구약의 의미 _335
6. 구원받을 만한 믿음 _337
7. 믿음의 경향성 _340
8. 의롭다 함을 얻는 믿음 _342
9. 믿는 자에게 나타나는 특징들 _344

12장 성화/성결 _348

1. 중생의 정의 _349
2. 칭의의 정의 _354
3. 성화의 정의 _357
4. 성화의 삶의 중요성 _362
5. 영화의 정의 _368

13장 율법 _371

1. 율법의 목적 _372
2. 율법의 역할 _379
3. 율법 적용의 유의점 _383
4. 할례와 칭의의 관계 _384
5. 가톨릭 _385
6. 유대인을 지칭하는 단어 _387
7. 유대인들의 무지 _388
8. 유대인에 대한 하나님의 뜻 _392
9. 남은 자에 대한 소망 _396
10. 하나님의 백성 '감람나무' _397
11. 유대인은 구원에서 배제되었나? _398

14장 죄 _401

1. 죄의 정의 _402
2. 악의 정의 _409
3. 죄를 범한 영혼 _411
4. 인간이 죄인인 이유 _414
5. 죄의 권세 _416
6. 그리스도인과 죄의 관계 _419
7. 참된 지혜 _424

15장 고난 _427

1. 고난의 의미 _428
2. 시련의 의미 _430
3. 환난의 의미 _432
4. 하나님이 시험하시는 목적 _441
5. 고난과 시련과 환난의 유익 _442
6. 언제 깨어 있어야 하나? _450
7. 고난과 시련과 환난을 이기는 그리스도인 _453
8. 고난과 시련과 환난의 문제를 해결하는 방법 _460

16장 세상 _462

1. 몸이란 무엇인가? _463
2. 몸이 중요한 이유 _465
3. 성경에서 말씀하고 있는 세상 _466
4. 이 세대의 잘못된 관점 _469
5. 비그리스도인의 특징들 _472
6. 마귀란 무엇인가 _474

17장 사람 _476

1. 사람이 가질 수 있는 가장 큰 특권 _477
2. 사랑 _478
3. 형제 사랑 _481
4. 그리스도인의 삶의 동기 _485

5. 삶과 행위 _488
6. 삶에 대한 그리스도인의 관점 _489
7. 악한 자에 대한 대접 _493
8. 신자와 불신자의 차이 _497
9. 인간의 큰 대적인 '교만' _499
10. 그리스도인과 기질 _502

18장 마음 _504

1. 강퍅한 마음 _505
2. 교만한 마음 _507
3. 마음의 죄를 죽이는 일은 평생 하는 것입니다 _509
4. 마음을 새롭게 해야 _511

19장 하나님 나라 _514

1. 사도들의 종말관 _515
2. 내세관 _516
3. 하나님이 악인을 즉각 멸하시지 않는 이유 _521
4. 심판의 날 _524
5. 하나님 나라의 시민 _527

참고문헌 _531

1장
하나님

1. 하나님의 언약
2. 하나님의 의
3. 합력하여 선을 이루시는 하나님(롬 8:28)
4. 하나님의 진노
5. 하나님의 선고
6. 하나님의 판단

1장 하나님

1. 하나님의 언약

성경에 나타나는 언약은 항상 전적으로 하나님에 의해 결정됩니다.[1] 이와 같이 언약은 하나님의 주권적 행위입니다(히 6:13-20). 언약은 우리에게 달려 있지 않습니다(창 3:15; 6:18). 언약은 오직 하나님에게 달려 있습니다. 하나님이 언약의 시작이요, 과정이며, 그리고 마침입니다.

> 내가 너로 여자와 원수가 되게 하고 네 후손도 여자의 후손과 원수가 되게 하리니 여자의 후손은 네 머리를 상하게 할 것이요 너는 그의 발꿈치를 상하게 할 것이니라 하시고(창 3:15).

> 그러나 너와는 내가 내 언약을 세우리니 너는 네 아들들과 네 아내와 네 며느리들과 함께 그 방주로 들어가고(창 6:18).

---

[1] 마틴 로이드 존스, 『로마서 강해』 9권, 서문강 역 (서울: CLC, 2008), 81-83.

이와 같이 언약은 전적으로 하나님 편에서 일방적으로 나오는 것입니다(히 6:13-20). 하나님은 영원한 사랑 안에서 "내가 이것을 행할 것이라 언약하시며 반드시 그 언약한 것을 행하리라"라고 약속하셨습니다. 그리고 오직 그리스도만이 창세가 3장 15절 이하에 나오는 언약의 성취가 되십니다. 만유가 그리스도 안에 있습니다.

최초의 언약은 그리스도 안에서 맺은 언약입니다. 은혜 언약은 인간이 에덴 동산에서 타락한 후 하나님과 교회가 맺은 언약입니다. 그리고 언약 중에 의미있는 언약은 아브라함과 맺은 은혜언약입니다. 그리고 그 언약은 성경 안에서 부단히 반복되었습니다(창 15:18; 17:1; 22:15-18; 출 2:24-25; 3:16-17; 6:2-7; 롬 4:16-17; 갈 3:16). 은혜 언약은 하나님의 구원 언약 속에서의 영원한 계획의 역사적 전개입니다.[2]

> 그날에 여호와께서 아브람과 더불어 언약을 세워 이르시되 내가 이 땅을 애굽 강에서부터 그 큰 강 유브라데까지 네 자손에게 주노니 (창 15:18).

은혜 언약은 하나님이 사랑 안에서 영원한 목적과 구속의 경륜 안에서 하나님과 백성 간에 맺은 협정입니다. 이 은혜 언약은 하나님께서 자신의 백성들을 향한 무조건적인 긍휼이요 은혜입니다(사 40:13-17; 욥 9:32-33; 삼상 2:25; 눅 17:10; 행 17:24-25). 이는 오직 하나님께서 은혜 안에서 기쁨으로 자원하여 행하시는 것입니다. 그리고 이 모든 약속은 예수 그리스도에 의해 가능해집니다(막 16:15-16; 요 3:16; 롬 10:6, 9; 갈 3:11).

---

2 마이클 호튼, 『개혁주의 조직신학』, 이용중 역 (서울: 부흥과개혁사, 2014), 993.

하나님의 약속은 얼마든지 그리스도 안에서 예가 되니 그런즉 그로 말미암아 우리가 아멘 하여 하나님께 영광을 돌리게 되느니라 (고후 1:20).

2. 하나님의 의

의라는 용어를 사용하는 방식은 신자들 속에 있는 윤리적인 자질이 아니라, 그들이 속한 영역입니다(롬 6:17-23; 14:17).

하나님의 나라는 먹는 것과 마시는 것이 아니요 오직 성령 안에 있는 의와 평강과 희락이라(롬 14:17).

그러므로 그리스도인들은 일차적으로 의에 대해 관심이 아니라, 하나님께 기쁘시게 하고 하나님 앞에 옳게 되는 것에 관심을 가져야 합니다(빌 3:9-10; 마 5:6; 벧전 2:9-10; 마 25:31-40; 엡 4:17-24; 요일 2:1, 29; 3:7). 왜냐하면 그리스도인의 의는 예수 그리스도께서 행하신 구속 사역의 결과로 덧입혀진 의이기 때문입니다.

내가 가진 의는 율법에서 난 것이 아니요 오직 그리스도를 믿음으로 말미암은 것이니 곧 믿음으로 하나님께로부터 난 의라 내가 그리스도와 그 부활의 권능과 그 고난에 참여함을 알고자 하여 그의 죽으심을 본받아(빌 3:9-10).

이와 같이 우리 스스로 행하는 것으로 의롭게 되지 않습니다. 그리스도인은 그리스도의 의로 의롭게 되는 것입니다. 그러므로 신자는 먼저 그리스도의 십자가의 보혈로 의롭게 되어야 합니다. 그런 다음에 신자의 행실 속에서 의를 보이라고 호소하는 말씀이 뒤따르는 것입니다(롬 6:4-6; 고전 5:7; 엡 4:22-24; 골 3: 5-10). 이것이 바른 순서입니다.

신자가 하나님 나라의 가장 큰 의를 '정직성' 혹은 '평화로움과 기쁨'이라 한다면 그것은 그리스도의 의라는 큰 것을 놓치고 있는 것입니다. 하나님 나라는 인간이 행한 의보다 무한히 큰 것입니다. 하나님 나라가 우리의 윤리적 행실로 이루어진다고 말하는 것은 옳은 것이 아닙니다. 신자가 하나님 나라 안에 있음은 어떤 행실의 문제가 아니라, '의의 종들'이 된 것입니다.[3] 즉 그리스도의 종이 된 것입니다.

그리스도의 의로 덧입혀진 자들인 그리스도인들이 하나님 나라에 있으며, 그런 자들이 의의 자녀들입니다(계 6:11; 7:14). 그리스도의 의로 새로워진 신자는 의의 자녀들로써 열매 맺는 삶을 살아갑니다(갈 5:22-23). 신자는 하나님이 원하시는 삶을 살아가는 것을 기쁘게 여기며 그것을 이루기 위해 성령님은 함께 하십니다(겔 36:26-27; 눅 11:13; 요 6:37, 44-45; 갈 3:14).

인간은 의롭지 못합니다. 인간은 죄인입니다. 예수를 믿지 않는 모든 인간은 죄 아래 있습니다. 죄의 종입니다. 마귀의 자녀입니다(엡 5:5-6). 그들은 하나님의 진노 아래 있으며, 율법의 저주 아래 있습니다. 비그리스도인의 삶은 궁극적으로 열매 없는 삶을 살아갑니다.[4] 예수를 믿지 않고, 종말을 예비하지 않는 삶을 사는 그들의 결국은 수치입니다. 그들의 삶의 마지

---

3 마틴 로이드 존스, 『로마서 강해』 14권, 서문강 역 (서울: CLC, 2005), 340-353.
4 마틴 로이드 존스, 『로마서 강해』 3권, 서문강 역 (서울: CLC, 2009), 418-426.

막은 사망의 삶이 됩니다(갈 5:19-21; 고전 6:9-10; 요일 3:14).

율법에 의하면 의로운 자는 단 한 사람도 없습니다(창 6:5; 8:21; 욥 14:4; 13:26; 시 25:7; 51:5; 58:3; 103:14; 사 43:27; 48:18; 57:3; 겔 16:3; 호 5:7; 요 3:6; 롬 7:7; 엡 2:3; 잠 20:9; 전 7:20; 왕상 8:46; 시 130:3; 143:2; 롬 3:23; 약 3:2; 요일 1:8, 10). 성경에서 말씀하는 의란 하나님의 율법을 완벽하게 지키는 삶을 영위하는 것을 의미합니다. 의는 하나님께서 사람에게 바라시는 대로 삶을 영위하는 것입니다. 의는 하나님의 율법을 절대적으로 준행하는 것입니다. 그런데 하나님의 율법은 인간이 온전히 지킬 수 없습니다. 인간은 죄인이기에 죄로 인하여 율법을 지킬 수 없는 자가 되었기 때문입니다. 오히려 인간은 율법을 통하여서는 죄를 깨달을 뿐입니다(롬 3:20; 7:7; 23-25). 나아가 인간은 언제나 하나님과의 관계에서, 자기 동료 사람들과의 관계에서 실패했습니다.[5]

인간을 의롭게 하는 것은 오직 복음뿐입니다. 그러므로 의로워지기를 소망하는 인간에게는 복음이 필요합니다. 왜냐하면 우리 주 예수 그리스도의 의를 덧입혀진 인간만이 예수 그리스도의 의로 말미암아 의롭게 되기 때문입니다. 그런 자는 하나님의 율법을 사랑합니다. 그리고 하나님의 율법을 지키고자 소망합니다(요 14:21, 15; 요일 2:3). 그리고 하나님의 율법을 지킬 수 있는 힘을 성령을 통해서 얻게 됩니다(겔 36:27).

행위의 반대는 그리스도의 의입니다. 행위의 반대는 믿음으로 말미암아 우리에게 미치는 그리스도의 십자가의 구속을 통한 그리스도의 의입니다. 효력 있는 유일한 의는 하나님께서 주시는 의입니다. 구원은 우리에게 예수 그리스도의 의를 주는 것입니다. 그리스도로 말미암은 의는 하나

---

5   마틴 로이드 존스, 『로마서 강해』 8권, 서문강 역 (서울: CLC, 2008), 290-293.

님을 기쁘시게 합니다(고전 1:30; 고후 5:21).

　복음의 주요 목적은 우리를 하나님 앞에서 의롭게 만드는 것입니다. 하나님의 임재 앞에서 우리를 의(義) 가운데 서도록 만들어 주는 것입니다.[6] 인간이 의로울 수 있는 유일한 길은 예수 그리스도를 믿음으로 말미암아서 의롭다 함을 받고 거듭나는 길밖에는 다른 길이 없습니다.[7]

　이와 같이 신자가 의롭다 함을 받는 것은 하나님의 행위이기 때문에 항상 모든 그리스도인들에게 동일하게 역사합니다. 모든 신자들이 의롭다 함을 받는 일에 있어서도 다 동등합니다(요 3:16; 고후 5:21).

　회개하고 구원받기 전의 그리스도인은 자신의 죄의 정도를 깨닫고 그 죄 용서함의 정도까지 아울러 깨달아야 합니다.[8] 우리에게 중요한 것은 우리가 지은 죄의 양이 아니라 우리 죄의 죄 됨을 깨닫는데 있습니다. 우리에게 진정으로 문제되는 것은 죄의 죄됨을 인식하는 것입니다(갈 3:10; 신 27:26). 진정한 회심은 언제나 자기 속에 있는 죄의 무서움과 자신이 죄의 노예라는 사실을 어느 정도 깨닫기 때문입니다. 진정한 회심을 할 때 죄로부터 구원받고 싶은 욕망이 생깁니다. 하나님의 역사가 크면 클수록 하나님의 존재에 관한 신자들의 이해도 더 커집니다. 성도가 자랄수록 그는 자기 자신의 죄 됨과 무가치성을 더욱 더 알게 됩니다. 진리의 영이요 성결의 영인 성령은 언제나 죄의식과 죄책감을 산출합니다.

　우리로 하여금 죄에 대한 가책을 느끼게 하는 것은 우리의 죄의 수량이 아닙니다. 죄책을 느끼는 것은 하나님의 거룩을 알게 됨으로 인해서 오는

6　마틴 로이드 존스, 『로마서 강해』 7권, 서문강 역 (서울: CLC, 2010), 382.

7　마틴 로이드 존스, 『로마서 강해』 14권, 서문강 역 (서울: CLC, 2005), 33.

8　마틴 로이드 존스, 『로마서 강해』 5권, 서문강 역 (서울: CLC, 2007), 284-306.

것입니다. 그러므로 신자는 반드시 자기 죄를 깨닫고 가책을 느껴야만 합니다. 그리고 하나님 앞에서 자신의 죄에 대한 진실을 깨달아야 합니다. 그럴 때 사람은 주님께 돌아올 수 있습니다.[9]

진정한 회개에는 그가 율법에 죄를 지었다고 의식하기 보다는 하나님의 사랑에 대해서 죄를 지었다고 생각합니다. 이와 같은 죄의식과 죄 용서에 대한 의식을 결정하는 것은 하나님께 대한 우리의 지식입니다. 이 지식은 하나님에 대하여 우리가 무엇인가를 안다는 것을 의미하는 것입니다. 또한 하나님의 사랑하는 아들 특별히 주 예수 그리스도가 고난당하시고 우리 죄를 위해 피 흘리시는 것입니다. 우리의 죄의 결과인 죽음을 주님께서 대신 십자가 위에서 죽으심으로만 해결될 것에 대한 절대적인 필요성을 아는 것을 의미합니다(롬 3:21-26; 갈 2:16; 엡 2:8-10).

예수 그리스도를 믿음으로 말미암아 모든 믿는 자에게 미치는 하나님의 의는 차별이 없습니다. 하나님께서는 자신의 성자를 통해, 특별히 주님의 십자가 위에서의 죽으심을 통해 하나님의 의를 믿는 자에게 주셨습니다. 하나님은 우리의 죄를 속량하기 위한 "속죄"를 위해 흘리신 예수 그리스도의 피를 통해 사람에게 의를 주셨습니다(히 9:12, 22, 28; 10:2, 10, 14). 이것이 하나님의 방법입니다.

하나님의 구원은 신자가 그리스도 안에서의 연합을 통해 일어납니다. 과거에 우리가 아담 안에 있었던 것처럼, 지금 우리는 그리스도 안에 있습니다. 그리스도 안에서 하나가 됩니다. 그리스도 안에서의 연합이 일어나는 것입니다. 신자는 하나님의 양자가 되는 것입니다(행 8:14-17). 이렇게 새 사람(양자)이 된 자들에게는 그전엔 없던 일이 나타납니다. 그중 중요한 특

---

9 마틴 로이드 존스, 『능력』, 김종호 역 (서울: 복있는사람, 2014), 28.

징 중의 하나는 신자들이 주님의 영광의 기업을 위해 준비하는 삶을 살기 시작한다는 것입니다. 그것은 신자들이 하나님의 성령에 의한 성화가 일어남을 통해 알 수 있습니다(요 17:17; 엡 5:26; 살후 2:13; 롬 8:13; 골 1:11). 이와 같은 일은 성령 안의 생활로 가능합니다(고전 6:19; 갈 5: 22-24).

하나님의 의는 온 세상으로 하나님의 심판 아래 있게 합니다. 이 모든 일들이 확실히 일어납니다. 택하심을 받은 모든 사람, 즉 "이방인의 충만한 수"와 "모든 유대인"에 대한 절대적인 구원의 확실성이 로마서 9장과 11장에서 논증되며 하나님이 계획한 구원의 작업은 분명히 끝을 맺을 것입니다. 이러한 일은 하나님의 부요함으로 역사를 통해서 계속 증명될 것입니다.[10]

3. 합력하여 선을 이루시는 하나님(롬 8:28)

하나님의 목적은 만물을 예수 그리스도 안에서 완전하고, 영광되게 회복하는 것입니다. 하나님은 환난과 핍박과 시련 속에서도 반드시 선을 이루십니다(롬 8:28).[11] 신자가 죄에 빠지고 타락자가 될 때라 할지라도 다시 돌아오게 되며 결국 선을 이루게 될 것입니다.

> 나는 빛도 짓고 어둠도 창조하며 나는 평안도 짓고 환난도 창조하나니 나는 여호와라 이 모든 일들을 행하는 자니라 하였노라(사 45:7).

---

10 마틴 로이드 존스, 『로마서 강해』 11권, 서문강 역 (서울: CLC, 2010), 375-380.
11 마틴 로이드 존스, 『로마서 강해』 6권, 서문강 역 (서울: CLC, 2010), 233-244.

하나님이 가장 우선시 하는 것은 성도의 영혼입니다. 그 영혼의 구원을 위해서 하나님은 우리의 생명을 거두어 가실수도 있습니다. 그것은 성도의 영혼이 세상의 그 무엇보다 귀하기 때문입니다. 그만큼 하나님은 우리를 사랑하신다는 의미이기도 합니다. 하나님은 우리를 죄와 사망이 그리고 사탄이 역사하는 이 땅과 하늘에서 구원하여 새 하늘과 새 땅으로 인도하시고자 하십니다. 그 일을 마치기까지 하나님은 우리를 끊임없이 연단하실 것입니다(엡 6:10-13; 벧전 5:8; 고전 10:13).

신자는 고난을 통해서 성장합니다. 신자는 고난을 통해 하나님께 나아가게 됩니다. 이는 사실입니다. 하나님은 때에 따라 신자에게 고통을 주시지만 결국 선을 이루십니다(암 3:2; 히 12:6; 롬 8:28). 성도는 고난 속에서 고통을 경험하기도 하지만 이 모든 일이 합력하여 의와 평강의 열매를 맺는 것을 확신합니다(히 12:11).[12]

그러면 "왜 이와 같은 일이 생겨야 하는지?"라고 우리는 물을 수 있습니다. 신자는 성경은 성도가 고난과 시련을 면제 받을 것이라고 약속 받지 않으셨다는 것을 알아야 합니다(마 6:25-30, 10:28-31; 약 1:2, 12; 히 12:6-8, 10; 욥 42:1-6; 약 5:11; 시 119:67, 71, 75; 고후 12:9). 또한 인간은 고난을 통하지 않고는 주님께 나아가지 못할 정도로 인간의 영혼은 타락하고 죄에 가득하기 때문입니다.

성도는 고난 가운데 하나님을 비방하거나, 원망하거나 하지 않아야 합니다(욥 1:22). 오히려 고난을 통해서 정금처럼 하나님께 나아가야 합니다. 신자는 고난을 통해서 그의 영혼과 인격이 성장할 것입니다. 그리고 성숙될 것입니다. 이런 일들을 통해서 신자에게 있는 하나님의 형상이 회복될

---

12 마틴 로이드 존스, 『성경적 찬양』, 이태복 역 (서울: 지평서원, 2013), 186.

것입니다. 또한 하나님과의 관계가 회복될 것입니다. 하나님과 화목해지며 하나님이 기뻐하는 자가 될 것입니다. 이와 같이 신자는 고난 속에서 오히려 하나님께 영광 돌리는 삶을 기뻐할 것입니다(욥 42:1-6; 37:22; 합 3:16; 사 40:12-25; 45:9; 잠 30:2-4; 출 34:5-6).

> 2 내 형제들아 너희가 여러 가지 시험을 당하거든 온전히 기쁘게 여기라 12 시험을 참는 자는 복이 있나니 이는 시련을 견디어 낸 자가 주께서 자기를 사랑하는 자들에게 약속하신 생명의 면류관을 얻을 것이기 때문이라(약 1:2, 12).

> 주께서 그 사랑하시는 자를 징계하시고 그가 받아들이시는 아들마다 채찍질하심이라 하였으니 너희가 참음은 징계를 받기 위함이라 하나님이 아들과 같이 너희를 대우하시나니 어찌 아버지가 징계하지 않는 아들이 있으리요 징계는 다 받는 것이거늘 너희에게 없으면 사생자요 친아들이 아니니라(히 12:6-8).

> 67 고난 당하기 전에는 내가 그릇 행하였더니 이제는 주의 말씀을 지키나이다 71 고난 당한 것이 내게 유익이라 이로 말미암아 내가 주의 율례들을 배우게 되었나이다(시 119:67, 71).

때에 따라 하나님은 하나님의 섭리에 의해서 여러 가지 일들이 우리의 삶 속에서 일어나도록 허용하시기도 하십니다. 그러한 일들을 하나님이 섭리 안에서 우리에게 보내실 수도 있습니다. 하나님의 얼굴을 우리로부터 돌리실 때도 있습니다. 그러나 신자는 영혼의 메마름과 황무함과 무미건

조함에 대한 체험마저도 우리의 유익을 위해 사용될 수 있다는 사실을 기억해야 합니다(롬 5:3-5; 살전 3:13; 5:23).

하나님께서는 우리에게 무엇이 일어나고 있는가를 알도록 하시기 위해서 우리에게 "신령한 조명"과 "신령한 지혜"를 허락하십니다. 그러기에 참된 신자는 오히려 고난을 통해 항상 하나님께 돌아옵니다(찬 273, 275, 277, 278, 281장). 그런 자는 하나님께 돌아오는 것을 당연하게 생각합니다. 신자는 그럴 권리가 있다고 생각합니다. 그리고 신자는 고난 속에서 하나님의 임재를 경험합니다. 신자는 고난 속에서 무엇보다도 하나님의 임재를 소망합니다(빌 1:21; 히 13:14; 고후 5:4).[13]

하나님이 함께 하시는 인생은 결코 세상을 목표로 바라보지 않습니다(골 3:2). 하나님이 그렇게 두시지도 않으십니다. 하나님은 신자를 끝까지 추적하여 반드시 하나님 앞에 세울 것입니다(빌 1:6; 렘 32:40).

4. 하나님의 진노

하나님은 빛이시기에 그 안에 어두움이 전혀 없으십니다. 하나님은 악한 모든 것에 대하여 영원히 변함없이 대적하십니다. 하나님은 악한 것에 대한 변함없는 그분의 대적하심이 하나님의 진노로 나타납니다. 하나님은 악한 것에 대하여 영원히 진노하십니다.[14] 하나님의 진노의 교리를 믿지 않는다면 갈보리 언덕의 화목제물은 필요 없는 것이 됩니다. 왜냐하면 주님

---

13 마틴 로이드 존스, 『하나님을 아는 기쁨』, 조용환 역 (서울: 생명의말씀사, 2011), 145-154.
14 마틴 로이드 존스, 『로마서 강해』 1권, 서문강 역 (서울: CLC, 1999), 103.

이 십자가에서 죽으신 것은 죄에 대한 하나님의 진노를 증명하신 것이기 때문입니다(벧전 2:24; 히 10:28; 사 53:12).

주님의 십자가 죽으심은 하나님이 죄에 대한 진노하심이 나타난 것이며 동시에 인류에 대한 최고의 사랑의 표시입니다. 이와 같이 하나님은 악을 미워하고 혐오하십니다(롬 1:18; 엡 5:6; 골 3:6; 롬 5:9). 하나님에겐 악이 없습니다. 어둠이 없습니다. 오직 선과 빛만 있을 뿐입니다.

> 하나님의 진노가 불의로 진리를 막는 사람들의 모든 경건하지 않음과 불의에 대하여 하늘로부터 나타나나니(롬 1:18).

우리의 구원 받음은 거저가 아닙니다. 주님의 피 값으로 얻은 것입니다. 그러나 죄에 대한 하나님의 진노를 믿지 않는다면 주님의 십자가의 죽으심과 그 피값도 의미가 없을 것입니다. 이 교리에 대한 분명한 입장을 가지기 전까지 그 누구도 구원을 구하지 않을 것입니다(고전 1:18, 21, 23, 25; 2:14).

하나님께서 반드시 하셔야 하는 일이 있는데, 그것 가운데 하나는 죄를 심판하시는 것입니다(살후 1:9; 벧후 3:4, 8-9; 빌 3:19; 살전 5:3). 하나님은 죄에 대하여 진노하십니다.[15] 하나님의 진노는 하나님의 심판 중에서 가장 무서운 것입니다.

하나님과 죄는 영원한 대적입니다. 하나님은 절대로 죄를 용서하시지 않으십니다. 하나님은 거룩하시기에 절대로 죄와 함께 하지 않으십니다. 하나님은 죄가 있는 채 우리를 용서하시지 않으십니다. 그래서 주님이 우리의 죄를 대신하여 죽으신 것입니다(히 10:10). 신자가 하나님께 죄의 용

---

15 마틴 로이드 존스, 『로마서 강해』 9권, 288-289.

서 받음은 주님의 십자가에서 죽으심의 결과입니다. 주님의 사랑의 결과입니다(롬 3:24-26; 요 3:16). 이와 같이 하나님의 영광은 그 백성의 구원과 죄인들의 심판을 통해서 분명하게 드러납니다(마 25:31-34; 롬 9:22-23).

하나님의 진노는 죄를 미워하시는 하나님의 혐오를 뜻합니다.[16] 하나님과 반대되는 것은 모두 다 하나님이 미워하십니다. 하나님께서는 죄를 미워하십니다. 하나님은 어두움과 죄와 사단의 영역에 속한 모든 것을 다 미워하십니다. 하나님께서 죄를 보실 때 그 죄를 혐오하시며, 하나님의 공의와 의로 죄를 다루시며 죄를 심판하십니다.

인간은 죄를 지으면 반드시 비참과 수치 그리고 가책이 있다는 것을 성경을 통해서 알게 됩니다. 죄를 지은 자들에게는 죄의 결과들이 나타납니다. 아담의 원죄로 인한 타락의 직접적인 결과로 인해 질병과 아픔이 나타났습니다. 피조계와 자연계의 모든 상태가 인간이 죄를 지은 결과에 대한 하나님의 심판의 모습을 반영하고 있습니다(창 3:17-18; 5:29; 롬 8:18-22).

> 땅은 너로 말미암아 저주를 받고(창 3:17).

인간에게 있는 죽음의 보편성 역시 인간의 죄의 결과입니다. 사망은 인간의 죄를 심판하신 하나님의 심판의 일부입니다(창 2:17). 우리는 역사에 나타나는 일들을 통해서 죄악의 결과들을 봅니다(창 3:15-19; 7장 홍수; 11:1-9; 19:23-29; 딤전 2:12; 시 51:4; 바벨론에 포로로 잡혀감 등). 죄로 인한 하나님의 진노가 가장 크게 나타난 것은 예수 그리스도의 십자가입니다. 역설적으로 십자가는 세상에 대한 하나님의 사랑의 표시이면서 동시에 죄에 대한

---

16 마틴 로이드 존스, 『로마서 강해』 7권, 415-416.

하나님의 진노의 모습이기도 합니다. 하나님은 죄를 그대로 두고는 인간을 용서하시지 못하시기 때문입니다. 하나님은 죄의 심판을 통해 하나님의 공의와 사랑을 드러내 보이십니다(살후 1: 5-9; 고후 5: 10-11).

하나님은 이 땅에서 죄인들을 심판하실 때 경우에 따라 하나님의 섭리에 의하여 죄인들을 상실한 마음대로 내버려두시기도 하십니다(롬 1:28).

> 또한 그들이 마음에 하나님 두기를 싫어하매 하나님께서 그들을 그 상실한 마음대로 내버려 두사 합당하지 못한 일을 하게 하셨으니 (롬 1:28).

그러나 죄에 대한 하나님의 심판은 영원합니다.[17] 죄인을 유기하신다고 해서 심판이 유예된 것은 아닙니다. 하나님의 심판은 갑자기 임할 것이며, 마지막 날 악인은 하나님의 심판을 견디지 못할 것입니다(시 1:5; 왕하 22:13; 대하 34:21; 행 2:40; 딤전 5:24; 시 37편; 73편).

> 그러므로 악인들은 심판을 견디지 못하며 죄인들이 의인들의 모임에 들지 못하리로다(시 1:5).

> 너희는 가서 나와 및 이스라엘과 유다의 남은 자들을 위하여 이 발견한 책의 말씀에 대하여 여호와께 물으라 우리 조상들이 여호와의 말씀을 지키지 아니하고 이 책에 기록된 모든 것을 준행하지 아니하였으므로 여호와께서 우리에게 쏟으신 진노가 크도다 하니라(대하 34:21).

---

17 마틴 로이드 존스, 『로마서 강해』 7권, 418-428.

죄의 삯은 사망이요 하나님의 은사는 그리스도 예수 우리 주 안에 있
는 영생이니라(롬 6:23).

5. 하나님의 선고

『로마서 강해』 8권에서 하나님의 선고는 언제나 공정하고 표준을 따
른다고 말씀합니다.[18] 하나님의 심판은 언제나 공정하며 언제나 표준을 따
른다는 것입니다(롬 2:2, 13). 『로마서 강해』 9권에서의 강조점은 구원은 인
간의 행위로 인한 결과가 아니라 하나님의 긍휼하신 은혜로 인한 절대적
자유 행위임을 말씀합니다.[19]

하나님께서는 하시겠다고 말씀하신 바를 언제나 즉각적으로 행하시지
는 않으시기도 하십니다. 때로 하나님은 하나님의 심판의 일을 갑자기 행
하실 때도 있습니다. 그러나 이르든 늦든 간에 심판의 날은 반드시 올 것입
니다. 그날이 오면 하나님께서 심판을 행하실 것입니다. 하나님은 말씀하
신 것을 온전하게 끝까지 해내실 것입니다(벧후 3:7, 11; 시 73:20).

마지막 날 하나님께서 이전에 말씀하셨던 모든 것이 한 세대에 다 쏟아
져 내릴 것입니다. 이처럼 하나님께서는 죄에 대하여 언제나 즉각적으로 심
판하시지는 않으십니다만 반드시 때가 되면 심판하십니다(학 2:6; 신 4:30; 사
2:2; 렘 23:20; 미 4:1; 살후 2:12; 시 64:5). 그러므로 신자는 하나님의 심판의 말
씀을 믿고, 하나님께서 명령하신 말씀들을 행하는 삶을 살아야 합니다.

---

18   마틴 로이드 존스, 『로마서 강해』 8권, 194.
19   마틴 로이드 존스, 『로마서 강해』 9권, 353-369.

6. 하나님의 판단

성경은 하나님의 존재를 논증하지 않습니다. 성경은 하나님의 존재에 대해 선언하고 있습니다. 성경은 하나님으로부터 말합니다. "하나님은 어떠한 분이신가요?"라고 묻는다면 그 대답은 다음과 같습니다. "하나님은 하나님이십니다" 그러므로 어떤 사물이나 누군가를 하나님보다 앞에 놓는 것은 하나님을 모독하는 것입니다.[20] 그분 하나님의 판단은 언제나 동일합니다.[21] 그래서 하나님의 판단 역시 영원하다 말할 수 있습니다.

하나님은 언제나 진리를 따라 존재합니다(롬 3:4, 24). 하나님은 진리이기 때문에 하나님의 판단 역시 진리입니다(창 18:25; 출 20장 십계명; 요일 1:5). 하나님의 기준에는 변화하거나 달라지는 것이 없습니다(약 1:17). 의와 영원한 율법은 하나님 스스로이십니다. 그것은 곧 하나님이십니다(요 7:24; 눅 11:39). 그러기에 하나님의 판단은 진리이며 영원합니다.

> 온갖 좋은 은사와 온전한 선물이 다 위로부터 빛들의 아버지께로부터 내려오나니 그는 변함도 없으시고 회전하는 그림자도 없으시니라 (약 1:17).

우리 하나님은 신자를 보실 때, 외양적인 나타남만이 아니라 신자의 내면의 마음을 보십니다(눅 16:15; 히 4:12-13; 삼상 15:22-23; 암 5:21-27; 행 10:34; 약 3:17; 롬 11:21).

---

20 마틴 로이드 존스, 『성부 하나님과 성자 하나님』, 임번진 역 (서울: 부흥과개혁사, 2014), 93.
21 마틴 로이드 존스, 『로마서 강해』 8권, 45-49, 55-58.

> 하나님의 말씀은 살아 있고 활력이 있어 좌우에 날선 어떤 검보다도 예리하여 혼과 영과 및 관절과 골수를 찔러 쪼개기까지 하며 또 마음의 생각과 뜻을 판단하나니 지으신 것이 하나도 그 앞에 나타나지 않음이 없고 우리의 결산을 받으실 이의 눈 앞에 만물이 벌거벗은 것 같이 드러나느니라(히 4:12-13).

하나님은 하나님이시기에 반드시 판단하십니다. 죄에 대한 하나님의 판단은 반드시 진리를 따라 하십니다(롬 3:24). 인간 중 그 어느 누구도 하나님의 심판을 피할 수 있는 자는 없으며, 피할 길도 없습니다(히 9:27). 인간은 누구나 다 하나님 앞에서 심판을 받을 것입니다(고후 5:10; 전 12:14; 롬 2:16; 14:10,12; 마 12:36-37; 25:31-46; 계 3:5; 20:10; 21:10; 22:20). 그 심판에 예외된 자들은 한 명도 없습니다. 어느 누구도 하나님이 모르게 천국에 들어갈 수 없습니다. 혹은 실수로 들어갈 수 도 없습니다. 하나님은 이 모든 것을 완벽하게 처리하실 것입니다. 그분은 하나님이시기 때문입니다.

2장
성자 하나님

1. 예수와 아담의 공통점
2. 성경에 나타나는 메시아 약속
3. 예수 그리스도
4. 그리스도와 역사의 시간
5. 그리스도의 죽음은 계획되고 예언되었다
6. 성육신
7. 그리스도는 율법의 완성
8. 만물의 머리로서의 그리스도
9. 주님의 주되심
10. 예수의 부활

2장 성자 하나님

1. 예수와 아담의 공통점

　　예수와 아담의 공통점은 둘 다 우리의 머리와 대표자라는 것입니다.[1] 둘 다 인류와 인간성의 머리입니다. 둘 다 하나님께 지명 받았습니다. 한 인류가 아담 안에서 시작되었고, 또 다른 한 인류가 그리스도 안에서 시작되었습니다.[2] 아담과 예수 그리스도는 하나님과 언약을 맺고 있으므로 각자는 언약적 머리인 것입니다. 각자는 각 족속의 머리입니다. 그들 각자 자기가 한 일의 효과와 열매들을 자기 자손들에게 물려주었습니다. 그들은 언약의 머리요. 자신의 자손들을 대표합니다. 각자는 자기 자신의 행위의 효과와 결과들을 자손들에게 영향을 끼칩니다(롬 5:12-21).

　　하나님께서 아담을 하나님의 형상으로 지었기에 죄 짓기 전 그는 완전했고 무죄했으며 순전했습니다. 더 이상 완전할 수 없는 자 그가 아담이었습니다. 그러나 영화된 상태는 아니었습니다. 아담이 죄를 짓지 않았으면

---

[1] 마틴 로이드 존스, 『로마서 강해』 2권, 278-281.

[2] 마틴 로이드 존스, 『로마서 강해』 6권, 227.

그는 죽지 않았을 것입니다. 그는 영원히 살았을 것입니다.

그러나 아담은 예수 그리스도의 의를 소유하지 못했습니다. 그가 잃어버린 의는 자기 자신의 의였습니다. 아담이 죄를 지었을 때 우리 모든 사람은 아담 안에서 죄를 지은 것이고 사망과 심판이 모든 사람에게 이르렀습니다. 우리는 아담으로부터 죄성을 유전 받았습니다. 우리가 겪는 모든 고통의 이유는 아담과의 연합 때문입니다. 아담의 불순종의 행동이 우리 모두를 죄인으로 정해 놓은 것입니다(롬 5:12, 17).

그러나 두 번째 아담이요, 마지막 아담이신 주님은 하나님께 온전히 순종했습니다. 아담의 죄와 인류의 죄를 주님이 대신 담당하셨습니다. 주님이 십자가에 피 흘리시고 죽으심으로 하나님의 율법의 저주를 모두 다 담당하셨습니다. 주님은 율법을 이루셨습니다(요 19:30). 율법의 요구를 다 치루셨습니다(히 10:12-14). 이와 같은 주 예수 그리스도의 순종이 그를 믿는 모든 자들을 믿음으로 말미암아 의롭다 하시도록 정해 놓으셨습니다(롬 1:17; 8:1).[3] 우리는 주님을 통해서 아담이 타락하기 이전에 가졌던 의인으로서의 의를 회복했습니다. 그리고 우리 주 예수 그리스도의 의까지 덧입었습니다(롬 5:17-19; 히 5:8-9).

아담과 인류의 관계는 주 예수 그리스도와 구속받은 백성들의 관계를 묘사합니다. 우리가 아담 안에 있었던 것과 마찬가지로 우리는 그리스도 안에 있게 되는 것입니다. 우리는 그리스도 안에 있는 새로운 실재가 된 것입니다. 그러므로 신자는 예수로 말미암아 새로운 인류가 되었습니다.

---

3   마틴 로이드 존스, 『로마서 강해』 2권, 195-216, 235-236, 262-264.

2. 성경에 나타나는 메시아 약속

1) 메시아 약속은 창 3:15; 49:10; 민 24:17; 삼하 7:13; 단 9:24, 사 7:14 에 나옵니다.[4]
2) 태어날 곳 예언: 미 5:2.
3) 선지자: 신 18:15.
4) 제사장: 사 53장.
5) 왕: 단 2:35; 9:24; 시 2:7, 9.
6) 이방을 비추는 빛: 사 42장; 49장; 50장.
7) 고난 받으시는 메시아: 사 53:3 멸시를 받아 사람들에게 버리운 바 될 것이다. 눅 4:18-19.
8) 슥 9:9은 나귀 새끼를 타고 입성하실 것을 예언하였습니다. 은 30에 팔릴 것을 예언하였습니다.
9) 시 22:18은 옷이 제비 뽑혀 나뉠 것을 예언하였습니다.
10) 슥 12:10은 그가 찔림을 받을 것을 예언하였습니다.
11) 사 53장에 보면 그의 무덤이 악인과 부자와 함께 있을 것을 예언하였습니다.
12) 시 22편 16편에는 예수의 부활을 예언하였습니다.

주님은 구약의 예언을 성취하셨습니다. 그리고 주님은 메시아로서의 많은 예언을 성취하셨습니다. 주님만이 율법의 정죄를 다 이루셨음을 보여주십니다(벧전 2:24; 고후 5:19). 주님만이 우리에게 영생을 허락하십니다

---

[4] 마틴 로이드 존스, 『로마서 강해』 7권, 서문강 역 (서울: CLC, 2010), 97-98.

(요 17:3; 3:36, 15; 6:47).

> 친히 나무에 달려 그 몸으로 우리 죄를 담당하셨으니 이는 우리로 죄에 대하여 죽고 의에 대하여 살게 하려 하심이라 그가 채찍에 맞음으로 너희는 나음을 얻었나니(벧전 2:24).

또한 이스라엘 족속에서 주어졌던 최고의 특권은 육체를 따라서 만유 위에 계신 영원토록 찬송 받으실 하나님이시요, 메시아이신 주 예수 그리스도께서 유대민족을 통해서 나셨다는 것입니다.[5] 이스라엘 사람들, 양자됨, 언약들, 율법을 주심, 하나님을 예배함, 약속들, 조상들 이 모든 것이 이스라엘에 있는 것은 그들이 메시아가 나오는 민족이 되기 위한 바로 그 한 가지 목적이었습니다(창 3:15; 갈 3:16).

> 내가 너로 여자와 원수가 되게 하고 네 후손도 여자의 후손과 원수가 되게 하리니 여자의 후손은 네 머리를 상하게 할 것이요 너는 그의 발꿈치를 상하게 할 것이니라 하시고(창 3:15).

> 이 약속들은 아브라함과 그 자손에게 말씀하신 것인데 여럿을 가리켜 그 자손들이라 하지 아니하시고 오직 한 사람을 가리켜 네 자손이라 하셨으니 곧 그리스도라(갈 3:16).

예수 그리스도는 왕이십니다(시 2:8; 마 28:18; 고전 15:24-28). 하나님의

---

5 마틴 로이드 존스, 『로마서 강해』 9권, 서문강 역 (서울: CLC, 2008), 99-126.

나라는 이미 왔습니다(민 24:17; 시 45편; 72편; 사 35장; 53장; 55장; 60-62장; 고후 1:20). 메시아의 통치가 이미 그 백성들, 곧 교회 안에서 시작되었습니다.

그는 제사장이십니다(레 1:4; 히 3:1; 4:14; 5:5). 우리가 주님이 우리의 죄를 위해 돌아가셨음을 믿고 고백한다면 우리의 자아는 죽을 것입니다.[6] 이것이 주님의 십자가의 목적 중의 하나입니다. 그리하여 새 백성, 새 인간성, 그리고 새 창조가 그리스도를 통하여 나타납니다. 하나님은 주님과 같은 백성으로 구성된 새 나라를 세우십니다. 주님은 우리 죄를 친히 대신 지시기 위해 이 땅에 오셨습니다(벧전 2:24). 그리하여 주님은 우리를 위해 형벌을 받으셨으며, 죽으셨습니다. 하나님은 주님의 죽으심으로 하나님의 공의를 드러내셨습니다. 이와 같이 신자는 주님을 통하여 하나님과의 관계가 회복되었으며, 화목하게 되었습니다.

예수 그리스도는 선지자이십니다(신 18:15; 눅 13:33). 신자는 하나님의 나라를 소망하며 삶을 살아갑니다. 이것이 구원입니다. 이러한 구원을 가능하게 해 주신 분이 우리 주 예수 그리스도이십니다.

3. 예수 그리스도

예수 그리스도는 하나님이십니다. 예수님은 창조주이십니다. 그 예수님은 창세전에 하나님과 함께 영화를 가지셨습니다.

---

6 마틴 로이드 존스, 『산상설교집 상』, 문장수 역 (서울: 정경사, 2008), 423.

> 아버지여 창세 전에 내가 아버지와 함께 가졌던 영화로써 지금도 아
> 버지와 함께 나를 영화롭게 하옵소서(요 17:5).

주님은 우리를 사랑하시사 우리의 죄를 대신 지시기 위해 인간의 몸으로 오셨습니다. 왜냐하면 인간이 죄를 지었기에 인간이 용서받아야 하기 때문입니다. 그 예수님은 성령으로 동정녀 마리아의 몸에서 잉태되어 사람으로 나신 것입니다(사 7:14; 마 1:23). 그러나 주님은 피조되지 않으셨습니다. 주님은 피조물이 아니십니다. 주님은 창조주이시며 하나님이십니다.

또한 우리 주님은 영원부터 하나님의 아들이시며 동시에 사람입니다. 인간은 모두 죄인이기에 하나님이신 주님, 죄 없으신 주님이 우리를 대신해서 죄 값인 피 흘리심과 죽으심을 감당하시기 위해 오신 것입니다(롬 6:23; 히 9:22). 이와 같은 이유로 주님은 성육신하시어 신인이 되셔서 우리의 대표자로서 이 세상에 오신 것입니다.

우리를 구원하실 수 있는 분은 오직 한 분 예수 그리스도이십니다. 우리가 죄를 사함 받을 수 있는 유일한 방법은 영광의 주님이 십자가에서 우리의 죄를 대신해서 죽으시는 것뿐입니다(고전 2:8). 주님이 우리를 위하여 피 흘리심이 없이는 구원을 이룰 수 없습니다. 예수님은 우리의 대제사장이십니다(히 4:14-16; 9:7-12, 23; 10:11-14; 벧전 1:2; 롬 14:9; 마 28:18-20; 요 5:24). 주님은 우리의 죄를 위해 죽으신 재물이 되시며, 우리의 죄를 사하시는 대제사장이 되십니다(히 5:5-6). 우리를 구원하시기 위해 하나님의 율법이 요구하는 것은 죄로 인한 피 흘림과 죽음입니다(히 9:22; 롬 6:23). 죄로 인한 피 흘림과 죽임을 주님이 우리를 대신해서 다 감당하셨습니다. 주님이 피 흘리시고 죽으심으로 하나님의 율법의 요구를 다 만족시키셨습니다(롬 8:3-4; 요 19:30).

주님은 하나님의 사랑하는 아들이지만 하나님은 그 아들 예수를 아끼지 아니하시고 우리의 죄를 사하시기 위해서 필요한 고난을 받게 하셨습니다. 하나님은 우리 모든 사람들을 위해서 예수님을 내어주셨습니다(눅 22:53; 골 2:14-15; 눅 22:41-46; 마 27:46; 고후 5:21; 갈 3:13; 빌 2:8; 히 12:2). 주님은 이렇게 고난의 메시아로서 이 땅에 오신 것입니다.

> 제구시쯤에 예수께서 크게 소리 질러 이르시되 엘리 엘리 라마 사박다니 하시니 이는 곧 나의 하나님, 나의 하나님, 어찌하여 나를 버리셨나이까 하는 뜻이라(마 27:46).

그 주님이 죽음의 권세를 이기시고 부활하셨습니다. 주님의 부활은 주님이 거룩하시다는 것을 증명합니다. 주님의 부활로 주님의 거룩하심이 입증되었습니다. 하나님은 예수님을 죽은 자 가운데서 부활시키심으로 주님을 객관적, 공적, 최종적으로 신실하심을 입증하셨습니다.[7] 주님이 하나님의 아들이심을 증거 하는 가장 강력한 증거는 바로 주님의 부활입니다(요 2:19-21; 빌 2:9-11).[8]

> 이러므로 하나님이 그를 지극히 높여 모든 이름 위에 뛰어난 이름을 주사 하늘에 있는 자들과 땅에 있는 자들과 땅 아래에 있는 자들로 모든 무릎을 예수의 이름에 꿇게 하시고 모든 입으로 예수 그리스도를 주라 시인하여 하나님 아버지께 영광을 돌리게 하셨느니라(빌 2:9-11).

---

7 마이클 호튼, 『개혁주의 조직신학』, 이용중 역 (서울: 부흥과개혁사, 2014), 97.
8 마틴 로이드 존스, 『로마서 강해』 7권, 153.

부활하신 주님은 승천하여 하나님 우편에 계십니다. 그 주님은 영광의 주로, 심판의 주로 이 땅에 다시 오실 것입니다. 우리는 그 날을 소망하며 오늘도 하나님의 형상의 회복을 위해 살아야 합니다(롬 8:29-30).

4. 그리스도와 역사의 시간

첫 번째 시간은 그리스도께서 세상에 오시기 전의 시간입니다.

두 번째 시간은 그리스도의 초림과 재림 사이의 때입니다.

그분이 오시므로, 때가 차고 끝이 났습니다(갈 4:4). 우리는 그리스도의 초림과 재림 사이의 시대에 살고 있습니다. 세계 역사의 마지막 시기에 살고 있습니다. 우리는 말세에 살고 있는 것입니다(딤후 3:13; 눅 17:26).

> 노아의 때에 된 것과 같이 인자의 때에도 그러하리라(눅 17:26).

> 요한이 잡힌 후 예수께서 갈릴리에 오셔서 하나님의 복음을 전파하여 이르시되 때가 찼고 하나님의 나라가 가까이 왔으니 회개하고 복음을 믿으라 하시더라(막 1:14-15).

우리가 살고 있는 시기는 이미 일어나고 있는 일의 정점의 시기입니다(히 1:2; 고전 10:10; 요일 2:18).

> 아이들아 지금은 마지막 때라 적그리스도가 오리라는 말을 너희가 들은 것과 같이 지금도 많은 적그리스도가 일어났으니 그러므로 우

리가 마지막 때인 줄 아노라(요일 2:18).

"그 시기"는 주님께서 행하신 것과 주님께서 앞으로 행하실 것 사이의 중간기입니다. 우리는 마지막 시기, 이 세계 역사의 '마지막 국면' 속에 살고 있습니다(시 10:13). 이것을 '세상 끝'(고전 10:11)의 시간이라 합니다. '말세'의 시간입니다. 이는 우리 주 예수 그리스도께서 이 세상에 오신 다음의 시기, 다음의 시대입니다.

> 그들에게 일어난 이런 일은 본보기가 되고 또한 '말세'를 만난 우리를 깨우치기 위하여 기록되었느니라(고전 10:11).

세 번째 최종적으로 주님이 다시 오시는 때가 있습니다. 주님께서 다시 오실 때 시간은 더 이상 존재하지 않을 것입니다. 그러므로 신자는 이 세상 너머의 내세와 그 내세의 삶에 대한 매우 분명한 관점을 가져야 합니다.[9] 그 시간을 준비하는 신자가 되어야 합니다. 이를 위해 우리는 부름 받은 것입니다.

5. 그리스도의 죽음은 계획되고 예언되었다

주님의 십자가는 창세전에 계획된 것입니다.[10]

---

9 마틴 로이드 존스, 『로마서 강해』 13권, 313-316.
10 마틴 로이드 존스, 『로마서 강해』 9권, 403-412.

구약에서 아브라함이 이삭을 바친 것은 주님의 갈보리 십자가를 예표하신 것입니다. 야곱이 베델에서 본 사닥다리는 바로 주님의 십자가의 예표입니다(창 28:12). 주님은 인간의 몸으로 오셔야 했습니다. 주님이 우리를 위해 고난을 당하여야 했으며, 우리를 위해 피를 흘리셔야 했습니다. 우리의 죄 값을 다 치루기 위해서 죽으셔야 했습니다. 하나님께 대한 인간의 반역의 결과를 보여주신 것이 십자가입니다.[11] 십자가가 없었다면 우리는 여전히 자연인으로 살고 있었을 것입니다. 그러므로 십자가의 은혜를 경험한 자들은 우리의 죄를 대신해서 십자가에서 피 흘리시고 죽으신 주님께 감사하며 우리 주 예수 그리스도에게 영원토록 영광을 돌려야 합니다.

6. 성육신

주님이 성육신 하여 이 땅에 오신 것은 하나님께서 구약기간 동안 내내 약속하셨던 모든 것의 성취입니다.[12] 주님은 성육신(육신으로 보내심)으로 이 세상에 오셨습니다(요 1:1; 롬 8:3; 갈 4:4; 빌 2:7; 딤전 3:16; 히 10:5; 요일 4:1-3).

> 율법이 육신으로 말미암아 연약하여 할 수 없는 그것을 하나님은 하시나니 곧 죄로 말미암아 자기 아들을 죄 있는 육신의 모양으로 보내어 육신에 죄를 정하사(롬 8:3).

---

11 마틴 로이드 존스, 『십자가』, 서창원 역 (서울: 두란노, 2014), 199.
12 마틴 로이드 존스, 『로마서 강해』 10권, 서문강 역 (서울: CLC, 2007), 177.

주님은 죄 있는 육신의 모양으로 보내심을 받았습니다. 육신은 죄가 없었고 죄와 상관이 없습니다. 그러나 그 분의 육신은 그런 모양이었습니다(눅 2:7; 고후 8:9; 갈 3:13; 4:4; 빌 2:8).

예수님은 동정녀를 통해서 오셨습니다(눅 1:35; 마 1:18, 20; 고후 5:21; 히 4:15; 7:27; 9:15; 벧전 1:19; 롬 8:29). 예수님이 인간의 모습으로 오셔야 하신 이유는 인간이 실패했으니, 인간의 모습으로 오셔야 했던 것입니다(히 2:10). 아담이 인간이었듯이 우리를 구원하실 분도 오직 인간이어야 하기 때문입니다. 인간으로서 사시는 하나님이시기에 주님이 우리의 죄를 감당하실 수 있으신 것입니다.

하나님은 인류의 모든 죄에 상응하는 벌을 주님께 주셨고, 십자가에 피 흘리시고 죽으심을 통해 하나님의 공의를 만족하신 것입니다. 또한 율법 아래서 나서 율법을 다 지켜야 하시기에 여자에게서 낳으셨습니다.

> 때가 차매 하나님이 그 아들을 보내사 여자에게서 나게 하시고 율법 아래에 나게 하신 것은(갈 4:4).

주님은 이 땅에 사는 동안 모든 율법을 다 지키셨습니다. 만약 주님이 율법을 온전히 지키시지 않으셨다면 주님은 우리를 율법의 저주에서 구원하시지 못하셨을 것입니다.

주님은 인간을 구원하기 위해 인간이 되셔야 했습니다. 왜냐하면 인간이 죄를 지었기 때문에 인간의 몸으로 오셔야 했던 것입니다(히 2:9, 14, 16-18).

> 9 오직 우리가 천사들보다 잠시 동안 못하게 하심을 입은 자 곧 죽음의 고난 받으심으로 말미암아 영광과 존귀로 관을 쓰신 예수를 보니

> 이를 행하심은 하나님의 은혜로 말미암아 모든 사람을 위하여 죽음을 맛보려 하심이라 14 자녀들은 혈과 육에 속하였으매 그도 또한 같은 모양으로 혈과 육을 함께 지니심은 죽음을 통하여 죽음의 세력을 잡은 자 곧 마귀를 멸하시며 16 이는 확실히 천사들을 붙들어 주려 하심이 아니요 오직 아브라함의 자손을 붙들어 주려 하심이라 17 그러므로 그가 범사에 형제들과 같이 되심이 마땅하도다 이는 하나님의 일에 자비하고 신실한 대제사장이 되어 백성의 죄를 속량하려 하심이라 18 그가 시험을 받아 고난을 당하셨은즉 시험 받는 자들을 능히 도우실 수 있느니라(히 2:9, 14, 16-18).

그리스도는 우리를 위한 모든 시험을 받으셨습니다. 알렉산더(J. A. Alexander)은 이렇게 말합니다.

> 성령님이 예수님을 40일 금식 후 광야로 인도하실 때 예수님의 의지에 반하여 강제적으로 인도하신 것이 아니라 그리로 가라고 주님에게 강권하는 강한 충동을 주신 것입니다.[13]

주님은 이 땅에 살면서 육체의 연약함을 보이셨습니다. 이는 주님이 완전한 인간이심을 보이시는 것입니다. 그러나 예수님이 가진 연약함 그 자체는 죄가 아닙니다. 주님은 피곤, 고통, 슬픔, 지침, 힘없음, 그리고 눈물을 흘리셨습니다(눅 2:40, 52; 히 5:1-2; 요 4:6). 사망을 이기시기 위해서 죽으셨습니다(행 26:23; 롬 6:10; 고전 15:21).

---

13 마틴 로이드 존스, 『로마서 강해』 5권, 235.

> 사망이 한 사람으로 말미암았으니 죽은 자의 부활도 한 사람으로 말
> 미암는도다(고전 15:21).

하나님이신 주님이 이 땅에 인간의 모습으로 오신 이유는 다음과 같습니다.

1) 율법을 지키고 높여야 하기 때문입니다. 주님은 죽으심으로 율법이 정한 죄에 대한 벌을 다 받으셨습니다(창 2:17).

2) 우리의 죄가 처리 되어야만 하기 때문입니다. 그래서 주님은 피를 흘리셨고 죽으셨습니다(롬 8:3-4; 빌 2:8; 히 2:9).

3) 새로운 본성을 우리에게 보여 주셔야 했기 때문입니다. 그래서 우리는 주님을 통해 새로운 피조물로 거듭난 것입니다.

> 이로써 그 보배롭고 지극히 큰 약속을 우리에게 주사 이 약속으로
> 말미암아 너희가 정욕 때문에 세상에서 썩어질 것을 피하여 신성한
> 성품에 참여하는 자가 되게 하려 하셨느니라(벧후 1:4).

4) 주님이 긍휼이 풍성한 대제사장이 되시기 위해서입니다. 주님은 우리의 죄를 중보하시는 대제사장이 되시어 우리의 모든 죄를 하나님 앞에 가지고 가셔서 중보하셨습니다. 그리고 주님은 하나님의 용서를 위해 친히 하나님의 어린양이 되어서 우리의 죄를 대신해 죽으셨습니다. 주님은 우리를 위한 대제사장이시면서 친히 대속 제물이 되셨습니다. 이와 같은 일을 하신 것은 예수 믿는 자들을 그리스도 안에서 하나님의 형상을 회복하고, 궁극적으로는 완전하고 완벽해지게 하기 위해서입니다(롬 3:26; 8:33-34). 따라서 우리는 잃어버린 하나님의 형상을 회복하기 위한 소망의 삶을 살

기 시작해야합니다.

> 곧 이 때에 자기의 의로우심을 나타내사 자기도 의로우시며 또한 예수 믿는 자를 의롭다 하려 하심이라(롬 3:26).

우리는 성경을 통해 주님을 만날 수 있습니다(눅 24:25-27). 성경을 읽으면서 그리스도 예수 안에 있는 충만을 구할 수 있습니다. 성례를 통해서도 주님을 만날 수 있습니다(고전 11:24-25). 주님의 영적 임재를 경험할 수 있습니다. 그리고 신자는 기도를 통해서 주님을 만날 수 있습니다. 또한 순종을 통해서 주님을 만날 수 있습니다(사 55:6). 그러나 주님을 만나려면 인내가 있어야 합니다(빌 3:14). 주님은 우리의 명령대로 움직이시는 분이 아니시기 때문입니다. 주님이 원하시는 시간에 주님의 방법으로 우리를 만나주실 것입니다. 우리가 전적으로 주님의 명령대로 움직여야 합니다. 시간도 방법도 형식도 모두 주님께서 결정하십니다.[14] 그러기에 겸손한 마음으로 주의 은총을 소망하며 인내하는 믿음이 필요합니다.

7. 그리스도는 율법의 완성

하나님의 율법의 요구의 차원에서 구원의 문제를 표현하지 않는 가르침은 어느 것이라도 거짓된 교훈입니다(롬 3:24-26). 그리스도는 모든 믿는 자에게 의를 이루기 위한 율법의 마침이 됩니다. 이것을 그리스도인의 대

---

14 마틴 로이드 존스, 『생수를 나누라』, 전의우 역 (서울: 규장, 2012), 55.

헌장이라고 합니다. 이것은 우리 주 예수 그리스도의 사역에 관한 절대적인 중심성입니다. 그리스도는 율법의 마침이 됩니다.[15]

율법은 여전히 하나님께서 사람들이 이 세상에서 어떻게 살기를 원하는 가장 완벽한 표현입니다. 하나님은 여전히 모든 사람에게 그 율법을 가지고 요구하십니다. 우리는 여전히 하나님의 율법에 의해서 판단을 받습니다. 구원의 목적 중 하나는 우리로 하여금 능히 하나님의 거룩한 율법이 요구하는 삶을 살도록 하는 데 있습니다. 이와 같이 예수 믿고 구원 받은 후에도 율법의 요구는 여전히 그리스도인에게 존재하고 있습니다. 율법의 요구를 주님은 완벽하게 이행하셨습니다. 이 면에서 주님은 율법의 마침이 됩니다. 주님은 하나님 앞에서 의의 차원에서 율법을 이루는 모든 것이 필요하였고, 그리스도께서는 그 모든 필요를 이루셨습니다.

> 때가 차매 하나님이 그 아들을 보내사 여자에게서 나게 하시고 율법 아래에 나게 하신 것은(갈 4:4).

이 말의 의미는 주님이 율법의 요구를 다 행하셨다는 것입니다. 주님은 율법 아래 나셨으며, 율법의 요구에 복종하셨습니다. 할례를 받으셨고, 세례를 받으셨습니다(눅 2:21).

> 예수께서 대답하여 이르시되 이제 허락하라 우리가 이와 같이 하여 모든 의를 이루는 것이 합당하니라 하시니 이에 요한이 허락하는지라 (마 3:15).

---

15 마틴 로이드 존스, 『로마서 강해』 10권, 89-111.

이외에도 주님은 이 세상에 사시는 동안 모든 율법에 완전히 순종하는 생활을 하셨습니다. 율법의 모든 요구를 주님은 적극적인 순종의 삶을 사시면서 율법을 만족시키셨습니다. 그리고 마지막 율법의 완성을 위해 주님은 십자가로 나아가셨습니다. 주님은 율법이 우리의 범죄에 대해서 정죄하는 것을 대신 담당하신 것입니다. 그래서 주님은 "친히 나무에 달려 그 몸으로 우리 죄를 담당하신" 것입니다. 이렇게 주님이 우리 죄를 대신 담당하심으로 우리는 주님의 보혈로 의롭게 되었습니다.

> 친히 나무에 달려 그 몸으로 우리 죄를 담당하셨으니 이는 우리로 죄에 대하여 죽고 의에 대하여 살게 하려 하심이라 그가 채찍에 맞음으로 너희는 나음을 얻었나니(벧전 2:24).

주님은 율법에 따라서 죄책이 요구하였던 바를 우리를 대신하여 받으신 것입니다. 주님은 십자가에서 하나님의 진노의 잔을 받으셨고, 피를 쏟으셨으며, 그리고 죽으셨습니다. 그와 같은 방식으로 예수님은 '율법의 마침'이 되신 것입니다. 그리고 주님이 피 흘리시고 죽으심으로 통해 율법의 요구가 완성되었다는 것은 주님이 부활하심으로 확신됩니다.

> 예수는 우리가 범죄한 것 때문에 내줌이 되고 또한 우리를 의롭다 하시기 위하여 살아나셨느니라(롬 4:25).

주님은 율법에 대해서 어떤 작별을 고한 것이 아니라 율법에 대한 완벽한 만족과 온전한 순종을 드림으로써 '율법의 마침'이 되신 것입니다. 그러시기에 주님은 십자가상에서 '다 이루었다'고 선언하셨습니다(요 19:30). 예수님께서는 모든 율법의 요구조항을 다 만족시키셨습니다. 그러기에 그분에게 율법의 요구가 더 이상 남아있지 않습니다. 주님은 하나님의 의가 되셨고(고후 5:19-21), 의를 위한 율법의 마침이 되셨습니다. 그리스도께서만이 의를 위한 율법의 마침이 되십니다(롬 3:19-20; 3:10).

첫 번째 사람인 아담은 완전하였습니다. 그러나 그는 율법을 지킬 수 없었습니다. 두 번째 아담인 예수 그리스도는 율법의 모든 것을 지키셨습니다. 그리고 주님은 우리의 구원자가 되셨습니다.

> 곧 하나님께서 그리스도 안에 계시사 세상을 자기와 화목하게 하시며 그들의 죄를 그들에게 돌리지 아니하시고 화목하게 하는 말씀을 우리에게 부탁하셨느니라 그러므로 우리가 그리스도를 대신하여 사신이 되어 하나님이 우리를 통하여 너희를 권면하시는 것 같이 그리스도를 대신하여 간청하노니 너희는 하나님과 화목하라 하나님이 죄를 알지도 못하신 이를 우리를 대신하여 죄로 삼으신 것은 우리로 하여금 그 안에서 하나님의 의가 되게 하려 하심이라(고후 5:19-21).

신자는 그리스도께서 자기들에게 가능케 한 의의 삶을 영위함으로써 증거를 제시하는 사람들이 가진 순전한 믿음으로 구원을 받습니다. 그러기에 신자는 자기 자신을 부인하고 자기 십자가를 지고 그리스도를 따라야 합니다.

기독교 신앙은 주님에 관한 것입니다. 기독교 신앙은 주님이 누구시며, 주님에게 어떤 일이 일어났으며, 그 모든 것의 의미가 우리에게 어떠한 것인지에 대한 것입니다. 신자는 주님이 무엇을 하셨고, 지금 무슨 일을 하고 계시며, 그리고 앞으로 무슨 일을 하실 것인지에 관심을 가지는 자들입니다. 따라서 기독교 신앙은 바로 주 예수 그리스도에게 집중되어 있습니다. 그것은 "예수님이 주님"이시라는 것입니다.

예수 그리스도만이 우리를 구원하실 수 있습니다. 그리스도께서는 하나님의 의를 이루기 위해 "모든 믿는 자에게" 율법의 마침이 되십니다. 하나님께서 주님을 죽은 자 가운데서 살리셨습니다. 이것을 믿는 믿음이 아니라면 그런 사람을 보고 '그리스도인'이라고 할 수 없습니다.[16]

그리스도에게서 일어났던 일이 우리에게 일어났습니다. 그 결과 율법에 대해서 죽었습니다.

> 죄가 너희를 주장하지 못하리니 이는 너희가 법 아래에 있지 아니하고 은혜 아래에 있음이라(롬 6:14).

이 말은 율법이 우리와 더 이상 관계가 없다는 뜻이 아닙니다. 이 말씀의 의미는 율법이 우리에게 불가능한 것을 요구하고 우리를 정죄하는 차원에선 우리가 더 이상 율법 아래 있지 않다는 것입니다. 우리는 죄책에서 용서받았습니다. 또한 율법의 저주에서 자유롭게 되었습니다. 우리는 주님의 의롭다 하심을 전가 받아 하나님께 의롭다 하심을 받았습니다. 우리는 그리스도 안에서 하나님과 화해하였습니다(롬 8:1, 15; 6:11; 엡 2:6).

> 1 그러므로 이제 그리스도 예수 안에 있는 자에게는 결코 정죄함이 없나니 15 너희는 다시 무서워하는 종의 영을 받지 아니하고 양자의 영을 받았으므로 우리가 아빠 아버지라고 부르짖느니라(롬 8:1, 15).

---

16   마틴 로이드 존스, 『로마서 강해』 10권, 149.

주님 안에 있으면 의롭다 함을 받고 영화롭게 되는 것이나 마찬가지입니다(롬 8:30). 우리에게는 더 이상 정죄는 없습니다(롬 8:1). 그러나 하나님께서는 우리가 하나님을 사랑한다면 하나님의 뜻이 반영된 율법을 지키라고 요구하십니다(롬 2:13; 마 5:17; 갈 3:10; 약 2:12; 막 12:29-31; 시 24:3-4; 레 18:5; 신 30:11-14).

> 하나님 앞에서는 율법을 듣는 자가 의인이 아니요 오직 율법을 행하는 자라야 의롭다 하심을 얻으리니(롬 2:13).

> 무릇 율법 행위에 속한 자들은 저주 아래에 있나니 기록된 바 누구든지 율법 책에 기록된 대로 모든 일을 항상 행하지 아니하는 자는 저주 아래에 있는 자라 하였음이라(갈 3:10).

이제 이 율법에 대한 요구는 우리가 율법의 정죄를 피하기 위해 율법을 지키는 것이 아니라 하나님의 사람으로서 율법을 사랑함으로 율법을 지키는 것입니다(요 14:15, 21; 요일 2:3). 그 생활에 성령님이 함께 하십니다. 그러함으로 우리는 율법을 지킬 수 있습니다(롬 8:13). 그리스도인들은 자기들의 구원을 확신한다고 하여도 주님을 두려워함으로 삶을 살아야 합니다(빌 2:12-13; 벧전 4:15-18; 벧후 1:10-11; 골 3:2). 이것이 신자의 바른 신앙 태도입니다.

8. 만물의 머리로서의 그리스도

바울의 신학의 주제는 예수 그리스도입니다.[17] 바울에게 있어서 예수 그리스도는 처음과 끝이었고, 모든 것 중의 모든 것이었습니다. 바울은 "우리가 너희에게 전하는 이 예수는 그리스도입니다"[18]라는 말씀을 전하며 사셨습니다. 사도 바울은 그리스도가 모든 피조물의 머리라고 언급합니다(고전 11:3, 15:28; 빌 2:5-11; 골 1:15-17).

> 그는 보이지 아니하는 하나님의 형상이시요 모든 피조물보다 먼저 나신 이시니 만물이 그에게서 창조되되 하늘과 땅에서 보이는 것들과 보이지 않는 것들과 혹은 왕권들이나 주권들이나 통치자들이나 권세들이나 만물이 다 그로 말미암고 그를 위하여 창조되었고 또한 그가 만물보다 먼저 계시고 만물이 그 안에 함께 섰느니라(골 1:15-17).

주님은 모든 것을 통치하십니다. 주님은 모든 만물을 창조하셨고 보존하십니다(요 1:3; 골 1:16-17; 히 1:3; 계 3:14; 엡 3:9).

> 만물이 그로 말미암아 지은 바 되었으니 지은 것이 하나도 그가 없이는 된 것이 없느니라(요 1:3).

> 만물이 그에게서 창조되되 하늘과 땅에서 보이는 것들과 보이지 않

---

17   마틴 로이드 존스, 『로마서 강해』 9권, 119-124.
18   마틴 로이드 존스, 『로마서 강해』 7권, 51.

는 것들과 혹은 왕권들이나 주권들이나 통치자들이나 권세들이나 만물이 다 그로 말미암고 그를 위하여 창조되었고 또한 그가 만물보다 먼저 계시고 만물이 그 안에 함께 섰느니라(골 1:16-17).

영원부터 만물을 창조하신 하나님 속에 감추어졌던 비밀의 경륜이 어떠한 것을 드러내게 하려 하심이라(엡 3:9).

주님의 나라는 현재의 일이며 또한 미래의 일입니다. 주님은 자신이 택하신 자들에게 하나님을 계시해 주셨습니다(마 11:27). 창조주이신 주님은 모든 만물을 통치하십니다(마 28:18; 요 3:35; 고전 15:27; 엡 1:20-22).

예수께서 나아와 말씀하여 이르시되 하늘과 땅의 모든 권세를 내게 주셨으니(마 28:18).

아버지께서 아들을 사랑하사 만물을 다 그의 손에 주셨으니(요 3:35).

만물을 그의 발 아래에 두셨다 하셨으니 만물을 아래에 둔다 말씀하실 때에 만물을 그의 아래에 두신 이가 그 중에 들지 아니한 것이 분명하도다(고전 15:27).

예수 그리스도는 친히 우리의 죄를 대신 감당하시기 위해서 이 땅에 오셨습니다(벧전 2:24). 그리고 주님께서는 우리를 대신해서 형벌을 지셨습니다. 주님은 우리를 위해 고난을 받으시고 골고다 언덕 위의 십자가에서 죽으셨습니다. 이와 같이 주님의 죽으심으로 하나님은 하나님의 공의를 드러내셨으며, 하나님의 의를 이루셨습니다. 왜냐하면 하나님은 결코 죄와 함께 하시지 않기 때문입니다(출 34:7; 시 5:4-6; 나 1:2; 롬 1:18; 엡 5:6; 히 9:27).

하나님의 용서는 그리스도를 통한 대속의 용서이십니다. 우리는 예수 그리스도를 통해 하나님과 화목하게 되었으며 하나님과의 교제가 회복되었습니다. 우리는 예수 그리스도를 통해서 하나님께 나아갈 수 있습니다.[19] 그러므로 예수님의 이름이 아니고는 어느 누구도 하나님께 나아갈 수 없습니다(딤전 2:5).

주님은 하늘과 땅의 모든 권세를 가지신 분이십니다(마 28:18). 그 주님께서 마지막 날에 모든 이들을 주님 앞에 세우실 것입니다(요 5:28-29). 그리고 모든 이들을 심판하실 것입니다(요 5:22, 27).

> 너희 안에 이 마음을 품으라 곧 그리스도 예수의 마음이니 그는 근본 하나님의 본체시나 하나님과 동등됨을 취할 것으로 여기지 아니하시고 오히려 자기를 비워 종의 형체를 가지사 사람들과 같이 되셨고 사람의 모양으로 나타나사 자기를 낮추시고 죽기까지 복종하셨으니 곧 십자가에 죽으심이라(빌 2:5-8).

하나님의 왕국은 교회와 완전히 일치되지는 않지만 밀접히 관련되어 있습니다(행 7:38; 롬 11:11-24; 갈 3:7-9, 29; 엡 2:11-22). 우리 주 예수 그리스도는 자신의 피로 교회를 사셨습니다(딛 1:3; 2:13-14; 빌 2:5-8; 살후 1:12).

---

19 마틴 로이드 존스, 『성경적 찬양』, 187.

그런즉 믿음으로 말미암은 자들은 아브라함의 자손인 줄 알지어다 또 하나님이 이방을 믿음으로 말미암아 의로 정하실 것을 성경이 미리 알고 먼저 아브라함에게 복음을 전하되 모든 이방인이 너로 말미암아 복을 받으리라 하였느니라 그러므로 믿음으로 말미암은 자는 믿음이 있는 아브라함과 함께 복을 받느니라 29 너희가 그리스도의 것이면 곧 아브라함의 자손이요 약속대로 유업을 이을 자니라 (갈 3:7-9, 29).

또한 그리스도는 하나님의 형상입니다(고후 4:4; 골 1:15; 2:9; 빌 2:6; 히 1:3; 마 1:23; 요 1:1-3).

그는 근본 하나님의 본체시나 하나님과 동등됨을 취할 것으로 여기지 아니하시고(빌 2:6).

우리는 그런 주 예수 그리스도에게 송영을 올립니다(딤후 4:18; 벧후 3:18; 계 5:13, 15:3).

주께서 나를 모든 악한 일에서 건져내시고 또 그의 천국에 들어가도록 구원하시리니 그에게 영광이 세세무궁토록 있을지어다 아멘 (딤후 4:18).

9. 주님의 주되심

『로마서 강해』10권에서 주님의 주되심에 대한 설명을 다음과 같이 합니다.[20] 예수님은 하나님의 영원한 아들이십니다(요 1:3; 히 1:2; 골 1:16).

> 만물이 그에게서 창조되되 하늘과 땅에서 보이는 것들과 보이지 않는 것들과 혹은 왕권들이나 주권들이나 통치자들이나 권세들이나 만물이 다 그로 말미암고 그를 위하여 창조되었고(골 1:16).

주님은 창조주이십니다. 창조주이신 예수님에 의해서 지음 받지 않는 존재는 하나도 없습니다(골 1:16). 우리 주님은 오늘도 모든 만물을 붙들고 계십니다. 그렇지 않다면 모든 만물은 이미 멸망했을 것입니다(골 1:17; 행 17:25; 사 42:5; 욥 38:41; 시 36:6).

> 또한 그가 만물보다 먼저 계시고 만물이 그 안에 함께 섰느니라 (골 1:17).

또한 주님은 만물의 '후사'(상속자)이십니다(히 1:2). 그 주님과 함께 우리 역시 하나님 나라를 상속 받을 것입니다.

> 이 모든 날 마지막에는 아들을 통하여 우리에게 말씀하셨으니 이 아들을 만유의 상속자로 세우시고 또 그로 말미암아 모든 세계를 지으

---

20   마틴 로이드 존스,『로마서 강해』10권, 155-156.

셨느니라(히 1:2).

하나님의 소망은 하나님께서 온 우주를 처음 만드셨을 때의 조건으로 다시 돌아가게 하시려는 것입니다. 하나님은 그 일을 예수님을 통해서 그리고 예수님으로 말미암아 하십니다(엡 1:9-10).

> 그 뜻의 비밀을 우리에게 알리신 것이요 그의 기뻐하심을 따라 그리스도 안에서 때가 찬 경륜을 위하여 예정하신 것이니 하늘에 있는 것이나 땅에 있는 것이 다 그리스도 안에서 통일되게 하려 하심이라 (엡 1:9-10).

신자는 만물의 회복을 소망하며 그 날을 위해 노력해야 합니다. 하나님 형상의 회복을 위한 노력은 이 땅에서부터 시작하는 것입니다. 구원에 대한 은혜의 기회는 이 땅에서의 삶에서만 가능합니다. 우리가 하나님 앞에 서면 더 이상 기회가 없습니다. 그러니 기회가 주어진 이 땅에서의 삶에서 우리는 우리에게 주어진 기회에 최선을 다하는 지혜로운 삶을 살아야 할 것입니다.

『로마서 강해』 14권에서 주님의 주되심에 대해 다음과 같이 설명합니다.[21] 사람은 실패했습니다. 그러므로 사람이 성공해야 합니다(히 2:10). 이것이 우리를 구원하시기 위해 주님께서 인간의 몸으로 오신 이유인 것입니다. 그는 율법 아래에 낳아야 하기에 주님은 여자에게서 낳으셨습니다. 이 땅에 오신 주님은 율법에 완전히 순종하셨습니다. 나면서부터 시

---

21 마틴 로이드 존스, 『로마서 강해』 14권, 164-171.

작한 율법에 대한 순종은 주님이 고난당하시고, 십자가에 못 박히시고, 죽으셔서 무덤에 묻히시기까지 순종하셨습니다. 그러나 주님은 죽음을 이기시는 분이어야 합니다. 그 일은 오직 하나님만이 가능하십니다. 하나님이 그 일을 하셨습니다. 주님은 부활하셨습니다. 주님의 부활은 주님이 의로운 분이라는 증명입니다.

하나님이신 주님은 이 땅에 인간의 몸으로 오셨습니다. 인간의 모습으로 메시아가 오신 이유는 사람이면서 하나님이셔야 구원이 가능했기 때문입니다. 죄인은 인간을 구원하지 못합니다. 죄 없으신 하나님만이 인간을 구원하실 수 있습니다. 그러기에 하나님이 인간의 몸으로 이 땅에 오신 것입니다. 하나님이시면서 인간이신 예수 그리스도야 말로 우리의 주님이십니다. 이에 대해 사도 바울은 "우리가 사나 죽으나 우리 존재 전체의 주님이 바로 우리 주님이십니다"라고 고백하였습니다. 주님의 죽으심과 부활의 결과로 주님은 우리의 주님이 되셨습니다(빌 2:5-11; 계 1:18; 마 28:18).

우리는 주님의 죽으심을 통해서만 우리가 사망에서 구원을 받습니다. 주님의 교훈이 우리를 죽음에서 구원해낼 수 없습니다. 주님의 교훈에만 집착하는 것은 구원에 대한 방향을 잘못 잡은 것입니다.

기독교 복음의 위대한 주장은 우리 주님께서 인간의 마지막 원수인 사탄과 사망 권세를 이기셨다는 것입니다(행 2:22-24). 우리 주님은 마지막 날 사망과 사탄을 영원히 멸하실 것입니다(계 20:10, 14). 그 주님이 다시 오실 것입니다. 우리는 주님의 재림을 믿습니다(히 7:19-25; 행 26:19-23).

> (율법은 아무 것도 온전하게 못할지라) 이에 더 좋은 소망이 생기니 이것으로 우리가 하나님께 가까이 가느니라 또 예수께서 제사장이 되신 것은 맹세 없이 된 것이 아니니 그들은 맹세 없이 제사장이 되었으되 오직

> 예수는 자기에게 말씀하신 이로 말미암아 맹세로 되신 것이라 주께서 맹세하시고 뉘우치지 아니하시리니 네가 영원히 제사장이라 하셨도다) 이와 같이 예수는 더 좋은 언약의 보증이 되셨느니라 제사장 된 그들의 수효가 많은 것은 죽음으로 말미암아 항상 있지 못함이로되 예수는 영원히 계시므로 그 제사장 직분도 갈리지 아니하느니라 그러므로 자기를 힘입어 하나님께 나아가는 자들을 온전히 구원하실 수 있으니 이는 그가 항상 살아 계셔서 그들을 위하여 간구하심이라 (히 7:19-25).

사망은 죄의 결과로 들어온 것이고, 마귀가 사람으로 하여금 죄를 짓도록 설득했습니다.

> 너희는 너희 아비 마귀에게서 났으니 너희 아비의 욕심대로 너희도 행하고자 하느니라 그는 처음부터 살인한 자요 진리가 그 속에 없으므로 진리에 서지 못하고 거짓을 말할 때마다 제 것으로 말하나니 이는 그가 거짓말쟁이요 거짓의 아비가 되었음이라 (요 8:44).

마귀는 인간 본성의 입장에서 보면 인류 전체를 지배하는 권위와 세력을 갖고 있습니다. 그러기에 우리는 모두 죄와 사탄의 지배 아래 있습니다. 그러나 주님의 죽으심과 부활로 말미암아 우리의 거듭나지 않은 상태에서 마귀가 우리에게 행할 수 있었던 모든 일들은 무력화되었습니다.

> 하나님께로부터 난 자는 다 범죄하지 아니하는 줄을 우리가 아노라 하나님께로부터 나신 자가 그를 지키시매 악한 자가 그를 만지지도 못하느니라 (요일 5:18).

우리는 죄와 사망의 세력과 두려움으로부터 건짐을 받았습니다.

> 또 죽기를 무서워하므로 한평생 매여 종노릇 하는 모든 자들을 놓아 주려 하심이니(히 2:15).

우리는 그리스도께 속했습니다. 그리스도께서 우리를 주님의 피 값으로 사셨습니다. 우리의 죄와 사망을 주님이 십자가에 달려 피 흘려 죽으시고 무덤에 묻히심으로 속량했습니다.[22] 그리스도의 죽으심과 부활하심 때문에 사망이 그리스도를 붙잡아 둘 수 없는 것처럼, 사망은 그리스도께 속한 우리를 더 이상 붙잡아 둘 수 없습니다.

> 이를 위하여 그리스도께서 죽었다가 다시 살아나셨으니 곧 죽은 자와 산 자의 주가 되려 하심이라(롬 14:9).

주님께서 죽은 자와 산 자의 주가 되시는 것은 마귀도 이기셨기 때문입니다(히 2:14-15; 골 2:13-15).

> 자녀들은 혈과 육에 속하였으매 그도 또한 같은 모양으로 혈과 육을 함께 지니심은 죽음을 통하여 죽음의 세력을 잡은 자 곧 마귀를 멸하시며 또 죽기를 무서워하므로 한평생 매여 종 노릇 하는 모든 자들을 놓아 주려 하심이니(히 2:14-15).

---

22 하이델베르크 요리문답(42문): 그리스도인들에게 있어서 사망은 죄의 대가가 아니라, 오히려 생명으로 들어가는 관문이다.

10. 예수의 부활

예수님이 십자가에서 죽으심으로 우리 죄의 모든 빚을 갚으셨습니다. 그 후 우리에게 그 어떤 정죄도 없으며 있을 수도 없음을 주님은 부활을 통해 완전하게 확증하셨습니다. 우리 주님의 부활은 그리스도께서 죄와 그 통치를 완벽하게 이기셨다고 하는 궁극적인 증거이며 죄에 대한 관계를 청산 하셨다고 하는 궁극적인 증거입니다(롬 6:3-4).[23] 예수 그리스도의 부활은 하나님의 아들이 속죄와 구속과 구원 사역을 완성 하셨음을 전 우주에 알리시는 하나님의 선포요, 공포입니다.[24]

부활은 예수님께서 왜 죽으셨는지를 우리에게 설명해 줍니다(마 26:53; 눅 9:51; 13:31-33; 막 10:45; 요 12:23-33; 19:30). 부활은 예수님이 누구이신가를 입증하는 것입니다. 주님의 부활은 하나님의 만족을 의미합니다(롬 4:25). 주님의 부활로 인해 우리는 하나님께 우리의 죄로 인하여 정죄 받지 않습니다(롬 8:1). 주님은 부활 후 승천하여 하나님 우편에 앉으셨습니다(히 10:12). 주님은 우리의 영원한 대제사장이십니다(히 7:22-23). 주님은 오늘도 우리를 위해 중보해 주십니다(히 7:24-25).

하나님은 우리를 주님의 십자가의 대속의 은총을 통해 용서해 주십니다. 죄 용서 받고 구원 받은 우리는 주님을 통해 하나님과 화목하게 됩니다. 하나님과 교제를 시작합니다. 그렇게 하나님의 백성이 된 우리는 하나님의 나라를 소망하며 이 땅에서 하나님의 백성으로 성화의 삶을 살아갑니다(롬 8:29-30; 골 3:2).

---

[23] 마틴 로이드 존스, 『로마시 강해』 10권, 서문강 역 (서울: CLC, 2007), 171-182.
[24] 마틴 로이드 존스, 『로마서 강해』 3권, 서문강 역 (서울: CLC, 2009), 85, 159.

이렇게 구원받은 그리스도인들이 여전히 죄를 짓는 이유가 있습니다. 그것은 우리는 구원 받았으나 죄가 우리 몸속에 남아 있기 때문입니다. 우리의 몸은 아직 구원받지 못했습니다. 이 몸은 부활의 때 구원 받을 것입니다(롬 8:11, 23; 빌 3:20-21; 고전 6:19).[25] 우리는 우리의 몸이 구원받을 날을 소망하며 삶을 살아나가는 것입니다.

> 예수를 죽은 자 가운데서 살리신 이의 영이 너희 안에 거하시면 그리스도 예수를 죽은 자 가운데서 살리신 이가 너희 안에 거하시는 그의 영으로 말미암아 너희 죽을 몸도 살리시리라(롬 8:11).

> ...우리의 낮은 몸을 자기 영광의 몸의 형체와 같이 변하게 하시리라 (빌 3:21).

주님은 심판의 주로 영광의 주로 다시 오실 것입니다(히 9:27-28). 그것이 변함없는 주님의 약속입니다. 우리는 마지막 날 난리와 난리의 소문(막 13:7)을 들을 것입니다. 그러나 우리는 괜찮습니다. 왜냐하면 주님이 자기 백성을 지킬 것이며, 우리는 주님이 계신 하나님 나라에 영원히 주님과 함께 거할 것이기 때문입니다. 그것이 우리의 소망입니다. 우리 주님은 하나님 나라의 상속자이십니다. 우리는 마지막 날 주님과 함께 하나님 나라를 상속 받을 것입니다(롬 8:17; 마 25:34; 요일 3:2; 계 21:7, 27; 22:12).

---

25   마틴 로이드 존스, 『로마서 강해』 5권, 114.

3장
성령 하나님

1. 성령은 누구인가?
2. 그리스도인과 성령의 관계
3. 성령 세례
4. 성령의 사역

3장 성령 하나님

1. 성령은 누구인가?[1]

만물은 성령으로 말미암아 창조되었고 새롭게 됩니다.

> 주의 영(루아흐)을 보내어 그들을 창조하사 지면을 새롭게 하시나이다(시 104:30).

창세기 8장 1절에 나오는 '루아흐'를 '바람' 대신 '성령'으로 번역할 수 있습니다.

> 하나님이 노아와 그와 함께 방주에 있는 모든 들짐승과 가축을 기억하사 하나님이 바람(루아흐)을 땅 위에 불게 하시매 물이 줄어들었고(창 8:1).

---

1 마이클 호튼, 『언약적 관점에서 본 개혁주의 조직신학』, 552-575.

그 성령은 '영광의 구름'(사 63:11-14; 학 2:5)과 '신적인 바람' 또는 '숨결(루아흐)', 즉 '영(성령)'을 뜻하는 바로 그 히브리어 단어와 연관되어 있습니다.

> 바람(루아흐)을 자기 사신으로 삼으시고 불꽃으로 자기 사역자를 삼으시며(시 104:3).

성령의 임재는 언제나 심판과 구원에 있어서 하나님 나라의 도래를 표시합니다.

성령은 지상의 성전을 비우시고 유다에서 바벨론으로 떠나셨습니다(겔 10장). 하나님이 이스라엘과 함께 하시기 위해서였습니다. 그 하나님께서 바벨론 포로에서 예루살렘으로 돌아온 이스라엘과 함께 하시기 위해 자신의 성전을 채우시기 위해 돌아오셨습니다. 이를 통해 우리가 알 수 있는 것은 성전보다는 그 성전 자체인 주님이 그 성전을 이루는 몸인 성도들과 함께 하시는 것을 더욱 중요하게 생각하신다는 것입니다.

성부는 객관적으로 성자를 계시하시며 성령은 내적으로 그리스도의 얼굴에 있는 하나님의 영광을 볼 수 있도록 우리에게 깨달음을 주십니다(고후 4:6; 참조 요 1:5; 3:15; 17:3; 고전 2:14). 성령은 우리가 하나님의 진리의 말씀을 받아들이며 오직 그리스도만을 신뢰하도록 하십니다(겔 36:26; 렘 32:39-40; 히 8:10; 엡 2:1-9).

성령은 과거에 대한 진리(하나님이 그리스도 안에서 '행하신' 일)뿐만 아니라 미래에 대한 진리(하나님이 그리스도 안에서 '행하실' 일)도 말씀하십니다. 우리는 성령의 조명을 통해 하나님의 일에 대한 진리를 알게 됩니다. 성령은 우리에게 주님이 우리를 위해 행하신 일들의 의미를 깨닫게 합니다. 그리고 그 진리를 받아들이게 합니다.

성령은 세례, 가르침, 성찬, 장로들과 집사들의 영적이고 물질적인 돌봄 등의 피조물적인 수단을 통해 교회를 모든 진리 가운데로 인도하십니다. 성부는 선포하시고, 성자는 선포되시며, 성령은 이해력을 조명하시고 의지로 하여금 성자를 받아들이게 하시는 '내적 선포자'이십니다.

성부는 말씀하십니다. 성자는 위격적으로나(영원한 낳음) 사역적으로나(복음) 성부가 말씀하시는 내용(말씀)입니다. 성자가 모든 진리의 유일한 화신이므로 성령은 "우리를 모든 진리 가운데로 인도"하시기 위해 보냄 받으셨습니다(요 16:13). 그러므로 성령의 목적은 예수가 그리스도이심을 전파하시는 것입니다.

성령님은 성부 하나님, 성자 예수님과 마찬가지로 우리를 자신의 소유로 주장하시는 하나님이십니다. 성령은 우리가 이용할 수 있는 자원이 아닙니다. 성령은 인간이 마음대로 움직일 수 있는 분이 아닙니다. 성령은 오직 성령의 뜻에 따라 움직이십니다.

예수님은 성부를 영화롭게 하셨고 이제 성부와 성령은 성자를 영화롭게 하십니다. 성령의 사역의 초점은 우리에게 우리의 죄와 그리스도의 전가된 의에 대해 깨닫게 하시고 우리를 그리스도 안에 있는 모든 진리로 인도하시는 것입니다. 예수님은 성령에 대해 "그가 내 영광을 나타내리니"라고 말씀하셨습니다(요 16:14). 이와 같이 성령은 예수님을 높이십니다. 성령은 예수님의 사역을 우리로 하여금 그 의미를 깨닫게 합니다. 그리고 그 주님께 영광을 돌리게 합니다. 이 일이 성령 사역의 중요 목적입니다.

예수 그리스도는 신자들과 교회 안에 거하시지만 직접 육체로 거하시는 것이 아니라 성령을 통해 거하십니다(고후 1:22; 롬 8:17, 26; 고전 3:16; 갈 4:6; 엡 5:18). 성령을 통해 우리는 예수 그리스도를 더욱 알게 되며 확신하게 됩니다.

성령은 우리의 최종적 구속의 아라본(첫 불임금)으로서 우리가 새 피조물로서 그리스도 안에 참여하는 일의 '이미' 이루어진 부분을 우리에게 주셨습니다. 우리는 성령을 통해서 구원에 대한 확신을 가지게 됩니다. 그리고 우리와 그리스도와의 연합에 있어서 우리를 기다리고 있는 '아직' 이루어지지 않은 부분에 대한 간절한 소망을 주시는 분도 바로 우리 안에 계신 성령이십니다(롬 8:18-28; 고후 1:22, 5:5; 엡 1:13-14). 우리는 성령을 통해 새 하늘과 새 땅을 소망하며 삶을 살아갈 수 있는 것입니다.

성령의 사역을 통해 우리는 주님을 선지자, 제사장, 왕으로서 찬양합니다. 그리고 성령을 통해서 우리는 그리스도를 닮도록 재창조됩니다. 거듭남은 성령이 주권적으로 자유롭게 행하시는 신비로운 역사입니다. 중생은 우리의 자연적 출생과 마찬가지로 우리 자신이 일으킬 수 있는 사건이 아닙니다. 믿음조차 하나님의 은혜로 우리에게 값없이 주어진 선물에 속합니다(엡 2:5-9). 이와 같이 우리의 구원에 대한 모든 것, 구원의 처음과 과정과 끝 모두에 성령이 역사하십니다. 구원은 성령의 일인 것입니다.

하나님은 창세전에 선택하신 이들을 때가 되면 성령을 통해 부르십니다(엡 1:4-15). 그러므로 사람이 회개하고 믿는 것은 오직 하나님의 성령을 통한 일방적인 중생의 역사 때문입니다.

중생이란 인간의 결정이나 활동에 의존하는 것이 아닙니다. 인간의 행위가 아닙니다. 인간이 산출한 것이 아닙니다. 중생은 하나님의 은혜의 주권적 사역입니다. 구원도, 믿음도, 중생도 모두 하나님의 긍휼에 가득한 은혜의 결과입니다.

2. 그리스도인과 성령의 관계

그리스도인이라면 성령이 필연적으로 신자 안에 있습니다(엡 1:13; 요 14:16; 15:26; 16:7).

> 그 안에서 너희도 진리의 말씀 곧 너희의 구원의 복음을 듣고 그 안에서 또한 믿어 약속의 성령으로 인치심을 받았으니(엡 1:13).

그리스도인이 된다는 것은 그리스도의 영인 성령을 모시고 있다는 의미입니다(고전 6:19; 엡 2:22; 딤후 1:14).

> 너희 몸은 너희가 하나님께로부터 받은 바 너희 가운데 계신 성령의 전인 줄을 알지 못하느냐(고전 6:19).

성령이 신자 안에 없다면 그는 그리스도인이 아닙니다(요 14:17, 19, 21).

> 17 그는 진리의 영이라 세상은 능히 그를 받지 못하나니 이는 그를 보지도 못하고 알지도 못함이라 그러나 너희는 그를 아나니 그는 너희와 함께 거하심이요 또 너희 속에 계시겠음이라 19 조금 있으면 세상은 다시 나를 보지 못할 것이로되 너희는 나를 보니 이는 내가 살아 있고 너희도 살아 있겠음이라 21 나의 계명을 지키는 자라야 나를 사랑하는 자니 나를 사랑하는 자는 내 아버지께 사랑을 받을 것이요 나도 그를 사랑하여 그에게 나를 나타내리라(요 14:17, 19, 21).

성령은 사탄의 패배와 구속 사역의 완성을 최종적으로 선포하십니다. 성령을 통해 우리는 사단과 싸워 승리할 수 있습니다. 또한 성령의 인침은 우리의 구원을 확신시킵니다. 이것은 우리가 하나님의 자녀요 후사이며 하나님 나라의 유업이 우리의 것이 된다는 사실에 대한 직간접적인 보증과 확신을 우리에게 주는 것입니다. 이와 같이 성령을 통해서 우리는 구원의 보증을 얻게 됩니다. 성령의 인침을 통해 우리는 하나님의 자녀라는 확신을 가지게 됩니다.

성령은 친히 우리의 영과 더불어 우리가 하나님의 자녀인 것을 증언하십니다(롬 8:16). 그것은 성령께서 우리에게 우리가 하나님께 속했다는 사실을 알게 하는 것입니다. 이것이야 말로 신자에게 최고의 특권이며 축복입니다. 신자는 성령을 통해서 하나님의 양자됨을 경험하게 됩니다. 신자는 성령의 인치심(엡 1:13)과 보증을 얻게 됩니다. 성령을 통해 우리가 하나님의 자녀이며, 다가올 영광의 후사가 된다는 절대적이고 확실한 지식과 확신을 가지게 됩니다. 우리는 성령을 통해 그 보증을 얻게 되며 그 영광을 미리 맛보게 됩니다.

신자에게 성령이 있으면 그는 강건하게 됩니다(엡 3:16-17). 성령의 사람은 활기가 있으며 능력 있는 삶을 살게 됩니다. 성령의 사람은 결코 주눅 들어 살지 않습니다. 패배주의자로 살지 않습니다. 늘 활력이 있습니다. 성령의 사람은 열정의 소유자가 됩니다.

성령은 항상 우리를 주 예수 그리스도에게로 인도합니다. 그래서 신자는 예수 그리스도와 그분의 십자가만을 자랑합니다. 신자들은 말씀을 들을 때 성령의 역사로 죄를 깨달으며, 감동을 받고 하나님 앞에 겸손해집니다.[2] 성령이 있는 자는 주님과 교제하는 삶을 삽니다(계 3:20). 주님 안에서의 하나님과의 화목의 관계를 경험합니다. 그리스도인에게 있어서 가장 소중한 것은 하나님과의 화목입니다. 그리고 그 화목을 소중히 여기며 지속하는 것입니다. 그리스도인은 그리스도 안에서 새 피조물로서 삽니다.

> 그런즉 누구든지 그리스도 안에 있으면 새로운 피조물이라 이전 것은 지나갔으니 보라 새 것이 되었도다(고후 5:17).

옛 것이 지나갔습니다. 옛 사람이 지나갔습니다. 옛 습관과 옛 생활의 태도가 사라집니다. 대신 거룩해지려는 거룩한 열정을 가지게 됩니다. 우리의 구원받음은 우리는 행위로 인해서가 아니라 행위를 위해 구원받았습니다.

> 우리는 그가 만드신 바라 그리스도 예수 안에서 선한 일을 위하여 지으심을 받은 자니 이 일은 하나님이 전에 예비하사 우리로 그 가운데서 행하게 하심이니라(엡 2:10).

성령은 우리를 말씀으로 인도합니다. 그리고 우리가 말씀을 들을 때 조명을 허락하십니다. 그리하여 성령은 성경이 하나님의 말씀임을 깨닫게 합니다. 성령을 통해 우리는 성경 말씀을 온전하게 이해하게 됩니다. 성령은 언제나 말씀을 통하여 역사하십니다. 성령은 말씀을 우리의 삶에 적용하도록 하십니다. 그리고 그 말씀을 기억나게 합니다. 성령은 이렇게 신자

---

2 마틴 로이드 존스, 『설교와 설교자』, 정근두 역 (서울: 복있는 사람, 2014), 522-524.

의 삶에 가장 중요한 역할을 하는 분입니다.[3] 우리는 성령을 통하여 우리의 삶의 목적을 하나님께 영광 돌리는 일에 두게 합니다. 그리고 그분을 기뻐하게 합니다. 이것이 신자의 삶의 최고의 목적입니다(마 5:16; 롬 6:13; 엡 5:8-10; 딤후 2:15; 벧전 2:9-10).

3. 성령 세례

세례는 그리스도와의 연합을 의미합니다. 신자는 그리스도와 합하여, 한 몸으로 세례 받으며 모세에게 속하여 세례 받습니다.

> 모세에게 속하여 다 구름과 바다에서 세례를 받고(고전 10:2).

세례는 깨끗하게 되는 것을 의미합니다. 세례는 죄책과 죄의 오염에서 해방되었다는 것을 보증입니다.[4] 세례의 의미는 우리가 세례를 통하여 그리스도가 지금 우리의 거룩함이 되시는 것입니다.[5] 세례를 통하여 우리가 죄의 권세와 오염으로부터 깨끗함을 받았다는 사실을 상기시켜줍니다. 세례의 상징은 '씻김'입니다. 그리스도와 함께 세례를 받았다면 그의 죽으심과 합하여 세례를 받았다는 것을 의미합니다. 우리는 예수 그리스도와 함께 "세례"를 받았습니다(갈 3:27; 롬 6:3-5; 마 28:19-20).

---

3   마틴 로이드 존스, 『로마서 강해』 5권, 81, 87.
4   마틴 로이드 존스, 『영광스러운 교회와 아름다운 종말』, 임번진 역 (서울: 부흥과개혁사, 2013), 70-71.
5   마틴 로이드 존스, 『로마서 강해』 3권, 71, 90.

예수 그리스도가 이 세상에서 우리를 위해 하신 일들로 인해서 우리는 자유함을 얻습니다. 우리는 주님의 구속으로 인해서 그것을 믿는 그 믿음으로 말미암아 자유함을 얻습니다. 내가 이 순간에 죽는다 하여도 나는 그리스도 안에서 거룩함을 입고 의롭다 함을 입습니다. 주님은 나에게 있어서 그 모든 것이 됩니다. 이는 주님의 장사지냄과 합하여 세례를 받았으며 부활에서 그리스도와 합하여 세례를 받은 것을 의미합니다. 우리는 더 이상 죄의 통치와 죄의 체계에 대하여 하등의 관계를 가지고 있지 않습니다(롬 6:3-4).

세례의 목적은 우리를 원죄에서 깨끗하게 하는 것이 아닙니다. 원죄에서 깨끗하게 해 주시는 것은 예수 그리스도의 십자가 보혈입니다. 세례는 칭의에 대한 표징이자 인입니다. 세례는 중생, 그리스도와의 연합, 성령의 내주하심에 대한 표징이자 인입니다. 세례는 교회의 일원이 되었다는 표징입니다(고전 12:13)[6].

성령의 기름부음이야 말로 신자에게 최고의 선물입니다. 그러므로 신자는 성령을 주실 때까지 구해야 합니다. 그보다 못한 것에 만족해서는 안 됩니다(딛 3:5; 행 2:38, 41).

능동적 방식으로 성도는 성령 세례를 받을 책임이 없습니다. 왜냐하면 성령 세례는 신자에게 주어지는 것이기 때문입니다. 성령 세례는 성령 자신에 의해서 행해지는 일입니다. 인간이 원한다고 받을 수 있는 것은 아닙니다.

---

6 마틴 로이드 존스, 『영광스러운 교회와 아름다운 종말』, 임번진 역 (서울: 부흥과개혁사, 2013), 72.

> 성령이 친히 우리의 영과 더불어 우리가 하나님의 자녀인 것을 증언
> 하시나니(롬 8:16).

그러나 성령 세례를 받기 원하면 기도해야 하며 그것을 추구하고 간절히 사모해야 합니다(눅 11:13; 마 7:7). 왜냐하면 성령은 인격이 있으시기 때문입니다. 인격이 있는 성령님은 인간의 인격을 요구하십니다. 우리와 교제하기 원하시는 분은 성령이십니다.

> 너희가 악할지라도 좋은 것을 자식에게 줄 줄 알거든 하물며 너희
> 하늘 아버지께서 구하는 자에게 성령을 주시지 않겠느냐 하시니라
> (눅 11:13).

성령의 영이 우리가 하나님의 자녀인 것을 증거합니다(요 7:37-39). 하나님의 자녀에게 성령의 인침이 있습니다(고후 1:22; 엡 1:13; 4:30).

> 그가 또한 우리에게 인치시고 보증으로 우리 마음에 성령을 주셨느
> 니라(고후 1:22).

> 그 안에서 너희도 진리의 말씀 곧 너희의 구원의 복음을 듣고 그 안
> 에서 또한 믿어 약속의 성령으로 인치심을 받았으니(엡 1:13).

이를 통해서 내가 하나님의 아들이요, 하나님의 후사라는 확신을 가지게 됩니다. 즉, 성령은 우리의 지식과 마음과 영에 직접적으로 역사하여 우리가 하나님의 자녀라는 사실을 절대적으로 확신할 수 있게 해 줍니다.

성령을 통해 우리가 하나님의 자녀요 하나님께서 영원하신 사랑으로 우리를 사랑하셨다는 확신을 가지게 됩니다.[7] 성령을 통해서 우리를 향한 하나님의 사랑에 대한 절대적인 확신을 갖게 됩니다. 신자는 성령으로 인해 하나님과 교제하며 하나님께 영광을 돌리는 삶을 살아갑니다. 하나님과 화목한 삶을 살아갑니다.

성령 세례를 받을 때 때로는 우리는 실제로 내 귀에 음성이 들리는 것과 같은 그런 경험을 합니다. 성령께서 영적인 귀를 향해 우리의 속사람에게 말씀하시는 것과 같은 그런 것입니다. 그러나 신자 모두가 그런 경험을 하는 것은 아닙니다. 성령 세례에 대한 개인적인 경험은 매우 다양합니다.

성령 체험 후에 신자는 놀랍고도 신비스러운 방식으로 신적 성품에 참여하는 자가 됩니다. 그것은 우리 안에 한 존재가 계시기 때문입니다. 그 분은 바로 그리스도이십니다. 성령 세례에 대한 분명한 이해는 오직 영광의 나라에서만 이해가 가능한 그런 일입니다.

> 이제는 내가 사는 것이 아니요, 오직 내 안에 그리스도께서 사시는 것이라(갈 2:20).

성령 세례를 받은 자들은 죄를 혐오합니다. 왜냐하면 성령 세례를 받은 자들은 하나님을 닮아가고 있기 때문입니다(롬 8:29-30). 우리는 하나님의 형상으로의 회복을 시작하였기 때문입니다. 하나님은 죄를 혐오하고 미워하십니다. 신자는 하나님처럼 죄를 미워하고 죄에서 자유로워지고자 합니다. 신자는 바로 이런 하나님의 형상으로의 회복의 삶을 이 땅에서 살

---

[7] 마틴 로이드 존스, 『로마서 강해』 5권, 369-410.

면서 목적하며 살아갑니다.

성령 세례를 받은 자는 하나님 말씀에 대한 지식을 더욱 사모합니다(롬 8:14). 말씀을 읽고 싶어 하고, 듣고 싶어 하며, 그 가운데 기록된 것을 행하고 싶어 합니다(계 1:3). 하나님의 말씀이 지식의 근본임을 깨닫습니다. 가장 귀한 지식이 하나님을 아는 지식임을 깨닫습니다.

그는 성령의 열매를 맺습니다(갈 5:22-23; 고전 12:27-13:3). 만약 우리가 성령의 열매를 맺지 않는다면, 우리는 그리스도 밖의 사람입니다. 그런 자는 죽어서 하나님의 심판대 앞에 설 준비가 되어 있지 않은 사람입니다.

신자는 믿음이 있은 후에 성령 세례를 받습니다. 예수님의 제자들의 삶이 그 예입니다. 그들은 사도행전의 성령 세례 전에 믿음을 가지고 있었습니다. 오순절 날이 이르기 전에 이미 중생하였습니다. 이 말의 의미는 우리는 성령의 세례를 받지 않고도 그리스도인일 수 있다는 것입니다. 이 말은 성령 세례를 받기 전에 이미 구원을 받았다는 것을 의미합니다. 즉 성령 세례를 받지 않았다고 해서 구원을 받지 않은 것은 아닙니다. 구원받음에 성령 세례가 절대적인 것은 아니라는 것입니다. 또한 믿음의 사람들도 믿고 난 후에 오래 지나서 성령 세례를 받은 많은 예들을 찾아 볼 수 있습니다. 조지 휫필드, 요한 웨슬레, 조나단 에드워즈 등 많은 분들이 그러하였습니다. 이것은 주님을 믿는 것이 성령의 증거보다 앞선다는 것을 의미합니다. 주님은 그 믿음에 성령으로 인치신 것입니다.[8]

『로마서 강해』 12권에서는 성령 세례에 대해서 말씀하면서 성령 세례를 받을 때 은사를 동반할 수도 있음을 말합니다. 또한 성령 세례를 직접적으로 받을 수도 있고, 혹은 다른 사람을 통해 임할 수도 있음을 강조합

---

8 마틴 로이드 존스, 『로마서 강해』 5권, 417-429.

니다.[9] 다시 말하면 성령 세례가 신자에게 직접적으로 즉시 임할 수 있고, 다른 사람을 매개로 하여 임할 수도 있으며, 다른 사람이 안수하여 임할 수도 있습니다.

성령 세례란 하나의 구별되고 독특하고 특별한 체험입니다. 이때에 주목할 만한 은사들을 동반할 수도 있습니다. 어느 은사들을 받을 수 있는지는 우리 자신의 입장에서 말할 수 없습니다. 왜냐하면 성령의 주권 속에서는 그 어느 것도 가능하기 때문입니다.

성령 세례란 거듭남, 즉 우리가 그리스도와 하나가 되고 그리스도의 몸 안으로 합쳐지는 하나님의 주권적 행위와 동일한 것입니다. 이 말의 의미는 우리가 그리스도 안에 있다면 이미 성령으로 세례를 받은 것입니다.

성령 충만이란 다음과 같습니다.

1) 신자는 때때로 특정한 사명을 감당할 수 있도록 특정한 성령의 충만함을 의미합니다.

2) 우리의 목표는 우리를 보는 이들이 우리를 성령 충만한 사람들로 묘사할 수 있도록 바르게 행동해야 합니다.

3) 우리 모두 지속적으로 점점 더 성령으로 충만해져야 합니다. 에베소서 5:18절의 "오직 성령으로 충만함을 받으라" 함은 명령법으로 그리스도가 우리에게 주신 명령입니다. 복수형은 모든 신자가 성령으로 충만해야 함을 말씀합니다. 현재 시제로는 계속해서 지속적으로 성령 충만함을 받으라는 것입니다.

그러면 성령 충만의 증거는 무엇인가요?

첫째, 함께 하나님을 예배하고 이를 통해 서로의 덕을 세워줌을 통해

---

[9] 마틴 로이드 존스, 『로마서 강해』 12권, 서문강 역 (서울: CLC, 2007), 317-318.

알 수 있습니다.

둘째, 마음속으로 하나님을 찬양함-즐거운 내적 성향이 나타납니다.

셋째, 언제나 모든 일에 하나님께 감사합니다.

넷째, 그리스도를 경외하는 마음에서 동료 그리스도인들에게 복종합니다.

이런 자는 성령 충만한 자들이라고 말할 수 있습니다.

4. 성령의 사역

첫째, 거듭남은 성령의 사역입니다.[10]

> 예수께서 대답하시되 진실로 진실로 네게 이르노니 사람이 물과 성령으로 나지 아니하면 하나님의 나라에 들어갈 수 없느니라(요 3:5).

둘째, 회개는 성령의 사역입니다(행 11:15, 18).

> 내가 말을 시작할 때에 성령이 그들에게 임하시기를 처음 우리에게 하신 것과 같이 하는지라. 그들이 이 말을 듣고 잠잠하여 하나님께 영광을 돌려 이르되 그러면 하나님께서 이방인에게도 생명 얻는 회개를 주셨도다 하니라(행 11:15, 18).

---

10   앤서니 후크마, 『개혁주의 구원론』, 이용중역 (서울: 부흥과개혁사, 1913), 46-50.

셋째, 믿음 또한 성령의 사역입니다.

> 그러므로 내가 너희에게 알리노니 하나님의 영으로 말하는 자는 누구든지 예수를 저주할 자라 하지 아니하고 또 성령으로 아니하고는 누구든지 예수를 주시라 할 수 없느니라(고전 12:3).

넷째, 구원의 확신은 성령의 사역입니다.

> 성령이 친히 우리의 영과 더불어 우리가 하나님의 자녀인 것을 증언하시나니(롬 8:16).

다섯째, 칭의는 성령의 사역입니다.

> 너희 중에 이와 같은 자들이 있더니 주 예수 그리스도의 이름과 우리 하나님의 성령 안에서 씻음과 거룩함과 의롭다 하심을 받았느니라(고전 6:11).

여섯째, 하나님이 자녀로 입양되는 것은 성령의 사역입니다.

> 무릇 하나님의 영으로 인도함을 받는 사람은 곧 하나님의 아들이라 너희는 다시 무서워하는 종의 영을 받지 아니하고 양자의 영을 받았으므로 우리가 아빠 아버지라고 부르짖느니라(롬 8:14, 15).

일곱째, 성화는 성령의 사역입니다(살후 2:13).

> 이 은혜는 곧 나로 이방인을 위하여 그리스도 예수의 일꾼이 되어
> 하나님의 복음의 제사장 직분을 하게 하사 이방인을 제물로 드리는
> 것이 성령 안에서 거룩하게 되어 받으실 만하게 하려 하심이라
> (롬 15:16).

여덟째, 성도의 견인은 성령의 사역입니다. 이는 '인'과 '보증'을 의미합니다(엡 1:13-14; 고후 1:22; 5:5). 신자는 성령으로 새로운 생명을 받았다는 사실을 보증 받습니다. 우리 안에 성령이 거하심은 우리가 우리를 위해 예비하신 그 영광으로 어김없이 들어가도록 하는 보증입니다.

> 하나님의 성령을 근심하게 하지 말라 그 안에서 너희가 구원의 날까
> 지 인치심을 받았느니라(엡 4:30).

성령은 성부와 성자와 동일한 주권자이십니다. 성령은 삼위일체 하나님 가운데 한분이십니다. 하나님은 성령을 우리에게 주셨습니다. 성령은 예외 없이 모든 그리스도인에게 주어집니다(롬 8:9-10, 14; 고전 6:19-20).

> 만일 너희 속에 하나님의 영이 거하시면 너희가 육신에 있지 아니하
> 고 영에 있나니 누구든지 그리스도의 영이 없으면 그리스도의 사람
> 이 아니라 또 그리스도께서 너희 안에 계시면 몸은 죄로 말미암아 죽
> 은 것이나 영은 의로 말미암아 살아 있는 것이니라 14 무릇 하나님의
> 영으로 인도함을 받는 사람은 곧 하나님의 아들이라(롬 8:9-10, 14).

성령을 통해 교회가 만들어졌습니다. 성령을 통해 그리스도의 복음이

전파됩니다. 성령은 우리를 예수 그리스도에게로 인도합니다.[11] 우리는 성령을 받지 않고는 그리스도인이 될 수 없습니다. 이와 같이 성령의 임재가 신자와 함께 합니다(요 14:17; 빌 2:12-13).

> 그는 진리의 영이라 세상은 능히 그를 받지 못하나니 이는 그를 보지도 못하고 알지도 못함이라 그러나 너희는 그를 아나니 그는 너희와 함께 거하심이요 또 너희 속에 계시겠음이라(요 14:17).

성령은 거룩한 열심을 창조하고 마음을 인도하고 지시합니다. 성령은 참된 경건을 향한 그리스도인의 심정을 인도하고 지시합니다. 성령은 위대한 성화자이며 우리를 순수하게 정화하고 깨끗케 합니다. 우리의 몸은 성령의 전입니다. 그러기에 주 성령은 언제나 우리와 함께 하십니다. 그러한 자는 성령의 열매를 맺게 됩니다(갈 5:22-23). 성령은 우리로 하여금 거룩한 삶을 소망하게 합니다. 왜냐하면 우리 속에 성령이 거하시기 때문입니다.

> 너희 몸은 너희가 하나님께로부터 받은 바 너희 가운데 계신 성령의 전인 줄을 알지 못하느냐 너희는 너희 자신의 것이 아니라 값으로 산 것이 되었으니 그런즉 너희 몸으로 하나님께 영광을 돌리라 (고전 6:19-20).

성령의 사람은 유혹에 민감해지게 되며 죄가 조금만 가까이와도 싫어합니다. 성령의 사람은 성령의 역사를 통해 하나님의 거룩함을 추구하기

---

11 마틴 로이드 존스, 『로마서 강해』 2권, 119-130.

에 육신의 일을 죽이는 일을 좋아하게 됩니다. 왜냐하면 성령의 사람에게는 하나님의 거룩이 나타나게 되기 때문입니다.

우리는 삶에 나타나는 성령의 열매를 통해서 믿음에 대한 확신을 얻게 됩니다. 또한 우리의 변화된 삶을 통해 복음 전파를 용이하게 할 수 있게 됩니다. 그러나 그것은 사람의 생각이나 도덕에 근거한 것이 아니라 하나님의 율법에 따라 행하는 것입니다. 신자는 이 모든 것을 하나님의 영광을 위해 합니다.

성령의 본질은 체험적인 것입니다.[12] 성령의 인침의 목적은 우리로 하여금 우리의 기업에 대하여 확신케 하려는 것입니다. 이는 반드시 큰 기쁨과 하나님께 대한 사랑으로 인도하는 체험입니다. 성령의 증거는 은사나 현상을 동반할 수 있고 그렇지 않을 수도 있습니다. 이 체험의 정도는 사람들마다 다릅니다. 이 체험은 한 번 일수도 있고 반복해서 나타날 수도 있고 되풀이 되어 나타날 수도 있습니다. 그러나 그 체험을 기억함으로 그들은 소생합니다. 이런 성령의 체험은 모든 그리스도인들에게 있어서 일반적인 체험입니다(행 2:39).

> 이 약속은 너희와 너희 자녀와 모든 먼 데 사람 곧 주 우리 하나님이
> 얼마든지 부르시는 자들에게 하신 것이라 하고(행 2:39).

그러나 모든 신자들에게 동일한 체험이 주어지는 것은 아닙니다(엡 3:8; 요 14:21; 계 2:17; 3:12, 20). 왜냐하면 성령의 역사를 판에 박은 듯이 규격화 할 수 없기 때문입니다.

---

12   마틴 로이드 존스, 『로마서 강해』 5권, 440-453.

4장
성경

1. 성경은 무엇인가?
2. 성경의 주요 목적
3. 말씀과 성령의 관계
4. 성경의 영감성
5. 칼빈이 생각하는 특별계시(성경)의 이해

4장 성경

1. 성경은 무엇인가?

우리는 구원을 얻는 지식이 필요합니다. 우리는 성경을 통해서 구원에 대한 지식을 얻게 됩니다. 성경은 구원을 위해 그리고 자신의 교회를 위해 하나님의 뜻을 알기 위해 반드시 필요합니다. 벌코프는 "교회는 성경의 지면에서 확정된 형태의 교의를 찾아내는 것이 아니라 하나님의 말씀에 계시된 진리를 숙고함으로써 교의를 얻습니다"라고 하였습니다. 교회는 성경의 진리를 보존하고 선포하기 위해 교사, 목사, 장로의 직분을 세웠습니다. 교회는 성경으로부터 그 생명을 이끌어 내므로 자기 충족적이며 따라서 자증적입니다(마 15:3; 롬 3:2; 살전 2:13; 히 1:1).[1]

교회를 창조하고 이 사라져 가는 악한 시대에 다시 흡수되려는 끊임없는 경향에서 지켜 주는 것은 오직 하나님 특별 계시뿐입니다. 그것은 성경입니다. 성경은 하나님에 대한 지식을 정당화하기 위해 그리고 개인적인

---

1 벌코프, 『조직신학』, 권수경, 이상원 역 (서울: 크리스챤다이제스트, 2005), 175-180.

구원의 의미 자체를 정당화하기 위해서도 필요합니다.[2] 우리가 성경을 사용함으로써 성령이 그리스도의 직접적인 가르침을 향유한 사도들과 그 밖의 사람들을 인도하신 것처럼 우리를 모든 진리로 인도하실 수 있습니다. 칼빈은 "성경은 그 속에서 그리스도를 발견할 목적으로 읽어야 한다"고 말하였습니다.

성경은 신적 권위가 있습니다. 또한 성경은 역사적인 권위가 있습니다. 성경은 본질상 스스로 하나님의 영감 된 말씀으로서 권위를 갖습니다. 성경은 하나님의 영감 된 말씀입니다. 따라서 성경은 신적 권위로 인간에게 다가옵니다. 톤웰은 이에 대해 "성경의 진리는 성경 자체의 빛으로 스스로가 신적임을 입증합니다"라고 하였습니다(벧후 1:21; 딤후 3:16; 요일 5:9; 살전 2:13).

성경은 명료합니다. 구원에 필요한 지식은 성경 각 부분에서 똑같이 명료한 것은 아니지만 성경 전체를 통하여 인간에게 단순하고 포괄적인 형태로 전달됩니다. 진지하게 구원을 찾는 사람은 성령의 인도 아래 성경을 읽고 연구함으로써 필요한 지식을 얻을 수 있습니다. 그리스도는 성경을 통해 신적 계시의 절정으로, 최고의 최종적 계시로 제시되고 있습니다(마 11:27; 요 1:18; 17:4, 6; 히 1:1). 구원의 길을 알기 위하여 우리는 오직, 그리스도와 사도들의 말씀인 성경만을 찾아보아야 합니다(요 17:20; 요일 1:3). 성경의 속성들은 성경의 필요성, 영감성, 권위, 자증(Self-authentication), 충족성, 명확성, 최종성 등 7가지 속성이 있습니다.[3]

---

[2] 로버트 L. 레이몬드, 『최신조직신학』, 나용화. 손주철. 안명준. 조영천 공역 (서울: CLC, 2010), 102-104.

[3] 벌코프, 『조직신학』, 101.

2. 성경의 주요 목적

성경(신약과 구약은 다 성경이다) 육십육 권은 적어도 일천육백 년이 넘는 역사 동안 사십 명 이상의 저자들에 의해 기록되었습니다. 이 성경은 오직 한 가지 유형의 도덕만이 존재합니다. 그것은 메시아적 소망입니다.[4]

신약과 구약은 하나의 복음을 가졌습니다(롬 1:2; 갈 3:8; 히 4:2, 6; 딤후 3:15). 그것은 그리스도를 통해서 완성되는 복음입니다. "성경은 무엇에 대한 것인가?"에 질문의 대답은 본질적으로 구속에 대한 거대한 담론입니다.[5] 유일한 중보자는 구약 시대에도 존재했습니다(요 1:1, 14; 롬 8:3; 고후 8:9; 갈 4:4; 빌 2:6). 구약의 신자는 바로 이것을 믿음으로 구원을 받습니다. 신자는 하나님이 인간을 구원하시는 방식을 성경을 통해서 알게 됩니다.

성경을 통해서 우리는 하나님에 대한 진리를 배웁니다. 그것이 '신론'입니다. 구속은 하나님이 인간에 대해서 하고 계시는 일입니다. 이것이 '인간론'입니다. 구약은 세상의 구속을 준비합니다.

> 그가 우리를 대신하여 자신을 주심은 모든 불법에서 우리를 속량하시고 우리를 깨끗하게 하사 선한 일을 열심히 하는 자기 백성이 되게 하려 하심이라(딛 2:14).

신약은 약속된 메시아에 대해 말씀합니다(요 16:13). 모든 구속은 오직

---

4 마틴 로이드 존스, 『성부 하나님과 성자 하나님』, 63.

5 마틴 로이드 존스, 『성부 하나님과 성자 하나님』, 17-18.

예수 그리스도 안에만 있습니다. 이것이 '기독론'입니다. 구원에 대한 계시는 오직 성경에만 주어졌습니다.[6] 성경은 그리스도를 통한 구원 사역의 완성을 알려주십니다(롬 11:33-36). 구속의 교리가 어떻게 우리에게 적용되었는지를 알려주는 것이 '구원론'입니다. 구약은 그림자이며 신약은 실체입니다(골 2:17). 모든 약속과 그림자가 실현되는 실체는 바로 예수 그리스도이십니다. 구속 이후에 일어나는 것이 '교회론'입니다. 구속받은 우리 그리고 교회 그 다음의 일은 바로 '종말론'입니다. 이것은 마지막에 될 일들입니다. 이러한 것이 기록되어 있는 것이 성경입니다.

시편 73편 27절에서는 "무릇 주를 멀리하는 자는 망하리니 음녀같이 주를 떠난 자는 주께서 다 멸하셨나이다"라고 하셨습니다. 17절에서 19절에 보면 "하나님의 성소에 들어갈 때에야 그들의 종말을 내가 깨달았나이다 주께서 참으로 그들을 미끄러운 곳에 두시며 파멸에 던지시니 그들이 어찌하여 그리 갑자기 황폐되었는가 놀랄 정도로 그들은 전멸하였나이다" 이것이 역사에 대한 요약입니다. 이 말씀은 홍수 이전과 이후의 세계 역사 전체의 이야기를 요약한 것입니다. 이것은 이 시대의 역사이기도 합니다.[7]

성경을 통해 우리는 하나님의 계시를 봅니다. 성경을 통해 역사가 어떻게 가는지를 알 수 있습니다. 역사는 종말을 향해서 나아가고 있는 것입니다. 우리는 성경을 통해서 하나님과 그리스도를 알게 됩니다(벧후 1:20-21; 고전 2:14-16).

---

6 마틴 로이드 존스, 『성부 하나님과 성자 하나님』, 46.
7 마틴 로이드 존스, 『믿음의 시련』, 서문강 역 (서울: 지평서원, 2008), 315, 327.

> 육에 속한 사람은 하나님의 성령의 일들을 받지 아니하나니 이는 그
> 것들이 그에게는 어리석게 보임이요, 또 그는 그것들을 알 수도 없나
> 니 그러한 일은 영적으로 분별되기 때문이라 신령한 자는 모든 것을
> 판단하나 자기는 아무에게도 판단을 받지 아니하느니라 누가 주의
> 마음을 알아서 주를 가르치겠느냐 그러나 우리가 그리스도의 마음
> 을 가졌느니라(고전 2:14-16).

성경의 주요 목적은 하나님을 알며, 하나님의 임재에 들어가도록 돕는 것입니다. 신자는 성경을 통해 하나님의 선하심에 의지합니다. 우리가 하나님께 가까이 나아감이 복입니다. 주님을 통해서 우리는 구원을 얻습니다. 주님을 통해서 모든 복을 경험합니다. 이러한 것을 성경을 통해 배웁니다. 또한 우리는 성경을 통해 우리 영혼의 양식을 얻습니다.[8] 또한 성경은 하나님이 우리에게 요구하시는 의무가 무엇인지 우리에게 알려줍니다 (신 10:12-13; 시 119:105; 딤후 3:16-17).

> 이스라엘아 네 하나님 여호와께서 네게 요구하시는 것이 무엇이냐
> 곧 네 하나님 여호와를 경외하여 그의 모든 도를 행하고 그를 사랑
> 하며 마음을 다하고 뜻을 다하여 네 하나님 여호와를 섬기고 내가
> 오늘 네 행복을 위하여 네게 명하는 여호와의 명령과 규례를 지킬
> 것이 아니냐(신 10:12-13).

성경 자체가 우리를 구원하지는 않습니다. 그러나 성경은 우리에게 구

---

8   마틴 로이드 존스, 『로마서 강해』 9권, 서문강 역 (서울: CLC, 2007), 44.

원을 주시는 분에 대해서 계시해 주십니다. 성경은 우리를 세우고, 가르치고, 인도하며, 보호하고, 그리고 우리로 자신을 점검하게 하며 우리를 도와 완전하게 합니다. 성경은 우리의 믿음을 강하게 합니다.[9]

> 모든 성경은 하나님의 감동으로 된 것으로 교훈과 책망과 바르게 함
> 과 의로 교육하기에 유익하니(딤후 3:16).

『로마서 강해』 9권에서는 다음과 같이 말합니다.[10] 칼빈은 오직 성경을 유일한 권위로 삼았습니다.[11] 성경은 지금까지 숱한 세월을 헤쳐 나왔습니다. 앞으로도 그렇게 헤쳐 나갈 것입니다.[12] 왜냐하면 성경은 진리이기 때문입니다.

『로마서 강해』 11권에서는 다음과 같이 말합니다.[13] 성경은 완전한 통일체이므로 성경은 성경과 비교해야 합니다. 성경이 성경 자체와 모순되지 않습니다. 성경의 역사의 목적은 하나님의 구원 계획의 근본적이며 영원한 진리를 예증하는 것입니다. 역사의 역사를 통해 중요한 원리들이 항상 지속적이며 영원한 원리들을 보여주십니다. 그 의미를 일반적인 용어로 말한 다음에 상세한 검토로 뒷받침합니다. 이 말씀을 있는 그대로 받아들이고, 이 말씀을 구성하는 여러 부분들을 나누어 단어들과 어구들의 의미를 발견하려고 노력하여 정확한 의미를 얻게 됩니다. 반대의 관점들을

---

9   마틴 로이드 존스, 『생수를 누리라』, 전의우 역 (서울: 규장, 2012), 228-229.
10 마틴 로이드 존스, 『로마서 강해』 9권, 191-204.
11 마틴 로이드 존스, 『시대의 표적』, 서문강 역 (서울: CLC, 2007), 55.
12 마틴 로이드 존스, 『생명수』, 전의우 역 (서울: 규장, 2012), 304.
13 마틴 로이드 존스, 『로마서 강해』 11권, 213-225.

고찰하고 평가하면서 교리를 진술하고 구체화합니다.[14]

구원은 단지 하나님에 관한 지식을 회복하는 것에 그치지 않습니다. 구원은 하나님을 아는 것입니다. 우리가 잃어버린 지식과 교감과 교제를 아는 지식을 회복하는 것이 구원입니다. 이를 통해 하나님과 친밀하고 인격적인 교제를 나누는 것입니다.[15] 구원은 하나님과 화목한 교제를 갖는 것입니다(요 1:12; 행 16:31; 갈 2:20).

3. 말씀과 성령의 관계

사도들은 복음을 단지 말로만 아니라, 능력과 성령으로 선포했습니다(살전 1:5, 6). 사도들은 성령의 나타남과 능력으로 선포했습니다(고전 2:4). 사도들은 하나님의 말씀을 성령의 검으로 사용했습니다(엡 6:17). 하나님의 말씀은 언제 어디서나 하나님의 능력이고 성령의 검이었습니다.[16] 헤르만 바빙크는 성경과 성령의 관계에 대해 다음과 같이 말하였습니다.[17] "성령이 성경 안에서 성경 자체에 관해 증거합니다" 그렇습니다. 성령이 모든 세기를 거쳐 교회에서 성경에 관해 증거 했습니다. 성령이 성경의 신적 권위에 관해 모든 신자들의 마음에 주는 증거가 있습니다. 그러나 단지 성령의 증거를 통해 성경이 증거 될 뿐이며, 중요한 것은 성경은 스스로 성경을 증거 한다는 것입니다.

---

14   마틴 로이드 존스, 『로마서 강해』 11권, 264.
15   마틴 로이드 존스, 『생수를 누리라』, 238-239.
16   헤르만 바빙크, 『개혁교의학 4』, 박태현 역 (서울: 부흥과개혁사, 2013), 543.
17   헤르만 바빙크, 『개혁교의학 1』, 박태현 역 (서울: 부흥과개혁사, 2014), 776-777.

4. 성경의 영감성

성령은 교회의 정경 형성과 정경의 종결에 영향을 주었습니다.[18] 하나님께서는 친히 적당한 때에 기적을 행하는 능력을 사도들에게 부여하심으로써 구속적. 역사적 계시의 신약적 수단인 사도들을 자신의 대변인으로 인증하셨습니다(행 14:3; 고후 12:12). 마르틴 프란츠만(Martin H. Franzmann)은 "신약 정경이 되기로 예정된 책들이 처음부터 교회에 존재하여 영향을 미쳤다"고 합니다. 이 말은 성경은 스스로 자신의 가치를 증명하고 입증했다는 것을 의미합니다(렘 5:14; 23:29; 롬 3:2; 살전 2:13; 히 1:1-2; 13:7; 벧후 1:21).

A.D. 397년 제 3차 카르타고 공의회는 "정경인" 책을 제외한 어떠한 것도 성경이라는 이름으로 교회에서 읽혀져서는 안 된다고 결정했습니다. 정경은 사도성, 고대성, 정통성, 보편성, 성구(교회에 널리 읽히거나 사용되는 것), 영감성을 기준으로 결정하였습니다.

성경은 1,600년이라는 시간 자체가 정경의 종결을 지지하는 강력한 정황적인 논거입니다. 성경 스스로가 성경을 지켰으며, 그것 자체가 성경이 정경이라는 확증입니다. 27권의 신약 정경의 형성은 인간이나 심지어는 교회가 한 일이 아니라 하나님의 영이 홀로 일하셨던 사역이었습니다. 그리고 그 일은 성령이 완성하셨습니다.

성경의 무위성이 있습니다.

첫째, 성경에는 그것이 주장하려고 의도했던 모든 부분에 있어 어떠한 종류의 거짓이나 오류도 없으며, 성경은 그러한 거짓이나 오류를 가르칠

18　로버트 L. 레이몬드, 『최신조직신학』, 107-119.

수 없다는 것입니다(시 19:7-9; 119:86, 138, 142, 144; 요 17:17; 딤후 3:16; 벧후 1:20-21).

둘째, 성경은 하나님의 말씀이기 때문에 마치 하나님께서 오늘날 하늘로부터 인간에게 직접적으로 말씀하시는 것처럼 성경의 주장은 참이라는 것입니다(시 19:7; 잠 30:5; 사 65:16; 렘 10:10; 민 23:19; 딛 1:2; 히 6:18).

구약의 선지자들은 생의 어떤 시기에 주의 부르심을 받았다는 것을 알았습니다(출 3장; 삼상 3장; 사 6장; 렘 1장; 겔 1-3장; 암 3:7-8; 7:15).[19] 선지자들은 여호와가 자신들에게 말씀했으며 계시를 받았다는 사실을 인식했습니다(출 3:4; 신 18:18; 민 22:38; 23:5; 호 1:2; 합 2:1; 슥 1:9). 선지자들은 여호와께서 자신들에게 말씀했던 시간과 장소를 알았고, 하나님이 자신에게 말씀했던 때와 아닌 때를 구별하기도 했습니다(사 16:12, 14; 렘 3:6; 13:3; 26:1; 겔 3:16) 이를 통해서 구약은 성령의 역사를 통해 기록되었음을 알 수 있습니다.

선지자들은 하나님이 계시하신 것과 자신의 마음에서 일어난 것을 구별할 수 있었습니다(민 16:28; 왕상 12:33; 느 6:8). 그들은 자신의 말이 아니라 하나님의 말씀을 전해야 함을 알았고, 그 말씀을 숨길 자유가 없었으며, 반드시 전해야 했습니다. 그래서 선지자들은 자신들의 말을 한 것이 아니라, 하나님의 말씀을 전한 것입니다.

선지자들이 하나님의 말씀을 기록한 것은 자기들의 전한 것을 들을 수 있는 사람만이 아니라 그렇지 않은 사람들도 염두에 두었습니다(렘 20:7, 9; 출 3-4장; 렘 1:7, 17). 그러기에 평범한 사람도 성경을 읽으면서 메시아에 대한 진리를 알 수 있게 됩니다.

---

19 헤르만 바빙크, 『개혁교의학 1』, 517-522.

선지자들의 받은 말씀과 전한 말씀 사이에는 때로는 차이가 있었지만 모두 동일한 권위를 가지고 있습니다(사 6장; 10:24-12:6; 31:1-3; 32장). 이것은 하나님의 영이 언제든 사도들과 함께 하셨다는 것을 의미합니다. 선지자들과 사도들은 분명히 하나님의 말씀과 사역의 증인들이지만 그들의 글은 하나님 자신의 증언에 못지않은 것으로 취급됩니다(겔 2:7; 2:1-4; 8-10).

선지자들은 하나님이 이스라엘과 맺은 한 언약, 하나님의 은혜로운 이스라엘의 선택을 전제합니다(호 1:1-3; 6:7; 렘 11:6; 14:21; 겔 16:8; 사 54:10). 구약 성경의 역사서들은 모두 선지자들의 예언적 정신에 따라 기록되었습니다(대상 29:29; 대하 9:29; 20:34). 이것은 복음입니다. 그래서 우리는 성경을 통해서 메시아 예언을 접할 수 있으며 신약을 통해 그것이 이루어졌음을 확인하게 됩니다.

구약의 다양한 책들이 생겨나고 권위를 가진 것으로 인정되었습니다(출 25:22; 신 31:9; 수 24:25). 구약은 신약의 기록자들에게 신적 기원과 신적 권위를 지닌다는 사실을 항상 증거 합니다(마 21:42; 눅 4:21; 행 1:16; 롬 4:3). 구약 성경의 신적 권위는 예수와 사도들에게 의해 언급되고 가르쳐졌습니다(마 5:17; 눅 16:17, 29; 요 10:35; 롬 15:4). 그분들은 구약이 정경임을 증명합니다. 예수와 사도들은 구약의 내용을 비판하지 않았고, 조건 없이 완전히 수용했습니다(마 13:14; 요 5:46; 눅 4:25-27).

왜 일까요?

그것은 구약이 하나님의 말씀이기 때문입니다. 구약은 예수와 사도들에게 교리의 토대, 해답의 원천, 그리고 모든 반론의 마침이었습니다(마 1:22; 막 14:49; 눅 4:2; 요 13:18). 그들은 말씀의 근거를 구약에서 찾았습니다. 그리고 구약을 인용했습니다. 구약의 인용은 어떤 진리에 대한 증거와 확증으로 사용되었습니다(마 4:4; 요 10:34; 행 15:16). 성경 전체는 계시되었고 영감 되었으며, 그리스도에 의해 하나님의 말씀으로 인증되었고, 신약 성경 저자들에 의해 살아있는 하나님의 음성과 동일시되었습니다.[20] 그래서 모든 교회는 신약과 구약을 하나님의 말씀으로 읽고 듣습니다.

인간은 원하지 않는다면 아무도 믿지 않습니다. 믿음에 대해 아우구스티누스는 이렇게 말합니다.

> 하나님은 자신의 은혜로 우리의 의지를 굽혀 우리로 하여금 지성적으로 믿게 합니다.

믿는다는 것은 지성의 행위이지만, 그것은 은혜를 통해 의지가 굽혀지는 것을 전제합니다. 어떤 사람에게 신적 계시의 진리에 대해 내적으로 확고하고 확실하게 확신시킬 수 있는 분은 오로지 하나님의 영뿐입니다.[21] 주님의 성령의 역사가 아니고는 아무도 예수를 그리스도라고 믿지 않습니다.

> 성령으로 아니하고는 누구든지 예수를 주시라 할 수 없느니라 (고전 12:3).

성령은 경건한 자들의 신앙에 대한 보증이자 확증입니다. 구원에 대한 모든 적용은 성령의 사역입니다. 성령의 증거는 신앙이란 '확실한 지식'이

---

20 로버트 L. 레이몬드, 『최신조직신학』, 81-94.
21 헤르만 바빙크, 『개혁교의학 1』, 752-759.

며 모든 의심을 배제하는 것입니다. 이와 같이 성령은 예수를 그리스도로 믿는 신자들에게 있어서는 가장 중요한 분입니다. 믿음은 믿겠다고 해서 믿어지는 것이 아닙니다. 믿음은 하나님의 선물입니다.

5. 칼빈이 생각하는 특별계시(성경)의 이해[22]

일반계시는 인간의 죄로 인해 효과적이지 못했습니다. 그래서 하나님은 특별계시인 성경을 사용하셔서 일반계시를 보완하고 대체합니다. 특별계시를 통해 일반계시를 좀 더 잘 이해할 수 있게 됩니다. 이것이 성경이 주어진 원인입니다.

칼빈이 생각하는 특별계시(성경)의 이해는 다음과 같습니다. 성경은 하나님이 그분의 "공증인들로 하여금 받아쓰도록" 하신 66권의 거룩한 책입니다. 신구약 66권 성경의 모든 책은 정경입니다. 이 성경은 외적 기준이라는 교회의 증언과 내적 증언이라는 책의 내용에 대한 확증에 기초합니다. 성경 말씀은 하나님으로부터 옵니다. 말씀은 오직 하나님으로부터만 내려오고 그 안에 인간적인 것이 전혀 섞이지 않았으므로, 우리는 하나님만큼이나 하나님의 말씀을 경외해야 합니다. 칼빈은 잘 훈련된 지성을 이용해 냉정하게 판단해서 성경 전체의 완전한 정경성을 말합니다.

> 모든 성경은 하나님의 감동으로 된 것으로 교훈과 책망과 바르게 함과 의로 교육하기에 유익하니(딤후 3:16).

---

22 벤자민 B. 워필드, 『칼뱅』, 이경직, 김상엽 역 (서울: 새물결플러스, 2015), 74-100.

성경엔 오직 하나님의 말씀만이 존재합니다. 거룩한 말씀은 하나님의 홀(笏)입니다. 성경은 하나님이 주셨기에 어떤 오류도 섞이지 않았습니다. 성경이 선포하는 모든 내용을 하나님의 살아있는 음성을 대하듯 존중해야 합니다. 우리는 하나님의 말씀을 따라야 합니다.

성경에 담긴 모든 진술은 "실패하지 않는 하늘의 계시"입니다. 사본의 오류는 있을 수 있으나 원본의 오류는 있을 수 없습니다. 우리가 말하는 정경의 완전성은 바로 그 원본을 두고 하는 말입니다. 성경은 하나님의 선물입니다. 하나님이 성경을 우리에게 선물로 주셨기에 성경은 하나님 말씀이며 하늘에서 들려오는 그분의 살아있는 소리와 동일합니다.

성경은 하나님이 그분의 사람들을 위해 주신 영구한 특별계시입니다. 성경은 "공적인 기록"으로 남아있습니다. 성경은 구원에 이르는 하나님의 특별계시를 담은 문서입니다. 성경이라는 안경이 없다면 인간은 죄로 인해 하나님을 아는 적절한 지식을 얻을 수 없습니다. 말씀이 없는 인간은 교만과 오류 속에서 헤맬 뿐입니다.

신자는 성경을 하나님의 말씀으로 믿고 그 말씀을 읽을 때, 성령의 조명을 받아 말씀을 이해해야 합니다. 그 말씀을 읽고, 듣기를 열심히 해야 하며, 말씀에 기록된 대로 살기를 위해 노력해야 합니다(계 1:3).

5장
복음

1. 복음이란?
2. 복음을 믿는다는 의미
3. 부끄러운 복음이 아닌 복음
4. 복음에는 하나님의 능력이 나타난다
5. 복음의 목적
6. 복음 전도에 의한 복음 설교를 통해 주님의 부르심을 받는다
7. 빚진 자의 삶

5장 복음

1. 복음이란?

복음에 대하여 마틴 로이드 존스는 『로마서 강해』 2, 5, 7권에서 말씀합니다. 모든 영혼들은 하나님을 모독하고 있습니다. 세상은 이렇게 하나님을 모독하는 상태에 있다가 멸망을 당할 위험에 처해 있습니다(벧후 3:7; 롬 2:5; 시 73:20; 살후 2:12; 학 2:6; 신 4:30; 사 2:2; 렘 23:20; 미 4:1). 우리는 이러한 세상에 하나님의 복음을 전하여 세상이 멸망하지 않도록 열심을 내어야 합니다.[1] 『로마서 강해』 2권에서의 복음의 요지는 우리가 다시는 자신을 '죄인'으로 보아서는 안 된다는 것입니다. 우리는 죄인이 아니라 '하나님의 자녀'입니다. 우리는 실패하고 실수하는 자녀입니다. 그러나 더 이상 죄인은 아닙니다. 신자는 "실수는 하지만 죄인이 아니다"라는 것을 강조합니다.[2]

『로마서 강해』 5권에서는 참된 복음의 의미에 대해서 말씀합니다. 참

---

1 마틴 로이드 존스, 『시대의 표적』, 18.
2 마틴 로이드 존스, 『로마서 강해』 2권, 346.

된 복음전도는 한 순간도 우리를 완전하게 하겠다고 약속하지도 않고 온 세상을 바로잡겠다고 약속하지도 않습니다. 오히려 "세상에서 너희는 환난을 받을 것이다. 그러나 두려워하지 말라. 내가 세상을 이겼음이라"고 말씀합니다. 이것이 '약속'이요, '기업'입니다. 그것은 장래 일입니다(엡 1:10-11, 13; 2:19; 마 25:34; 골 1:12; 3:24; 벧전 1:3-5). 참된 복음은 이 세상에 있는 우리의 삶에서의 모든 고통을 무마시키려 들지 않습니다. 이와 같은 지식은 신자가 복음을 통해 세상을 온전히 보게 합니다.[3]

『로마서 강해』 7권에서는 '케리그마'의 의미에서의 복음이 무엇인가에 대해 말씀합니다.[4] 복음은 하나님이 우리에게 이미 행하신 것을 선언하는 것입니다. 복음은 우리가 들었던 것 중의 최고의 좋은 소식입니다. 신자는 기쁨에 이르기 위해서는 먼저 죄가 얼마나 악한 것인가를 깨달아야 합니다. 자신이 죄인이라는 사실을 알아야 예수 그리스도를 통한 복음의 소식을 기뻐할 수 있기 때문입니다. 사람이 죄인이라는 사실을 인정하지 않는다면 이는 자신의 죄인 됨에 대한 인식을 가지고 있지 않다는 것을 의미합니다. 이런 자는 복음을 기뻐하지 않습니다. 그러나 세상은 자신이 죄인이라는 것을 받아드리려 하지 않으며, 자신이 죄인이라는 것을 좋아하지 않습니다. 이런 자들에게 정녕 필요한 것이 복음입니다. 하나님께로부터 온 좋은 소식, 바로 복음이 필요합니다(롬 1:1).

복음은 하나님께서 사람과 세상을 구원하시기 위해 행하신 일입니다. 복음은 하나님이 그리스도로 말미암아 세상을 자기와 화목하게 하신 것입니다. 복음은 성부 하나님, 성자 하나님, 성령 하나님이 관계된 복음입

---

3 마틴 로이드 존스, 『로마서 강해』 5권, 544.
4 마틴 로이드 존스, 『로마서 강해』 7권, 79-89.

니다. 복음은 성부 하나님, 성자 하나님, 성령 하나님의 전능하신 행위입니다. 삼위일체 교리는 기독교의 심장입니다. 복음의 중심은 하나님의 아들에 관한 것입니다.[5] 기독교는 정의상 그리스도 자신입니다. 그 점이 복음의 중추신경이요, 핵심이요, 중심입니다(롬 1:3-4; 히 1:1).

복음은 주님 자신의 좋은 소식입니다(요 1:1; 10:30). 주님은 언제나 중심적이고 가장 우월한 위치에 있습니다. 주님을 떠나서는 복음도 없고 좋은 소식도 없습니다(롬 1:2; 갈 4:4; 빌 2:4-9; 말 4:2; 딤후 2:8; 창 49:10; 마 1:16; 눅 3:23; 사 9:7). 복음은 사람의 말이 아니라 하나님의 말씀입니다(갈 4:14; 살전 2:13). 복음은 구원을 주시는 하나님의 은혜입니다(롬 1:16; 고전 1:18; 2:4-5; 15:2; 엡 1:23). 복음의 좋은 소식이란 우리가 하나님과 화해하였으며, 하나님이 보시기에 의롭다 함을 입었다는 것입니다(고전 1:30).[6] 복음은 우리가 하나님과 원수 되었을 그 때에 하나님이 우리와 화해하신 것의 선포입니다.

> 곧 우리가 원수 되었을 때에 그의 아들의 죽으심으로 말미암아 하나님과 화목하게 되었은즉 화목하게 된 자로서는 더욱 그의 살아나심으로 말미암아 구원을 받을 것이니라(롬 5:10).

하나님은 죄로 죽은 우리를 그리스도와 함께 살리셨습니다. 허물로 죽은 우리를 그리스도와 함께 살리신 하나님의 구원의 역사가 복음입니다(엡 2:5). 주님의 구원의 역사는 우리의 행위에서가 아니라 믿음으로 말미

---

5   마틴 로이드 존스, 『로마서 강해』 7권, 126-127.
6   마틴 로이드 존스, 『로마서 강해』 7권, 176, 333.

암아 의롭다 함을 얻었다는 진리입니다(롬 1:16-17; 3:21-22). 이것이 좋은 소식입니다. 기쁜 기별입니다. 복음은 그리스도의 복음(롬 1:9), 하나님의 복음(롬 1:1)입니다. 그것은 영원한 소식입니다. 하나님의 영원한 아들의 복음입니다. 그것은 부끄러운 것이 아닙니다. 복음은 인류가 들어왔던 가장 영광스럽고 위엄에 차고 가슴 벅찬 메시지입니다.

2. 복음을 믿는다는 의미

복음을 믿는다는 것은 지성으로 믿는다는 것입니다.[7] 그러나 이것은 우리의 의가 아닙니다. 성령의 역사입니다. 왜냐하면 성령이 우리에게 믿음의 순종을 하게 하기 때문입니다. 어느 누구도 자기 스스로 복음을 믿을 수 없습니다. 오직 성령의 역사만으로 사람은 복음을 믿을 수 있습니다. 성령의 역사 없이는 복음을 믿을 수 없습니다(요 3:5-8; 롬 1:16; 살전 1:5; 벧전 1:23).

믿음에는 의탁의 요소가 내포됩니다. 복음에는 복종의 요소가 내포되어 있습니다(롬 6:17; 10:10). 신자의 순종이 있어야 합니다. 순종은 믿음의 중요 모습입니다. 복음을 믿을 때는 전인이 수반됩니다. 믿는 자는 반드시 그 삶이 변화됨을 통해 구원을 확증해야 하는 것입니다. 행함이 나타나지 않는 믿음은 거짓 믿음이요, 병든 믿음입니다. 왜냐하면 복음을 순종함으로써 그리스도를 영화롭게 하기 때문입니다(요 10:10; 벧전 2:9; 시 2:10-12). 이는 신자의 삶을 통해서 드러나게 됩니다.

---

7 마틴 로이드 존스, 『로마서 강해』 7권, 179, 185.

> 그러나 너희는 택하신 족속이요 왕 같은 제사장들이요 거룩한 나라요 그의 소유가 된 백성이니 이는 너희를 어두운 데서 불러 내어 그의 기이한 빛에 들어가게 하신 이의 아름다운 덕을 선포하게 하려 하심이라(벧전 2:9).

그리스도인이 되기 위해서는 몇 단계를 거쳐야 합니다.[8]

첫 번째 단계는 자기 자신이 하던 일을 멈추고 자기 자신의 죄에 대해서 생각해보아야 합니다. 그리고 자신에게 문제가 있음을 고백해야 합니다(시 51:1). 자신이 죄인이라는 것에 대한 분명한 이해와 회개가 있어야 합니다. 그렇지 않다면 그는 신자가 아닙니다. 죄의 깨달음의 깊이가 클수록 하나님의 은혜가 큼을 깨닫게 됩니다. 이는 성령의 역사의 결과이지만, 인격을 가진 신자는 반드시 그 인격을 통해 지적인 이해와 깨달음에 이르러야 합니다. 그리고 회개가 행동으로 나타나야 합니다.

두 번째 단계는 자기 자신이 전적으로 무력한 존재임을 깨달아야 합니다. 자신 스스로 죄의식을 느끼고 자신의 노력으로 마음에 안식과 평화를 찾을 수 없음을 깨닫습니다. 오늘의 교회의 문제는 잘못된 죄 의식과 죄론 때문입니다. 죄는 가공할 만한 능력이 있습니다. 구원의 참 기쁨이 있기 전에 죄의식이 있어야 합니다.[9] 그런데 오늘의 교회는 신자들에게 죄에 대한 이해를 시키지 않습니다. 죄의 심각성을 말하지 않습니다. 결국 교회는 신자를 신자되지 못하게 만들고 있는 것입니다. 목사는 설교를 통해서 죄의 죄됨을 알리고 그 죄를 회개하는 일에 모든 신자가 함께 하도록

---

8 마틴 로이드 존스, 『회개』, 강봉재 역 (서울: 복있는사람, 2014), 75-99.
9 마틴 로이드 존스, 『산상설교집 상』, 문장수 역 (서울: 정경사, 2008), 75.

만들어야 합니다. 그리할 때 주님의 십자가의 은혜가 더욱 깊어지게 될 것입니다.

세 번째 단계로 자신에게 용서가 필요함을 깨달아야 합니다. 주님은 인간에게 있는 죄라고 하는 무섭고 추하고 더러운 것을 보셨습니다. 그리고 주님은 이로 인해 우셨습니다. 주님은 이 세상에 살면서 웃었다는 기록이 없습니다.[10] 그만큼 세상은 죄악으로 가득한 곳이었습니다. 인간의 죄 용서는 오직 그리스도만으로 가능합니다. 죄를 깨달음은 결국 구세주의 필요성을 깨닫게 합니다. 회개는 이와 같이 우리를 우리 주 그리스도에게 향하게 하는 중요한 길임을 알 수 있습니다. 인간은 스스로를 구원할 수 없으며 그럴 힘도 없기 때문입니다.

네 번째 단계는 자신으로 하여금 끊임없이 죄를 짓게 만드는 내면의 끔찍한 세력을 확인하고 그것을 미워합니다. 신자는 죄를 미워해야 합니다. 죄를 증오해야 합니다. 죄와 멀어져야 합니다. 죄의 어떤 모양이라도 버려야 합니다. 하나님의 거룩을 품은 신자는 결코 죄와 함께 하지 않습니다. 그리고 오직 하나님의 형상의 회복을 소망하며 그 일을 이루는 것을 통해 행복을 경험합니다.

다섯 번째 단계는 자신에게 중생이 필요함을 깨닫습니다. 이와 같이 구원을 믿고 소망하는 자는 지성에 깊은 변화가 일어납니다. 그는 영의 일을 생각하게 합니다. 그는 진리를 사모합니다. 그에겐 감성의 변화가 일어납니다. 그는 의지의 변화가 일어납니다. 그는 지정의에 새로운 변화가 생겨납니다.[11] 그는 하나님의 율법을 사모합니다.

---

10 마틴 로이드 존스,『산상설교집 상』, 77, 70.
11 마틴 로이드 존스,『생명수』, 161-170, 177-182.

여섯 번째 단계는 주 예수님께 나아가게 됩니다. 신자는 반드시 주 앞에 나가 회개하고 죄용서 받으며 구원을 경험합니다. 그 일을 하시는 분이 성령님이십니다. 그리고 신자는 주 예수를 통해 구원을 얻게 됩니다.

일곱 번째 단계는 거듭나게 됩니다. 성령으로 거듭납니다. 새로운 존재가 됩니다. 새 피조물이 됩니다. 하나님 나라의 시민이 됩니다.

여덟 번째 단계는 새로운 삶을 살아갑니다(고후 5:17; 갈 2:20). 그는 자기 자신 안에서 새로운 시각, 새로운 힘, 새로운 소망, 새 사람을 발견하게 됩니다. 그는 이 땅에서의 삶이 목적이 아니라 새로운 목적지를 소망합니다(골 3:2). 그것은 바로 하나님 나라입니다. 그 하나님 나라의 백성다운 모습을 이 땅에서 시작합니다. 그는 영화를 소망하며 이 땅에서 성화의 삶을 살아나갑니다. 그리고 반드시 영화를 이룰 것을 믿습니다(롬 8:30).

3. 부끄러운 복음이 아닌 복음

구원이란 안전하다, 치료, 건강하게 함, 어떤 것으로 '부터' 건짐을 받는 것, 어떤 것을 위해서 구원받는 것을 뜻합니다. 복음은 바로 이 구원을 전하는 것입니다. 이 복음이 부끄러운 복음이 아닌 이유는 구원의 방식 때문입니다. 구원은 하나님께서 우리를 위해서 행하신 것이 무엇인지에 대한 선포입니다. 복음은 구원의 메시지입니다.[12]

> 내가 복음을 부끄러워하지 아니하노니 이 복음은 모든 믿는 자에게

---

12 마틴 로이드 존스, 『로마서 강해』 7권, 서문강 역 (서울: CLC, 2010), 333-372.

> 구원을 주시는 하나님의 능력이 됨이라 먼저는 유대인에게요 그리고
> 헬라인에게로다(롬 1:16).

역사를 보십시오. 철학은 위대하다 하나 철학은 인간을 구원하지 못하였습니다. 철학은 사람을 구원하지 못합니다. 그것을 인류의 역사가 증명하고 있습니다. 어떤 철학도 인간을 구원하지 못했습니다. 세상은 방향 없이 움직입니다. 세상은 어떤 방향도 목적도 없습니다. 과거와 현재의 모습에 변함이 없습니다. 혼란 그 자체입니다. 미래도 그럴 것입니다. 역사는 계속해서 인간을 통해서는 구원이 있지 못함을 증명할 것입니다. 그것이 하나님이 심판을 연기하는 이유이기도 합니다. 인간의 모든 노력은 결국 헛수고라는 것을 우리는 깨달아야 합니다. 이미 그럴 수 있는 충분한 지식을 역사를 통해서 우리는 갖고 있게 되었습니다.

복음은 하나님께서 우리를 어떻게 구원을 주셨으며, 어떻게 하나님의 구원 방식을 산출하였으며, 어떻게 그것을 적용하시는지를 말씀하시는 것입니다. 복음은 하나님의 복음입니다. 복음은 하나님의 행동입니다(갈 4:4).

복음이 위대한 것은 복음은 타락과 죄의 결과로부터 사람을 구원해 주기 때문입니다. 그러기에 복음은 좋은 소식입니다. 이 능력 있는 하나님의 복음은 세상에 구원을 가져왔습니다. 복음은 모든 사람들을 위한 복음입니다(롬 1:16-17). 그러기에 복음에 관한 한 어느 누구도 절망적인 사람은 없습니다. 복음은 하나님의 구원에 대한 공표요, 하나의 계시(나타남)입니다(롬 16:25-26; 엡 3:3-6; 벧전 1:10-12).

> 나의 복음과 예수 그리스도를 전파함은 영세 전부터 감추어졌다가
> 이제는 나타내신 바 되었으며 영원하신 하나님의 명을 따라 선지자

> 들의 글로 말미암아 모든 민족이 믿어 순종하게 하시려고 알게 하신 바 그 신비의 계시를 따라 된 것이니 이 복음으로 너희를 능히 견고하게 하실(롬 16:25-26).

복음에는 계시의 내용인 하나님의 의가 나타납니다(롬 1:17; 3:20, 31; 빌 3:9).

> 그 안에서 발견되려 함이니 내가 가진 의는 율법에서 난 것이 아니요 오직 그리스도를 믿음으로 말미암은 것이니 곧 믿음으로 하나님께로부터 난 의라(빌 3:9).

그것은 하나님을 만족시키는 의입니다. 이 의(義)는 믿음으로 믿음에 이르는 길을 통해서 옵니다.

하나님의 율법의 목적은 하나님의 거룩을 드러내는 것입니다. 우리는 율법을 통해서 하나님의 마음을 봅니다. 하나님은 그 율법을 통해서 하나님의 백성을 준비하십니다. 신자는 그 율법을 사랑합니다.

> 선한 일에 열심히 하는 자기 백성이 되게(딛 2:14).

우리는 성령을 통해 그 율법을 지켜 나갑니다. 우리의 삶을 통해서 하나님께 영광을 돌립니다. 우리의 행위를 보고 세상의 사람들이 하나님께 나아갑니다. 우리는 복음을 통해 많은 사람을 이롭게 합니다. 복음의 사람들을 통하여 복음이 전파되며, 복음을 받아들인 개인 역시 그의 삶에 변화를 경험합니다. 중생한 사람들이 많은 사회는 변합니다. 하나님은 이

렇게 하나님의 백성을 준비시키십니다.[13]

4. 복음에는 하나님의 능력이 나타난다

복음의 가장 중요한 첫 번째 메시지는 하나님과 바른 관계입니다.[14]
어떻게 하면 하나님과 올바른 관계를 맺을 수 있습니까?
하나님의 면전에 내가 어떻게 설 수 있습니까?
그것이 삶에서 가장 중요한 질문입니다.[15]

신자는 삶을 살면서 심판 날에 하나님과 얼굴을 대면하여 서게 될 그들의 자세와 입장에 대해서 생각해야 합니다. 왜냐하면 온 세상은 하나님 앞에서 죄책을 가지고 있기 때문입니다. 그러기에 우리가 하나님 앞에서 다른 모든 자들과 똑같이 죄의 책임을 갖고 있음과 우리 혼자 내버려두면 어떠한 답변도 할 수 없음을 알게 하신 하나님께 감사해야 합니다. 우리는 하나님 앞에 겸손하게 엎드려 하나님의 거룩한 면전에서 우리가 무슨 말을 해야 할지 알지 못함을 솔직히 고백해야 합니다.

복음은 하나님께서 어떻게 구원을 준비하셨으며, 어떻게 그 구원을 계획하시고 산출하셨으며, 어떻게 이 구원을 우리 속에서 이루어나가시는지를 말하고 있습니다(고전 1:18, 21; 고후 5:5; 엡 1:19-20, 2:10; 빌 1:6, 2:13; 벧전 1:5). 구원이란 우리 속에서 복음의 방편으로 하여 역사하는 하나님의 능력입니다(엡 1:10; 롬 8:28-30).

---

13 마틴 로이드 존스, 『생명수』, 전의우 역 (서울: 규장, 2012), 272.

14 마틴 로이드 존스, 『로마서 강해』 7권, 346-352.

15 마틴 로이드 존스, 『로마서 강해』 8권, 330-331.

18 십자가의 도가 멸망하는 자들에게는 미련한 것이요 구원을 받는 우리에게는 하나님의 능력이라, 21 하나님의 지혜에 있어서는 이 세상이 자기 지혜로 하나님을 알지 못하므로 하나님께서 전도의 미련한 것으로 믿는 자들을 구원하시기를 기뻐하셨도다(고전 1:18, 21).

복음은 하나님의 능력이라서 효력 있고 유효합니다(롬 8:3, 20).

3 율법이 육신으로 말미암아 연약하여 할 수 없는 그것을 하나님은 하시나니 곧 죄로 말미암아 자기 아들을 죄 있는 육신의 모양으로 보내어 육신에 죄를 정하사 20 피조물이 허무한 데 굴복하는 것은 자기 뜻이 아니요 오직 굴복하게 하시는 이로 말미암음이라(롬 8:3, 20).

복음은 구하고 지키는 하나님의 능력입니다. 그러기에 복음은 결코 실패하지 않습니다(롬 8:31, 25, 37-39; 1:16). 복음은 신자를 의롭다 하시고 거룩하게 하시고 영화롭게 하시는 하나님의 능력입니다. 복음은 우리로 하여금 하늘로 들어가게 하는 하나님의 능력입니다(사 59:20-21, 25-26; 롬 11:33; 살전 2:13; 약 1:18; 벧전 1:23; 요 17:17; 엡 5:25; 고후 3:6; 살전 1:5; 고전 2:5). 복음은 사실상 하나님께서 인간을 위하여 의, 믿음으로 말미암는 의를 제공하셨다는 선포입니다. 그 의는 인간의 공력으로 성취한 의가 아니고 하나님께서 주신 의입니다. 하나님으로부터 온 그 의만이 하나님의 진노의 교리에 비추어 볼 때 오직 유일한 의의 길입니다.[16]

---

16 마틴 로이드 존스, 『로마서 강해』 8권, 13-14.

5. 복음의 목적

복음의 목적은 우리를 하나님과의 친교로 인도하는 것입니다. 복음은 복음을 받아들인 우리가 하나님과 친교를 누릴 수 있게 하는 것입니다. 복음을 통해서 우리는 하나님을 바르게 알게 됩니다.[17] 그 선한 지식을 가지고 주님과 바른 관계를 회복해 나갑니다. 우리는 복음을 통해 신자가 해야 되는 것을 알게 되며 그 일을 행함을 기뻐하는 자가 되는 것입니다.

복음을 설교함을 통해서 우리는 하나님의 구원의 방식이 무엇인가를 아는 일에 전혀 어려움이 없게 됩니다. 우리는 복음을 들음으로 구원의 길이 불가능하지 않다는 것을 알게 됩니다. 성경에서 말씀하고 있는 구원의 길은 인간에게 어떤 노력도 요구하지 않습니다. 이것이 복음의 메시지를 통하여 알게 되는 진리입니다.[18] 구원은 전적으로 하나님의 일입니다. 그러기에 그 일은 결코 실패하지 않습니다. 복음을 듣는 모든 이들에게 구원의 길이 열려 있는 것입니다.

복음은 우리가 어떠한 사람인지 생각하고 그에 합당한 존재가 되라는 것입니다. 먼저 우리가 어떠한 사람인지 인식하라는 것입니다. 그리고 우리가 어떠한 존재인지 보여 주기 위해 나아가라는 것입니다. 우리는 복음을 통해 우리가 하나님 앞에 죄인임을 알게 됩니다. 복음을 통해서 우리는 거룩하신 하나님과 거룩한 율법 앞에서 우리가 정죄 받고 있음을 알게 됩니다. 그러기에 신자는 자신의 죄인 됨을 고백하고 회개하며 하나님의 성령으로 거듭나야 합니다. 거듭나기 전에는 결코 그리스도인의 원리를 실

---

17 마틴 로이드 존스, 『로마서 강해』 11권, 서문강 역 (서울: CLC, 2010), 198.

18 마틴 로이드 존스, 『로마서 강해』 10권, 서문강 역 (서울: CLC, 2007), 128-131.

천에 옮기지 못합니다.[19]

복음은 우리를 하나님의 사랑과 우리의 인격적인 삶 속에 계신 그리스도에 속한 놀라운 은혜를 드러내는 충만한 인격을 갖추는 데로 인도합니다.[20] 복음을 들은 사람은 그 삶에 하나님의 형상의 회복을 위한 삶을 살아가기 시작합니다. 그리고 성화의 삶을 살아나가는 것을 기뻐합니다. 또한 우리가 복음을 기뻐해야 하는 이유는 복음은 인간의 능력이 아니라 구원에 이르게 하는 하나님의 능력이기 때문입니다(롬 1:16; 고전 15:2-3; 살전 2:13; 골 1:6; 3:6; 행 20:32).

하나님의 방법은 사람이 이해할 수도 없고, 파악할 수도 없고, 그리고 규명하거나 탐색할 수도 없습니다. 우리는 복음의 판단을 측량할 수 없습니다. 복음은 하나님의 능력이기 때문에 우리 모두를 위한 희망이 있습니다. 우리에게 일어날 수 있는 모든 일에도 불구하고, 죄의 권세는 파괴되고(롬 6:6, 14), 성도들은 은혜 안에서 성장합니다(벧후 3:18; 고후 3:18). 복음은 우리의 궁극적인 영화를 보장해주는 유일한 것입니다(롬 8:30; 고후 7:1). 그러기에 우리는 복음 그 자체를 기뻐합니다.[21]

---

19 마틴 로이드 존스, 『로마서 강해』 12권, 서문강 역 (서울: CLC, 2007), 161.
20 마틴 로이드 존스, 『로마서 강해』 13권, 서문강 역 (서울: CLC, 2007), 241.
21 마틴 로이드 존스, 『로마서 강해』 11권, 서문강 역 (서울: CLC, 2010), 400-402.

6. 복음 전도에 의한 복음 설교를 통해 주님의 부르심을 받는다

복음전도는 우선적으로 회개를 강조합니다.[22] 복음이 세상에 전파되면, 복음은 특이한 분리를 가져옵니다.[23] 그것은 사람들이 그리스도인이 되면 다른 사람들이 전혀 이해할 수 없는 입장에 서게 되기 때문입니다(마 10:37; 눅 14:26). 그러기에 복음이 전파된 곳에는 어려움이 발생합니다. 그러나 신자는 복음 전파에 소망을 가져야 합니다. 복음을 통하여 하나님 나라의 회복을 소망해야 합니다.

> 무릇 내게 오는 자가 자기 부모와 처자와 형제와 자매와 더욱이 자기 목숨까지 미워하지 아니하면 능히 내 제자가 되지 못하고 (눅 14:26).

복음을 전하는 복음 전도에 가장 효과적인 방법은 그리스도인들이 자기들의 일상적인 삶과 직업 생활에서 그리스도인다운 생활을 나타내는 것입니다. 사람들이 우리에게 와서 "너희가 가진 것이 무엇이냐? 나도 너와 같이 되었으면 좋겠다"라고 말하게 되는 때는 사람들이 우리 속에서 우리를 돋보이게 하는 어떤 특별한 것을 발견할 때입니다. 그러므로 우리의 삶이야 말로 복음을 전하는 좋은 방법이라는 것을 알 수 있습니다.

복음을 전하는 일에 있어서는 위대한 사람들이 필요한 것은 아닙니다. 학식 있는 자들이 필요한 것이 아닙니다. 오히려 역사적으로 대단한 영향

---

22   마틴 로이드 존스,『로마서 강해』7권, 122.

23   마틴 로이드 존스,『로마서 강해』9권, 45-61.

력을 행사하여 고대 세계를 흔들어 놓았던 것은 평범한 그리스도인의 삶이었습니다. 그러므로 우리의 삶에서 그리스도인으로서의 삶이 나타나는 것 그것이 가장 효과적인 복음전도의 방법입니다.[24]

부흥은 하나님으로부터 옵니다. 부흥이 오는 것은 전적으로 하나님의 손에 달려 있습니다. 부흥이 언제나 하나님께서 주도하신다는 사실은 우리에게 위로가 됩니다. 인간이 부흥을 만들지 못합니다. 부흥은 하나님이 하시는 일이십니다. 우리는 부흥이 오지 않을 때, 우리가 심판에 의한 완악함의 단계를 통과하고 있을지 모른다는 것을 기억해야 합니다. 인간이 아무리 노력을 해도 하나님의 심판의 때가 끝나지 않으면 소용이 없습니다. 그저 그 기간이 지나기를 기도함으로 인내해야 합니다. 그러나 심판에 의한 완악함과 강퍅함의 시대의 끝에 종종 부흥이 임합니다(행 12:20-25). 그 이전에 경험하지 못했던 놀라운 부흥을 경험하게 됩니다. 그러므로 부흥을 위해 하나님께 우리에게 자비를 내려주시기를 계속 간청해야 합니다. 하나님께 아무것도 묻지 말고 기도를 하십시오. 그러면 부흥은 일어날 것입니다. 그러므로 부흥을 위해서 우리는 곤고할 때 부흥이 오지 않을 때도 지치지 말고 기도해야 하는 이유가 있는 것입니다.[25]

하나님의 뜻이 무엇인가에 대한 관심을 가져야 합니다(행 16:6-7). 내가 하나님의 뜻의 중심 속에 존재하는지를 알고자 해야 합니다. 우리는 하나님의 성령의 능력으로 내 능력껏 하나님께서 불러 시키신 일을 하고 있느냐에 관심을 가져야 합니다. 이와 같이 복음은 우리의 옛 관계에서 우리를 떼어낼 뿐만 아니라 새로운 관계, 새로운 부류 속으로 이끌어 드립니다. 여

---

24 마틴 로이드 존스, 『로마서 강해』 12권, 574.
25 마틴 로이드 존스, 『로마서 강해』 11권, 74-75.

기서 중요한 것은 새로운 관계가 더 우선적인 관계가 된다는 것입니다(갈 2:20). 우리는 그리스도 안에서 새로운 가족을 가지게 된 것입니다. 그러므로 그 새로운 가족에 대한 새로운 관점을 가져야 합니다. 그리고 그 가족을 위한 사랑을 실천해야 합니다.

주님이 누군가를 부른다는 것은 부름을 받은 대상들이 전적으로 소망이 없음을 인식할 때 가능합니다.[26] 그들은 자신들이 곤고한 위치에 있다는 사실을 인식합니다. 이 말의 의미는 자신들이 무능한 위치에 있음을 인식한다는 것을 의미합니다(행 16:30). '불의'란 영원하시고 영원토록 의로우신 하나님께 대하여 반대하는 모든 것입니다. 불의는 하나님의 통치와 하나님의 왕 노릇과 하나님의 생명의 방식에 대하여 반대되는 모든 것입니다.[27] 이 불의에서 구원받는 것을 소망하는 것입니다. 그리고 구원은 오직 주 예수 그리스도와 그의 십자가에 못 박히심을 통해서만 가능합니다(요 14:6; 행 4:12; 창 3:15; 계 13:8; 벧전 1:19-20). 우리는 이 주님을 성경을 통해서 만날 수 있습니다(눅 24:25-27). 그러기에 우리는 성경을 읽어야 합니다. 성경을 읽으면서 성령의 충만함을 구해야 합니다.

> 다른 이로써는 구원을 받을 수 없나니 천하 사람 중에 구원을 받을 만한 다른 이름을 우리에게 주신 일이 없음이라 하였더라(행 4:12).

---

26   마틴 로이드 존스, 『로마서 강해』 10권, 367-373.
27   마틴 로이드 존스, 『로마서 강해』 3권, 259.

7. 빚진 자의 삶

우리가 누군가를 불쌍히 여긴다는 것은 어떤 고통당하는 사람을 볼 때 그 사람 속에 즉각적으로 친절해지고 싶은 어떤 느낌이 있음을 뜻하는 것입니다.[28] 빚진 자의 의미는 마치 "나는 그들에게 빚진 자"라는 느낌을 가질 정도로 그것을 강하게 생각하고 느끼고 있다는 의미입니다. 나는 그리스도인이 되었으니, 다른 사람들이 필요로 하는 무엇을 가지고 있다고 느끼고 있다고 느끼는 것입니다. 그 의미는 "나는 신령한 은사들을 나누어 줄 수 있다. 나는 하나님의 백성이다. 나는 이런 방식으로 은혜를 받았다"는 것을 인식하는 것입니다. 그것은 "너희가 내게 빚을 갚으라고 요구할 권리가 있다는 느낌을 나는 가진다"고 고백하는 것입니다. 이것이 빚진 자의 의미입니다.[29] 그런 빚진 자는 복음을 전하기를 갈망합니다. 복음을 전함으로 기쁨을 누립니다.

복음을 전할 때 하나님의 능력이 함께 합니다. 우리는 복음을 전함을 통해 삶이 변화됨을 경험합니다. 우리는 복음으로 인해 진정한 기쁨과 만족을 경험합니다. 그러므로 복음 전파를 삶의 가장 우선순위에 두어야 합니다. 그것을 위해 어떤 희생도 가능하다는 생각으로 살아가야 합니다. 이것이 그리스도인의 바른 태도입니다.

28　마틴 로이드 존스, 『로마서 강해』 9권, 212.

29　마틴 로이드 존스, 『로마서 강해』 13권, 230.

6장
교회

1. 교회는 무엇인가?
2. 예배의 참된 방식
3. 주일 / 안식일
4. 참된 교회의 속성
5. 교회 생활에 있어서 회의 시에 토론의 자세

6장 교회

1. 교회는 무엇인가?

교회라는 단어는 주인을 의미하는 헬라어 퀴리오스(kurios)에서 유래했습니다. '카이저'(kaiser)나 '시저'(Caesar)도 같은 어원에서 나왔습니다. 교회는 주님께 속해있으며, 함께 모인 사람들로 구성되어 있습니다.[1] 교회는 눈에 보이지 않는 영적인 존재인 교회가 지역적으로 나타나는 것입니다. 교회는 그리스도의 임재와 주권이 인정되는 성도들의 지역별 모임니다. 지역 교회는 참으로 거듭나고 신령한 사람들인 동시에 보이지 않는 영적 교회, 즉 그리스도의 참된 몸의 일원입니다. 영어로 교회인 'church'는 스코틀랜드어 'Kirk'나 독일어 'Kirche'와 마찬가지로 헬라어 '퀴리아코스'에서 파생되었습니다. 이 말은 "주께 속하였음"(belong to the Lord)을 뜻합니다. 교회는 주께 속하였다는 것입니다.

헬라어 '토 퀴리아콘'은 그리스도인들이 예배드리기 위하여 모이는 장

---

[1] 마틴 로이드 존스, 『영광스러운 교회와 아름다운 종말』, 20-24, 30.

소를 지칭하는 말이 되었으며, 이후에 주님의 "신령한 건물"인 신자들 자신을 가리키는 말로도 사용되기 시작했습니다. 교회는 하나님께서 구속하신 나라를 지칭하는 가장 생생한 표현입니다.[2] 교회를 나타내는 성경의 다른 표현은 '그리스도의 몸'(엡 1:23; 골 1:18; 고전 12:27)이라고 합니다. 또는 '성령의 전' 혹은 '하나님의 전'(고전 3:16; 엡 2:21, 22; 벧전 2:5)이라고 합니다. 또 다른 교회에 대한 성경의 표현은 '위에 있는 예루살렘', 혹은 '새 예루살렘', 혹은 '하늘의 예루살렘'(갈 4:26; 히 12:22; 계 21:2)이라고 하며, 진리의 기둥과 터라고 합니다(딤전 3:15).[3]

교회는 초국가적입니다. 교회는 모든 민족 안에 살면서 동시에 이 세상에 속하지 않은 하나님 나라의 시민으로 구성되어 있습니다. 교회는 하나님의 부르심을 받은 이들의 모임입니다(행 2:30). 교회는 자신들의 죄로 인하여 가책을 느끼어 회개와 죄 용서를 구하고 하나님께 용서받은 자들의 모임입니다. 또한 그 용서를 통하여 다른 사람들을 용서합니다. 이와 같이 신자는 다른 사람을 용서함을 통해서 하나님의 용서하심을 경험함을 증거합니다. 내가 하나님의 용서를 경험하면서도 다른 사람을 용서하지 않는다면 그것은 죄를 짓고 있는 것입니다.[4] 교회는 예수 그리스도의 복음을 믿으며 그 안에서 기쁨과 행복을 느끼는 자들의 모임입니다.[5]

교회를 일컫는 가장 전형적인 호칭은 '소집된 회중'입니다. 교회는 곧 '하나님의 나라'이며 예수 그리스도의 자연적인 몸에 대한 역사적 대체물입니다. 택함 받은 자들로 이루어진 신앙을 고백하는 신자들과 그들의 자

---

2   로버트 L. 레이몬드, 『최신조직신학』, 1017, 1022.

3   벌코프, 『조직신학』, 814.

4   마틴 로이드 존스, 『산상설교집 하』, 105.

5   마틴 로이드 존스, 『영광을 바라보라』, 93-94.

녀들로 이루어진 눈에 보이는 교회가 지금 우리가 접할 수 있는 교회입니다. 성경은 신자들을 '그리스도 안에' 두며 '그리스도 안'이란 곧 그리스도의 교회를 뜻합니다. 교회는 '그리스도 안'에 있을 때 거룩합니다.

교회의 권위는 위로부터, 그리스도에게서 나오는 것이지 아래로부터, 공동체서 나오는 것이 아닙니다. 그것은 교회가 하나님께 속해 있기 때문입니다. 교회는 역사 속에서 부분적으로 실현된 형태의 하나님 나라입니다. 우리는 역사 속에서 그림자로서, 앞으로 경험하게 될 교회를 미리 맛보는 것입니다. 그리스도는 우리보다 훨씬 더 우리가 자신의 영광을 공유하게 될 그날을 고대하시며 그냥 한가히 앉아만 계시는 것이 아니라 그 최종적 목표를 위해 일하고 계십니다.

'보이는 교회'와 '보이지 않는 교회'는 서로 다른 두 교회를 가리키는 것이 아니라 영원 전에 하나님이 아시는 그리스도의 몸과 지금 우리가 혼합된 회중으로 알고 있는 교회를 의미합니다. 그러한 교회의 안전은 하나님의 선택에 있는 것이지 교회의 역사적 연속성과 구조 또는 교회 지체들의 경건과 열정에 대한 경험적 조사를 통해 내려질 수 있는 결정에 있는 것이 아닙니다. 하나님이 떠난 교회는 더 이상 교회가 아닙니다. 그러므로 교회는 늘 깨어서 그리스도 안에 있어야 합니다.

교회는 세상에서 하나님의 거룩하게 하시는 사역의 수혜자이자 마당이며 성령이 다가올 시대에 대한 총연습의 역을 배정하시고 연출을 하시는 극장입니다. 우리는 교회를 통해서 하나님 나라의 모습을 드러내야 합니다. 교회에서 그리스도의 사랑이 나타나야 합니다. 서로 사랑하며 서로를 위한 존재가 되어야 합니다. 서로를 위해 기도할 수 있어야 합니다. 교회 안에서 한 가족이 되어야 합니다.

교회는 언제나 하나님과 관련해서는 은혜의 수납자지만 또한 이웃을 향한 증언과 사랑과 섬김에 있어서는 적극적입니다.[6] 교회는 하나님의 사랑을 이웃에 전하는 일에 적극적이어야 합니다. 그리스도의 사랑을 전하는 일에 열심이어야 합니다. 세상에서 그리스도인으로서의 빛을 드러내야 합니다. 그러한 일을 통해 하나님께 영광을 돌려야 합니다.

교회는 그리스도의 몸입니다(고전 12:12-27; 엡 1:20, 22-23; 4:15-16). 몸인 교회는 그 보편성뿐만 아니라 그 거룩함에 있어서도 언제나 놀랍고 파괴적인 복음 선포를 통해 '위로부터' 세워지며 언약 공동체는 그 신실하지 못한 역사에도 불구하고 자신의 존재 전체와 더불어 자신의 보편성을 외부로부터 받습니다. 삼위 하나님이 그것입니다.

> 20 그의 능력이 그리스도 안에서 역사하사 죽은 자들 가운데서 다시 살리시고 하늘에서 자기의 오른편에 앉히사 22 만물을 그의 발아래에 복종하게 하시고 그를 만물 위에 교회의 머리로 삼으셨느니라 23 교회는 그의 몸이니 만물 안에서 만물을 충만하게 하시는 이의 충만함이니라(엡 1:20, 22-23).

몸으로서의 교회는 유기체입니다. 교회는 서로 영향을 주고 받습니다. 교회는 결코 독립되어 있지 않습니다. 따라서 혼자 신앙생활을 한다는 것은 없습니다. 교회는 다양성이 있습니다. 그 다양성은 교회의 유익을 위해 다양함이 존재합니다. 몸의 각 다른 지체들은 분명히 다른 역할들을 감당하기 마련입니다.

---

6   마이클 호튼, 『개혁주의 조직신학』, 871.

> 그에게서 온 몸이 각 마디를 통하여 도움을 받음으로 연결되고 결합되어 각 지체의 분량대로 역사하여 그 몸을 자라게 하며 사랑 안에서 스스로 세우느니라(엡 4:16).

> 우리가 몸의 덜 귀히 여기는 그것들을 더욱 귀한 것들로 입혀 주며 우리의 아름답지 못한 지체는 더욱 아름다운 것을 얻느니라 그런즉 우리의 아름다운 지체는 그럴 필요가 없느니라 오직 하나님이 몸을 고르게 하여 부족한 지체에게 귀중함을 더하사(고전 12:23-24).

이와 같이 교회도 역시 각 지체들이 다양한 역할을 합니다. 이것이 다양성이 있는 교회의 이유요 유익입니다. 몸의 각 부분의 각 기능은 중요할 뿐만 아니라 전체 몸의 작용에 핵심적입니다.

> 만일 온 몸이 눈이면 듣는 곳은 어디며 온 몸이 듣는 곳이면 냄새 맡는 곳은 어디냐(고전 12:17).

몸의 기관은 독립되어 존재하지 않습니다. 또한 각 특별한 역할이 몸 전체를 위한 것이어야 합니다. 그리고 각 지체, 개개 지체의 역할, 그 몸의 각 개개 부분이 항상 머리의 뜻과 조정에 복종하고 굴복해야 한다는 것입니다(행 16:6-7). 어떤 지체의 실패는 전체 몸에 영향을 미칩니다(고전 12:26).

> 만일 한 지체가 고통을 받으면 모든 지체가 함께 고통을 받고 한 지체가 영광을 얻으면 모든 지체가 함께 즐거워하느니라(고전 12:26).

교회의 하나됨은 영적인 연합입니다(요 15:5; 고전 12:13).

> 나는 포도나무요 너희는 가지라 그가 내 안에, 내가 그 안에 거하면 사람이 열매를 많이 맺나니 나를 떠나서는 너희가 아무 것도 할 수 없음이라(요 15:5).

> 우리가 유대인이나 헬라인이나 종이나 자유인이나 다 한 성령으로 세례를 받아 한 몸이 되었고 또 다 한 성령을 마시게 하셨느니라 (고전 12:13).

신자는 그리스도 안에서 하나입니다. 우리는 그리스도 안에서 한 가족이 됩니다. 우리는 교회 안에서 한 지체가 됩니다. 한 사람의 실족이 한 사람의 실족이 끝나지 않는 것은 교회는 서로 영향을 주고받기 때문입니다. 자신의 문제라고 해서 결코 혼자만의 문제라고 생각해서는 안 됩니다.

그러므로 나에게 주어진 역할이 중요하냐? 중요하지 않느냐? 하는 차원에서 몸을 보아서는 안 됩니다. 자신이나 상대를 판단해서는 안 됩니다. 우리는 그리스도 안에서 하나이며, 동시에 서로 연결되어 있기 때문입니다.

> 만일 한 지체가 고통을 받으면 모든 지체가 함께 고통을 받고 한 지체가 영광을 얻으면 모든 지체가 함께 즐거워하느니라(고전 15:10).

몸에 중요하지 않은 것이 없으며, 중요하지 않게 보이는 것이 오히려 중요한 것이기도 합니다. 몸의 모든 부분은 중요합니다. 마찬가지로 교회 역시 모든 신자가 중요합니다. 한 명 한 명은 교회에 소중한 존재입니다. 필요하지 않은 신자는 없습니다. 한 명의 실족함이 모든 교회에 영향을 줄 수 있습니다. 중요하지 않은 신자도 없습니다. 우리 모두가 소중하고 귀한 존재들입니다. 또한 신자는 교회 내에서 언제나 장애나, 부족함이나, 저항이나, 방해물이나, 거치는 자가 되어서는 안 됩니다. 왜냐하면 교회는 하나이고, 그의 행동에 많은 이들이 영향을 받을 것이기 때문입니다.

> 아버지여, 아버지께서 내 안에, 내가 아버지 안에 있는 것 같이 그들도 다 하나가 되어 우리 안에 있게 하사 세상으로 아버지께서 나를 보내신 것을 믿게 하옵소서(요 17:21).

교회 안에서의 교인들의 연합은 참된 연합이 되어야 합니다. 교회와 그리스도의 지체들을 특징짓는 참된 연합의 특징은 전인의 연합이라 할 수 있습니다. 그리고 이러한 전인의 연합을 산출하는 정신은 성령입니다. 그 영은 진리의 영입니다(요 14:17, 15:26, 16:13). 성령을 통해서 우리는 전인의 연합을 경험하게 됩니다.

> 그는 진리의 영이라 세상은 능히 그를 받지 못하나니 이는 그를 보지도 못하고 알지도 못함이라 그러나 너희는 그를 아나니 그는 너희와 함께 거하심이요 또 너희 속에 계시겠음이라(요 14:17).

교회 안에서의 전인의 연합은 우리가 항상 주 안에서 하나가 되며 지체들이 상호 의존적인 관계에 있는 연합입니다. 그러므로 신자는 항상 부분의 일보다는 전체를 생각하며 움직여야 합니다. 신자는 교만하거나 불평하지 말고 그리스도의 몸의 지체들로서 교회 내에서의 우리의 지위, 우리의 은사에 만족해야 합니다. 중요한 것은 우리 모두다 다 교회 안에서 중요한 존재라는 것입니다. 교회 내에서 우리 모두가 다 핵심적인 존재이요 우리 모두가 다 큰 특권을 가지고 있다는 것을 잊지 말아야 합니다. 교회는 하나입니다.[7] 이 하나 된 교회는 주 안에서 하나가 될 때 큰 힘을 발휘할 수 있습니다. 이 연합은 정신의 연합이 아니라 마음의 연합이어야 합니다(엡 4:3; 골 2:2, 5, 7-8).

> 평안의 매는 줄로 성령이 하나 되게 하신 것을 힘써 지키라(엡 4:3).
>
> 이는 그들로 마음에 위안을 받고 사랑 안에서 연합하여 확실한 이해의 모든 풍성함과 하나님의 비밀인 그리스도를 깨닫게 하려 함이니 이는 내가 육신으로는 떠나 있으나 심령으로는 너희와 함께 있어 너희가 질서 있게 행함과 그리스도를 믿는 너희 믿음이 굳건한 것을 기쁘게 봄이라(골 2:2, 5).

보편적으로 말해서 교회 내에서의 연합은 영의 영역에서의 연합뿐만 아니라 마음의 연합이어야 한다는 것입니다. 한 사람의 고통이 모두의 고통이 됩니다. 교회의 지체는 하나이기에 한 지체의 실족은 모든 교회 공동체에 나쁜 영향을 줄 수 있습니다. 한 사람이 교회 전체에 영향을 줄 수 있다는 사실을 기억하고 한 영혼 한 영혼 최선을 다해 자신들의 성숙을 위해 노력해야 할 것입니다.

---

7 마틴 로이드 존스, 『위기의 그리스도인』, 이광식 역 (서울: 지평서원, 2012), 35.

교회는 이 세상의 나라에 속한 것이 아니라 하나님 나라에 속하였습니다. 그러므로 교회는 언제나 '말씀 아래'에 있어야 하며, 말씀 안에서 언제나 자기 자신을 개혁하여야 합니다. 교회의 제일 임무, 가장 우선적인 임무는 복음을 전하고 구원의 기쁜 소식을 알리는 것입니다. 디트리히 본회퍼는 "설교자의 의도는 세상을 발전시키는 것이 아니라 세상에 명하여 예수 그리스도를 믿게 하고 그리스도와 그리스도의 지배를 통해 성취된 화해를 증언하는 것이다"라고 하였습니다. 교회는 전도하는 일에 게을리 하지 말아야 합니다.

"인간은 어떻게 하나님 앞에 감히 설수 있나요?"

"우리가 어떻게 성령을 위하여 열매 맺는 삶을 살 수 있습니까?"

"우리는 어떻게 영생을 거둘 수 있나요?"

"무슨 일이 일어나도 두려워하지 않고, 죽음 앞에서도 무서워하지 않으며, 하나님의 심판대 앞에 담대히 설 수 있는 이유는 무엇인인가요?"

"우리가 무엇을 하면 그와 같은 일이 가능할까요?"

"우리는 이와 같은 것들에 대한 답을 얻을 수 있나요?"

"그 답은 오직 하나 복음입니다!"

우리 주 예수 십자가가 그 답입니다. 십자가상에서 죽임 당하신 예수 그리스도의 죽음, 그것이 복음입니다.[8] 십자가를 바라볼수록 우리는 위로와 위안과 평화와 기쁨을 얻습니다. 십자가를 통해서 우리는 우리에게 필요한 모든 것을 더 풍성히 얻습니다.[9] 그러므로 신자는 이 십자가를 전해야 합니다.

---

8   마틴 로이드 존스, 『십자가』, 14-15.

9   마틴 로이드 존스, 『생수로 채우라』, 전의우 역 (서울: 규장, 2011), 123.

교회의 임무는 어린아이들을 낳는 것입니다. 죽은 교회는 복음을 전하지 않는 교회입니다. 십자가를 전하지 않는 교회입니다. 살아있는 교회는 복음을 전해야 합니다. 복음이 주님의 십자가가 우리를 구원하실 것입니다. 우리는 누가 구원을 받은 자인지 알지 못합니다. 그러기에 우리는 더욱 힘써 복음을 전해야 할 당위성을 가지고 있습니다.[10]

우리가 복음을 받아들이면 우리의 삶은 변화됩니다. 새로워집니다. 우리는 더 이상 율법의 저주 아래 있지 않게 됩니다. 우리에게 구원의 기쁨이 없다는 말은 주님의 가르침을 받아들이지 않기 때문입니다. 우리가 주님을 받아들일 때 우리는 진정한 자유함을 얻을 수 있습니다. 우리는 정죄 아래 있을 권리가 없습니다.[11] 우리는 오히려 십자가의 은혜를 통해 의로운 자가 될 특권을 가지고 있습니다. 죄에서 사망권세에서 자유로운 자로서의 삶을 살아나가는 것이 신자의 삶입니다.

신자는 하나님의 말씀을 믿습니다. 하나님의 말씀인 구약과 신약은 하나님의 뜻에 있어서 동일합니다. 구약 성경은 우리의 믿음을 받쳐주는 참으로 큰 버팀목입니다. 구약 성경의 예언은 놀랍게 성취되었습니다. 그러므로 구약 성경 역시 신약 성경과 마찬가지의 가치가 있습니다. 메시야 약속은 신약에서 성취되었습니다. 이와 같이 구약의 예언은 예수 그리스도 안에서 반드시 성취되고 만족됩니다.[12] 신약 성경 역시 중요한 가치가 있습니다. 신약과 구약을 통해서 알 수 있는 것은 하나님의 뜻이 언제나 동일할 뿐만 아니라 하나님의 방식도 동일하다는 것입니다. 즉 구약과 신약에

---

10   마틴 로이드 존스, 『로마서 강해』 12권, 236-426.

11   마틴 로이드 존스, 『생수로 채우라』, 128.

12   마틴 로이드 존스, 『생수를 나누라』, 73.

나타난 하나님의 뜻은 하나라는 것입니다. 구약과 신약은 본질상 하나의 언약입니다(눅 1:68-79; 행 2:39; 3:25). 신약과 구약은 하나의 복음을 가집니다(롬 1:2; 갈 3:8; 히 4:2, 6). 그러므로 믿음이나 교회의 교리의 영역에 있어서 어떤 난제에 부딪히게 될 때에 신자는 언제나 성경을 통해서 성령의 가르침에 비추어서 난제를 살펴보아야 합니다. 신약과 구약 중 어느 한 책만을 중요하다고 하는 것은 하나님의 복음의 진리를 제대로 알지 못하는 것이며, 잘못된 복음으로 인도하게 됩니다. 그러므로 신자는 구약과 신약 모두를 중요한 하나님의 말씀으로 인정하고 읽고 대해야 합니다.[13]

교회는 넓은 의미에서 하나님의 모든 백성들의 모임으로 지상에서의 모임과 하늘에서의 모임입니다(히 12:23). 그리고 교회의 의미 안에는 과거와 현재의 모임만이 아니라 미래의 모임을 포함합니다(요 10:16; 17:20). 교회는 부름 받은 택함 받은 자들의 모임으로서, 지상의 교회에서는 참된 신자들을 구별할 수 없습니다. 그러기에 신자는 교회 안에서 어느 누구도 그들의 구원 받음에 대해서 판단해서는 안 됩니다.

교회는 거룩한 나라, 택한 족속, 왕 같은 제사장인 그리스도의 교회입니다(벧전 2:9). 교회의 본질이란 교회가 하나님의 백성이라는 사실입니다. 그러므로 교회는 그리스도를 믿음으로 구원받은 자들 또는 장차 구원받게 될 모든 사람을 포함합니다. 이것은 하늘에 기록되고(계 20:12), 언젠가 흠이나 주름 잡힌 것이 없는 신부로서 하나님의 면전에 서게 될 자들의 모임입니다.[14] 교회는 택한 자들의 모임으로서 그리스도의 재림 때에 비로소 완성되고 나타나게 될 것입니다.

---

13 마틴 로이드 존스, 『로마서 강해』 9권, 426-428.
14 헤르만 바빙크, 『개혁교의학 4』, 330-356.

하나님의 말씀 없이 교회는 존재하지 않습니다(사 8:20; 렘 8:9; 호 4:6). 그리스도는 말씀과 성례를 통해 자신의 교회를 모으십니다(마 28:19). 교회는 사도들과 선지자들의 가르침 위에 세워졌습니다(마 16:18; 엡 2:20). 신자는 말씀을 통해 거듭나게 됩니다(벧전 1:23; 약 1:18). 교회는 신자를 말씀과 성령으로 깨끗하게 씻고 거룩하게 합니다. 신자는 말씀을 통하여 거룩한 삶을 살아갑니다. 그러기에 신자는 말씀을 중요하게 생각하고 말씀을 늘 가까이 해야 합니다. 교회는 말씀과 성령으로 신자의 믿음을 일으킵니다(롬 10:14; 고전 4:15). 신자는 말씀을 통해 믿음이 무엇인지 배우게 됩니다. 말씀을 배우는 것보다 더 중요한 지식은 없습니다. 말씀을 배움을 통해 신자는 거듭나게 됩니다. 이렇게 새롭게 된 자들은 그리스도를 고백하도록 부름을 받습니다(마 10:32; 롬 10:9). 예수를 그리스도로 고백하고 그 믿음을 통해 그리스도의 이름을 가진 그리스도인이 되는 것입니다.

신자는 그리스도의 음성을 듣습니다(요 10:27). 신자는 그 음성을 좋아합니다. 그 음성을 사랑합니다. 주님의 음성 듣기를 소망합니다. 그리고 신자는 그리스도의 말씀을 간직합니다(요 8:31, 32; 14:23). 신자는 가르침을 말하지 않는 자를 피해야 합니다(갈 1:8; 딛 3:10; 요이 9절).[15] 거짓 교사는 말씀을 가르치지 않을 것입니다. 그들은 신자들을 잘못된 길로 이끌 것입니다. 그러기에 신자는 마지막 때 일수록 더욱 깨어 있어야 하며, 말씀에 비추어 판단해야 합니다. 신자는 말씀을 읽고 듣고 그리고 그 가운데 기록한 것을 행하는 자가 되어야 합니다.

마틴 로이드 존스는 교회에 대하여 『로마서 강해』 13권에서 더 내용을

15　헤르만 바빙크, 『개혁교의학 4』, 369-370.

보충하고 있습니다. 그 내용은 다음과 같습니다.[16] 교회와 설교자의 임무는 회심한 그리스도인들을 세워주는 것입니다(유 20; 엡 3:17-19).

> 사랑하는 자들아 너희는 너희의 지극히 거룩한 믿음 위에 자신을 세우며 성령으로 기도하며(유 20).

> 믿음으로 말미암아 그리스도께서 너희 마음에 계시게 하시옵고 너희가 사랑 가운데서 뿌리가 박히고 터가 굳어져서 능히 모든 성도와 함께 지식에 넘치는 그리스도의 사랑을 알고 그 너비와 길이와 높이와 깊이가 어떠함을 깨달아 하나님의 모든 충만하신 것으로 너희에게 충만하게 하시기를 구하노라(엡 3:17-19).

설교의 유익은 설교를 통해서 신자가 하나님의 뜻을 알게 하며 자신의 죄를 깨달아 알게 하며 회개하게 합니다. 설교를 통해서 신자가 그분의 영광을 위해 살도록 권면합니다. 그러므로 설교자는 설교를 통해 신자들에게 그들이 죄인이며 회개의 필요가 있다는 것을 알려주어야 합니다. 그리하여 우리의 구원자이신 예수님에게 나아가게 해야 합니다. 목회자는 설교를 통해서 신자가 주님의 십자가의 은혜에 감사하는 자가 되게 해야 합니다.

이렇게 십자가를 통해 구원받은 성도는 하나님의 나라를 소망하며 하나님의 형상의 회복을 위해 살아야 합니다. 그러기 위해 교회는 하나님의 뜻을 모두 강해하고 알려야 합니다(행 20:27). 이것이 목회자의 사명이

16　마틴 로이드 존스, 『로마서 강해』 13권, 210-217.

요, 교회가 중요하게 여겨야 할 것입니다. 디트리히 본회퍼는 "설교자의 의도는 세상을 발전시키는 것이 아니라 세상에 명하여 예수 그리스도를 믿게 하고 그리스도와 그리스도의 지배를 통해 성취된 화해를 증언하는 것이다"라고 하였습니다. 목회자는 설교를 통해 하나님과의 화해의 복음을 전하며, 신자는 하나님과의 화해를 통한 구원을 경험하며 살아나가야 합니다.

> 이는 내가 꺼리지 않고 하나님의 뜻을 다 여러분에게 전하였음이라 (행 20:27).

신자는 하나님의 뜻을 알기를 소망하고 하나님의 뜻을 자신의 삶에서 행하여야 합니다(계 1:3). 그리스도인들에게는 성령의 역사를 통해서 말씀을 사모하는 모습들이 나타나게 되어 있습니다. 신자들은 말씀을 통해서 하나님의 뜻을 압니다. 그리하여 신자들은 하나님의 뜻을 알기를 소망하며, 하나님의 뜻을 그의 삶속에서 행하며 살아나가는 것에 자부심을 갖습니다. 이것이 새 생명의 증거입니다.

신자는 하나님의 능력으로 죄와 사단과 싸웁니다. 이 능력은 사도 바울이 말한 것처럼 우리의 싸우는 무기는 육신에 속한 것이 아닙니다. 이것은 오직 어떤 견고한 진도 무너뜨리는 하나님의 능력입니다(고후 10:4).[17] 신자는 성령 안에서 그리고 성령과 더불어 하나님의 신성한 성품에 참여하는 자들이 됩니다(벧후 1:4).[18] 이와 같이 신자의 삶의 통해 하나님의 형

---

17 마틴 로이드 존스, 『위기의 그리스도인』, 37.
18 마틴 로이드 존스, 『영광을 바라보라』, 110.

상이 드러납니다. 신자에게는 예수님의 향기가 납니다. 그리고 교회의 개인 지체들은 삶의 방면에서 그리스도인의 삶을 구체화합니다.

그리스도인들은 자기들의 기독교를 자신들의 개인 생활 속에서만 국한시키거나, 자기의 개인 경건이나 자신의 예배 행위에만 제한시키지 말아야 합니다. 기독교는 전인을 동원합니다. 그들의 사고방식 전체를 장악합니다. 이것이 신자로서의 교회이며 교회의 역할입니다. 전인 구원과 전인의 성화 이것이 교회의 역할입니다. 그러나 신자는 이것에서 멈추어 만족하지 말고 신자의 궁극적인 목적인 하늘나라를 소망하며 삶을 살아 나가야 합니다(요일 2:15; 마 6:24; 눅 14:16-24; 히 2:1).

> 위에 것을 생각하고 땅의 것을 생각하지 말라(골 3:2).

오랜 역사 동안 수없이 많은 핍박 속에서도 교회가 존속한 것은 하나님의 살아계심을 증거합니다. 교회는 신자들의 연약함에도 불구하고 중단되지 않는 연속성을 가지고 있습니다. 교회는 언제나 존재했습니다. 그리고 앞으로도 존재해 나갈 것입니다. 교회의 존속은 교회만이 아니라 하나님께서 세상의 역사를 위한 계획도 함께 가지고 계심을 증거합니다. 하나님이 세상을 통제하십니다. 하나님은 교회와 온 세상에 직접 개입하십니다. 하나님의 계획은 원수들의 파멸과 그리스도의 영광을 궁극적인 목적으로 합니다. 교회는 하나님의 교회이기에 그 사명이 완수될 때까지 지속될 것입니다. 세계 역사는 하나의 목표를 향해서 나아가고 있습니다.

교회의 부흥은 사람이 아니라 하나님께로부터 옵니다. 부흥은 성령의 능력과 조명으로 인하여 그리스도인의 삶의 가능성을 깨닫는 것입니다. 성령의 충만함을 입고 자신에게 경험되는 일들에 최선을 다하는 삶을 살아나감으로 부흥을 경험하게 됩니다.[19] 신자는 진정한 교회에 소속되어야 하며, 최우선적으로 하나님께 영광을 돌리는 삶을 살며, 스스로 보기에 중요하지 않는 것이라고 생각되어도 최선을 다해 자신의 역할을 수행해야 합니다.[20] 마지막 날 우리는 하나님의 공의의 성취와 하나님의 나라의 완성을 보며 그 나라에 속한 자로서 영원히 살게 될 것입니다. 심판의 날은 하나님의 구속 사역의 최종적 승리의 날이 될 것입니다(마 25:31-46; 벧후 2:4; 고후 5:10; 롬 2:16; 14:10,12; 9:22-23).

2. 예배의 참된 방식

기독교의 일차 목적은 하나님을 알고 하나님을 예배할 수 있게 하는 것입니다. 하나님을 예배한다는 것은 하나님을 섬기는 것을 의미합니다. 하나님께 예배함이란 하나님 자신에 의해서만 결정되는 것입니다.[21] 어떻게 예배해야 하는지를 결정하고 계시하는 분은 사람이 아니라 하나님이십니다. 하나님께서는 이 백성들을 직접 대하셨고, 그들에게 필요한 지식과 정보를 주서서 하나님의 뜻을 알게 하셨고, 하나님의 방식과 그 하나님의 구원의 위대한 계획과 의도를 이해하도록 하셨습니다. 참된 예배는 바로 이러한 것을 허락하신 하나님 안에서 하는 것입니다.

신자는 예배를 통해서 하나님 나라를 이 땅에서 그림자로서 경험하게 됩니다. 예배는 천국을 미리 맛보는 것과 같습니다. 이 세상에서의 찬양은

---

19 마틴 로이드 존스, 『생수를 구하라』, 13.
20 마틴 로이드 존스, 『위기의 그리스도인』, 83-96.
21 마틴 로이드 존스, 『로마서 강해』 9권, 98-99.

앞으로 우리가 하나님 나라에서 행할 예행연습입니다. 우리는 천국에서 행하여질 위대한 음악과 찬미와 그리고 예배를 미리 준비하는 것입니다.

참된 예배자는 신령과 진정으로 예배를 드려야 합니다(요 4:24; 행 17:24-25). 하나님께 찬미와 감사를 드려야 합니다. 이것은 성령이 인도하는 예배입니다. 성령으로 말미암아 생겨난 참된 감정은 우리를 겸손과 경외와 하나님을 향한 거룩한 사랑으로 이끕니다. 우리는 이런 마음을 가지고 예배를 통하여 하나님을 섬깁니다. 그런 의미로 섬김과 예배는 바꾸어 사용할 수도 있습니다.

우리는 하나님이 누구이신지 기억하는 예배를 드려야 합니다(시 103:12; 고후 11:31). 우리는 그분이 누구며, 어떤 분이며, 왜 항상 경건함과 두려움으로 나아가야 하는지를 깨달아야 합니다(히 12:28). 위선적인 예배가 아닌 자신을 낮추고 마음을 찢는 예배를 드려야 합니다(시 24:3-4; 사 57:15). 이것이 예배자의 마음입니다.

예배는 오직 삼위 일체 하나님께 영광을 돌리는 것이어야 합니다. 오직 삼위 하나님만이 우리의 예배의 대상이 되십니다. 또한 예배는 교회 내에서만 이루어지는 것이 아니라 우리의 인생 전체가 하나님을 향한 예배가 되어야 합니다(롬 14:13, 18; 15:16; 빌 4:18; 엡 5:8-10; 히 13:15-16).

3. 주일/안식일

의식법, 제사법, 시민법, 사회법은 정해진 시간을 위해서만 주어진 것이고, 구약시대의 유대인들에게만 해당된 법입니다. 도덕법은 의식법과 달리 유대인들에게만이 아니라 인류 전체에게 주어진 의무 사항입니다

(롬 2:15; 렘 31:33; 시 37:31; 왕상 8:58; 시 51:19; 사 57:15; 겔 11:19; 36:26; 고후 3:3-4, 6). 이 도덕법은 지금도 유효하며 신자들이 지켜야할 계명입니다.

> 이런 이들은 그 양심이 증거가 되어 그 생각들이 서로 혹은 고발하며 혹은 변명하여 그 마음에 새긴 율법의 행위를 나타내느니라 (롬 2:15).

하나님은 도덕법을 결단코 폐하시지 않으셨습니다. 안식일을 지키는 것은 의식법과는 구별된 도덕법의 일부입니다.[22] 주님께서 주일에 새로운 시작을 출발하셨습니다. '새 창조'를 하셨습니다. 부활하심은 그 일을 새롭게 시작하는 것을 보여주는 표증입니다. 주간의 첫날, 우리 주님께서 죽은 자 가운데서 다시 살아나신 그 날이야말로 처음 창조의 제7일에 부응하는 날이었습니다(신 5:12-15; 행 20:7; 계 1:10).

역사를 살펴보면 초대 교회 때, 어느 날을 지키는 것으로 교회가 나누어지지는 않았습니다.[23] 처음 1세기부터 3세기까지는 제7일 혹은 첫 번째 날을 지키기도 했습니다. 처음 3세기 까지는 예배드리는 날을 정하는 문제에 관하여 자유로웠습니다. 그러므로 우리는 예배드리는 날로 인해서 다른 사람을 선고하는 위치에서 행동하지 말고 예배드리는 날을 언제로 정하는 지에 대한 문제를 스스로 결정하면 됩니다. 그리고 그것을 우리의 각자의 자기 마음에 확증하면 됩니다. 자신의 양심에 따라 행동하면 되는 것입니다. 여러분은 성인입니다. 또한 거듭났습니다. 총명을 가지고 성령을

---

22 마틴 로이드 존스, 『로마서 강해』 14권, 122-137.

23 웨스트민스터 소요리문답 58문에 보면 "칠 일 중에 하루를 종일토록 하나님의 거룩한 안식일로 삼으라"고 말하고 있습니다.

모시고 있습니다. 그러므로 자기 마음으로 온전하게 확정하면 됩니다.

주일은 우리에게 우리 영혼의 상태를 숙고할 기회를 주고, 예배와 찬양 속에서 함께 만날 기회를 갖도록 하기 위해서 만들어진 것입니다. 그 계명이 우리에게 하라고 지시하는 바는 주간의 어떤 날을 한 거룩한 날로 지키라는 것입니다(출 20:8-11; 신 6:20-25). 우리는 이런 기회를 활용해 복음을 설교할 수 있습니다. 이 날을 활용하여 덕을 세우고 하나님께 영광을 돌릴 수 있습니다. 이것이 주일의 참된 의미입니다.

4. 참된 교회의 속성

참된 교회는 말씀 선포와, 성례 집행 그리고 권징의 표지를 행해야 합니다[24]. 참된 교회의 속성은 교회는 통일성(하나 됨)에 있습니다. 교회가 통일성을 가지게 되는 것은 교회가 그리스도와 연합되어 있기 때문입니다(요 10:14-16; 17:20-23; 롬 15:5-6; 갈 3:28; 고전 1:10-12; 12:12-13; 엡 2:14-16; 4:3-6; 빌 2:2; 골 3:12-14).

교회는 오직 우리 주 예수 그리스도를 우리의 메시아로 믿습니다. 교회는 "그리스도 안에" 있는 공동체라는 절대적인 관점에서 확정적으로 거룩합니다.

그러나 교회는 그 성화가 사람의 내면에서 시작되어 점진적으로 삶 전체에 표현된다는 상대적인 관점에서 거룩해져 가는 과정에 있습니다(요 17:15-19; 고전 3:16-17; 고후 6:14-7:1; 엡 4:24; 5:25-27; 살전 5:23-24; 벧전 1:15-

---

24　벨기에 신앙고백, 제 29조 참된 교회의 표지.

16; 2:9). 신자는 로마서 8:30 "미리 정하신 그들을 또한 부르시고 부르신 그들을 또한 의롭다 하시고 의롭다 하신 그들을 또한 영화롭게 하셨느니라"라는 말씀처럼 이미 영화됨 안에서 성화를 이루어가는 삶을 살고 있는 것입니다. 미래에 이루어질 일이 확정적으로 현실에서 이루어짐을 믿고 성화의 삶을 사는 것입니다.

여기에 성화라는 단계를 건너뛰고 영화를 말씀하고 있는 것은 신자는 이 땅에서 반드시 성화를 이루어가는 과정을 이루어갈 것이라는 확신에 근거한 것이기 때문입니다.

교회는 보편성이 있습니다. 이 보편성은 주님의 지상 명령(마 28:18-20)에 따른 복음의 민족적인 보편성에서 나오는 것이며, 그리스도께서 이루신 화목하게 하는 사역을 온 세상 앞에 나타내는 가견적 공동체인 교회의 성격에서 나오는 것입니다(마 28:19; 갈 3:28; 골 3:11; 계 5:9-10; 7:9). 교회는 그리스도 안에서 하나입니다.

교회는 사도성의 특징이 있습니다(마 10:40; 눅 10:16; 요 13:20; 17:20; 행 2:42; 갈 1:6-9; 엡 2:20; 히 1:1-2; 2:1-3; 계 21:14). 교회는 사도의 가르침을 중요하게 생각합니다. 하나님은 사도를 통하여 성경 말씀을 주셨습니다. 칼 바르트는 교회에 대하여 이렇게 말했습니다.

> 사도들의 가르침과 지시를 따르며, 그들의 규범적 권위 아래에 있는 것이며, 그들을 따르는 제자가 되는 것이며, 그들과 일치하는 것이다. 그들에게 귀를 기울이고 그들이 전하는 메시지를 듣기 때문이다.[25]

---

25   로버트 L. 레이몬드, 『최신조직신학』, 1059-1067.

이와 같이 교회는 사도성의 특징이 있습니다.

5. 교회 생활에 있어서 회의 시에 토론의 자세

신자의 교회 생활에 있어서 특별히 회의 시의 토론을 할 때의 자세는 중요합니다.[26] 신자는 토론을 할 때 토론 자체를 위해서 토론해서는 안 됩니다. 또한 여러분 자신을 과시할 목적으로 토론을 해서는 안 됩니다. 문제들을 나쁜 분위기나 절제되지 않은 방식으로 토론해서는 안 됩니다. 유희나 즐거움만을 위해서 그리스도인의 삶 속에 있는 어떤 것에 관한 토론을 해서는 안 됩니다. 신자는 토론과 논쟁 사이를 구분하는 법을 배워야 합니다. 신자의 회의는 항상 진리에 대한 더 바른 이해를 얻고 서로를 도와주려는 것이어야 합니다. 그러기에 신자들의 회의에서의 토론은 섬세하게 진행되고, 영적이고 그리스도인다운 자세로 수행되어야 합니다. 이것이 신자의 회의 시에 행할 바른 자세입니다.

---

26 마틴 로이드 존스, 『로마서 강해』 14권, 55-60.

7장
기독교와 국가

1. 기독교가 주는 위안
2. 교단에 대한 성경적 관점
3. 교회와 국가의 관계
4. 권세
5. 사형제도
6. 전쟁에 대한 성경의 가르침

7장 기독교와 국가

1. 기독교가 주는 위안

　기독교 신앙에 관해 분명치 않은 사람은 환경을 부끄러워합니다. 그러나 하나님의 사람은 죽어가면서도 잔인한 사람들의 얼굴을 보고 미소를 지을 수 있습니다. 왜냐하면 신자는 부끄럽지 않은 소망을 가지고 죽을 수 있기 때문입니다.[1] 우리는 결코 이 세상에서나 최후 심판 날에 부끄러움을 당하지 않을 것이란 것을 확신합니다(딤후 1:2, 8). 그러기에 신자는 하나님의 영광을 바라고 즐거워합니다. 이와 같이 성령의 사역으로 인해 신자는 주님의 구원을 알고 믿고 확신합니다(요일 4:16; 롬 8:16).[2]

> 성령이 친히 우리의 영과 더불어 우리가 하나님의 자녀인 것을 증언하시나니(롬 8:16).

1　마틴 로이드 존스, 『로마서 강해』 6권, 69.
2　마틴 로이드 존스, 『로마서 강해』 2권, 100-105.

신자는 실제적으로 삶의 고통 그대로를 대처합니다. 그래서 고통이 얼마나 무섭다는 것을 압니다. 그렇게 더 이상 환난을 참아낼 수 없이 무섭다는 것이 느껴질 때, 비로소 신자는 앞으로 나타날 하나님의 영광을 바라보게 됩니다(롬 8:18-23; 골 3:2). 신자는 고난 속에서도 그 믿음을 저버리지 않았습니다. 오히려 고난 속에서 더욱 더 그 빛을 드러냈습니다. 신자이기에 당하는 고난을 기쁨으로 여겼습니다.

> 사도들은 그 이름을 위하여 능욕 받는 일에 합당한 자로 여기심을 기뻐하면서 공회 앞을 떠나니라(행 5:41).

신자들에게 나타나는 환경들의 목적은 그 환경들이 즐거운 것이든 고난의 일이든 우리들의 성화를 이루기 위한 것입니다.[3] 하나님은 고난 속에서 신자를 연단하여 거룩을 추구하는 자로 만들기 때문입니다. 하나님의 목적은 신자의 영혼입니다. 그 영혼이 하나님의 백성으로서의 모습을 갖추게 하는 것입니다. 그리고 신자는 환난을 통해서 자신의 고난이 현 시점에서 어떠한 것이라고 할지라도 그 고난은 우리에게 나타나게 될 영광과 비교할 때 아무것도 아니라는 진리가 사실임을 알게 됩니다(롬 8:18; 히 12:2; 사 35:1; 55:12). 신자의 삶의 목적지는 이 땅이 아니라 하나님 나라이기 때문입니다. 그리고 새 하늘과 새 땅을 소망하며 삶을 살아나가는 신자는 이 땅에서도 신자로서 부끄럽지 않은 삶을 살아감으로 하나님께 영광을 돌립니다. 신자는 마지막 날 자신의 몸도 구원 받을 것을 소망하며 삶을 살아갑니다(롬 8:23; 고전 6:19).

---

3 마틴 로이드 존스, 『영적침체』, 오성종, 유영기 역 (서울: 새순출판사, 1998), 357.

> 믿음의 주요 또 온전하게 하시는 이인 예수를 바라보자(히 12:2).

> 생각하건대 현재의 고난은 장차 우리에게 나타날 영광과 비교할 수 없도다(롬 8:18).

하나님께서는 우리와의 온전한 화목을 위해 우리를 연단하실 것입니다. 때로는 신자에게 벌을 주심을 통하여 하나님과의 관계를 회복하실 수도 있습니다.[4] 왜냐하면 인간은 하나님의 피조물이므로 하나님과 화목하게 되지 않는 한 참되게 살 수 없기 때문입니다.[5] 이 모든 것의 목적은 하나님과의 화목에 있습니다. 신자에게 가장 중요한 것은 하나님과 온전한 관계를 갖는 것입니다. 하나님은 그의 백성들과 화목을 위해서 하나님의 일을 하셨으며, 하고 계시며, 그리고 하실 것입니다.

2. 교단에 대한 성경적 관점

특정한 교리를 내세우는 교단이나, 특정한 사람의 이름을 내세우는 교단은 잘못입니다. 교단은 어떤 특정한 교리 위에 세워져서는 결코 안 됩니다.[6] 교단이 특정한 사람의 이름을 따서 세워져서도 안 됩니다. 이러한 것은 복음을 중심하기 보다는 오히려 교회의 분열을 조장하는 역기능을 할 가능성이 많습니다.

---

4 마틴 로이드 존스, 『하박국 강해』, 박영옥 역 (서울: 목회자료사, 2005), 33.
5 마틴 로이드 존스, 『산상설교집 상』, 235.
6 마틴 로이드 존스, 『로마서 강해』 14권, 290-311

이 시대는 가지각색의 교단이 있습니다. 그런데 교단들의 발생을 조금만 깊이 살펴보아도 지극히 중대한 진리나 심지어 2차적인 문제도 아닌 아주 작은 문제로 서로 모여 새로운 교단을 조직하고 설립하기를 주저하지 않고 있다는 것을 알 수 있습니다. 이는 부끄러운 일입니다. 진리를 배반한 교회를 떠나는 것은 교회 분열이 아닙니다. 그러나 분열을 정당화 할 만큼 충분히 중요하지 않은 문제들 때문에 참된 가시적인 교회의 지체들 간에 분쟁하는 것은 교회 분열의 죄를 짓고 있는 것입니다.[7]

지역이나 나라에 따라 교파 편중이 있는 이유는 무엇인가요?

세속적 이익이 사람들을 사로잡고 진리 추구에까지 개입하지 않고서야 어찌 이런 일이 있겠습니까?

교회의 분열을 일으키는 일들을 멈추어야 합니다.

학교에서 기독교를 어떤 하나의 과목으로만 취급되는 것은 잘못된 일입니다. 성경 말씀은 전하여지는 것입니다. 말씀은 설교되어져야 합니다. 하나의 과목으로 취급되어서는 바른 신앙인을 만들 수 없습니다. 그런 것을 통하여 우리는 좋은 결과를 얻을 수 없습니다. 우리가 알아야 할 것은 신자들에게 있어서 성경은 항상 설교되어야 하고, 항상 적용되어야 한다는 것입니다. 성경은 토론되어야 하는 것이 아닙니다. 또한 성경이 그저 단순히 한 과목으로 취급되어서는 안 됩니다. 말씀은 토론의 대상이 아닙니다. 그런 의미로 마틴 로이드 존스는 성경을 토론하거나 신학을 토론하는 곳에는 나가지 않았습니다. 그렇다고 성경에 대한 강의를 하지 않은 것이 아닙니다. 성경은 선포되어야 하는 것이지, 토론을 하는 것이 아니라는 의미입니다. 또한 마틴 로이드 존스는 텔레비전 설교도 하지 않았습니다.

---

7 마틴 로이드 존스, 『시대의 표적』, 340.

그 이유는 설교는 성령의 역사로 하는 것인데 인위적으로 시간을 정하고 말씀을 전하는 것은 바람직한 것이 아니라고 설명합니다. 그런 의미로 그는 텔레비전이나 라디오 설교를 하지 않았습니다.

그는 성경의 전체 메시지는 "하나님 나라의 회복"이라고 합니다. 특히 이 점은 우리 주님 자신의 설교 주제이기도 합니다. 신자는 하나님 나라의 회복을 그림자로서라도 이 땅에서 경험합니다. 신자는 자신의 영혼이 아담과 하와가 죄 짓기 이전의 형상으로 회복되기를 소망하며 그러한 성장을 위해 살아가야 합니다. 우리는 단지 하늘의 나라만 소망하며 사는 삶이 아니라 이 땅에서 그 하나님 나라를 경험하기 위하여 노력하며 삶을 살아 나가야 하는 것입니다.

3. 교회와 국가의 관계

우리가 알아야 할 중요한 진실은 오직 그리스도인만이 기독교 교훈을 이해할 수 있다는 것입니다. 따라서 기독교 국가를 결코 창출해내지 못할 것입니다. 그런 일은 있을 수가 없습니다. 기독교 사회도 결코 일어날 수 없습니다. 왜냐하면 그리스도인의 삶을 영위하는 것은 오직 그리스도인뿐이기 때문입니다. 그런 의미로 국가이든 사회이든 어느 것이든 '기독교화' 운운하는 것은 항상 잘못되어 나가는 것입니다.[8] 그러므로 무엇이든지 기독교화 해야 한다는 식으로 결코 말해서는 안 됩니다.

역사를 통해서 우리가 배운 교훈은 국가의 모든 사람이나 어떤 사회에

---

8 마틴 로이드 존스, 『로마서 강해』 13권, 198-221.

속한 모든 사람이 기독교인이 될 수는 없다는 것입니다. 이는 불가능한 일입니다. 역사적으로도 그런 국가나 사회는 없었습니다.

　신자는 성경의 역사를 통해서 배우는 것이 있습니다. 그것은 교회는 "오직 믿음에 의해서만" 존재해 왔다는 역사의 진실입니다. 이런 것을 잊을 때 역사는 몰락의 길을 갔습니다. "오직 믿음에 의해서만"의 원리를 저버린 사람들이 이 원리들을 계속 붙들고 있는 사람들을 극히 가혹하게 박해하는 역사가 반복되었습니다. 시련과 환난과 박해는 교회가 진정으로 주님을 대변하고 있다는 확실한 증거입니다. 진실한 기독교인이라면 어느 누구라도 보다 은밀하고 미묘한 형태로 박해를 받습니다.[9]

　교회 또는 하나님의 백성들은 항상 진리를 저버리고 타락하는 경향이 있습니다. 그러므로 배교한 교회, 진리보다 조직을 앞세우는 교회, 그리고 진리보다 전통을 우선하는 교회가 되어서는 안 됩니다. 그리고 신자는 교회로 교회가 되게 한 원리를 망각한 교회와는 관계하지 말아야 합니다. 신자가 이런 집단과 관계를 갖는 것은 우리가 그들의 죄에 참여하는 것이며 부분적으로 그들의 배교에 참여하는 것입니다.

　교회의 가장 중요한 사역은 그리스도의 십자가의 복음을 전하는 것입니다. 그렇지 않으면 하나님께 멀어지게 됩니다. 우리는 오직 십자가만을 자랑해야 합니다. 십자가를 통해 우리는 어떤 존재인지 알게 됩니다. 우리는 십자가를 통해서 하나님을 보게 됩니다. 십자가를 통해서 영원부터 계신 주님을 보게 됩니다. 십자가를 통해서 창조주 주님을 만나게 됩니다. 십자가를 통해서 하나님의 사랑을 봅니다. 이와 같은 십자가를 자랑하지 않는다면 그는 믿는 자가 아닙니다. 십자가를 자랑할 때 성령을 경험하게

9　마틴 로이드 존스, 『위기의 그리스도인』, 34.

되며, 성령을 통해서 영생을 얻게 됩니다.[10]

이 세상은 항상 '하나님 나라'와 '이 세상 나라' 곧 이 세상 신인 마귀의 지배를 받고 있는 나라 사이에 긴장이 있습니다. 그리고 성경의 가르침을 볼 때 그리스도의 주되심과 그의 왕권이 '점진적'으로 온다고 말하는 것은 아주 잘못된 것입니다. 우리는 세상과 사회를 점진적으로 변화시킬 수 없습니다.

성경은 주님의 재림이 갑작스럽게, 예기치 못하게 올 것이라고 가르칩니다. 그 마지막은 위기와 심판이 될 것이고, 대격변이 일어날 것임을 예언하고 있습니다. 신약성경 교훈의 전체 흐름은 하나님의 나라가 큰 위기 속에서, 실로 우리 주님의 재림 속에서 갑작스럽게 임하게 될 것을 말씀합니다(시 73:20; 7:6; 35:23; 44:23; 59:4). 그러므로 신자는 우리 주님의 나라가 점진적으로 이루어지는 것이라고 말해서는 결코 안 됩니다.

하나님의 진노는 이미 시작되었습니다. 그리고 하나님께서는 하나님의 진노의 일부를 이미 역사에서 나타내셨습니다. 그 예로 강대국의 멸망들, 2번에 걸친 세계대전, 그리고 자연재해 등을 들 수 있습니다. 그러나 이것은 끝이 아닙니다. 결국 하나님께서 세상을 심판하실 것입니다. 세상을 끝내실 것입니다. 역사는 바로 그 끝냄으로 향하고 있는 것입니다(롬 2:5; 학 2:6; 신 4:30; 사 2:2; 렘 23:20; 미 4:1; 살후 2:12). 그러나 그 날이 오기 전까지 하나님은 이 세상을 붙들어 주실 것입니다(벧후 3:7). 왜냐하면 아직 마지막의 때가 아니기 때문입니다. 그날이 오기 전까지 하나님은 하나님의 백성만이 아니라 다른 이들도 하나님의 은혜 안에 두십니다. 그 일들을 통해서 하나님이 세상을 붙들고 계심을 알게 합니다.

---

10   마틴 로이드 존스, 『십자가』, 65-73.

일반은총도 하나님의 주되심과 그리스도의 주되심을 역설합니다. 세상이 그리스도를 믿지 않지만 세상이 하고 싶은 대로 방종에 빠지도록 내버려둠을 당하지는 않을 것입니다. 왜냐하면 하나님께서 세상을 온전히 포기한 것은 아니기 때문입니다. 일반은총이 그것을 역설합니다(욥 32:8; 요 1:9; 롬 1:20-21; 2:15; 14:16-17; 17:22-30; 히 1:3; 11:3; 골 1:17). 그러나 마지막 날 주님께 복종하지 않던 모든 사람들을 멸할 것입니다. 그리고 하나님은 완전하고 영원한 나라를 세우실 것입니다. 하나님은 심판과 함께 이 세상을 끝낼 것입니다. 그리고 새 하늘과 새 땅, 그리고 새 예루살렘을 세우실 것입니다. 그러므로 그리스도인은 언제일지는 모르는 그렇지만 확실히 일어날 재림을 깨어 준비하고 기대하는 삶을 살아야 합니다.

4. 권세

그리스도인들은 국가와 정부를 인정합니다. 국가의 직무는 국민들에게 나타나는 악과 그 악의 나타남을 제어하는 일을 합니다. 이와 같이 하여 국가가 질서와 평안을 지키는 참된 기능을 이행하는 것은 그리스도인들을 위해서 좋은 일입니다. 그러므로 신자는 국가가 하나님의 정하심을 따라 존재한다는 것을 인정해야 합니다. 정부와 법률과 권위들은 하나님이 정하신 바입니다. 그들이 선하든 악하든 우리는 우리를 다스리는 권세들에게 복종해야 합니다. 왜냐하면 권세는 하나님께로 나지 않음이 없기 때문입니다. 그러나 인간 권세의 차원에서만 '권세'라는 단어를 사용하고 있음을 기억해야 합니다. 이러한 권세들은 하나님이 세우셨기에, 하나님을 떠나서는 아무 권세도 존재하지 않습니다.

그리스도인은 국가에 복종해야 하고, 위에 있는 다스리는 권세들에게 복종해야 합니다. 권세란 우리를 다스릴 위치에 있는 권위자들을 의미합니다. 우리 위에 세움 받은 어떤 존엄과 권위를 가진 자, 높이 있어 우리를 다스리는 사람, 그리고 지위에 있어서 우리보다 더 높이 있는 사람을 다 포함합니다.[11] 또한 신자는 언제나 선하고 화평을 좇으며 가장 훌륭한 시민이어야 합니다. 그러나 신자는 하나님과 우리에 대한 하나님의 명령들에 순종하지 못하게 하기 이전까지만 복종해야 합니다. 하나님께서 위에 있는 권세들을 하나님께서 허락하신 이유는 하나님의 뜻을 이행하도록 하기 위함이기 때문입니다.

국가의 중요한 기능은 악을 통제하고 제한시키고 그리고 악들이 나타냄을 막는 것입니다. 악을 제지하고 선을 장려하는 것이 국가와 정부의 임무입니다. 여러분의 국가관이 어떠하든 다른 그리스도인들과의 관계에 나쁜 영향을 미쳐서는 안 됩니다. 신자는 국가의 좋은 국민이 되어야 합니다. 이를 통해 하나님께 영광을 돌려야 합니다. 사회의 좋은 구성원이 되어야 합니다. 그러나 그리스도인들로서 국가에 대하여 가지는 관계는 고작해야 잠시 뿐임을 기억해야 합니다. 우리의 시민권은 하늘에 있기 때문입니다.

> 그러나 우리의 시민권은 하늘에 있는지라 거기로부터 구원하는 자 곧 주 예수 그리스도를 기다리노니(빌 3:20).

그리스도인들로서 우리가 국가와 그 법의 보호를 받을 권리를 주장하

---

11 마틴 로이드 존스, 『로마서 강해』 13권, 34-87.

는 것은 당연하며 옳은 일입니다. 신자는 심각한 불의를 그대로 내버려 두어서는 안 됩니다. 우리는 법을 발동할 권리를 가지고 있으며, 그 법의 이행을 주장할 권한도 가지고 있습니다. 그러므로 신자는 불의한 일을 당할 때 법에 의한 보호를 받기 위해 노력해야 합니다. 또한 부당한 일에 대한 그 일이 부당함을 지적하고 바른 사회가 되도록 해야 할 것입니다.

베드로는 주권자들과 왕들과 국가, 그것이 어떤 권세이든지 간에 그들은 "악행 하는 자를 징벌하고 선행하는 자를 포상"하는 자라고 말하고 있습니다.

> 혹은 그가 악행하는 자를 징벌하고 선행하는 자를 포상하기 위하여 보낸 총독에게 하라(벧전 2:14).

국가의 기능에 대해 바울은 이렇게 말합니다.

> 그러므로 내가 첫째로 권하노니 모든 사람을 위하여 간구와 기도와 도고와 감사를 하되 임금들과 높은 지위에 있는 모든 사람을 위하여 하라 이는 모든 경건과 단정한 중에 고요하고 평안한 생활을 하려 함이니라(딤전 2:1-2).[12]

모든 것이 타락했지만 그렇다고 해서 이 세계가 하나님의 세계임을 중단시키지 못했습니다.

12　마틴 로이드 존스, 『로마서 강해』 13권, 86.

> 이같이 한즉 하늘에 계신 너희 아버지의 아들이 되리니 이는 하나님
> 이 그 해를 악인과 선인에게 비추시며 비를 의로운 자와 불의한 자에
> 게 내려주심이라(마 5:45).

하나님께서는 세계를 포기하시어 마귀에게 넘기지 않으셨으며 앞으로도 그러지 않으실 것입니다(엡 1:9-10). 하나님은 우주 전체가 완전한 상태로 회복될 것을 원하십니다. 그러므로 신자는 그날을 소망하며 삶을 살아나가야 합니다. 그리스도께서는 그를 믿는 모든 사람들의 개인적인 구주가 되실 뿐 아니라, 우주의 주도되십니다(행 5:31). 그 주님께서는 이미 전 우주를 통치하고 계십니다. 그러므로 만물이 다 주님의 손에, 그리고 그 권세 안에 있습니다. 주님께서는 정말 기이한 방식으로 이미 세계를 통치하고 계십니다. 그러므로 그리스도인들은 존재하는 권세들이 하나님이 정하신 바라는 사실을 믿어야 합니다.[13]

누구나 "나는 '내가' 생각하기에 옳다는 것을 행하려 할 뿐이다"고 말한다면, 우리가 함께 살아간다는 것은 전혀 불가능하게 될 것입니다. 그리고 이러한 생각은 성서적인 생각도 아닙니다. 우리의 선하다고 생각하고 행동하는 것들이 오히려 교회에 유익이 되지 않을 수도 있기 때문입니다(롬 14:16). 또한 국가에 대해 미치광이처럼 충성을 다하는 사람이 되는 것만큼이나, 민주주의를 미칠 정도로 신봉하는 것도 그릇되고 비성경적입니다. 그러므로 그리스도인들은 국가로부터 너무 많은 것을 기대하지 말아야 합니다. 국가에 대해 너무 많이 흥분하지 말고, 정치에 대해 너무 많은 관심을 가짐으로 인해서 자제력을 잃고 흥분하지도 말아야 합니다. 왜

---

13   웨스트민스터 신앙고백 제 20장 4의 교훈.

냐하면 하나님이 이 모든 것을 하나님의 섭리 안에서 통치하시고 계시기 때문입니다. 신자는 그 사실을 잊지 말아야 합니다.

역사를 살펴보면 정치적인 혁명은 세상을 바르게 하지 못했습니다. 세상을 바꾸지 못했습니다. 모든 정치적인 혁명은 실패했습니다. 그들의 정치적인 혁명은 성공하지 못했습니다. 앞으로도 그런 일은 없을 것입니다. 그러므로 정치적인 혁명을 통해 사회를 바꾸겠다는 것은 매우 잘못된 생각입니다. 역사가 그것을 증명하고 있습니다. 많은 이들이 정치적인 혁명을 통해 바른 세상이 오길 기대했지만 그것을 이룬 사회나 국가가 없다는 것을 역사가 입증하고 있습니다.

그러나 극단적인 경우에 있어서는 모반이 정당할 수 있습니다. 그때는 반드시 그에 대한 정당한 근거를 가지고 있어야 합니다. 모반이 정당하다는 확신이 든다면 그 모반에 참여한다고 해서 그 자체가 잘못된 것은 전혀 없습니다.[14] 모반에 참여하기 전에 왜 자신이 혹은 자신이 속한 단체가 그런 일을 해야 하는지에 대한 성경을 통한 분명한 당위성이 먼저 입증되어야 합니다.

인간의 온전한 역사를 이해하려면 성경을 보아야 합니다. 그리고 하나님께 나아가야 합니다. 그러할 때 신자는 있는 그대로의 역사를 볼 수 있게 됩니다.[15] 성경과 역사를 통해서 보면 끊임없이 하나님을 떠나고자 하는 인간, 그리고 그 인간이 이룬 문명 그 모든 것이 언제나 쇠퇴하는 경향을 드러내고 있음을 알 수 있습니다. 그러기에 하나님이 인간에게 찾아오셔서 인간의 상황에 개입하셨습니다.

---

14 마틴 로이드 존스, 『로마서 강해』 13권, 95, 105.
15 마틴 로이드 존스, 『위기의 그리스도인』, 314-324.

5. 사형제도

구약성경의 경우를 보면 하나님께서 이스라엘 자손들에게 특별할 때 어떤 종류의 사람들은 죽이라 명령하셨습니다(신 13:5,9; 슥 13:3). 때에 따라 어떤 족속들은 완전히 멸절하라고 명령하셨습니다(수 24:8; 신 12:29; 렘 44:7). 구약의 교훈은 하나님께서 이스라엘 자손들에게 이 원리를 사법적인 방식으로 다른 족속들에 대해서도 강화시키라고 명령하신 것을 포함하고 있습니다.

국가가 칼을 사용하는 것이 국가의 적극적인 의무입니다(롬 13장). 국가가 칼을 가진 권세는 하나님께서 하나님의 대리자로 갖게 하신 것입니다.[16] 국가가 스스로 그 칼을 가진 것이 아니라, 하나님께서 국가에게 그런 권한을 주신 것입니다(롬 13:3-6). 국가는 악한 자들을 심판해야 합니다(롬 13:4 이하). 이런 것을 통해서 이단 사상이나 부도덕을 주장하는 자들이 교회 안에 들어오지 못하게 하기 위함이십니다(마 6:19; 18:15-18).

국가는 생명을 취할 권세를 가지고 있습니다. 하나님께서 그러한 권세를 국가에게 허락하셨습니다. 사형 판결은 생명의 신선함을 지속시키고 강조하고 확증하기 위해서 의도된 것입니다. 사형 판결의 목적은 하나님께서 생명을 주관하신다는 그 주권을 옹호하기 위한 것입니다. 그것은 누구든지 그 경계를 벗어나면 자신의 생명도 박탈당해야 함을 말해주기 위한 것입니다. 그러나 개인이 사람을 죽여서는 안 됩니다. 왜냐하면 생명은 하나님께 속해 있는 것이기 때문입니다(겔 18:4). 우리의 생명과 시간은 하나님의 손 안에 있습니다.

---

16 마틴 로이드 존스, 『로마서 강해』 13권, 89-92.

6. 전쟁에 대한 성경의 가르침

사람들은 전쟁에 대한 여러 가지 생각을 가지고 있습니다. 어떤 사람은 사람들이 평화롭게 살아야 하기에 하나님께서 전쟁을 막아 주셔야 한다고 생각합니다.

그러면 "과연 우리에게 그런 평화를 누릴 어떤 권리가 있는가?"에 대한 질문에 여러분은 무엇이라 답하시겠습니까?

우리는 경건하고도 거룩한 삶을 영위할 기회를 얻기 위해 우리 자신을 믿음 위에 세우는 데 우리의 시간을 사용해야 합니다. 그리고 최선을 다해 평화를 소망해야 합니다.[17] 왜냐하면 우리에게 하나님을 예배함에 부족함이 없고 그분을 섬기는 일을 마음껏 하기 위해 평화가 필요하기 때문입니다. 그러나 과연 우리에게 그런 평화를 누릴 권리나 자격이 있냐는 것은 생각해 보아야합니다.

인간이 불순종과 불경건함과 악함으로 인해 하나님께서 인간에게 주신 복을 남용해서 전쟁이 일어난 것이라면 우리는 어떻게 하나님께 당연히 평화를 요구할 수 있다고 생각하는지요?

세계대전에 대한 생각을 말할 때 마틴 로이드 존스는 그것은 하나님의 배교에 대한 하나님의 심판이라고 말합니다. 전쟁은 인간의 죄의 결과라고 말합니다. 하나님은 전쟁을 허용하십니다.[18] 인류 역사에서 발생했던 두 번의 세계 대전은 인간의 죄악들에 대한 하나님의 심판의 예표입니다. 인간은 자신들의 욕망과 다른 사람들보다 높아지기 원하는 교만으로 전쟁

---

17 마틴 로이드 존스, 『전쟁과 하나님의 주권』, 이광석 역 (서울: 지평서원, 2010), 111.
18 마틴 로이드 존스, 『로마서 강해』 13권, 95-105.

을 합니다. 이것이 세계 대전에 대한 마틴 로이드 존스의 생각입니다. 그에 따르면 전쟁은 그 자체로서 죄가 아니라 죄의 결과이며, 죄가 표현된 모습입니다. 그러므로 우리의 삶의 관심은 단지 몇 년간 더 평화가 유지되는 것이 아니라 하나님과 바른 관계를 맺고 그분의 이름을 영화롭게 하며 사는데 관심을 가져야 합니다.

그러면 왜 하나님은 전쟁을 허용하실까요?[19]

그것은 사람들이 죄의 결과를 징벌로써 감당하도록 하기 위해서입니다(갈 6:7). 하나님께서 전쟁의 허용하심으로 인간이 이전에 행했던 일, 즉 그들이 저지른 죄악의 실체가 무엇인지를 알리는 것입니다. 또한 전쟁을 통해 인간에게는 소망이 없음을 깨닫고 하나님께 돌아가도록 하시려는 것입니다(시 107:6, 13, 19, 28; 106:44). 인간은 전쟁이나 그와 같은 어려운 재앙들에 대한 고통을 당하고 나서야 어리석음을 깨닫습니다. 그리고 하나님께 돌이키고 하나님께 나아갑니다. 인간은 죄로 인한 어리석음으로 인해서 이러한 일들을 겪고 나서야 인간의 죄악성에 대한 심각성을 깨닫습니다. 하나님은 때로는 전쟁을 통해서 우리로 하여금 회개하고 그분의 십자가를 받아들이도록 하시기 위해서 전쟁을 허용하십니다. 그러나 이런 전쟁과 혼란 중에서도 하나님의 긍휼하심과 은혜로 죄와 악을 제한하시고 정해진 경계를 넘지 못하도록 하십니다(행 17:26; 시 74:17; 잠 8:29).

> 인류의 모든 족속을 한 혈통으로 만드사 온 땅에 살게 하시고 그들의 연대를 정하시며 거주의 경계를 한정하셨으니(행 17:26).

---

19 마틴 로이드 존스, 『로마서 강해』 13권, 120-126.

전쟁에 대해 우리가 물어야 할 것은 이렇습니다. "왜 하나님은 전쟁을 허용하시는가?"가 아니라, "우리가 이 전쟁을 통해서 진정 교훈을 얻었는가?" "죄로 인해 초래된 전쟁과 인류의 죄에 대하여 하나님 앞에 진정으로 회개하고 있는가?"

전쟁을 통해서 우리는 하나님께 전쟁을 허용하심에 대해 불평만 할 것이 아니라 우리의 지각과 성령의 은혜를 통해 우리의 죄된 역사에 대해 참된 회개가 있어야 합니다.

이제 그리스도인이 전쟁에 참전하는 것에 대한 가르침을 살펴보겠습니다. 구약에서도 하나님께서 전쟁을 허락하셨습니다. 이는 우리에게 전쟁에 대한 분명한 이유와 목적이 있다면 전쟁을 할 수 있음을 말합니다. 신약에서도 군에 몸담고 있었던 사람들이 우리 주님께 나왔을 때 "너희 직업을 포기하라"고 말씀하신 적이 없으십니다. 그리스도인이 군인이 되어서는 안 된다는 식의 말씀이 주님께로부터 나온 적이 없습니다. 그러나 국가는 전쟁을 할 때 전쟁을 감행해야 하는 결정이 정당한 사유를 가진 것임을 보여줄 수 있어야 합니다. 그리스도인들이 전쟁에 참여한다는 것 그것 자체 속에는 어떤 잘못도 없습니다.

마틴 로이드 존스는 반전론에 대해서는 아예 손을 내밀어 교제의 악수도 하지 말고 단호히 거부해야 한다고 합니다. 그러나 전쟁에 나가서 싸우는 그리스도인이 전쟁을 반대하는 그 반전론자를 무시하지도 말아야 합니다. 국가가 전쟁을 수행하는 것은 항상 그릇 되다고 말하는 것은 하나의 기만입니다. 하지만 국가가 전쟁을 하는 것은 국가의 마지막 선택이어야 합니다. 국가는 악을 제어할 목적으로만 전쟁을 해야 합니다. 그것 외에 다른 어떠한 근거에서도 전쟁을 해서는 안 됩니다.

교회는 정치와 다른 모든 것을 지배해야 하는 원리들을 설정해야 합니다. 교회는 정의들을 제시해야 하고, 성경에서 매우 분명하게 가르쳐지고 있는 위대한 일반 원리들을 전제해야 합니다. 그러나 교회는 정치 일에 끼어 들어서는 안 됩니다. 정치를 설교하는 데로 넘어가 버리거나, 상원에 앉아 있는 것 같이 하거나 다른 어떤 곳에 가 있는 것처럼 해서도 안 됩니다.[20] 왜냐하면 신자의 삶에서 가장 중요한 것은 하나님을 섬기고 예배하면서 그분을 가장 영광스럽게 하는 것이기 때문입니다.

---

20 마틴 로이드 존스, 『로마서 강해』 13권, 212-217.

8장
그리스도인

1. 그리스도인의 정의
2. 기도는 무엇인가?
3. 회개
4. 하나님과의 화목
5. 하나님의 선택과 인간의 책임
6. 하나님의 자녀들
7. 은사
8. 은혜의 정의
9. 그리스도의 후사

8장 그리스도인

1. 그리스도인의 정의

마틴 로이드 존스는 그리스도인에 대해 다음과 같이 정의합니다.

> 나의 나 됨이 전적으로 아담에게서 왔듯이, 내 모든 의와 나의 그리스도인 됨은 전적으로 주 예수 그리스도로부터 옵니다.[1]

이런 고백을 하는 자는 그리스도인입니다. 그리스도인은 완전히 새로운 생명을 가지고 있습니다. 왜냐하면 신자는 '중생' 즉 '거듭남'을 수반하기 때문입니다. 이와 같이 중생한 신자들은 전적으로 하나님과 새로운 관계를 가집니다. 그는 예전엔 율법 아래 있었다면, 이제는 은혜 아래 있습니다. 중생한 신자들은 삶에 전적으로 새로운 목적을 가지고 삽니다. 그 목적은 하나님께 열매를 맺어 드리기 위한 삶입니다. 신자는 새로운 능력

---

[1] 마틴 로이드 존스, 『로마서 강해』 2권, 339.

과 권세와 힘을 공급받는 사람입니다. 새로운 능력, 새로운 권능이 신자의 생명 속에 들어옵니다. 신자의 삶의 중심은 주 예수 그리스도입니다. 신자는 주님의 영광을 위해 삽니다. 이것이 그리스도인입니다.[2]

그리스도인이 된다는 것은 나사렛 예수로 알려진 이분, 목수로 일하셨던 분, 나이 서른이 되어 설교하기 시작하셨고 십자가에 못 박혀 피 흘리시고, 죽으신 후 장사 지낸 바 되었다가 다시 살아나 승천하신 분, 성령을 보내 주신 주님과 특별한 관계를 맺는 것을 의미합니다.[3] 신자는 그리스도와 특별한 관계를 맺는 사람들입니다. 그는 예수에게 속한 자가 되고 그의 특별한 소유가 됩니다(고전 6:19-20). 그리스도인은 주를 알고 그에 대한 진리를 아는 자들입니다.

마틴 로이드 존스는 그리스도인의 정의에 대하여 계속해서 『로마서 강해』 7권에서도 언급합니다.[4] 그리스도인은 하나님에 의해 그리스도에게 주어진 자들입니다.

> 세상 중에서 내게 주신 사람들에게 내가 아버지의 이름을 나타내었나이다 그들은 아버지의 것이었는데 내게 주셨으며 그들은 아버지의 말씀을 지키었나이다(요 17:6).

> 나를 보내신 아버지께서 이끌지 아니하시면 아무도 내게 올 수 없으니 오는 그를 내가 마지막 날에 다시 살리리라(요 6:44).

2　마틴 로이드 존스, 『로마서 강해』 4권, 서문강 역 (서울: CLC, 2007), 47-55.
3　마틴 로이드 존스, 『너희 하나님을 보라』, 118.
4　마틴 로이드 존스, 『로마서 강해』 7권, 193-198.

그들은 그리스도께 나오도록 부르심을 받은 자들입니다. 그리스도인이란 예수 그리스도에게 속한 사람입니다. 이와 같이 신자는 그리스도 안에 있도록 세상에서 부르심을 받았습니다. 그리스도인들은 주 예수 그리스도의 영역과 범주에 속한 사람들입니다. 그러한 그리스도인은 하나님에게 사랑을 받는 자들입니다.

> 내게 주신 영광을 내가 그들에게 주었사오니 이는 우리가 하나가 된 것 같이 그들도 하나가 되게 하려 함이니이다 곧 내가 그들 안에 있고 아버지께서 내 안에 계시어 그들로 온전함을 이루어 하나가 되게 하려 함은 아버지께서 나를 보내신 것과 또 나를 사랑하심 같이 그들도 사랑하신 것을 세상으로 알게 하려 함이로소이다(요 17:22-23).

정리하면, 그리스도인은 그리스도에게 부름 받아 그리스도 안에 있는 그리스도에게 속한 자들로서 그리스도의 사랑을 받은 자들입니다. 계속해서 로이드 존스는 그리스도인에 대하여 정의를 이렇게 합니다.[5] 그리스도인은 그리스도에게 부르심을 입은 사람들입니다.

> 너희도 그들 중에서 예수 그리스도의 것으로 부르심을 받은 자니라(롬 1:6).

> 그러나 너희는 택하신 족속이요 왕 같은 제사장들이요 거룩한 나라요 그의 소유가 된 백성이니 이는 너희를 어두운 데서 불러 내어 그

---

5 마틴 로이드 존스, 『로마서 강해』 4권, 324.

의 기이한 빛에 들어가게 하신 이의 아름다운 덕을 선포하게 하려 하심이라(벧전 2:9).

또한 성도는 살아가면서 더욱 성도다워집니다. 신자는 구원 받은 신자가 되는 것으로 멈추지 않고 오히려 하나님의 형상을 회복하기 위한 성도로서의 삶을 시작합니다. 이렇게 신자는 거룩해져 감에 따라서 자신이 신자라는 확실한 증거를 가지며 또한 성령을 통한 분명한 확신을 가지게 됩니다. 신자는 하나님께 소원을 두고 살아갑니다.

너희 안에서 행하시는 이는 하나님이시니 자기의 기쁘신 뜻을 위하여 너희에게 소원을 두고 행하게 하시나니(빌 2:13).

그런 자들은 주님의 거룩을 자신의 삶 속에서 이루기 위해 노력하는 삶을 살아갑니다. 즉 성화의 삶을 위한 도전을 받는 것이 그리스도인이라는 것입니다.

사랑하는 자들아 우리가 지금은 하나님의 자녀라 장래에 어떻게 될지는 아직 나타나지 아니하였으나 그가 나타나시면 우리가 그와 같을 줄을 아는 것은 그의 참모습 그대로 볼 것이기 때문이니 주를 향하여 이 소망을 가진 자마다 그의 깨끗하심과 같이 자기를 깨끗하게 하느니라(요일 3:2-3).

성화란 새로운 태어남입니다. 성화란 그리스도인으로서의 새로운 본성의 태어남이요, 새로운 생명으로서의 시작이며 그리고 하나님 나라 백성으로서의 새로운 삶의 시작입니다. 성화는 하나님의 자녀로 입양되는 것이며, 신자 안에서 죄를 제거하시고 마귀의 일을 멸하시며 신자를 기다리는 영광을 위해 신자를 조금씩 준비시키시는 성령의 점진적인 사역입니다.[6] 신자는 성화의 삶을 살면서 성도는 더욱 성도다워집니다.

그리스도인은 여전히 죄가 그의 몸에 존재함을 압니다. 그러기에 그리스도인은 죄와 싸워야 함을 아는 사람입니다. 또한 그리스도인은 죄를 그리스도의 십자가의 은혜로 제거할 수 있음을 압니다. 그러기에 십자가의 은혜를 가지고 죄와 싸워 승리하는 삶을 살아가는 것 그것이 그리스도인이요, 그리스도인의 삶입니다. 그리스도인이 되는 것은 어떤 철학을 이해하는 문제가 아니라 인간의 정신과 하나님의 완전한 관계로 회복되는 것입니다.

신자는 하나님의 구원 계획을 전체적으로 보아야 합니다. 하나님의 판단은 측량할 수 없습니다. 하나님께서는 아무도 이해할 수 없는 방법으로 역사하십니다(사 55:8-9). 때로는 하나님은 악을 허락하십니다(욥 1:6-12; 2:1; 삼상 26:19; 삼하 24:1). 하나님은 하나님의 섭리 하에 마귀의 일을 허락하십니다.

그러나 이 모든 일들은 하나님의 섭리 안에 있습니다. 그러나 우리는 이런 하나님의 섭리를 다 이해할 수 없습니다. 그저 믿어야 합니다. 유한은 무한을 품을 수 없으며, 이해할 수도 없습니다. 신자는 하나님의 뜻을 다 알 수 없습니다. 인간의 죄 된 성향으로는 하나님을 바로 이해할 수 도 없습니다. 그러므로 신자는 하나님은 옳으시기에 그분은 옳은 길로 인도하시고 있다는 확신에 거하는 것이 옳은 태도입니다(롬 8:28; 욥 1:21; 빌 4:11-

---

6 마틴 로이드 존스, 『생수를 구하라』, 325.

13; 시 145:9, 15-16; 8:3-4; 마 5:45; 6:25-34; 10:29; 행 17:25-27; 눅 12:7; 골 1:16-17; 딤전 6:7-8, 13, 17)). 하나님의 길을 모두 다 알려고 하는 사람은 차라리 자신이 진실로 하나님을 믿는지 안 믿는지를 알아보는 것이 더 낫습니다.[7]

본성적으로 죄악 된 인간은 육적인 생각을 가지고 있으며 하나님을 싫어합니다. 인간들 중에는 완전하게 행하는 자가 없습니다. 이 세상에는 마귀의 능력과 활동이 있습니다. 마귀는 사람의 정신을 혼미케 하여 믿음을 갖지 못하게 합니다. 그러나 신자는 하나님의 작정과 섭리를 믿음으로 순종해야 합니다(마 6:26, 30; 10:29-31; 잠 15:3; 시 104:24; 145:17). 신자는 하나님의 길을 인정 합니다(엡 1:11; 시 33:10-11). 신자는 삶에서 나타나는 일들에 하나님의 계획이 있음을 믿고 자신에게 일어나는 고난에 대해 불평하지 않아야 합니다.

그리스도인에 대하여 『로마서 강해』 3권에서는 이렇게 정의합니다.[8] 그리스도인은 큰 변화를 이룩한 사람입니다. 무엇보다 그들의 소유권에 대한 완전한 변화가 일어납니다. 신자는 큰 변화가 자신 안에서 일어났다는 사실의 증거가 있습니다. 그것은 그들이 사탄의 종에서 하나님의 자녀로의 변화가 일어났다는 것입니다. 신자는 마음으로부터 하나님께 순종합니다. 이것이 신자의 특징입니다.

『로마서 강해』 12권에서 그리스도인을 이렇게 정의합니다.[9] 사람은 자기 자신을 스스로 성도로 만들지 못합니다. 오직 성도들은 하나님께서 만

---

7   마틴 로이드 존스, 『로마서 강해』 11권, 391-397.

8   마틴 로이드 존스, 『로마서 강해』 3권, 317-331.

9   마틴 로이드 존스, 『로마서 강해』 12권, 552.

드십니다. 성도가 성도라 불리는 것은 그들이 행한 어떤 일 때문이 아니라, 하나님께서 그들에게 대해 행하신 일 때문입니다. 신자는 복음으로 구별된 자들입니다. 신자는 그리스도가 행하신 일들로 거룩해집니다. 그것을 아는 자가 그리스도인입니다.

2. 기도는 무엇인가?

기도는 하나님께 드리는 것입니다(마 6:7). 기도는 전적으로 영적인 것입니다. 기도는 하나님과 인격적인 교제를 하는 것입니다.[10] 기도는 신자가 하나님과의 교제를 함에 있어서 필수적입니다. 신자는 기도를 통해 하나님과 교제합니다. 그러기에 하나님을 잘 아는 사람이 하나님께 가장 기도를 잘 할 수 있습니다.[11]

기도는 마치 우리의 영혼의 폐에 숨을 불어넣는 것과 같습니다. 만약 우리가 삶에서 지쳐서 넘어지기를 원하지 않는다면 우리는 하나님의 생명으로 가득 채우는 기도를 멈추지 말아야 합니다. 그러나 기도를 통하여 자신의 요구를 하나님께 주장하는 것은 잘못입니다. 신자는 기도할 때 하나님께 요구해서는 안 됩니다. 절대로 신자는 기도할 때 자기 자신의 주장의 요구들을 사용해서는 안 됩니다.[12] 기도는 하나님의 은혜 보좌 앞에 나아가는 것입니다. 그것이 기도하는 자의 자세입니다. 우리는 하나님 앞에

---

10 마이클 호튼, 『언약적 관점에서 본 개혁주의 조직신학』, 787-789.
11 마틴 로이드 존스, 『로마서 강해』 12권, 543-548.
12 마틴 로이드 존스, 『마틴 로이드 존스의 앤솔러지』, 신호섭 역 (서울: 지평서원, 20110), 93-107.

나아가는 것입니다. 그것이 기도입니다. 우리는 기도를 통해 하나님 앞에 서는 것입니다. 그리고 하나님과 교제하는 것입니다.

> 그러므로 우리는 긍휼하심을 받고 때를 따라 돕는 은혜를 얻기 위하여 은혜의 보좌 앞에 담대히 나아갈 것이니라(히 4:16)

참된 기도는 하나님의 임재를 경험하는 것입니다. 우리가 하나님의 임재 가운데 있다는 것을 경험하는 것은 신자가 기도하는 어떤 기도의 내용보다 중요합니다. 기도는 오직 하나님만을 대면하는 것입니다. 신자는 기도를 통하여 하나님과 가까이 하는 것입니다. 기도를 통하여 하나님과 교제하는 것입니다.

> 하나님을 가까이하라(약 4:8).

기도로 하나님께 시선을 돌릴 때, 하나님께서 살아 계시다는 사실을 알고 큰 위안을 얻습니다. 기도는 하나님께서 성전에 임하시어 영광을 나타내시고 우리에게 하나님의 능력을 보이시고 그 능력으로 우리를 충만하게 하시도록 간구하는 것입니다. 기도는 우리로 하여금 하나님께서 우리를 관심 있게 보호하고 계시며 그분의 능력으로 지키고 계시다는 사실을 상기하게 합니다(시 10:17; 62:8; 마 7:7-8).

신자는 기도함에 있어서 끈질김과 간절함이 있어야 합니다. 이런 열정적인 기도가 없이는 하나님께서 우리의 기도를 들으실 것으로 기대하지 말아야 합니다. 단숨에 하는 기도, 짧게 기도하는 것들을 통해서 마치 하나님께 전보하는 것과 같은 그런 기도를 주님을 들으시지 않으실 것입니다. 기도는 결코 쉽지 않습니다. 기도는 어렵습니다. 삶에서 가장 어려운 것이 기도입니다. 그러기에 우리는 기도를 쉽게 생각하지 말아야 합니다.

기도는 늘 하나님께 가까이하고 싶은 느낌을 의미합니다. 신자는 주시는 자이신 하나님에게 기도로 계속 나아가야 합니다(빌 4:13). 신자의 참된 기도는 하나님과의 친밀하고 인격적인 교통을 경험합니다(골 1:19). 기도는 하나님과의 교통이요 교제입니다. 신자는 이 땅에 살아가면서 기도를 통해서 주님 안에서 삶에 경험되는 모든 문제들을 넉넉히 이길 수 있습니다(요 16:33; 롬 8:35, 37; 빌 4:13; 눅 18:1).

> 이것을 너희에게 이르는 것은 너희로 내 안에서 평안을 누리게 하려 함이라 세상에서는 너희가 환난을 당하나 담대하라 내가 세상을 이기었노라(요 16:33).

> 35 누가 우리를 그리스도의 사랑에서 끊으리요 환난이나 곤고나 박해나 기근이나 적신이나 위험이나 칼이랴 37 그러나 이 모든 일에 우리를 사랑하시는 이로 말미암아 우리가 넉넉히 이기느니라 (롬 8:35, 37).

신자는 하나님께 나아가 하나님으로부터 능력을 받아야 합니다. 신자는 기도를 통하여 하나님의 능력을 경험합니다. 신자의 기도는 거룩하고 담대함의 요소들이 있습니다. 성령께서 우리로 하여금 하게 하는 기도를 통해 우리는 그러한 담대함을 경험할 수 있습니다. 그런 기도는 성령님을 통하여 하나님께 드려졌기에 기도 응답에 대한 확신을 가지게 됩니다. 신자는 기도할 때 성령님이 신자의 마음과 생각을 지키십니다.

> 아무 것도 염려하지 말고 다만 모든 일에 기도와 간구로, 너희 구할 것을 감사함으로 하나님께 아뢰라 그리하면 모든 지각에 뛰어난 하나님의 평강이 그리스도 예수 안에서 너희 마음과 생각을 지키시리라(빌 4:6-7).

'믿음의 기도'는 성령에 의해 주어지는 것입니다. 기도는 성령이 불어일으키시는 하나님께 대한 우리의 응답입니다. 기도는 믿음의 첫 표현입니다. 그러므로 신자는 기도할 때 하나님을 신뢰하고 하나님의 보증과 확신 가운데 기도하여야 합니다. 기도 생활은 믿음의 시금석입니다.

기도는 나 자신을 하나님 앞에 포기하는 것이요, 하나님께 복종을 표현하는 것입니다. 기도할 때 신자는 자신의 주장이 아니라 하나님의 뜻대로 기도하여야 합니다. 신자는 기도할 때 하나님께서 무엇을 하라 하시면 즉시 그 일을 하여야 합니다. 신자는 하나님의 약속에 의지하여 기도하여야 합니다. 그런 기도는 하나님 앞에 무릎을 꿇고 합니다. 이러한 마음으로 기도할 때 이 세상이 감당할 수 없는 그런 그리스도인으로서 삶을 살아갈 수 있는 것입니다(시 32:5-6; 단 9:4-19; 요일 1:9; 5:14; 마 6:9-13).

기도가 없는 그리스도인의 삶은 없습니다. 하나님은 기도의 사람을 사용하십니다. 하나님이 기도하지 않는 사람을 사용하신 적이 없으십니다. 역사적으로 보면 하나님께서는 특별히 기도에 많은 시간을 할애했던 사람을 사용하셨습니다. 그리스도인의 삶의 시금석은 그가 기도에 들이는 시간의 총계에 달려 있습니다(시 95:6; 엡 3:20; 6:18; 딤전 2:1-2).

기도는 참된 믿음의 가장 근원적인 것입니다. 신자는 기도 안에서 하나님의 광대함과 하나님이 주시는 자유를 경험하게 됩니다. 신자가 기도를 통하여 자신이 그리스도인임을 느끼지 못했다면 그는 아직 그리스도인이 아닙니다. 그리스도인은 기도를 통해 하나님의 임재를 경험합니다. 기도하는 자는 그런 개인적 경험이 있어야 합니다. 반드시 그런 경험이 있어야 합니다. 그런 경험이 없다면 우리의 신앙은 그저 지식에 불과한 것이 되고 맙니다.

3. 회개

회개는 하나님과 자기 자신과 그 관계에 대해서 다시 한 번 생각해 보는 것입니다. 회개는 죄사함보다 먼저입니다. 회개가 없다면 그는 아직 중생하지 않은 것입니다. 회개는 본성의 변화요 변경입니다.

『로마서 강해』 8권에서는 회개에 대하여 하나님 중심으로 말하고 있습니다.[13] 회개라는 말은 헬라어로 "마음을 바꾸다"는 개념입니다(히 3:12-13; 렘 17:9; 막 7:8, 20; 왕하 22:19; 롬 2:5). 회개는 어떤 주제를 살펴보면서 그것에 대해서 다시 생각할 뿐만 아니라 그것에 대한 생각을 바꾸고 다른 결심을 하고 다른 결론에 이르는 것입니다.

회개의 시작은 하나님에 대한 태도의 변화입니다. 회개는 하나님에 대한 새로운 생각, 자신의 생각이나 자신의 철학이나 사람으로부터 하나님께 이르는 논증의 차원에서 보다 성경 계시의 차원에서 하나님에 대하여 생각하는 것으로 시작합니다. 회개하는 이들은 사람으로부터 하나님께 논증을 해 나갑니다. 회개할 때 그런 점에서 생각이 변화하기 시작합니다. 이런 점에서 회개는 복음을 통해서 신자가 경험되는 은혜입니다.

---

13   마틴 로이드 존스, 『로마서 강해』 8권, 서문강 역 (서울: CLC, 2008), 95-103.

회개한 자들은 삶과 죽음과 그 사람에게 일어나는 모든 것에 대한 그의 관점이 전적으로 달라집니다. 그는 먼저 자신을 직시합니다. 그는 자신의 죄에 대하여 절망합니다. 그는 자신의 죄에 대한 죄의식이 생기며 자신의 무가치함을 자각합니다. 자기 자신이 저지른 일의 성격이나 본질에 대해 알게 됩니다. 그리고 자신이 죄로 인해 오염되었음을 인정합니다. 자신이 하나님 앞에 하나님의 뜻을 거스리고 있음을 알게 됩니다. 자신의 본성은 날 때부터 악한 것임을 깨닫습니다(시 51:5; 58:3; 사 48:8; 롬 3:12; 창 6:5; 엡 2:3; 렘 17:9; 요 8:34; 엡 2:1). 그리하여 하나님께 나아갑니다. 그리고 용서를 소망합니다. 이렇게 하나님에 대한 태도가 달라지는 것입니다. 그런 자는 구원의 기쁨을 맛보게 됩니다.

회개는 행동을 수반합니다(시 119:6, 59, 106; 눅 1:6; 왕하 23:25). 행동과 행실은 회개의 마지막 결과입니다. 행동과 행실은 필연적으로 변화하기 마련입니다. 회개한 신자는 거룩함을 추구하는 삶을 살아갑니다(겔 18:30-31; 36:31; 36:31; 사 30:22; 시 51:4; 119:128; 렘 31:18-19; 욜 2:12-13; 암 5:15; 고후 7:11). 그것은 회개한 자는 하나님과 사람, 인생과 죽음, 심판과 영혼, 이 모든 엄청난 것들에 대한 관점의 변화가 나타나기 때문입니다.

『로마서 강해』 10권에서는 회개의 본질을 하나님의 뜻을 행하는 것이라고 합니다.[14] 회개는 죄를 깨닫고 미워하는 것입니다(시 19:13; 눅 19:8; 딤전 1:13, 15). 회개는 죄에서 돌아서서 죄에 대하여 증오하는 것입니다. 회개하는 사람은 자신을 변호하는 일을 중단합니다. 회개의 본질적인 부분은 실제적으로 하나님의 뜻을 행하는 것입니다.

14　마틴 로이드 존스, 『로마서 강해』 10권, 505-509.

> 영혼 없는 몸이 죽은 것 같이 행함이 없는 믿음은 죽은 것이니라
> (약 2:26).

회개는 하나님의 선물입니다(행 11:18; 엡 2:8). 회심은 개인의 인생에 있어서 현저한 위기가 될 수 있지만, 점진적인 과정으로 임할 수도 있습니다.[15]

구약에 나오는 회심의 단어는 여러 가지가 있습니다. '나함'이 있습니다. '나함'의 의미는 종종 계획과 행동의 변화가 수반된다는 의미로 사용합니다(창 6:6, 7; 출 32:14; 삿 2:18; 삼상 15:11). '나함'은 미안하게 여기거나 불쌍히 여기게 되거나 잘못에 대해 회개함입니다(창 6:6-7; 출 32:12; 신 32:36; 삿 2:18).

> 땅 위에 사람 지으셨음을 한탄하사 마음에 근심하시고 이르시되 내가 창조한 사람을 내가 지면에서 쓸어버리되 사람으로부터 가축과 기는 것과 공중의 새까지 그리하리니 이는 내가 그것들을 지었음을 한탄함이니라 하시니라(창 6:6-7).

> 어찌하여 애굽 사람들이 이르기를 여호와가 자기의 백성을 산에서 죽이고 지면에서 진멸하려는 악한 의도로 인도해 내었다고 말하게 하시려 하나이까 주의 맹렬한 노를 그치시고 뜻을 돌이키사 주의 백성에게 이 화를 내리지 마옵소서(출 32:12).

---

15 벌코프, 『조직신학』, 729-731.

'슈브'가 있습니다. '슈브'의 의미는 '돌이키다, 돌아서다, 돌아오다'등의 의미입니다. 이스라엘이 하나님을 떠난 후 돌아올 때 사용합니다. 죄가 하나님으로부터 인간을 분리시켰으므로 다시 하나님께로 돌아간다는 의미로 사용합니다. '슈브'는 돌이키거나 반대방향으로 나아간다는 뜻입니다. 잘못된 길에서 바른 길로의 방향 전환을 의미합니다(왕상 8:35 죄에서; 욥 36:10 죄악에서; 사 59:20 죄과에서; 겔 3:19 악한 행위에서; 느 9:35 악한 길에서). '슈브'는 여호와를 향하여 돌이키는 것을 의미합니다(시 51:13; 사 10:21; 렘 4:1; 호 14:1; 암 4:8; 말 3:7).

> 그리하면 내가 범죄자에게 주의 도를 가르치리니 죄인들이 주께 돌아오리이다(시 51:13).

이렇게 회개하면 다음과 같은 결과가 나타납니다.

첫째, 하나님은 하늘에서 들으시고 죄를 용서하시고 땅을 고치실 것입니다.

> 내 이름으로 일컫는 내 백성이 그들의 악한 길에서 떠나 스스로 낮추고 기도하여 내 얼굴을 찾으면 '내가 하늘에서 듣고 그들의 죄를 사하고 그들의 땅을 고칠지라'(대하 7:14).

둘째, 그들을 긍휼히 여기시고 너그럽게 용서하실 것입니다.

> 악인은 그의 길을, 불의한 자는 그의 생각을 버리고 여호와께로 돌아오라 그리하면 그가 긍휼히 여기시리라 '우리 하나님께로 돌아오라 그가 너그럽게 용서하시리라'(사 55:7).

셋째, 하나님께서 그들의 죽음을 막으실 것입니다.

> 너는 그들에게 말하라 주 여호와의 말씀이니라 나의 삶을 두고 맹세 하노니 나는 악인이 죽는 것을 기뻐하지 아니하고 악인이 그의 길에 서 돌이켜 떠나 사는 것을 기뻐하노라 '이스라엘 족속아 돌이키고 돌 이키라 너희 악한 길에서 떠나라 어찌 죽고자 하느냐' 하셨다 하라 (겔 33:11).[16]

신약에 나오는 회개의 단어는 다음과 같습니다.

첫째, '메타노이아'(동사는 '메타노에오')입니다.

이 단어의 의미는 후에 아는 것, 때 늦은 지식, 이러한 때늦은 지식에 의해 마음을 변화시키는 것, 마음의 변화의 결과, 그때까지 추구했던 노정을 후회하는 것, 이 모든 과정에 의해 미래의 행동이 변화되는 것을 의미합니다. 메타노이아의 결과로 다음과 같은 일들이 나타납니다.

1) 지적인 생활(딤후 2:25)의 변화가 나타납니다. 하나님과 그의 진리에 대한 보다 많은 지식이 생깁니다. 신자는 이를 구원의 관점에서 생각하고 주님을 영접함으로 그의 삶이 신앙의 지식과 행위가 일치합니다.

2) 신자는 회개를 통해 자아로부터 하나님에게로 돌이킵니다. 이는 자각적인 생활이 나타난다고 말할 수 있습니다(행 8:22).

3) 정서적 생활의 변화를 의미합니다. 회개를 통하여 신자의 삶에 나타나는 변화는 하나님을 향한 근심을 동반하고(고후 7:10) 죄인에게 기쁨의 새로운 장을 열어줍니다. '메타노이아'는 회개에 수반되는 내적 변화를 강

---

[16] 앤서니 후크마, 『개혁주의 구원론』, 177-188.

조합니다. 이는 전인격의 변화와 인생관의 변화를 포함합니다. 회개의 적극적인 측면에서 생각의 변화, 회개, 돌이킴, 회심 등 대체로 새로운 종교적, 도덕적 삶의 시작합니다. 이는 새로운 방향으로 돌이키는 것을 뜻합니다.[17]

둘째, '에피스트로페'(동사는 '에피스트레포')입니다.

이는 '다시 돌아가다, 돌아오다'의 의미입니다(행 15:3; 3:19). 이것은 단순히 마음에서의 변화를 나타내는 것이 아니라, 새로운 관계가 확립되어 능동적 생활이 다른 방향으로 움직이게 된 사실을 강조합니다. '에피스트레포'는 내적인 변화를 실행하고 표현하는 외적인 삶의 변화를 강조합니다. '에피스트로페'는 '반대 방향으로 방향을 바꾸다' '~쪽으로 돌아서다'를 의미합니다. 이는 행동 면에서의 총체적 변화, 한 사람의 생활 방식의 전환, 완전한 방향 전환을 묘사합니다. '에피스트로페'의 단어의 정의를 정리하면 다음과 같습니다.

1) 악한 길에서 돌이키는 것입니다.

> 너희로 하여금 돌이켜 각각 그 악함을 버리게 하셨느니라(행 3:26).

2) 자신의 길의 오류에서 돌이키는 것입니다.

> 너희가 알 것은 죄인을 미혹된 길에서 돌아서게 하는 자가 그의 영혼을 사망에서 구원할 것이며 허다한 죄를 덮을 것임이라(약 5:20).

17　앤서니 후크마, 『개혁주의 구원론』, 177-188.

3) 주님을 향해 돌이키는 것입니다.

이스라엘 자손을 주 곧 그들의 하나님께로 많이 돌아오게 하겠음이라 (눅 1:16).

룻다와 사론에 사는 사람들이 다 그를 보고 주께로 돌아오니라 (행 9:35).

그러나 언제든지 주께로 돌아가면 그 수건이 벗겨지리라(고후 3:16).

4) 무가치한 것에서 하나님에게로 돌아오는 것입니다.

이르되 여러분이여 어찌하여 이러한 일을 하느냐 우리도 여러분과 같은 성정을 가진 사람이라 여러분에게 복음을 전하는 것은 이런 헛된 일을 버리고 천지와 바다와 그 가운데 만물을 지으시고 살아 계신 하나님께로 돌아오게 함이라(행 14:15).

5) 우상에서 살아 계신 하나님을 섬기는 데로 돌아오는 것입니다.

그들이 우리에 대하여 스스로 말하기를 우리가 어떻게 너희 가운데에 들어갔는지와 너희가 어떻게 우상을 버리고 하나님께로 돌아와서 살아 계시고 참되신 하나님을 섬기는지와(살전 1:9).

6) 어둠에서 빛으로 돌아서는 것을 의미합니다.

> 그 눈을 뜨게 하여 어둠에서 빛으로, 사탄의 권세에서 하나님께로 돌아오게 하고 죄 사함과 나를 믿어 거룩하게 된 무리 가운데서 기업을 얻게 하리라 하더이다(행 26:18).

셋째, '메타멜레이아'(동사는 '메타멜로마이')입니다.

이는 '후에 어떤 사람에게 걱정거리가 되다.'의 의미입니다. 회개는 소망과 기대 속에서 앞을 바라보는 것입니다. 회개란 새 사람을 만드는 것입니다. 회개는 하나님의 거룩하심과 위엄에 대한 지식을 동반합니다.

> 그 때에 내가 말하되 화로다 나여 망하게 되었도다 나는 입술이 부정한 사람이요 나는 입술이 부정한 백성 중에 거주하면서 만군의 여호와이신 왕을 뵈었음이로다 하였더라(사 6:5).

회개는 죄의 결과에 대해서만이 아니라 죄 그 자체에 대한 진심어린 슬픔이 있습니다.

> 하나님의 뜻대로 하는 근심은 후회할 것이 없는 '구원에 이르게 하는 회개'를 이루는 것이요 세상 근심은 사망을 이루는 것이니라 (고후 7:10).

회개에는 내적으로 죄에서 돌이키고 용서를 구하는 일뿐 아니라 목적과 동기의 변화도 있습니다.

> 아버지나 어머니를 나보다 더 사랑하는 자는 내게 합당하지 아니하

고 아들이나 딸을 나보다 더 사랑하는 자도 내게 합당하지 아니하며 또 자기 십자가를 지고 나를 따르지 않는 자도 내게 합당하지 아니하니라 자기 목숨을 얻는 자는 잃을 것이요 나를 위하여 자기 목숨을 잃는 자는 얻으리라(마 10:37-39).

회개는 하나님의 일인 동시에 인간의 일입니다(사 55:7; 겔 33:11; 마 4:17; 행 3:19; 17:30; 26:18, 20).

악인은 그의 길을, 불의한 자는 그의 생각을 버리고 여호와께로 돌아오라 그리하면 그가 긍휼히 여기시리라 우리 하나님께로 돌아오라 그가 너그럽게 용서하시리라(사 55:7).

그리스도인의 삶은 첫 회개와 신앙생활 내내 계속해서 해야 합니다. 회개가 성화의 과정이라고 표현되지만, 기본적으로 성화와 다르지 않습니다. 성경은 무섭게 하는 책입니다(히 10:31; 사 6:5; 계 1:17; 행 2:37; 16:30). 신자는 회개를 통하여 경건한 두려움을 가지게 됩니다(행 2:37; 16:28-30; 롬 7:24).

그들이 이 말을 듣고 마음에 찔려 베드로와 다른 사도들에게 물어 이르되 형제들아 우리가 어찌할꼬 하거늘(행 2:37).

신자는 회개를 통하여 자신이 허물과 죄로 죽은 것을 압니다(엡 2:1; 골 2:13; 1:21).

> 그는 허물과 죄로 죽었던 너희를 살리셨도다(엡 2:1).

신자가 남의 허물이 보인다면 먼저 자신의 허물을 볼 수 있어야 합니다. 그러면 남을 판단하는 것이 잘못되었다는 것을 알게 될 것입니다.[18] 하나님의 성령에 의해서 죄의 깨우심을 받는 사람들이 도움을 구할 것입니다(롬 7:20, 24-25; 8:7). 그리고 거듭나야 한다는 것을 압니다(요 3:7; 고전 2:14; 엡 2:8).

> 내가 네게 거듭나야 하겠다 하는 말을 놀랍게 여기지 말라(요 3:7).

구원받을 만한 믿음은 하나님의 성령으로 말미암아 마음속에서 역사하는 것입니다. 그 구원받을 만한 믿음은 하나님의 성령의 선물입니다. 성령의 역사로 돌 같은 마음이 제거됩니다. 고기 같은 부드러운 마음을 가지게 됩니다.

> 기록된 바 하나님이 자기를 사랑하는 자들을 위하여 예비하신 모든 것은 눈으로 보지 못하고 귀로 듣지 못하고 사람의 마음으로 생각하지도 못하였다 함과 같으니라 오직 하나님이 성령으로 이것을 우리에게 보이셨으니 성령은 모든 것 곧 하나님의 깊은 것까지도 통달하시느니라(고전 2:9-10).

회개를 통하여 신자는 이지의 사고를 바꿉니다. 거듭난 신자는 주님과

---

18 마틴 로이드 존스, 『산상설교집 하』, 262.

같이 생각합니다. 회개한 자는 의견에 있어서 변화가 나타납니다. 회개한 자는 사고방식의 변화가 나타납니다. 회개한 자는 관점에 있어서의 변화가 나타납니다. 그러기까지는 진정한 믿음이나 참된 회개는 있을 수 없습니다.

슬픔!

회개는 언제나 이 슬픔의 요소가 있습니다(고후 7:8-11). 자기 자신의 전적인 무능력을 의식합니다. 자신의 죄로 인해 슬퍼합니다. 회개한 자는 어떤 일에 대한 태도를 바꿀 뿐만 아니라 그 어떤 일에 정반대되는 일을 행함으로 그 사실을 입증합니다. 하나님이 사랑하는 일을 합니다. 그것이 비록 세상이 미워하는 일이라 할지라도 기쁨으로 그 일을 행합니다.

역사적으로 로마서를 통해서 변화된 분들이 많습니다.[19] 성 어거스틴은 로마서 13:13-14, 마틴 루터는 롬 1:17, 그리고 존 번연은 로마서와 갈라디아서와 루터의 주석을 변화되었습니다. 존 웨슬레는 1738년 5월 24일 영국 런던의 올더스게이트의 모라비안 형제 단원들의 집회에서 루터의 로마서 주석 서문과 서론을 들으면서 자기 마음이 "이상하게 뜨거워지는 것을" 발견했고 하나님께서 자기의 죄를 용서하셨다는 것을 알고 "나 같은 사람의 죄도"라고 말하였습니다. 콘스탄티노플의 존 크리소스톰(John Chrysostom)은 매주 마다 두 번씩 로마서를 읽었습니다.[20] 이처럼 하나님의 말씀은 사람을 변화시킵니다. 말씀을 읽는 자를 회개하게 합니다. 말씀을 듣는 자가 자신이 죄인임을 성령의 역사로 깨닫습니다.

---

19 마틴 로이드 존스, 『로마서 강해』 7권, 18-20.
20 마틴 로이드 존스, 『로마서 강해』 10권, 257-268.

4. 하나님과의 화목

하나님은 거룩이시요, 빛이시요, 그 안에는 어두움이 조금도 없으십니다. 예수 그리스도를 통한 화목제물이 그렇게 필수적이었던 것은 바로 하나님의 거룩에 응답해야 했기 때문입니다.[21] 인간에게 궁극적으로 유일하게 필요한 것은 하나님과 화목 하는 것입니다.[22] 하나님과 화목한 사람은 하나님과 사람, 사람과 사람 사이에 존재하는 관계의 변화가 생깁니다. 화목은 하나님의 진노가 더 이상 우리 위에 없으며 이제는 더 이상 죄로 인한 진노하심으로 우리를 보시는 게 아니라 자비로운 마음으로 우리를 보신다는 것을 뜻합니다.

청교도 신학자 존 오웬(John Owen)은 "화목을 위해서는 가해를 중단하고, 피해자를 유화시킬 필요성을 느끼고, 가해자는 상해에 대한 책임을 지고, 가해를 사유케 하는 희생이나 다른 수단을 써야 한다"고 말합니다.[23]

이와 같이 기독교인의 삶은 모든 것을 종합하여 이치에 기초한 온유한 삶입니다.[24] 온유한 삶은 그리스도께서 죄를 지으신 일이 없으시고 거짓이 없으신 그분이 우리를 위해 고난을 당하시고, 욕을 당하셨지만 위협하시지 않으셨고 공의로 심판하시는 하나님께 다 맡기신 그 분으로 인한 것입니다. 온유한 자는 우리 그리스도인은 주님처럼 그렇게 하나님께 행합니다. 온유한 사람은 모든 것, 우리 자신의 권리나 대의, 그리고 앞날의 모

---

21 마틴 로이드 존스, 『로마서 강해』 2권, 184-190.

22 마틴 로이드 존스, 『로마서 강해』 11권, 197.

23 마틴 로이드 존스, 『로마서 강해』 1권, 96.

24 마틴 로이드 존스, 『로마서 강해』 12권, 633-646.

든 것을 하나님 손에 맡기는 자입니다.[25]

그리스도인으로서 내가 가진 총체적인 입장과 사고방식의 맥락에서 하나님의 영광을 위해서 내가 어떤 반응을 나타내야 할지를 생각해 봅니다. 그러한 자는 악은 모든 형태라도 버리게 됩니다(사 57:20).

> 악은 어떤 모양이라도 버리라(살전 5:22).

온유한 신자는 모든 악을 혐오하고 선에 속하려고 합니다(롬 12:9; 고후 8:18-21). 왜냐하면 하나님이 거룩하시기에 하나님의 백성인 신자도 하나님의 거룩을 추구하게 되어 있습니다. 온유한 신자는 자신에게만 관심을 가지지 않습니다. 온유한 신자는 자신의 본능이나 느낌에 따라서 행동하지 않습니다. 온유한 자는 자기 스스로 결정을 내리지 않습니다. 온유한 자는 하나님의 평강이 결정하도록 합니다.

인간은 충동이나 본능의 노예가 아니라 오히려 충동과 본능을 관리하고 필요에 따라 사용할 수 있는 능력과 불멸의 영혼을 소유한 존재입니다. 따라서 우리는 일시적인 쾌락을 버리고 예수 그리스도 안에 있는 우리의 참된 자아를 찾아야 합니다.[26] 내 자신의 평판에 대해서도 관심을 가지지 말아야 합니다(마 5:16, 38-48). 우리는 인간에게 만족을 줄 수 없습니다. 그런 존재로 태어난 것도 아닙니다. 우리의 목적은 오직 하나님 그분이어야 합니다. 그분은 우리의 모든 것을 아십니다. 그분만이 우리의 위로자이십니다. 그분만이 우리를 온전히 이해하실 분이십니다. 우리는 세상을 위

---

25 마틴 로이드 존스, 『산상설교집 상』, 96-97.
26 마틴 로이드 존스, 『타협할 수 없는 진리』, 김효남 역 (서울: 지평서원, 2014), 32, 46.

해 존재하는 것이 아니라 하나님의 영광을 위해 존재하는 자들입니다. 그분은 우리에게 전혀 불가능하지 않는 한 모든 사람들과 더불어 화평하게 살라 하십니다(약 3:17; 엡 5:11).

나의 고집과 나의 철학이 반드시 옳은 것은 아닙니다. 내 선한 행동이 반드시 교회에 유익이 되는 것은 아닙니다(롬 14:16). 모든 사람이 자신이 옳다고 생각하는 것을 한다면 교회는 곧 혼란에 빠질 것입니다. 신자는 진리와 믿음을 위해서 싸워야 합니다(유 1:3)만 그것보다 더 중요한 것은 모든 문제들에 있어서는 인내하고, 할 수만 있으면 도움을 주는 자세를 가져야 합니다(고전 10:29). 동료 그리스도인들을 위해서 진리를 타협적으로 약화시키는 것이 아닌 작은 사소한 문제는 용납할 수 있으면 하여야 합니다.

사소한 문제를 용납하는 것은 악을 조장하는 것이 아닙니다. 모든 사람들은 다릅니다. 신자의 삶은 다른 사람의 다름을 인정하며 사는 것입니다. 이것이 하나님이 우리의 주인이심을 인정하는 자의 태도입니다. 우리와 다른 이들을 받아들이는 것은 하나님의 섭리를 인정하는 것입니다. 신자는 오직 사랑 안에서 참된 것을 해야 합니다.

> 오직 사랑 안에서 참된 것을 하여 범사에 그에게까지 자랄지라 그는 머리니 곧 그리스도라(엡 4:15).

신자는 무엇보다도 함께 하는 성도들 안에서 그리스도가 주는 평강을 경험하며 살아야 합니다.

> 그리스도의 평강이 너희 마음을 주장하게 하라 너희는 평강을 위하여 한 몸으로 부르심을 받았나니 너희는 또한 감사하는 자가 되라(골 3:15).

문제만 있을 때만 하나님을 찾지 말고 항상 주님과 함께 하는 신자가 되어야 합니다.[27] 언제나 하나님과 함께 하는 삶을 살아야 합니다. 하나님의 임재를 순간마다 경험하며 사는 삶이어야 합니다. 삶이 자신을 지배하는 것이 아니라 하나님이 우리를 지배하는 그런 삶을 살아야 합니다. 삶에서 가장 중요한 것은 우리가 언젠가 하나님 앞에 우리 모두가 홀로 서게 될 날이 올 것이라는 것입니다. 그때 "우리가 어떻게 하나님 앞에 서 있을 수 있는가?" 하는 것입니다.[28] 그것을 준비하는 것이 우리의 삶입니다.

우리에게 기회가 있을 때 그 기회를 선용해야 합니다. 언제나 기회가 우리에게 주어지는 것은 아닙니다. 우리가 죽어서 하나님 앞에 설 때는 이미 늦은 것입니다. 그때는 우리는 다시 새롭게 할 수 없습니다. 그러니 우리에게 기회가 주어진 이 생명이 있는 날 동안 열심히 우리는 하나님의 영광을 위해 살아야 하며, 하늘의 상급을 쌓는 일들에 적극적이 되어야 합니다(계 22:13; 갈 3:10; 벧전 4:17). 무엇보다 하나님께 영광을 돌리며 그분을 기뻐하는 하나님 중심의 삶을 살아나가야 하는 것입니다(롬 11:36; 계 4:11; 시 16:5-11; 144:15; 사 12:2; 눅 2:10; 빌 4:4; 계 21:3-4).

거짓 화평의 특징은 대부분 믿음을 단순히 신념이나 명제와 진리에 대한 지적인 동조로 생각한 데서 비롯된 것입니다. 이들은 주로 그리스도와 그의 공로에 의지하는 것보다 자기 자신의 믿음을 의지하고 있습니다. 이들은 사죄에만 관심을 기울였지 의(義)에는 관심이 없습니다.[29]

참 화평의 특징은 결코 재잘거리지 않고 결코 마음을 가볍게 먹지 않

---

27 마틴 로이드 존스, 『하나님을 아는 기쁨』, 209.
28 마틴 로이드 존스, 『타협할 수 없는 진리』, 133.
29 마틴 로이드 존스, 『로마서 강해』 2권, 39-41.

습니다. 신자는 언제나 경이로움과 감탄으로 충만해 있는 사람입니다. 신자는 언제나 겸손함을 잃지 않아야 합니다. 신자는 하나님과 우리 주님에 대한 감사하는 마음이 언제나 솟아나는 사람입니다. 그는 언제나 자기의 생활에 조심하는 사람입니다(요일 3:3; 딤전 1:19; 3:9; 딛 3:8-9).[30]

> 주를 향하여 이 소망을 가진 자마다 그의 깨끗하심과 같이 자기를 깨끗하게 하느니라(요일 3:3).

> 이 말이 미쁘도다 원하건대 너는 이 여러 것에 대하여 굳세게 말하라 이는 하나님을 믿는 자들로 하여금 조심하여 선한 일을 힘쓰게 하려 함이라 이것은 아름다우며 사람들에게 유익하니라 그러나 어리석은 변론과 족보 이야기와 분쟁과 율법에 대한 다툼은 피하라 이것은 무익한 것이요 헛된 것이니라(딛 3:8-9).

5. 하나님의 선택과 인간의 책임

인간에게는 두 개의 보편성이 있습니다.[31] 인간에게는 '죄'의 보편성이 있습니다. 그리고 '죽음'의 보편성이 있습니다. 죄는 죽음이란 재난의 원인입니다. 죽음은 법칙입니다. 죽음은 죄의 벌로써 온 것입니다.

30　마틴 로이드 존스, 『로마서 강해』 2권, 41-43.
31　마틴 로이드 존스, 『로마서 강해』 2권, 239-246.

> 모든 사람이 죄를 범하였으매 하나님의 영광에 이르지 못하더니 (롬 3:23).

모든 인간은 죄인입니다. 모든 인간은 하나님께 대해 사랑을 가지고 있지 않습니다. 모든 인간은 경건하지 않은 존재입니다.

> 곧 우리가 원수 되었을 때에 그의 아들의 죽으심으로 말미암아 하나님과 화목하게 되었은즉 화목하게 된 자로서는 더욱 그의 살아나심으로 말미암아 구원을 받을 것이니라(롬 5:10).

> 육신의 생각은 하나님과 원수가 되나니 이는 하나님의 법에 굴복하지 아니할 뿐 아니라 할 수도 없음이라(롬 8:7).

죄인인 인간은 하나님께 대한 사랑도 없고, 하나님을 갈망하지도 않고, 오히려 하나님과 그의 거룩한 율법을 침노합니다.[32] 이와 같이 모든 인간은 모두 타락한 존재들이라는 것입니다(롬 3:10, 23; 요일 1:8; 약 3:2; 왕상 8:46; 갈 1:4; 요 7:7; 요일 4:5; 5:19; 렘 17:9; 엡 2:3; 시 51:5; 롬 7:18; 요 3:6; 마 7:18, 20; 시 40:12; 롬 1:32; 요 3:18; 16:8-9; 히 10:28-29). 창세기를 통해서 우리는 그것은 알 수 있습니다(창 6:5; 8:21).[33] 이와 같이 사람은 본성적으로 전혀 하나님을 기쁘시게 할 수 없습니다. 따라서 육에 속한 사람은 영적

---

[32] 마틴 로이드 존스, 『로마서 강해』 2권, 150-151.
[33] 마틴 로이드 존스, 『로마서 강해』 10권, 179.

진리를 이해할 수 없습니다.[34]

> 육에 속한 사람은 하나님의 성령의 일들을 받지 아니하나니 이는 그것들이 그에게는 어리석게 보임이요, 또 그는 그것들을 알 수도 없나니 (고전 2:14).

그런 인간에게 죽음은 무섭고 두려운 일입니다(계 21:8, 27; 22:14-15; 사 35:8; 52:1; 겔 44:9; 욜 3:17; 슥 14:21). 경건하지 않은 인간의 결국은 이와 같습니다.[35] 신자는 하나님과 다투는 일, 하나님께서 불의하거나 불공평하거나 부당하다는 암시를 드러내는 일을 해서는 안 됩니다(욥 21:7-13; 시 24:4; 73:2-3; 말 2:17; 3:14-15). 신자는 하나님께서 행하신 일에 대한 의문을 달거나 문제를 제기하려고 노력하는 것을 행하면 안 됩니다. 신자는 하나님과 인간을 대조해서는 안 됩니다(사 45:9-11; 롬 9:20; 사 64:8; 렘 18:1-6). 인간은 피조물입니다.[36] 인간은 하나님의 섭리를 알지 못합니다. 그러므로 그분 앞에서 잠잠해야 하는 것입니다.

> 이 사람아 네가 누구이기에 감히 하나님께 반문하느냐 지음을 받은 물건이 지은 자에게 어찌 나를 이같이 만들었느냐 말하겠느냐 (롬 9:20).

---

34 마틴 로이드 존스, 『로마서 강해』 2권, 146-147.

35 마틴 로이드 존스, 『믿음의 시련』, 126.

36 마틴 로이드 존스, 『로마서 강해』 9권, 264.

> 그러나 여호와여, 이제 주는 우리 아버지시니이다 우리는 진흙이요 주는 토기장이시니 우리는 다 주의 손으로 지으신 것이니이다
> (사 64:8).

유대인들은 그릇된 관점을 견지하였기 때문에 구원의 올바른 방식을 분명하게, 참되게 알 수가 없었습니다. 구원의 참된 방식은 하나님의 선택의 결과입니다. 구원이 우리 편의 어떤 행동의 결과가 아닙니다. 구원이 인간이 찾거나 문의한 결과로 주어진 것이 아니라는 것입니다. 구원은 전적으로 하나님의 행위의 결과입니다(롬 9:11). 어떤 한 개인의 구원을 받은 이유는 오직 하나님의 선택과 행위의 결과입니다.[37] 구원이 인간 이해의 결과라든지 인간 지식이나 인간 행위의 결과라면, 유대인들은 마땅히 정말 유익한 입장에 있었을 것이고 이방인들은 정말 소망 없는 상태에 있었을 것입니다.

하나님께서 유대인들에게든지 이방인들에게든지 그 구원을 주시는 권한에 있어서 자유로우십니다. 그 누구든지 하나님께서 구원받을 자를 정하십니다(딤후 1:9; 딛 3:4-5; 엡 2:4-5, 8-9; 롬 9:11). 하나님은 누구든지 주의 이름을 부르는 자는 구원을 받을 것이라고 약속하셨습니다(롬 10:13; 행 2:21). 이것이 신약성경 전체의 가르침입니다.

그러면 누가 순종합니까?

모든 사람들이 다 순종하지는 않습니다. 하나님의 부르심을 받은 자들만이 순종합니다. 그들이 이 효과적인 부르심을 받았습니다. 그들은 은혜의 선택의 결과로 부르심을 받은 자들입니다(요 6:37; 겔 36:27; 요 5:25). 구

---

37 마틴 로이드 존스, 『로마서 강해』 10권, 565-576.

원받지 못한 자들은 그들이 전혀 설득 당하지 않은 자들입니다. 그들은 복음에 설득 당하도록 자신을 내버려 두지 않았습니다. 그들은 완강하게 그런 자세를 가졌습니다(요 5:44; 마 13:14-15; 23:23; 행 7:51-53; 히 3:12, 15-19; 4:1-12). 그러기에 이들은 자신의 결정에 대한 책임도 본인 스스로 져야 합니다.

> 이사야의 예언이 그들에게 이루어졌으니 일렀으되 너희가 듣기는 들어도 깨닫지 못할 것이요 보기는 보아도 알지 못하리라 이 백성들의 마음이 완악하여져서 그 귀는 듣기에 둔하고 눈은 감았으니 (마 13:14-15).

이들은 하나님의 사랑을 거절한 자들입니다.

> 예루살렘아 예루살렘아 선지자들을 죽이고 네게 파송된 자들을 돌로 치는 자여 암탉이 제 새끼를 날개 아래에 모음 같이 내가 너희의 자녀를 모으려 한 일이 몇 번이냐 그러나 너희가 원하지 아니하였도다 보라 너희 집이 황폐하여 버린 바 되리라 내가 너희에게 이르노니 너희가 주의 이름으로 오시는 이를 찬송하리로다 할 때까지는 나를 보지 못하리라 하시니라(눅 13:34-35).

인간은 자기 스스로가 자신의 구원의 원인이 될 수 없습니다. 그렇지만 자신의 정죄의 원인이 될 수는 있습니다.[38] 왜냐하면 자신의 의지에 의

---

38 마틴 로이드 존스,『로마서 강해』11권, 317.

해서 결정한 것이기 때문입니다. 그러기에 인간은 구원받지 못하고 자신의 죄에 대한 하나님의 진노와 율법의 저주 그리고 정죄에 대해 항상 책임을 져야 합니다.

하나님께서는 인간에게 어느 정도의 자유를 허락하시는 한편 이 자유를 완전히 지배하십니다. 또한 하나님께서는 마귀에게도 자유를 허락하시지만 그 자유는 제한된 자유입니다(마 12:29; 계 20:2).

> 하루는 하나님의 아들들이 와서 여호와 앞에 섰고 사탄도 그들 가운데에 온지라 여호와께서 사탄에게 이르시되 네가 어디서 왔느냐 사탄이 여호와께 대답하여 이르되 땅을 두루 돌아 여기저기 다녀왔나이다 여호와께서 사탄에게 이르시되 네가 내 종 욥을 주의하여 보았느냐 그와 같이 온전하고 정직하여 하나님을 경외하며 악에서 떠난 자는 세상에 없느니라 사탄이 여호와께 대답하여 이르되 욥이 어찌 까닭 없이 하나님을 경외하리이까 주께서 그와 그의 집과 그의 모든 소유물을 울타리로 두르심 때문이 아니니이까 주께서 그의 손으로 하는 바를 복되게 하사 그의 소유물이 땅에 넘치게 하셨음이니이다 이제 주의 손을 펴서 그의 모든 소유물을 치소서 그리하시면 틀림없이 주를 향하여 욕하지 않겠나이까 여호와께서 사탄에게 이르시되 내가 그의 소유물을 다 네 손에 맡기노라 다만 그의 몸에는 네 손을 대지 말지니라 사탄이 곧 여호와 앞에서 물러가니라(욥 1:6-12).

하나님은 우리가 하나님에 대하여 아는 것을 기뻐하십니다. 그렇기에 우리는 성경을 통해서 하나님에 대한 지식을 가지게 됩니다. 우리의 삶의 목적은 하나님을 아는 것이며 그리고 하나님을 신령과 진정으로 예배하는 것입니다.[39] 신자는 예배하기 위하여 구원을 받았다고 할 수 있습니다. 왜냐하면 구원은 전적으로 하나님의 뜻하심과 하나님의 행동의 결과이기 때문입니다.[40] 그러므로 구원받는 것은 언제나 하나님의 부르심의 결과입니다. 우리가 구원받을지 받지 않을지를 결정하는 것은 우리 속에 있는 그 어떤 것이 아닙니다. 오직 하나님의 은혜인 것입니다. 그러므로 구원의 은혜를 받은 신자는 구원을 주신 하나님을 기뻐하며 영광을 돌리고 그분을 예배하는 삶을 목적해야 합니다.

> 그 다음 안식일에는 온 시민이 거의 다 하나님의 말씀을 듣고자 하여 모이니 유대인들이 그 무리를 보고 시기가 가득하여 바울이 말한 것을 반박하고 비방하거늘 바울과 바나바가 담대히 말하여 이르되 하나님의 말씀을 마땅히 먼저 너희에게 전할 것이로되 너희가 그것을 버리고 영생을 얻기에 합당하지 않은 자로 자처하기로 우리가 이방인에게로 향하노라 주께서 이같이 우리에게 명하시되 내가 너를 이방의 빛으로 삼아 너로 땅 끝까지 구원하게 하리라 하셨느니라 하니 이방인들이 듣고 기뻐하여 하나님의 말씀을 찬송하며 영생을 주시기로 작정된 자는 다 믿더라(행 13:44-48).

거듭나지 않은 사람들은 거듭난 이들이 미련하게 보입니다(고전 1:21, 27; 약 2:5; 사 29:14). 예수 그리스도를 받아들이지 않는 이들은 의도적으로 그리스도를 배척하였으며, 거절하였습니다. 그러기에 그들 자신들이 저

---

39 마틴 로이드 존스, 『성부 하나님과 성자 하나님』, 98-99.

40 마틴 로이드 존스, 『로마서 강해』 9권, 389-402.

주받은 데 대한 책임을 그들 자신이 지게 되어 있습니다.

유대인들은 율법의 차원에서 의를 추구하며 살았습니다. 그들은 모세의 법을 지키는 것만이 의로 통하는 지름길일 뿐만 아니라 의를 얻는 유일한 길이라고 믿었기 때문입니다. 그러나 율법을 소유한다는 것 그 자체가 사람을 하나님 앞에서 의롭다함을 받게 만들지 않습니다. 율법에 복종하는 사람이라야 하나님 앞에서 의롭다 함을 받습니다(약 2:10; 롬 7:9). 그러나 인간은 율법을 온전히 지킬 수 없으며, 율법을 통해서는 자신이 죄인이라는 사실을 깨달을 뿐입니다(롬 3:20, 28; 갈 2:16; 행 13:39). 이방인들의 생활이 악한 생활이었다는 사실보다도 더 끔찍한 것은, 이방인들이 '하나님 없는 생활'을 하였다는 것입니다.

> 1 그는 허물과 죄로 죽었던 너희를 살리셨도다 12 그 때에 너희는 그리스도 밖에 있었고 이스라엘 나라 밖의 사람이라 약속의 언약들에 대하여는 외인이요 세상에서 소망이 없고 하나님도 없는 자이더니 (엡 2:1, 12).

하나님의 택하심에 따라 하나님께서는 야곱과 에서가 태어나기 전에 야곱을 택하시고 에서를 택하시지 않으셨습니다(롬 9:13; 말 1:2-3). 이것은 전적으로 하나님의 독립적인 행동입니다.[41] 그러나 우리가 중요하게 알아야 하는 진리는 하나님이 하나님의 백성에 속한 사람은 모두 다 구원받음이 보장되어 있다는 진리입니다. 그리고 그 구원을 이루어내시는 분이 하나님이십니다. 구원은 전적으로 전능하신 하나님의 절대적인 주권적인 행

---

41   마틴 로이드 존스, 『로마서 강해』 9권, 172.

동의 결과입니다. 그러기에 구원은 안전하며 확실한 것입니다.

인간의 구원에 대한 문제를 살펴봅시다.

"어떻게 사람이 구원을 받을 수 있느냐?" 하는 질문에 대한 대답은 오직 하나입니다.

그것은 하나님께서 그를 선택하셨기 때문입니다.

그러면 "어떻게 사람이 구원을 받지 못했느냐?"에 대한 답은 어떤가요? 그것은 그가 고의적이고 의도적으로 구원의 복음을 거절한 교만하고 오만한 죄인이기 때문입니다. 인간이 구원을 받지 못한 것은 하나님께 선택받지 못해서가 아니라 그 인간이 복음을 거절하였기 때문입니다.

인간은 모두 아담 안에 있었고, 아담 안에서 범죄했습니다. 인간 책임의 교리는 여기에 들어오는 것입니다. 복음만이 인간에게 구원으로 인도합니다. 그러므로 복음은 모든 사람들에게 제기되어야 합니다. 이것이 인간의 책임입니다.

> 알지 못하던 시대에는 하나님이 간과하셨거니와 이제는 어디든지 사람에게 다 명하사 회개하라 하셨으니(행 17:30).

구원은 전적으로 오직 주 예수 그리스도 안에 있습니다.[42] 그리고 하나님께서 구원하시는 목적을 가지신 사람들은 바로 내면적인 이스라엘 사람들뿐입니다.[43] 내면적인 이스라엘은 바로 우리 주 예수 그리스도를 믿는 신자들이며, 신자들은 예수 그리스도의 보혈과 죽음을 통하여 죄사함과

42　마틴 로이드 존스,『로마서 강해』10권, 109-110.
43　마틴 로이드 존스,『로마서 강해』9권, 373-387.

구원함을 받은 사람들입니다.

6. 하나님의 자녀들

『로마서 강해』 5권에서는 하나님의 자녀는 하나님의 법적 조치의 결과임을 말합니다.[44] 하나님의 아들 됨은 하나님께서 우리를 그의 아들로(양자) 받아들이는 하나님의 법적 조치입니다.[45] 그렇게 하나님의 자녀 된 자들은 성품에 변화가 일어납니다(롬 8:29-30). 우리가 이렇게 하나님의 아들이라는 것을 알도록 하는 것은 믿음입니다.

『로마서 강해』 8권에서는 하나님의 자녀는 하나님을 아버지로 부르는 자라고 합니다.[46] '아바'는 아람어입니다. '아버지'라는 헬라어의 번역입니다. 이 '아바'는 어린아이의 말이요, 어린아이들이 입술을 벌려 친숙하게 하는 말입니다. 노예들이 '아바'란 단어를 사용하도록 허락 받지 못했습니다. 오직 자유인의 자녀들만이 '아바 혹은 아버지'라는 칭호를 사용하는 것이 허락되었습니다. 사도는 이런 문화의 현실을 반영하여 이 용어를 사용함으로 우리가 더 이상 죄의 노예가 아님을 말하며, 무서워하는 종의 영을 가지고 있지 않음을 말합니다. 우리는 자유인이라는 것입니다. '아바'라는 단어를 사용할 수 있다는 것이 그것을 증명합니다.

아브라함은 이스라엘 민족의 실질적인 조상입니다. 아브라함과 맺은 언약이 이삭에게 되풀이되었고, 이것이 다시 야곱에게 반복되었습니다.

---

44 마틴 로이드 존스, 『로마서 강해』 5권, 214-216.
45 마틴 로이드 존스, 『로마서 강해』 9권, 144-157.
46 마틴 로이드 존스, 『로마서 강해』 8권, 325.

그러나 이스라엘에게서 난 자들이라고 해서 다 이스라엘이 아닙니다. 모두 다 저절로 하나님의 백성이 되는 것은 아니라는 의미입니다.

> 이스라엘에게서 난 그들이 다 이스라엘이 아니요(롬 9:6).

> 또한 아브라함의 씨가 다 그의 자녀가 아니라(롬 9:7).

어느 사람을 통해서 하나님의 위대한 목적이 이루어져 나가느냐는 오직 하나님만이 결정하십니다.

소수의 남은 사람들은 참 이스라엘 사람들입니다(사 10:21; 렘 31:7; 30:11; 암 5:15; 9:8). 하나님의 약속과 언약의 전체적인 문제가 오직 이삭의 줄기를 따라서만 내려갔습니다(롬 9:7). 참 이스라엘은 영적인 의미에서, 신령하고 언약적인 의미에서 "자녀"입니다.

> 그러므로 상속자가 되는 그것이 은혜에 속하기 위하여 믿음으로 되나니 이는 그 약속을 그 모든 후손에게 굳게 하려 하심이라 율법에 속한 자에게뿐만 아니라 아브라함의 믿음에 속한 자에게도 그러하니 아브라함은 우리 모든 사람의 조상이라 기록된 바 내가 너를 많은 민족의 조상으로 세웠다 하심과 같으니 그가 믿은 바 하나님은 죽은 자를 살리시며 없는 것을 있는 것으로 부르시는 이시니라(롬 4:16-17).

이삭은 약속에 의해서 생산된 자녀입니다(창 12:1-2). 이삭은 육체를 따라 났을 뿐만 아니라 성령을 따라서도 났습니다(갈 1:15-16; 4:28-31). 이와 같이 하나님의 자녀가 되는 것은 육신과 그 활동의 결과로 말미암아 되는 것이 아니라, 하나님의 약속의 활동으로부터 결과된 자들입니다(창 18:10, 14).

> 형제들아 너희는 이삭과 같이 약속의 자녀라 그러나 그 때에 육체를 따라 난 자가 성령을 따라 난 자를 박해한 것 같이 이제도 그러하도다 그러나 성경이 무엇을 말하느냐 여종과 그 아들을 내쫓으라 여종의 아들이 자유 있는 여자의 아들과 더불어 유업을 얻지 못하리라 하였느니라 그런즉 형제들아 우리는 여종의 자녀가 아니요 자유 있는 여자의 자녀니라(갈 4:28-31).

하나님의 구원의 목적은 "위로부터 난," "거듭난," "하나님께로서 난" 자들에게만 해당되고 그들 속에서만 작용합니다.

이 세상에서 가장 고귀한 지식은 하나님을 아는 지식인 것입니다. 하나님을 아는 지식이 없는 인생은 망한 인생입니다(잠 2:5; 골 1:10; 고후 10:5). 기독교의 중요한 목적 중의 하나는 사람들로 하여금 하나님을 아는 지식에 이르도록 하는 것입니다. 하나님의 계시의 총체적인 목적은 인간으로 하여금 그 잃어버린 지식을 되찾도록 하는 것입니다.[47] 그러나 인간은 스스로 하나님을 찾을 수 없습니다. 그러기에 인간은 하나님의 도우심이 필요합니다.

하나님께서는 인간을 불쌍히 여기셨으며 우리에게 계시를 주셨습니다. 우리가 알아야 할 것은 하나님에 의해 계시된 것만이 참된 것이라는 것입니다. 그리고 그 계시된 것 즉 성경만으로 우리가 구원에 대한 진리를 아는 것에 대한 것을 충분히 얻을 수 있습니다. 이 모든 것이 하나님의 은

---

[47] 마틴 로이드 존스, 『로마서 강해』 5권, 245-258, 219-230.

혜입니다.[48] 우리가 하나님의 자녀라면 우리의 사고방식, 이해, 행실과 행동들 그 모든 것에서 하나님과 유사성과 닮음이 나타나야 합니다. 그런 자라면 성령의 인도를 받습니다(히 12:6, 10; 롬 8:9, 13).

> 9 만일 너희 속에 하나님의 영이 거하시면 너희가 육신에 있지 아니하고 영에 있나니 누구든지 그리스도의 영이 없으면 그리스도의 사람이 아니라 13 너희가 육신대로 살면 반드시 죽을 것이로되 영으로써 몸의 행실을 죽이면 살리니(롬 8:9, 13).

성령의 사람은 성령의 인도와 지시와 지도를 받습니다. 성령을 따라 삶을 살아가는 이들 중에는 삶의 결정과 실수와 그런 모든 것들이 있지만 내 삶에 있어서 주도적이고 중추적인 힘은 하나님의 성령이라고 고백합니다. 어떤 이가 하나님의 자녀인지는 그가 성령의 인도를 받고 있는가를 보면 알 수 있습니다.

> 16 내가 이르노니 너희는 성령을 따라 행하라 그리하면 육체의 욕심을 이루지 아니하리라 17 육체의 소욕은 성령을 거스르고 성령은 육체를 거스르나니 이 둘이 서로 대적함으로 너희가 원하는 것을 하지 못하게 하려 함이니라 25 만일 우리가 성령으로 살면 또한 성령으로 행할지니(갈 5:16-17, 25).

성령께서 질투심을 가지고 나를 갈망하십니다. 성령은 삶에 대한 나의

---

48 마틴 로이드 존스, 『위기의 그리스도인』, 108-116.

보편적이고 전체적인 사고방식을 주장하십니다(고전 2:12; 롬 8:7).

> 육신의 생각은 하나님과 원수가 되나니 이는 하나님의 법에 굴복하
> 지 아니할 뿐 아니라 할 수도 없음이라(롬 8:7).

우리가 성령의 인도를 받고 있지만 하나님께서는 실제로 우리의 발과 무릎을 사용하시고 있습니다. 즉 인간은 인간의 의지를 거역하여 구원받지 않습니다(요일 5:3; 마 5:6; 시 32:8-9; 사 30:21). 하나님은 인격의 하나님이시기에 그렇습니다. 그분은 그분의 자녀들 역시 인격적으로 하나님께 대하기를 원하십니다. 신자가 자신의 삶이 하나의 순례의 길이요, 나그네 길이요, 잠시 지나가는 길이라고 말할 수 있다면 하나님의 아들입니다. 이와 같이 그리스도인은 자기가 순례의 길을 가고 있다는 것을 깨닫는 사람들입니다.

> 사랑하는 자들아 거류민과 나그네 같은 너희를 권하노니
> (벧전 2:11-12).

신자는 하나님의 영광을 위하여 살고 싶어 합니다. 신자는 언제나 자기 속에서 하나님을 아는 더 큰 지식을 소원하게 되고 우리 주 예수 그리스도를 아는 지식을 더 크게 바라게 됩니다(요 17:3).

> 내가 지금 기뻐함은 너희로 근심하게 한 까닭이 아니요 도리어 너희
> 가 근심함으로 회개함에 이른 까닭이라 너희가 하나님의 뜻대로 근
> 심하게 된 것은 우리에게서 아무 해도 받지 않게 하려 함이라 하나

님의 뜻대로 하는 근심은 후회할 것이 없는 구원에 이르게 하는 회
개를 이루는 것이요 세상 근심은 사망을 이루는 것이니라 보라 하나
님의 뜻대로 하게 된 이 근심이 너희로 얼마나 간절하게 하며 얼마나
변증하게 하며 얼마나 분하게 하며 얼마나 두렵게 하며 얼마나 사모
하게 하며 얼마나 열심 있게 하며 얼마나 벌하게 하였는가 너희가 그
일에 대하여 일체 너희 자신의 깨끗함을 나타내었느니라(고후 7:9-11).

신자는 자신 속에 있는 죄를 더욱더 깨닫게 됩니다. 신자는 점점 더 죄와 악과 유혹이 접근하는 모든 것에 대해 예민해집니다. 자기 속에서 의와 거룩을 사모하며 갈망하고 있는 것을 의식합니다(요일 2:15-16; 벧전 2:11-12).

이 세상이나 세상에 있는 것들을 사랑하지 말라 누구든지 세상을
사랑하면 아버지의 사랑이 그 안에 있지 아니하니 이는 세상에 있는
모든 것이 육신의 정욕과 안목의 정욕과 이생의 자랑이니 다 아버지
께로부터 온 것이 아니요 세상으로부터 온 것이라(요일 2:15-16).

하나님은 강하십니다. 하나님은 우리를 율법의 정죄함에서, 사망과 무덤의 두려움에서 우리를 자유롭게 하십니다. 이와 같이 하나님은 우리의 얽어맨 줄을 끊으십니다.

그러므로 이제 그리스도 예수 안에 있는 자들에게는 결코 정죄함이
없나니(롬 8:1).

하나님은 율법의 속박에서 우리를 자유롭게 해 주십니다. 우리의 죄악

을 고치십니다. 우리에게 있는 죄의 권세를 깨뜨리십니다.[49] 그리하여 하나님의 백성들은 성령의 열매가 나타납니다(갈 5:22; 롬 14:17; 딤후 1:7; 고후 4:17-18; 골 3:2; 빌 1:23; 요일 3:3). 신자는 언제나 하나님을 위한 자기의 사랑이 부족하다는 것을 늘 염려합니다. 그리하여 하나님의 영광을 위한 일들을 소망하며 그 일을 행함을 통해 기쁨을 얻습니다(대상 16:28-29; 시 22:23; 115:1; 사 42:12; 롬 15:9; 계 15:4).

> 하나님이 우리에게 주신 것은 두려워하는 마음이 아니요 오직 능력과 사랑과 절제하는 마음이니(딤후 1:7).

7. 은사

하나님이 성도에게 주시는 은사는 그리스도의 선물의 형태로 주어졌습니다(엡 4:11-12).[50] 신자에게 특별한 분량이나 특별한 은사를 주시는 것을 결정하시는 분은 그리스도이십니다.

> 누가 너를 남달리 구별하였느냐 네게 있는 것 중에 받지 아니한 것이 무엇이냐 네가 받았은즉 어찌하여 받지 아니한 것 같이 자랑하느냐 (고전 4:7).

---

49 마틴 로이드 존스, 『만입의 고백 찬양』, 송용자 역 (서울: 지평서원, 2012), 114.
50 마틴 로이드 존스, 『로마서 강해』 12권, 224-443.

각 사람에게 성령이 원하시는 대로 나누어 주시는 것은 그 은사를 주시는 이시요 그 은사를 통제하시는 것은 성령의 주권입니다. 이와 같이 특별한 은사를 각 그리스도인에게 주시고자 하는 각 은사를 결정하시는 분이 성령 하나님이십니다(히 2:4; 고전 12: 4, 11).

> 이 모든 일은 같은 한 성령이 행하사 그의 뜻대로 각 사람에게 나누
> 어 주시는 것이니라(고전 12:11).

어느 은사를 각 사람에게 주실 것인지를 성령께서만 결정하십니다. 왜냐하면 모든 은사의 주관자는 성령님이시지 인간이 아니기 때문입니다. 은사를 베푸는 분은 성령님이십니다. 그러므로 성령님이 신자의 은사에 대해 결정하십니다. 은사의 주권은 하나님께 속한 것입니다. 그분이 결정하셔야만 그 일이 나타납니다. 그러므로 인간은 은사를 결정할 수도 없으며, 그럴 능력도 주어지지 않았습니다.

하나님의 성령께서 그리스도의 몸 된 교회를 세우고 그 교회의 기능을 바르게 할 수 있도록 여러 은사들을 주십니다. 그러므로 은사는 교회의 유익과 교회를 세우는 차원에서만 생각하라는 것입니다. 그리스도의 몸인 교회를 유익하게 하는 것이 은사들입니다. 신자는 자신들에게 주어진 특별한 은사를 사용하되, 교회의 교리에 집중하면서 그 교회의 교리와 일관성을 유지하며 사용하는 것이 중요합니다. 하나님께서는 결코 혼돈을 조장하시는 분이 아닙니다. 하나님께서는 항상 화평을 만드시는 분입니다. 그러므로 각자 자기에게 주어진 은사를 사용하되 온전한 방식으로 사용하고, 하나님께 영광을 돌리며, 교회의 유익을 끼치는 방향으로 사용해야 합니다. 그것이 각 사람의 의무입니다.

> 이 모든 일은 같은 한 성령이 행하사 그의 뜻대로 각 사람에게 나누어 주시는 것이니라 몸은 하나인데 많은 지체가 있고 몸의 지체가 많으나 한 몸임과 같이 그리스도도 그러하니라 우리가 유대인이나 헬라인이나 종이나 자유인이나 다 한 성령으로 세례를 받아 한 몸이 되었고 또 다 한 성령을 마시게 하셨느니라 몸은 한 지체뿐만 아니요 여럿이니(고전 12:11-14).

우리가 받은 어떤 은사든지 항상 우리에게 주시는 은혜와 부합합니다. 신자가 더 좋은 은사들을 사모하는 가장 좋은 방식은 '사랑을 따라' 구하는 것입니다. 신자는 더 좋은 은사를 간절히 사모하면서도 언제나 자기에게 주어지는 은사로 만족해야 합니다.

그리스도인은 모두 어떤 한 가지 은사만을 가지게 되지 않습니다. 신자의 은사는 대부분의 경우 복합적으로 나타납니다. 한 가지 은사만을 가지는 경우는 없습니다. 그러므로 '한 가지 은사를 주장하는 것'은 은사에 대한 바른 생각이 아닙니다. 왜냐하면 신자가 한 가지 은사만을 가지는 것은 있을 수 없기 때문입니다. 신자는 은사를 가질 때 여러 가지를 함께 가지게 됩니다. 그리고 어떤 신령한 은사를 다른 사람에게 나눠 주는 것은 사람의 권한에 속한 것이 아닙니다. 저나 여러분은 어떤 방식으로든지 우리 자신 속에서나 다른 사람 속에서 그러한 은사를 산출하려고 하는 어떤 노력을 기울여서도 안 됩니다. 은사는 오직 하나님에 의해서 신자에게 주어지는 것이기 때문입니다.

우리 각자에게 어떤 은사들이 주어져 있습니다. 그리고 신자들이 하나님께 받은 은사는 서로 다릅니다. 신자들은 자신들이 받은 은혜에 따라 은사를 다양하게 받습니다. 성령의 세례가 직접적으로 즉시 임할 수 있고, 다른 사람을 매개로 하여 임할 수도 있으며, 안수하여 임할 수 있습니다. 은사도 그러합니다. 은사들은 교회의 역사에 보면 안수라는 매개를 통해서 보다는 직접적으로 임한 것이 보편적인 체험이 되었다고 시사합니다. 오직 안수를 통해서만 은사가 신자들에게 임하는 것은 아니라는 것입니다. 다만 그런 일은 교회의 역사에 보면 매우 드물게 나타났다는 것입니다. 그렇다고 은사를 인간이 줄 수 있거나 준다는 것을 의미하는 것은 아닙니다. 은사는 오직 그것을 주시는 성령 하나님께 속한 것이기 때문입니다. 인간은 그저 하나님이 쓰시는 도구로서 혹은 통로로서 사용되는 것입니다.

예언의 은사는 성령의 직접적인 영감입니다.[51] 이 은사를 주신 목적은 하나님께로부터 나오는 말이나 하나님의 말씀을 교회에 주기 위한 것입니다. 예언은 마음의 비밀을 판단하고 드러내어 영감 된 방식으로 권고하고 권면하고 교훈하는 것입니다. 따라서 예언을 하는 사람은 교회와 그 교회 안에 있는 어떤 사람들에게 하나님께서 주시고자 하시는 말씀을 전달하는 은사를 받은 것입니다. 또한 영감 된 발언은 항상 하나님께서 사도들과 선지자들을 통해서 교회에게 주신 교훈과 교리 체계에 대해 일치하여야 합니다.

신자는 믿음에 비례하여 예언해야 하며, 그 예언에 대하여 모든 것을 다 검증해 보아야 합니다. 우리는 언제나 예언을 성경과 성경을 비교해야 합니다. 또한 예언적 발언들은 다른 이들의 행동을 수반할 때에는 비상한 관심을 가지고 검증하여야 합니다. 그러나 우리가 알아야 할 것은 신자를 통해서 나오는 예언은 본질적으로 성경과 동등한 의미를 가진 것은 아

---

51 마틴 로이드 존스, 『로마서 강해』 12권, 323-338.

닙니다. 그것은 단지 교회의 성도들과 함께 교통하기 위해 성령의 역사하심으로 말미암아 특정한 진리가 신자의 마음에 임한 것일 뿐이기 때문입니다.

8. 은혜의 정의

은혜란 정의는 본질적으로 공로 없이 얻은 과분한 은총, 받을 가치가 없는 자에게 주어지는 은총을 의미합니다. 세상에서 가장 존경받는 사람에게도 가장 무지막지한 사람에게도 동일하게 하나님의 은혜가 필요합니다.[52] 하나님의 은혜가 필요하지 않은 사람은 없습니다. 그리고 그리스도인이 은혜 안에 있다고 한다면 그것은 그리스도 안에 있는 은혜의 자리 안에 있다는 것을 의미합니다. 이 말의 의미는 우리가 주님의 은혜 안에서 안전하다는 것입니다.[53] 은혜는 매우 중요한 교리입니다. 은혜에 대하여 『로마서 강해』 1, 2, 3, 7, 11, 12권에서 말씀하고 있습니다.

『로마서 강해』 1권에서 은혜의 정의를 전혀 받을 자격이 없는 자에게 주어진 하나님의 자비라고 합니다.[54] 은혜는 전혀 받을 자격이 없는 사람들에게 준 과분한 총애나 자비를 의미합니다. 하나님과 화해하는 길은 오직 하나뿐입니다. 그것은 하나의 같은 은혜언약입니다(창 15:18; 17:1; 22:15-18; 출 2:24-25; 3:16-17; 6:2-7; 롬 4:16-17; 갈 3:16). 은혜는 값을 요구하지 않는 하나님의 호의(好意)입니다. 하나님의 은혜는 은혜를 받은 신자에게 어

52 　마틴 로이드 존스, 『영적침체』, 105.
53 　마틴 로이드 존스, 『로마서 강해』 2권, 59.
54 　마틴 로이드 존스, 『로마서 강해』 1권, 81, 197-244.

떤 공로도, 요구도, 그리고 은혜에 대한 대가를 달라고 요구하는 것도 전혀 없습니다.

『로마서 강해』 2권에서는 하나님의 은혜는 사망을 삼킬 뿐 아니라 생명을 준다는 진리를 말합니다.[55] 이 하나님의 은혜는 우리의 죄의 대안입니다. 하나님의 은혜는 죄의 유일한 대적입니다. 하나님의 은혜는 죄를 대적하기에 충분한고도 유일한 권세입니다. 이와 같이 하나님의 은혜는 죄와 죄책 율법의 저주와 하나님의 진노와 사망을 삼켜버릴 뿐만이 아니라 생명을 줍니다. 하나님의 은혜는 절대로 취소되지 않은 은혜입니다. 이 은혜는 인간의 공로를 요구하지도 필요로 하지도 않습니다. 하나님의 은혜는 전적인 하나님의 사랑의 행위의 결과입니다.

『로마서 강해』 3권에서는 우리는 죄와 사탄의 지배 아래 있든지, 은혜와 하나님의 지배 아래 있든지 둘 중 하나에 속한다고 말합니다. 우리는 이 둘을 다 가질 수는 없습니다. 은혜와 구원의 전체 목적은 우리를 모든 면에서 우리를 죄에서 건져내는 것입니다. 그리고 그 구원은 성도들의 인격이나 최종적으로 몸까지의 구원을 의미합니다(롬 8:11, 23; 고전 6:19; 빌 3:20-21).[56] 하나님의 은혜는 우리를 평강의 바다로 인도하는 샘물의 원천이며 수원지입니다. 하나님의 은혜란 자비요, 호의요, 하나님으로부터 임하는 선한 의도입니다. 하나님의 은혜란 받은 만한 근거가 없는 어떤 사람에게 친절을 베푸는 것을 의미합니다. 은혜란 우리의 죄에도 불구하고 하나님의 모든 충만과 그 모든 영광과 함께 늘어납니다. 하나님의 은혜는 측량할 수 없이 광대합니다. 하나님의 은혜에는 제한이 없습니다.

---

55 마틴 로이드 존스, 『로마서 강해』 2권, 370.

56 마틴 로이드 존스, 『로마서 강해』 3권, 126.

우리는 불가항력적인 하나님의 은혜로 구원을 받았습니다. 우리는 우리에게 구원의 은혜를 주시는 것을 믿는 믿음의 담대함으로 주님 앞에 나아갈 수 있습니다. 하나님이 주시는 은혜는 인간에게 있지 않습니다. 만약 인간에게 있다면 어느 누구도 구원의 은혜를 받지 못할 것입니다. 구원의 은혜는 오직 하나님께 있는 것입니다.

『로마서 강해』 7권에서는 은혜는 하나님으로부터 임하는 선한 의도임을 말합니다.[57] 우리가 우리 된 것은 모두 다 하나님의 은혜입니다.

『로마서 강해』 11권에서는 은혜는 하나님의 것이며, 오직 하나님의 호의요, 하나님의 선택이었음을 말씀합니다. 그러므로 은혜 받은 자는 받은 은혜에 대해 더욱 감사해야 합니다.[58] 사람이 구원을 받는 것은 오직 하나님의 은혜의 선택으로 말미암은 것입니다. 이와 같이 우리의 구원받은 은혜는 우리의 결점들에도 불구하고 받았다는 것을 의미합니다. 하나님의 은혜는 완전히 하나님의 선하심의 결과입니다. 은혜는 범죄자들에게, 영원히 멸망 받아 마땅한 사람들에게 주어지는 하나님의 호의입니다. 하나님의 은혜는 아무런 호의도 받은 자격도 없는 사람들에게 주어지는 호의입니다. 은혜는 우리가 행하는 어떤 일에 대한 하나님의 반응이 아닙니다. 은혜는 하나님으로부터 나옵니다. 은혜는 전적으로 하나님의 것입니다.

『로마서 강해』 12권에서는 은혜에 대하여 보다 더 자세히 말하고 있습니다. 은혜의 전체 정의를 합니다.[59] 하나님의 은혜는 하나님의 은혜를 받을 만한 자격이 없는 자에게 주어지는 호의입니다(롬 11:13; 고전 4:15-16;

---

57 마틴 로이드 존스, 『로마서 강해』 7권, 212.
58 마틴 로이드 존스, 『로마서 강해』 11권, 43.
59 마틴 로이드 존스, 『로마서 강해』 12권, 375-380.

빌 3:17; 살후 3:9; 벧전 5:1-4). 은혜는 하나님의 자비하심이요, 축복입니다. 이는 전적으로 하나님의 마음에서 나오는 것입니다. 은혜는 우리 속에 있는 어떤 것의 고심의 결과로 나오는 것이 아닙니다. 하나님의 은혜는 우리 자신이 전적으로 그러한 것을 받을 만한 자격이 없음에도 불구하고 하나님의 마음으로부터 나온 것입니다(고전 15:9-10; 롬 12:3; 갈 1:15-16; 엡 3:7-8; 딤전 1:11-16). 그리스도인으로서 가진 모든 것은 하나님의 은혜의 결과입니다. 우리는 하나님 앞에서 선한 양심에 따라 힘써 행하는 삶을 통해서 하나님의 은혜 안에 있다는 것을 확신합니다(요일 2:3; 3:14, 18-19, 21, 24).

9. 그리스도의 후사

'후사'라는 말은 모든 그리스도인들을 기다리고 있는 위대한 기업이 있다는 것을 의미합니다. 우리는 그 기업을 받을 것입니다.[60] 우리는 하나님의 양자가 됩니다. 이는 우리가 온전한 신분과 지위로 들어가게 됨을 의미합니다.

> 그뿐 아니라 또한 우리 곧 성령의 처음 익은 열매를 받은 우리까지도 속으로 탄식하여 양자 될 것 곧 우리 몸의 속량을 기다리느니라 (롬 8:23).

우리는 부활 후 영화로운 몸을 가지게 됩니다(고전 15:39-54; 고후 3:18;

---

[60] 마틴 로이드 존스, 『로마서 강해』 5권, 539-543.

5:1; 빌 3:20-21; 살전 4:16-17; 고전 13:12).

> 그러나 우리의 시민권은 하늘에 있는지라 거기로부터 구원하는 자
> 곧 주 예수 그리스도를 기다리노니 그는 만물을 자기에게 복종하게
> 하실 수 있는 자의 역사로 우리의 낮은 몸을 자기 영광의 몸의 형체
> 와 같이 변하게 하시리라(빌 3:20-21).

죽은 자는 부활을 통해 영화로운 몸을 가지게 될 것입니다(요일 3:2; 살전 4:13-17; 고전 15장, 42-44, 51-52). 주님의 재림시에 살아있는 자는 즉시로 예수 그리스도의 영화로운 몸과 같이 변화될 것입니다(눅 24:38-43; 엡 5:26-27; 계 21:2-4). 그리고 그날 우리는 상급을 받을 것입니다. 의의 면류관을 유업으로 받을 것입니다(딤후 4:8; 마 25:34; 벧전 1:3).

> 이제 후로는 나를 위하여 의의 면류관이 예비되었으므로 주 곧 의로
> 우신 재판장이 그 날에 내게 주실 것이며 내게만 아니라 주의 나타
> 나심을 사모하는 모든 자에게도니라(딤후 4:8).

그리고 그리스도와 함께 세상과 하나님의 천사들을 다스릴 것입니다(계 7:15; 고전 6:1-3). 그날 우리의 모든 것이 새로워질 것입니다. 그날 야생 동물조차 완벽한 조화를 이룰 것입니다(사 11:6-9; 사 35장; 55:13; 시편 8편).[61] 우리는 아담이 죄 짓기 이전의 그런 모습으로 회복될 것입니다. 이것이 하나님이 원하시는 회복된 모습입니다. 우리는 하나님 형상의 완전한

---

61 마틴 로이드 존스, 『로마서 강해』 6권, 98-109.

회복의 모습을 갖추게 될 것입니다. 영화의 모습을 갖게 될 것입니다.

> 그 때에 이리가 어린 양과 함께 살며 표범이 어린 염소와 함께 누우며 송아지와 어린 사자와 살진 짐승이 함께 있어 어린 아이에게 끌리며 암소와 곰이 함께 먹으며 그것들의 새끼가 함께 엎드리며 사자가 소처럼 풀을 먹을 것이며 젖 먹는 아이가 독사의 구멍에서 장난하며 젖 뗀 어린 아이가 독사의 굴에 손을 넣을 것이라 내 거룩한 산 모든 곳에서 해 됨도 없고 상함도 없을 것이니 이는 물이 바다를 덮음 같이 여호와를 아는 지식이 세상에 충만할 것임이니라(사 11:6-9).

하나님은 창세전에 우리를 미리 아셨습니다(롬 8:17-19). 하나님은 역사를 통해서 구원의 그 위대한 예정을 이루어 나가셨습니다. 체험적인 의미로서는 우리가 그리스도인 되는 것이 시간 속에서 일어나는 것입니다. 그리고 우리는 예수 그리스도를 믿고 구원받은 백성은 하나님의 영광을 바라고 즐거워하는 삶을 살아야 합니다(요일 1:4; 롬 14:17; 빌 4:4). 그것은 환호와 기쁨과 긍지를 가지고 하나님의 영광 보기를 기다리고 있다는 것을 의미합니다.[62]

죄 가운데 있는 사람의 문제는 언제나 자기가 알지 않아야 할 것을 알고 싶어 한다는 것입니다. "어째서 몇 사람만 구원받아야 하느냐?"를 묻는다면 그에 대한 답은 "아무도 구원을 받을 만한 자격이 없다"는 것입니다.[63] 그러함에도 불구하고 하나님이 우리를 구원해 주셨으니 이를 감사

---

62 마틴 로이드 존스, 『로마서 강해』 2권, 65.

63 마틴 로이드 존스, 『로마서 강해』 9권, 325-330.

하며 하나님께 영광을 돌려야 합니다. 우리를 그리스도의 몸 된 교회로 이끌어 들이신 것은 하나님의 방식입니다. 우리는 "영광 받기로 예비하신바 긍휼의 그릇"들입니다. 그것은 전적인 하나님의 선택이며 은혜입니다.

구원의 은혜를 받은 우리는 하늘의 영광을 받기 위하여 이 땅에서 준비해야 합니다.[64] 다시 말하면 우리는 하늘의 영광을 받기 위해 주님을 바라보아야 합니다. 그리고 "주님은 이 땅에서 어떠한 삶을 사셨는가?"를 알아야 합니다. 주님은 슬픔과 질고를 아는 분이셨습니다. 주님은 고난을 당하셨습니다(요 10:32; 15:18-21; 행 14:22; 고후 1:3-7; 4:17-18; 빌 1:12-13, 28-29; 3:10; 골 1:24; 살후 1:4-5; 딤후 1:7; 2:11-12; 3:10-12; 약 1:2-3, 12; 벧전 1:6-7; 계 1:9; 벧전 4:12-14). 그러시기에 주님은 우리를 도우실 수 있는 분이십니다.

> 찬송하리로다 그는 우리 주 예수 그리스도의 하나님이시요 자비의 아버지시요 모든 위로의 하나님이시며 우리의 모든 환난 중에서 우리를 위로하사 우리로 하여금 하나님께 받는 위로로써 모든 환난 중에 있는 자들을 능히 위로하게 하시는 이시로다 그리스도의 고난이 우리에게 넘친 것 같이 우리가 받는 위로도 그리스도로 말미암아 넘치는도다 우리가 환난 당하는 것도 너희가 위로와 구원을 받게 하려는 것이요 우리가 위로를 받는 것도 너희가 위로를 받게 하려는 것이니 이 위로가 너희 속에 역사하여 우리가 받는 것 같은 고난을 너희도 견디게 하느니라 너희를 위한 우리의 소망이 견고함은 너희가 고난에 참여하는 자가 된 것 같이 위로에도 그러할 줄을 앎이라(고후 1:3-7).

---

64 마틴 로이드 존스,『로마서 강해』5권, 574-582.

주님이 그런 삶을 사셨다면 주님의 제자인 우리 역시 그와 함께 영광을 받기 위해서 고난도 함께 받아야 할 것입니다(히 2:10; 5:8-9; 빌 2:9-11; 고후 4:17; 시 119:67, 71; 빌 3:10; 골 1:24; 벧전 4:13).

9장
그리스도인의 삶

1. 그리스도인의 삶의 특징들
2. 그리스도인에게 있어서의 열심
3. 다른 그리스도인들과의 관계
4. 판단하지 말아야 하는 이유
5. 원수에 대해 어찌 행동해야 하나
6. 그리스도인의 새롭게 됨
7. 그리스도인의 자살
8. 그리스도와 결혼하여 누리게 되는 특권

9장 그리스도인의 삶

1. 그리스도인의 삶의 특징들

그리스도인의 특징에 대하여 마틴 로이드 존스는 『로마서 강해』 1, 2, 4, 5, 7권을 통해 매우 자세히 그리고 다양하게 설명하고 있습니다.

주님께 오는 심령은 자기가 전혀 소망을 없음을 깨달아야 합니다. 그는 자신의 죄로 인하여 절망과 무력함을 깨달아야 합니다(롬 3:20; 롬 7:7-25). 그리하여 어떤 육체라도 하나님 보시기에 율법에 의해 의롭다 함을 받을 수 없다는 사실을 알아야 합니다.[1] 신자의 삶에 있어서 중요한 이해는 신자는 주님과 반드시 대면해야 한다는 것입니다. 신자의 죄사함을 위한 하나님의 사랑이 마음에 부어짐이 없는 그리스도인은 없습니다. 그러므로 모든 그리스도인은 하나님의 사랑을 받은 자들입니다.

그리스도인의 특징 중의 하나는 그리스도인은 겸손한 사람이라는 것입니다(빌 2:3-4; 골 3:12). 그는 오직 그리스도 안에서만 자랑합니다.[2] 그는

---

[1] 마틴 로이드 존스, 『로마서 강해』 1권, 39.
[2] 마틴 로이드 존스, 『로마서 강해』 2권, 59, 111.

하나님께 복종합니다(삼상 15:22; 벧전 1:14; 눅 11:28). 그는 구원 받은 것에 감사합니다(요 17:3; 행 4:12; 10:43). 그는 하나님께 감사하는 삶을 살아감으로 통해 구원을 확신합니다(마 5:16; 롬 6:13; 엡 5:8-10).

신자는 주 예수 그리스도와 연합합니다. 그와 함께 죽고, 그 죽음의 결과로 율법에 대하여 죽임을 당했습니다. 그것에 대한 설명으로 "우리가 우리 주 예수 그리스도에게 시집을 갔습니다"라고 설명합니다(롬 7:1-6).

그러면 그리스도와 결혼했다는 의미는 무엇인가요?

1) 우리는 그리스도와 한 몸입니다.

2) 우리는 그리스도와 영원토록 결혼관계에 있습니다.

3) 그러므로 "주의 신부인 성도는 신랑이신 주님께 완전히 복종해야 합니다"라는 의미입니다.[3]

그리스도인의 두 번째 특징은 '로마서 8장'에서 찾을 수 있습니다.[4] 그리스도인의 두 번째 특징은 그에게는 결코 정죄함이 없다는 것입니다(롬 8:2, 4절). 성령이 신자를 거룩하게 하며, 죄의 모든 흔적에서 구원합니다(롬 8:5-13). 신자 안에 성령이 존재한다는 것은 그가 하나님의 자녀요 아들임을 증거 합니다(14-17절). 신자는 하나님의 아들들이기에 하나님의 영광을 그리스도와 함께 물려받을 후사들입니다(18-25절). 하나님은 신자의 고난과 어려움과 갈등이 있는 삶 동안 혼자 내버려두지 않으십니다(26, 27절). 하나님은 우리의 구원의 위대한 기획과 체계와 목적을 가지고 계십니다(28-34절). 결론적으로 우리 구원의 최종적 논증은 하나님의 사랑입니다(35-39절).

---

3   마틴 로이드 존스, 『로마서 강해』 4권, 72-80.

4   마틴 로이드 존스, 『로마서 강해』 4권, 338-342.

그리스도인의 세 번째 특징은 성령과 관련되어 나타납니다.[5] 신자 안에 있는 생명의 성령의 법이 죄와 사망의 법에서 해방시키십니다.

> 이는 그리스도 예수 안에 있는 생명의 성령의 법이 죄와 사망의 법에서 너를 해방하였음이라(롬 8:2).

신자는 성령의 인도하심과 지배를 받습니다(엡 2:8-10). 그러므로 신자는 영적인 영역에 속해있습니다. 신자는 성령의 역사로 그리스도 안에 있습니다. 신자는 새로 지음 받았습니다(엡 2:8-10). 신자는 성령 안에서 거듭남을 받았습니다. 신자는 성령을 쫓아 행합니다(롬 8:4).[6] 신자는 항상 성령의 지배를 받습니다. 또한 신자는 성령의 일을 생각합니다(고전 2:6-16). 성령의 지배를 받는 자에게 나타나는 특징은 다음과 같습니다.

1) 우리에게 필요한 것은 영혼의 궁극적인 안식입니다. 세상은 자신이 필요한 것이 무엇인지 모릅니다. 우리에게는 최종적인 평안과 고요가 필요합니다. 세상은 우리의 필요를 채워주지 못합니다. 세상은 우리의 전인을 만족시켜주지 못합니다. 세상이 주는 위안은 일시적인 것일 뿐 우리에게 완전한 만족을 주지 못합니다. 인간의 내면에는 영혼이 있습니다. 자신의 영혼에 관심을 가집니다(전 3:11). 그는 하나님과 자기 자신과의 관계에 관심을 가집니다. 하나님만이, 그분과의 교제만이 우리의 영혼에 만족을 줄 수 있습니다(빌 4:13, 19; 딤전 6:8; 롬 8:35, 38-39). 우리의 영혼은 만족은 오

---

5 마틴 로이드 존스, 『로마서 강해』 5권, 29.
6 마틴 로이드 존스, 『로마서 강해』 5권, 33-46.

직 주 예수 그리스도로부터만 가능합니다.[7] 이러한 신자의 모습에 대해 어거스틴은 이렇게 말했습니다.

> 주께서 당신을 위해 우리를 지으셨으므로, 우리의 마음은 당신 안에서 안식을 찾을 때까지 안식하지 못합니다.

2) 영의 일에 관심을 가집니다. 성령의 역사에 관심을 가지며, 그리고 성령이 주시는 은사에 대해 관심을 가집니다(고전 12장).

3) 칭의와 성화에 관심을 가집니다(엡 1:4; 5:27; 벧전 1:16; 2:5-10; 롬 6:13; 12:1-2). 하나님은 우리의 성화에 대해 갈망하십니다. 그분은 우리 안에 새 생명의 씨앗을 넣어 놓았습니다(벧전 1:18-19; 요일 3:7-9). 그래서 우리 안에 있는 능력이 우리로 하여금 그리스도인의 삶을 살지 않고는 못 배기게 합니다. 성령은 늘 우리를 추적하십니다. 그래서 그분의 능력으로 신자는 성화의 삶을 이룹니다. 이 일은 우리가 하는 것이 아니라 하나님의 영이신 성령님이 하십니다.[8]

4) 신자는 기도에 관심을 가집니다(주기도문). 신자는 기도의 사람이 됩니다. 기도를 통하여 하나님과의 관계가 이루어집니다. 신자는 기도를 통하여 하나님과 화목의 관계를 경험합니다. 기도를 통하여 하나님께 영광을 돌립니다(주기도문의 시작과 끝에도 마 6:9, 13; 레 10:3; 겔 28:22).

5) 신자는 세상 전체에 관심을 가집니다. 신자는 마귀의 수중에 잡혀 있는 세상을 알기에 관심을 가집니다. 그리고 그 세상에 하나님의 섭리가

---

7 마틴 로이드 존스, 『생명수』, 72-73, 77. 81, 84.
8 마틴 로이드 존스, 『생명수』, 140-143, 152.

이루어지고 있음을 압니다. 하나님은 섭리를 통해 천지를 통치하십니다(히 1:3; 단 4:34-35; 시 135:6; 행 17:25-26, 28; 욥 38-41장). 신자는 하나님의 섭리를 알기에 이 세상에 하나님의 복음을 전합니다. 이를 통하여 하나님의 뜻이 이루어지길 소망합니다(엡 1:11; 시 33:10-11).

6) 신자는 예수 그리스도를 영화롭게 합니다. 주를 위하여 살게 됩니다(롬 8:13-17). 주의 구원에 감사합니다(마 5:16; 롬 6:13; 엡 5:8-10; 딤후 2:15; 벧전 2:9-10). 이렇게 신자는 자기 자신에서 시작해서 성령으로 그리고 그리스도의 영광과 하나님의 영광을 위한 삶으로 나아갑니다(시 86:9; 사 60:21; 롬 11:36; 고전 6:20; 10:31; 계 4:11; 시 16:5-11; 144:15; 사 12:2; 눅 2:10; 빌 4:4; 계 21:3-4).

그리스도인의 특징의 네 번째는 그리스도의 생명이 그 안에 있으며 그 생명의 증거가 신자에게서 나타난다는 것입니다. 그리하여 하나님의 성품에 참여하는 자가 됩니다(시 51:8, 12; 사 57:15; 롬 5:1; 14:17).[9]

> 이로써 그 보배롭고 지극히 큰 약속을 우리에게 주사 이 약속으로 말미암아 너희가 정욕 때문에 세상에서 썩어질 것을 피하여 신성한 성품에 참여하는 자가 되게 하려 하셨느니라(벧후 1:4).

신자는 그리스도 안에 살아있습니다(엡 2:1; 요 15:5; 히 11:6; 고전 10:31; 갈 2:20). 그리스도의 생명이 신자 안에 있습니다(롬 8:6; 5:17-18; 6:4-5, 10-11, 22-23; 7:4; 엡 2:1; 벧후 1:4; 요 4:14; 6:35, 50-58; 고전 15:45). 신자에게는 생명의 증거가 나타납니다(벧전 2:2; 히 9:14; 마 7:15; 12:33; 요 17:3). 신자는

---

[9] 마틴 로이드 존스, 『로마서 강해』 5권, 51-62.

하나님의 성품에 참여함이 나타납니다. 전인의 변화가 일어납니다(롬 6:4-6; 고전 5:7; 골 3:5-10).

그리스도인의 또 다른 특징은 복음을 증거 하는 자가 된다는 것입니다.[10] 그리스도인은 다른 사람에게 나누어줄 무엇인가(하나님과 그리스도, 복음)가 있는 자입니다(롬 1:11, 14; 고전 9:20-22).

> 내가 너희 보기를 간절히 원하는 것은 어떤 신령한 은사를 너희에게 나누어 주어 너희를 견고하게 하려 함이니 14 헬라인이나 야만인이나 지혜 있는 자나 어리석은 자에게 다 내가 빚진 자라(롬 1:11, 14).

> 유대인들에게 내가 유대인과 같이 된 것은 유대인들을 얻고자 함이요 율법 아래에 있는 자들에게는 내가 율법 아래에 있지 아니하나 율법 아래에 있는 자 같이 된 것은 율법 아래에 있는 자들을 얻고자 함이요 율법 없는 자에게는 내가 하나님께는 율법 없는 자가 아니요 도리어 그리스도의 율법 아래에 있는 자이나 율법 없는 자와 같이 된 것은 율법 없는 자들을 얻고자 함이라 약한 자들에게 내가 약한 자와 같이 된 것은 약한 자들을 얻고자 함이요 내가 여러 사람에게 여러 모습이 된 것은 아무쪼록 몇 사람이라도 구원하고자 함이니 (고전 9:20-22).

그리고 복음을 나누어 주어야만 합니다(고후 5:10-11, 16). 신자는 주 예수 그리스도를 믿습니다. 그리고 그는 어째서 자기가 그리스도인이 되었는

---

10 마틴 로이드 존스, 『로마서 강해』 7권, 303-305.

지를 압니다(롬 1:15). 그는 자신이 죄인임을 아는 자입니다(롬 3:10, 19, 23). 하나님의 구원에 감사하지도 않고 악한 삶을 살아나가는 자는 하나님 나라를 결코 유업으로 받지 못할 것입니다(고전 6:9-10; 갈 5:19-21; 엡 5:5-6; 요일 3:14).

> 10 기록된 바 의인은 없나니 하나도 없으며 19 우리가 알거니와 무릇 율법이 말하는 바는 율법 아래에 있는 자들에게 말하는 것이니 이는 모든 입을 막고 온 세상으로 하나님의 심판 아래에 있게 하려 함이라 23 모든 사람이 죄를 범하였으매 하나님의 영광에 이르지 못하더니(롬 3:10, 19, 23).

그리스도인은 하나님과의 화목의 '복음'에 대한 분명한 가치와 체험을 가진 자가 되는 것입니다. 로이드 존스는 그리스도인이 이 땅에서 어떻게 살아야 하는 지에 대한 관심이 많습니다. 그리고 그것에 대하여 매우 다양한 방법으로 제시하고 있습니다. 그리스도인은 하늘을 소망하며 살아야 하지만, 이 땅에 사는 동안 하나님의 나라에 속한 자로서의 모습을 잃지 말 것을 당부할 뿐 아니라 그렇게 살아야 하는 분명한 이유를 성경을 통해서 제시합니다(롬 6:13; 12:1-2; 14:17-19; 마 5:14-16; 7:17-18; 갈 5:22-24; 벧전 2:5, 9-10, 12; 3:1-2; 벧후 1:10-11). 이에 대해『로마서 강해』4, 5, 7, 8, 12권에서 말씀하고 있습니다.

그리스도인의 삶의 특징은 다양하게 나타납니다. 『로마서 강해』4권에서는 그리스도의 삶의 특징을 "그리스도인은 율법의 목적과 정의 그리고 율법을 따라 살게 됨"을 강조합니다.[11] 신자는 율법과 그 목적에 대해 하나님의 경륜 속에서 율법에 해당되는 모든 것에 대한 이해를 가집니다. 신자는 율법의 문자를 지키는 것과 율법의 정의에 관심을 가지는 것에 대한 차이를 알게 됩니다. 성령 안에 사는 신자의 삶의 방식은 선합니다. 신자는 의로운 삶에 대한 새로운 동기를 가지게 됩니다. 그 이유는 그가 전적으로 새로운 영(정신) 안에서 자신의 삶을 살아나가기 때문입니다.

『로마서 강해』 5권에서는 그리스도인의 삶의 특징에 대하여 신자는 성령으로 부르심과 택하심을 확신하며 성령을 따라 살고 주의 복음을 전하는 삶을 살아야 할 것을 말씀합니다.[12] 신자는 자신의 부르심과 택하심을 확신해야 합니다(벧후 1:10). 신자는 성령으로 말미암아 몸의 행실을 죽여야 합니다(롬 8:13). 신자는 그리스도가 잠시 동안 우리를 어두운 데서 불러내어 그의 기이한 빛에 들어가게 하신 그분의 아름다운 덕을 선전합니다(벧전 2:9). 그러한 자는 죽을 때 영원한 하나님 나라에 넉넉히 들어감을 얻게 됩니다. 그리스도인의 가장 큰 특권은 이 세상에 살고 있는 동안 구원을 확신하는 것입니다.[13] 주님은 십자가에서 "다 이루었다"(요 19:30)라고 하셨습니다. 주님은 십자가를 통해서 구원의 길을 완성하셨습니다. 죄로부터 죄책으로부터, 죄의 세력과 오염으로부터 구원해 주십니다. 우리는 주님을 통해 하나님과 화목하게 되며 화평을 누리게 됩니다.

『로마서 강해』 7권에서는 그리스도인의 삶의 특징은 "복음을 부끄러워하지 말고 복음을 전하는 삶을 살아야 함"을 강조합니다.[14] 신자는 복음을

---

11 마틴 로이드 존스, 『로마서 강해』 4권, 135-141.

12 마틴 로이드 존스, 『로마서 강해』 5권, 201.

13 마틴 로이드 존스, 『로마서 강해』 5권, 266.

14 마틴 로이드 존스, 『로마서 강해』 7권, 319.

부끄러워하지 말고, 세상을 이겨 나가는 삶을 살아야 합니다(롬 1:16; 딤후 1:8, 16-17; 고전 1:18; 3:18).

> 내가 복음을 부끄러워하지 아니하노니 이 복음은 모든 믿는 자에게 구원을 주시는 하나님의 능력이 됨이라 먼저는 유대인에게요 그리고 헬라인에게로다(롬 1:16).

> 십자가의 도가 멸망하는 자들에게는 미련한 것이요 구원을 받는 우리에게는 하나님의 능력이라(고전 1:18).

기독교는 그리스도에 대한 것입니다.
"주님을 어떻게 생각하십니까?"
"예수님이 당신의 인생관에서 차지하는 비중은 얼마나 되나요?"라는 우리는 삶에 대한 중대한 질문을 할 수 있습니다.[15]

이 세상의 삶은 지나가는 것입니다. 우리의 삶의 최종 목적지는 하나님 나라입니다. 그러므로 우리는 영원한 것에 관심을 가져야 합니다. 그것은 바로 예수 그리스도를 믿는 것입니다. 그분을 믿는 것은 내 영혼의 영원한 구원을 결정하는 중대한 일입니다. 주님은 우리를 죽음의 두려움으로부터 영원히 해방하시는 유일한 길입니다(요 3:36). 주님은 우리를 이 세상의 속박과 죄와 악으로부터 구원하실 수 있는 유일한 분입니다. 그분에게 모든 것을 맡길 때 우리의 영혼은 평강을 누리게 됩니다. 그분은 이 세상의 구주이십니다.

---

15 마틴 로이드 존스, 『복음의 핵심』, 11-32.

『로마서 강해』 8권에서는 그리스도인의 삶의 특징을 그의 선한 삶에서 찾고 있습니다.[16] 그리스도인은 삶의 특징은 계속해서 선한 일을 행하며 살아 간다는 것입니다(히 11장; 3:14; 6:18; 눅 18:1; 갈 6:9; 엡 2:10; 딛 2:11-15).

> 우리가 선을 행하되 낙심하지 말지니 포기하지 아니하면 때가 이르매 거두리라(갈 6:9).

신자는 살면서 때로는 넘어지나 계속 신자로서의 삶을 포기하지 않고 살아갑니다. 의인들은 그 믿음의 싸움이 하나의 갈등과 투쟁입니다(롬 2:10; 요일 2:3). 신자는 그와 같은 것을 성경을 통해서 이미 알고 있기에 삶에 어려움이 온다고 해서 두려워하거나 혼란스러워하지 않습니다. 우리의 하나님은 선하신 하나님이시고, 모든 것을 다 아시는 하나님이시기에 그분이 그분의 뜻을 우리의 삶을 통해서 이루실 것을 확신함으로 삶의 고난을 이겨내며 살아갑니다(벧전 2:21; 눅 6:40; 요 15:20; 미 7:6).

> 우리가 그의 계명을 지키면 이로써 우리가 그를 아는 줄로 알 것이요 (요일 2:3).

죄인은 죄악의 삶을 반복합니다(엡 2:2; 롬 1:18; 갈 5:19-21). 그러나 신자는 죄에서 떠나 예수 그리스도를 따르는 선한 삶을 살아나갑니다. 그리고 그런 삶을 기뻐합니다(엡 5:8; 살전 5:4; 요일 3:10).

---

16 마틴 로이드 존스, 『로마서 강해』 8권, 129-130.

> 육체의 일은 분명하니 곧 음행과 더러운 것과 호색과 우상 숭배와
> 주술과 원수 맺는 것과 분쟁과 시기와 분냄과 당 짓는 것과 분열함
> 과 이단과 투기와 술 취함과 방탕함과 또 그와 같은 것들이라 전에
> 너희에게 경계한 것 같이 경계하노니 이런 일을 하는 자들은 하나님
> 의 나라를 유업으로 받지 못할 것이요(갈 5:19-21).

『로마서 강해』 12권에서는 신자가 세상에 살지만 세상에 속한 자로서의 삶이 아닌 하나님 나라에 속한 자로서의 품위를 지키며 삶을 살아야 할 것을 강조합니다. 그리스도인의 삶의 특징은 "세상을 따르지 않고 오히려 세상을 이끄는 삶"입니다. 신자의 삶의 목적은 그리스도를 닮는 삶을 사는 것입니다. 그리고 가장 중요한 것은 "하나님의 영광을 위하여 삶을 살아나가는 것"이 바로 그리스도인의 삶의 특징입니다.[17] 그러한 그리스도인의 삶의 특징은 세상과 세상에 있는 것들을 사랑하지 않는다는 것입니다.

> 이 세상이나 세상에 있는 것들을 사랑하지 말라 누구든지 세상을
> 사랑하면 아버지의 사랑이 그 안에 있지 아니하니(요일 2:15).

신자는 악은 어떤 모양이라도 버려야 합니다(살전 5:22). 신자는 세상의 지배를 받거나 세대를 따라서 빚어져서는 안 됩니다. 신자는 이 세상의 유행에 지배를 받지 말아야 합니다(엡 1:4; 5:27; 벧전 1:16; 약 1:27; 고후 6:17; 골 3:5; 살전 5:23-24).

---

17 마틴 로이드 존스, 『로마서 강해』 12권, 204-229.

> 이는 세상에 있는 모든 것이 육신의 정욕과 안목의 정욕과 이생의 자랑이니 다 아버지께로부터 온 것이 아니요 세상으로부터 온 것이라(요일 2:16).

신자는 이 세대를 본받지 말아야 합니다. 신자는 오히려 성령을 통해 거룩한 야심의 지배를 받아야 합니다.[18] 그것은 신자는 자신을 과시하는 삶을 살지 않는다는 것입니다(마 23:5). 또한 신자는 삶을 살아가면서 항상 자기들의 새로운 성품의 표현을 한다는 것입니다(빌 1:27).

> 오직 너희는 그리스도의 복음에 합당하게 생활하라(빌 1:27).

신자는 처음부터 자기 자신을 주장하거나 자기 자신을 자랑하려는 어떤 경향성을 용납하지 않고 파괴시킵니다. 그러기에 신자는 겸손합니다. 그리고 이런 삶의 모든 모습에 속한 것이 하나님의 은혜입니다(롬 3:27, 11:6; 엡 2:8-9).

> 만일 은혜로 된 것이면 행위로 말미암지 않음이니 그렇지 않으면 은혜가 은혜 되지 못하느니라(롬 11:6).

> 너희는 그 은혜에 의하여 믿음으로 말미암아 구원을 받았으니 이것은 너희에게서 난 것이 아니요 하나님의 선물이라 행위에서 난 것이 아니니 이는 누구든지 자랑하지 못하게 함이라(엡 2:8-9).

18　마틴 로이드 존스, 『로마서 강해』 12권, 138-142.

신자의 행동은 하나님의 은혜의 기초로 서 있습니다. 그러므로 신자의 삶의 목적은 주님을 닮는 것입니다(골 2:9; 요 8:28; 12:49; 15:5; 마 11:29; 눅 24:49). 이를 통해서 그리스도인은 하나님의 영광을 위하여 성령을 따라 살아갑니다(렘 13:11; 빌 1:10-11).

> 나는 마음이 온유하고 겸손하니 나의 멍에를 메고 내게 배우라 그리
> 하면 너희 마음이 쉼을 얻으리니(마 11:29).

2. 그리스도인에게 있어서의 열심

그리스도인은 열심이 있어야 합니다.[19] 신자는 항상 살아 있어야 합니다. 신자는 삶에 항상 활력이 있어야 합니다. 그리고 신자는 도덕적 열심을 가져야 합니다.

그러므로 일어나서 일을 시작하십시오.

여러분이 그 일을 좋아하든 좋아하지 않는 말입니다.

"일을 행하는 것은 내 의미다"라고 말하십시오.

그리고 바로 시작하십시오(빌 2:12-13).

성령 안에 사는 사람은 이와 같은 활력을 경험하게 됩니다(딤후 1:6; 살전 5:19).

신자에게 성령이 주어진 것은 신자 자신에게 주어진 역할을 감당할 수 있도록 하기 위해서입니다. 신자는 그런 삶을 위하여 기도해야 합니다. 그

---

19 마틴 로이드 존스, 『로마서 강해』 12권, 485-514.

러기 위해 신자에게 가장 중요한 것은 성경을 읽는 삶을 살아야 한다는 것입니다(엡 6:10-11). 성경을 읽음으로 우리는 우리의 삶에 거하는 성령의 역사를 더욱 불 일 듯하게 할 수 있습니다.

성도들의 생에 대한 책들을 읽어 보시기 바랍니다(조지 휫필드, 웨슬레 형제, 조나단 에드워즈 등). 그들의 삶을 통해서 성령께서 우리 안에 계신다는 사실을 나누게 됩니다. 그리고 그들의 삶을 기억함을 통해 우리도 그런 은혜를 나누게 될 것이라는 것을 확신하게 됩니다(고전 3:16; 롬 8:9-10).

성령이 활력으로 채움을 입는 방식은 여러분 자신 속에 성령께서 계시다는 것을 기억해야 합니다. 성령은 능력의 영이시요, 사랑과 절제의 영이시요, 그리고 근신하는 마음을 주시는 영이심을 기억하는 것입니다. 우리에게 있는 본성적인 기질을 극복하는 것입니다. 우리는 성령의 불길을 만들 수는 없습니다. 그러나 유지할 수는 있습니다.

우리는 성령을 임하게 할 수는 없습니다. 그러나 우리에게 임한 성령을 소멸하지는 말아야 합니다. 우리의 삶에 활력을 얻을 수 있는 방법 중의 하나는 부흥에 대한 글들을 읽어보라는 것입니다. 그것을 읽음으로 하나님의 사람들이 얼마나 열정의 사람이었는지를 알게 될 것입니다. 우리에게 주어진 시간을 낭비하지 말아야 합니다. 성령을 근심시키지 말아야 합니다. 또한 우리는 하나님과 함께 일하는 자임을 잊어서는 안 됩니다. 하나님은 우리가 아니라도 모든 것을 다 하실 수 있습니다. 그러나 하나님께서는 우리와 같은 백성을 택하사 역사하시기를 결정하신 것입니다(롬 12:5; 고전 15:10; 시 116:12).

> 그러나 내가 나 된 것은 하나님의 은혜로 된 것이니 내게 주신 그의 은혜가 헛되지 아니하여 내가 모든 사도보다 더 많이 수고하였으나 내가

한 것이 아니요 오직 나와 함께 하신 하나님의 은혜로라(고전 15:10).
내게 주신 모든 은혜를 내가 여호와께 무엇으로 보답할까(시 116:12).

이것은 놀라운 하나님의 은혜입니다. 카운트 진젠돌프(Count Zinzendorf)는 "내가 너를 위해서 이 일을 했다. 너는 나를 위해서 무얼 하였느냐?"(벧전 2:11-12; 마 5:16)라고 믿는 자에게 질문을 하였습니다. 이러할 때 우리는 "우리의 열정은 오직 하나님 한 분 뿐입니다"라고 고백해야 합니다. 하나님은 그 모든 것을 다 보십니다. 그러기에 우리는 오늘도 하나님 앞에 선 자답게 살아나가야 합니다.

> 이는 우리가 다 반드시 그리스도의 심판대 앞에 나타나게 되어 각각 선악간에 그 몸으로 행한 것을 따라 받으려 함이라 우리는 주의 두려우심을 알므로 사람들을 권면하거니와 우리가 하나님 앞에 알리어졌으니 또 너희의 양심에도 알리어지기를 바라노라(고후 5:10-11).

참된 열심은 결코 겉에서 혹은 외부에서 입혀진 열심이 아닙니다.[20] 그 참된 열심을 유발시키는 동기는 하나님의 열심입니다(고후 5:14; 눅 10:17-20; 딤후 4:6-8; 빌 3:12-14; 행 4:20). 이런 삶을 살기 위해서는 성령의 세례, 성령의 불이 필요합니다.

> 그러나 내가 나 된 것은 하나님의 은혜로 된 것이니 내게 주신 그의 은혜가 헛되지 아니하여 내가 모든 사도보다 더 많이 수고하였으나 내가

---

20 마틴 로이드 존스, 『로마서 강해』 10권, 47-53.

한 것이 아니요 오직 나와 함께 하신 하나님의 은혜로라(고전 15:10).

그러나 거짓된 열심도 있습니다.[21] 이런 것은 성경에서 말씀하고 있는 거룩한 열심이나 진지함의 본질을 전적으로 오해하고 있기 때문입니다. 우리의 열심과 진지함보다 하나님이 먼저이어야 합니다. 열심이 이단에 속한 사람들에게 있어서 가장 두드러진 특징 중 하나이기도 합니다(마 23:13; 행 26:9-11; 빌 3:5-6; 딤후 3:6; 4:3). 거짓된 열심은 언제나 쉬지 않는 사람들입니다. 이는 분명 우리가 잘못된 열심을 가질 수도 있음을 보여주는 것입니다. 그런 잘못된 열심은 심지어 위험할 수도 있습니다. 그러므로 우리가 열심을 낼 때 그 열심의 근원이 무엇인지 알아보아야 합니다. 열심이 있으면서도 전혀 그릇될 수 있습니다. 그러니 열심은 언제나 검증 받아야 합니다.

거짓된 열심은 다음과 같은 특징들이 나타납니다. 거짓된 열심의 특징은 언제나 행하는 것에 강조점을 둡니다. 신자는 하나님의 자녀로서의 존재를 기억합니다. 그러나 거짓된 열심의 소유자들은 어떤 존재가 되느냐에는 흥미가 없습니다. 그러므로 만약 우리의 열심이 어떤 다른 사람을 보고 나온 것이고 그 다른 사람의 본을 좇아가는 형식이 되었다면 항상 의문을 가지고 자신의 열심을 성경을 통해 검증해 보아야 합니다. 즉 어떤 열심이 일어나서 조직적으로 견지가 된다면, 그 열심은 거짓된 열심일 가능성이 아주 다분하다는 증거를 보이는 셈입니다.

이단들의 특징은 아주 열심이 있다는 것입니다. 그러나 그 열심은 사람의 영을 살리는 열심이 아니라 사람을 죽이는 일에 쓰이는 열심입니다.

---

21   마틴 로이드 존스, 『로마서 강해』 10권, 39-46.

또한 성도가 하나님의 사람으로서의 성숙한 인격을 갖추어 나가는 것보다 자신들이 목적하는 어떤 일을 행하는 것에 더 큰 강조점을 두고 있는 것이 발견된다면 그것은 언제나 조심해야 할 징표입니다. 이와 같이 거짓된 열심은 진리보다 행동을 우선하는 특징이 나타납니다. 언제나 그 점이 두드러져 나타납니다. 그들은 방식, 조직, 구조가 매우 탁월한 위치에 있습니다. 만약 당신이 그런 조직에 있다면, 거짓된 열심일 가능성이 많습니다. 그들은 육신적인 것이 많이 드러나 보입니다. 그러나 거짓된 열심은 자신을 검증하는 것을 대단히 싫어합니다. 그들의 특징은 균형의 결핍에 있습니다. 신자는 열심이 있어야 합니다. 그러나 그 열심의 근원이 더 중요합니다. 그 열심이 나오는 것이 어디냐는 반드시 본인 스스로 알아야 합니다. 신자의 열심은 하나님으로부터 옵니다. 다른 곳으로부터 오는 열심이라면 거짓된 열심일 가능성이 많습니다.

3. 다른 그리스도인들과의 관계

모든 그리스도인들이 교회 생활을 하면서 기억해야 하는 것이 있습니다.[22] 그것은 우리가 다른 그리스도인들을 받아들여야 한다는 것입니다. 우리는 어떠한 사람일지라도 우리와 다른 사람들을 받아들여야 한다는 것입니다. 주변의 문제들이 다른 신자들을 교회 지체로 받아들일 수 없는 근거가 될 수 없습니다. 그러기에 신자가 알아야 할 것은 우리가 아무리 잘한다 할지라도 우리는 여전히 불완전하다는 것을 항상 기억하고 있어

---

22 마틴 로이드 존스, 『로마서 강해』 14권, 51-54.

야 한다는 것입니다. 기독교 신앙을 아는 우리의 지식 또한 절대 완전하지 못합니다(엡 4:11-13). 그러므로 우리 모두는 누군가의 도움을 필요로 하며 또한 도움을 주어야 하는 이들이라는 사실입니다.

우리는 그리스도 안에서 가족임을 기억해야 합니다. 그것이 하나님의 백성으로서의 바른 태도입니다. 그러기에 우리는 우리와 다른 모습을 가진 지체라 할지라도 언제든 받아들일 준비가 되어있어야 하며, 또한 그들이 교회 공동체에 들어올 때 기쁨으로 받아들여야 합니다.

모든 사람들은 하나님의 형상으로 창조되었습니다. 그러기에 우리는 하나님의 명령에 대한 반응에 대하여 하나님 앞에 책임이 있는 도덕적 존재입니다. 그리스도인은 '하나님의 성령의 인도하심을 받는' 사람들입니다.[23] 그리스도께서 우리를 사셨으니 우리는 모두 다 함께 형제들입니다. 우리는 한 백성일 뿐만 아니라 형제요, 자녀들이요, 그리고 모두 다 연관된 자들입니다(요 17:21; 엡 4:3; 빌 1:27; 살전 5:13).

신자는 교회 안에 어떤 불일치가 있다 할지라도 우리가 그리스도 안에서 한 가족임을 기억해야 합니다. 그리스도 안에서 형제자매임을 항상 기억해야 합니다. 그러므로 신자는 자신과 의견을 달리하는 사람들을 멸시 또는 비난하거나 그가 잘못되었다는 것을 드러내려 하지 말고, 대신에 그 사람이 옳은 쪽으로 돌아서게 하려는 데 관심을 가져야 합니다. 기억해야 할 것은 우리는 언젠가 다 하나님의 심판대 앞에 서게 될 것이라는 사실입니다(요 5:20-22, 28-29; 행 17:30-31).

> 알지 못하던 시대에는 하나님이 간과하셨거니와 이제는 어디든지 사

---

23 마틴 로이드 존스, 『로마서 강해』 14권, 188-242.

람에게 다 명하사 회개하라 하셨으니 이는 정하신 사람으로 하여금 천하를 공의로 심판할 날을 작정하시고(행 17:30-31).

그러므로 형제로 하여금 넘어지게 하는 범죄를 저질러서는 결코 안 됩니다. 무엇을 하든 우리는 형제이므로 서로 사랑해야 한다는 생각을 하는 일부터 시작해야 합니다(마 5:9).

누구든지 하나님을 사랑하노라 하고 그 형제를 미워하면 이는 거짓말하는 자니 보는 바 그 형제를 사랑하지 아니하는 자는 보지 못하는 바 하나님을 사랑할 수 없느니라(요일 4:20).

피차 사랑의 빚 외에는 아무에게든지 아무 빚도 지지 말라 남을 사랑하는 자는 율법을 다 이루었느니라 간음하지 말라, 살인하지 말라, 도둑질하지 말라, 탐내지 말라 한 것과 그 외에 다른 계명이 있을지라도 네 이웃을 네 자신과 같이 사랑하라 하신 그 말씀 가운데 다 들었느니라 사랑은 이웃에게 악을 행하지 아니하나니 그러므로 사랑은 율법의 완성이니라(롬 13:8-10).

어떤 사람이든 우리에게 방해가 된다고 저주한다면 그것은 하나님을 욕되게 하는 것입니다. 왜냐하면 그 사람 역시 하나님의 형상으로 창조된 존재이기 때문입니다. 자신이 옳으니 그 지식을 반드시 실천에 옮겨도 된다는 논리가 필연적으로 성립되는 것은 아닙니다. 옳은 생각을 가지고 있어도 그 선보다는 해를 끼칠 만큼 나쁜 정신으로 그 생각을 가지고 있다면 그것은 끔찍한 일입니다.

> 그러므로 너희의 선한 것이 비방을 받지 않게 하라(롬 14:16).

때로는 자신이 옳다고 생각하는 것을 행하기보다는 그것이 하나님께 영광을 돌리는 것인지를 먼저 생각해 보아야 합니다. 신자는 자기가 사는 날 동안 자신이 옳다고 주장하는 것을 행함으로써 다른 형제를 넘어지게 하기 보다는 다른 신자가 결코 넘어지지 않게 하는 쪽을 택해야 합니다. 그것이 신자의 바른 태도입니다. 왜냐하면 우리는 주님 안에서 한 형제요 자매이기 때문입니다. 신자의 행위의 판단 기준은 하나님이시며 또한 우리의 행동에 영향을 주는 것은 다른 성도들이 되어야 합니다. 그들을 위해 우리의 삶이 조절되어야 지혜로운 그리스도인의 삶을 살게 됩니다. 내 생각이 옳으니 너희들이 나를 보고 어떤 영향을 받든지 내가 상관할 일이 아니라고 생각하는 것은 바른 그리스도인의 태도가 아닙니다.

> 그러므로 만일 음식이 내 형제를 실족하게 한다면 나는 영원히 고기를 먹지 아니하여 내 형제를 실족하지 않게 하리라(고전 8:13).

우리는 신자로 살면서 하나님의 형상을 드러내면서 지속적으로 그 하나님의 영광을 반사하고 주의 형상으로 변화되어야 합니다. 오늘날 우리는 가리지 않은 얼굴로 주 예수 그리스도의 영광을 반사할 수 있다고 하셨습니다(고후 3:18). 그러므로 신자는 지식에까지 새로운 존재가 되어 하나님의 뜻을 이해하는 데 있어서 자라가야 하며 총체적으로 하나님의 형상을 지닌 존재가 되어야 합니다. 그런 존재인 신자는 다른 이들을 받아들이는 데 있어서 옛 자아의 영향력을 벗어 버리고 새 자아를 따라 새롭게 되어 하나님의 뜻을 자신의 삶 속에서 드러내는 삶을 살아갈 것입니다.

새로워지는 것은 성령의 역사이지만, 동시에 하나님을 점점 더 닮도록 새로워지는 일은 인간의 책임입니다. 주님을 본받는 자가 된다는 것은 (엡 5:1) 계속 주님을 닮아 간다는 것이며, 이 말의 의미는 우리가 하나님처럼 완벽하지는 않지만 최소한 원리적으로라도 하나님을 닮으려 하는 것입니다. 신자는 동료 신자들을 사랑합니다(요일 4:7). 그래서 나의 행동이 그들에게 영향을 미친다는 사실을 이해하고 그들을 돕는 모습으로 자신의 행동을 드러내어 나갈 것입니다(요 17:21; 엡 4:3).

우리는 하나님의 작정하심을 알아야 합니다. 교회에 나오는 이들 중에는 구원을 예정 받지 않았지만, 사탄에 속하여 교회에 나오는 이들도 있습니다. 왜냐하면 하나님은 지상에 완벽한 교회를 허락하시지 않으셨기 때문입니다. 이것은 하나님의 작정이십니다. 이러한 일이 일어나는 이유는 신자의 소망은 오직 하나님 나라에만 있어야만 하기 때문입니다. 이 땅에서는 완전한 교회는 없습니다. 완전한 신자도 없습니다.

그러나 우리는 알고 있습니다. 그리스도인은 사탄이 함부로 할 수 없는 자들이라는 것입니다. 왜냐하면 하나님이 그리스도인을 지키시기 때문입니다. 그러나 스스로 사탄의 자녀 노릇을 할 수는 있습니다. 그러므로 자기 스스로를 잘 살펴보아 사탄에게 자신을 내어주지 말아야 합니다. 자신의 결정에 대한 책임은 본인에게 있음을 잊지 말아야 합니다.

4. 판단하지 말아야 하는 이유

우리가 이웃을 받아들여야 하는 가장 중요한 이유는 하나님께서 그 형제들을 받으셨기 때문입니다.[24] 또한 우리에게는 남의 하인(다른 그리스도인)을 판단할 권한이 없습니다. 그런 권한을 하나님께서 우리에게 허락하신 일이 없습니다.

> 남의 하인을 비판하는 너는 누구냐 그가 서 있는 것이나 넘어지는 것이 자기 주인에게 있으매 그가 세움을 받으리니 이는 그를 세우시는 권능이 주께 있음이라(롬 14:4).

이웃에 대한 과민한 이해나 두려움의 정신은 잘못된 것입니다. 하인들의 행동이 어떠해야 함을 결정하는 권한과 특권은 주인이 가지고 있습니다. 다른 사람의 집에 가면 그 일은 자기 소관이 아닙니다. 그러므로 신자는 하나님께서 받으신 사람들을 거절하지 않도록 조심해야 합니다. 하나님만이 사람들에 대한 마지막 판단을 최종적으로 선고할 특권과 권리를 가지고 있습니다. 그분이 그 일을 행하실 것입니다. 주님께서만이 그를 세울 권능과 수완과 능력을 가지고 계십니다(엡 6:10-11).

지적 교만은 무서운 죄입니다. 우리는 강한 그리스도인들도 있고, 약한 그리스도인들도 함께 있다는 것을 기억해야 합니다. 신자의 삶에 나타나는 문제 중의 하나는 약한 형제가 남을 판단하는 잘못을 저지르기도 한다는 것입니다. 약한 자의 큰 위험은 그가 자신보다 강한 자를 판단하는 것입니다. 그리하여 약한 형제가 빠지는 문제는 항상 두려움의 영(정신)에 노예가 된다는 것입니다.

강한 자가 자신보다 더 약한 형제에 대한 과민한 걱정은 죄악된 것입

---

24 마틴 로이드 존스, 『로마서 강해』 14권, 68-76, 84-113.

니다(시 37:23-24; 40:1-2). 우리를 거듭나게 하신 그 하나님께서 우리 모두를 그분의 섭리 안에서 지키실 것입니다. 그분은 우리를 구원하실 뿐만 아니라 우리를 보호하시고 맨 마지막까지 우리를 지키실 것입니다(유 24-25; 암 3:2; 요 10:27-30). 그러니 다른 이들에 대해 너무 걱정하여 공동체에 어려움을 주는 일을 삼가야 합니다.

> 능히 너희를 보호하사 거침이 없게 하시고 너희로 그 영광 앞에 흠이 없이 기쁨으로 서게 하실 이 곧 우리 구주 홀로 하나이신 하나님께 우리 주 예수 그리스도로 말미암아 영광과 위엄과 권력과 권세가 영원 전부터 이제와 영원토록 있을지어다 아멘(유 24-25).

주님께서는 당신의 "양"을 붙잡을 능력을 가지고 계십니다. 하나님께서는 그 일을 능히 하실 수 있기 때문에 반드시 그 일을 하실 것입니다. 그러므로 신자는 "하나님이 도움"이라는 엄청나고 복된 진리를 인식해야 합니다(엡 3:20; 1:17-20; 빌 1:6). 그리고 우리의 이웃과 함께 화평을 이루어 하나님께 영광을 돌리는 삶을 살아야 합니다.

> 우리 가운데서 역사하시는 능력대로 우리가 구하거나 생각하는 모든 것에 더 넘치도록 능히 하실 이에게(엡 3:20).

> 너희 안에서 착한 일을 시작하신 이가 그리스도 예수의 날까지 이루실 줄을 우리는 확신하노라(빌 1:6).

5. 원수에 대해 어찌 행동해야 하나

신자는 자기 스스로 자신의 원수에게 원수를 갚지 말고, 오히려 마음에 평강을 유지해야 합니다. 그리고 하나님의 진노하심에 그에 대한 심판을 맡겨야 합니다(신 32:35; 갈 6:7; 마 7:1).[25] 신자가 하나님께 그 원수 된 사람을 맡긴다는 것은 하나님께서만이 공정한 판단을 내릴 수 있다는 것을 인식하는 것입니다.

> 욕을 당하시되 맞대어 욕하지 아니하시고 고난을 당하시되 위협하지 아니하시고 오직 공의로 심판하시는 이에게 부탁하시며(벧전 2:23).

하나님의 진노는 언제나 공정합니다. 하나님은 편벽되지 않습니다. 하나님은 흥분하여 자신을 잃는 일은 절대로 없습니다. 하나님의 진노와 판단은 항상 의롭고, 항상 공정하며, 항상 거룩합니다. 하나님께서 하나님의 모든 대적들을 심판하심에 있어서 하나님께서 왕 노릇하시며 궁극적으로 자신의 옳으심을 나타내실 것입니다. 그분의 통치와 그 모든 것을 주관하시는 하나님의 권위를 보여 주실 것입니다. 하나님께서 왕 노릇하심이 입증되고, 더 많은 사람들에게 이해되기를 바라는 것은 옳은 일일 뿐만 아니라 우리의 의무이기도 합니다.

신자는 우리에게 상처를 낸 사람이 잘못되기를 원해서는 안 됩니다. 절대 그래서는 안 됩니다. 그 사람과 똑같이 악을 행하는 일에 관심을 결코 가져서는 안 됩니다. 그 원수가 개인적으로 해를 당하기를 간절히 소원

---

25 마틴 로이드 존스, 『로마서 강해』 12권, 648-686.

하지 말아야 합니다. 우리는 선한 것을 먼저 생각해야 합니다. 동시에 의와 공의와 하나님의 영광에 대해서 관심을 가져야 합니다. 우리는 개인적인 앙갚음에 관해서 관심을 가지지 말고 하나님의 영광과 그 거룩한 이름에 관해서 관심을 가져야 합니다(마 5:39; 삼상 24:12; 삼하 4:1; 살후 1:6-8). 원수에게 어떤 해를 끼치지 말아야 할 뿐만 아니라 그 원수에게 적극적으로 좋게 해야 합니다.

> 네 원수가 배고파하거든 음식을 먹이고 목말라하거든 물을 마시게 하라 그리 하는 것은 핀 숯을 그의 머리에 놓는 것과 일반이요 여호와께서 네게 갚아 주시리라(잠 25:21-22).

우리는 할 수 있는 한 어떠한 방식으로든지 우리 원수들에게 선을 행해야 합니다.

> 네 원수가 주리거든 먹이고 목마르거든 마시게 하라 그리함으로 네가 숯불을 그 머리에 쌓아 놓으리라(롬 12:20).

하나님은 신자의 거룩한 행위를 통하여 신자를 박해하는 자들의 판단이 잘못되었음을 깨닫게 하실 날이 올 것입니다. 그리고 자신들의 박해한 행동들에 대해 부끄러워하는 날이 오게 할 것입니다. 그러므로 전능하신 하나님께 우리의 삶을 맡기고 우리는 하나님의 계명을 지키며 살아가야 합니다.

그리스도인들에게 있어서 항상 중요한 것은 자신의 영혼입니다. 그리스도인의 삶 속에서 일어나는 모든 일마다 자신의 영혼의 유익을 위해서 기여해야만 합니다. 다른 사람이 내게 무슨 일을 한다 할지라도 내가 성내고 분개한다면 마귀가 나를 이긴 것입니다(골 3:15; 빌 4:7; 마 5:21-22). 오히려 여러분이 여러분을 박해하는 자들을 친절하게 해 줌으로써 오히려 그 원수가 부끄러움과 양심의 깊은 가책을 느끼게 될 것입니다. 우리는 그 날이 올 것을 믿어야 합니다. 그리고 그 날은 반드시 올 것입니다. 우리는 선한 일을 위해서 창조된 존재입니다(엡 2:10). 우리는 선을 통하여 하나님께 영광을 돌리는 삶을 사는 것입니다. 선행은 그리스도인에게 선택이 아닙니다. 반드시 해야 할 일입니다.

> 그리스도의 평강이 너희 마음을 주장하게 하라 너희는 평강을 위하여 한 몸으로 부르심을 받았나니 너희는 또한 감사하는 자가 되라 (골 3:15).

> 그리하면 모든 지각에 뛰어난 하나님의 평강이 그리스도 예수 안에서 너희 마음과 생각을 지키시리라(빌 4:7).

신자가 악에게 지는 것은 정말 끔찍한 일입니다. 영혼을 해롭게 하는 것은 오직 악뿐입니다. 신자가 잊지 말아야 할 것은 그리스도인은 악을 넉넉히 이겨야 하는 자들이라는 것입니다(롬 8:17). 선이 아니면 악을 이길 수 없습니다. 원수에 대해서 선을 행할 때마다 여러분 속에 아직 남아 있는 옛 본성을 극복하고 승리하게 되는 것입니다(롬 8:13; 골 3:5; 약 4:7; 고전 6:19-20; 4:1).

> 너희가 육신대로 살면 반드시 죽을 것이로되 영으로써 몸의 행실을

죽이면 살리니(롬 8:13).

그러므로 땅에 있는 지체를 죽이라(골 3:5).

이러한 삶이 그리스도인이 해야 할 생활입니다(엡 2:10). 신자는 세상의 사람들을 이 세상 신으로 말미암아 눈이 먼 사람들로 보아야 합니다. 그리고 그들을 불쌍하게 여기면서 그들을 위해 기도해야 합니다. 신자는 그들을 돕기 위해 선을 행해야 합니다(히 13:18). 세상에 속한 자들은 지옥으로 가고 있는 사람들입니다. 신자는 악에게 지지 말고 선으로 악을 이겨야 합니다. 그러함으로 주를 위하여 선한 싸움을 싸워야 합니다. 선행을 통해 자신의 믿음은 더욱 견고해질 것입니다(요일 2:3, 5; 벧후 1:5-10). 그러한 방식으로 주님의 크시고 거룩하신 이름에 영광을 돌려야 합니다(벧전 2:12; 빌 1:11; 요 15:8). 그러할 때 그들은 우리의 선을 보고 자신의 악함에 대한 부끄러움을 느끼게 될 것입니다. 이것은 다른 형제들에게 덕을 세우는 일입니다. 그리고 그들의 죄악 된 삶에서 돌이키게 될 것입니다. 그들의 입을 막는 것이 되는 것입니다. 이러한 일은 신자들에게 스스로 나올 수 없습니다. 이러한 일은 성령으로 가능합니다. 그러기에 신자는 성령의 도우심을 소망해야 합니다(요 15:4-6; 겔 36:26-27).

6. 그리스도인의 새롭게 됨

새롭게 되어야 한다는 것은 이전의 사고방식에 빠져들지 말도록 자신

을 지켜야 한다는 의미입니다.[26]

> 그런즉 누구든지 그리스도 안에 있으면 새로운 피조물이라 이전 것은 지나갔으니 보라 새 것이 되었도다(고후 5:17).

우리는 심령이 새롭게 되어야 합니다. 이는 신자의 모든 사고방식이 변화되는 것입니다. 신자의 마음이 전체 관망의 주도적인 원리로 새롭게 열리는 것입니다. 우리는 그 진리, 우리에게 제시되는 진리에 친숙해야 합니다. 그 진리를 이해해야 합니다(고후 5:17; 딤전 1:15). 그리고 신자는 신자가 살아야 할 삶의 원리가 무엇인지 알았고, 포착했으며, 이해했으니 그것을 삶에 부단히 적용해야 합니다.

그런 자들은 계속해서 죄를 짓지 않습니다. 죄를 즐거워하지 않습니다. 죄를 완전히 버립니다. 죄에 빠질 수는 있지만 죄 가운데 행하지는 않습니다(요일 2:29; 3:3-4, 6-9).

> 하나님께로부터 난 자마다 죄를 짓지 아니하나니 이는 하나님의 씨가 그의 속에 거함이요 그도 범죄하지 못하는 것은 하나님께로부터 났음이라(요일 3:9).

신자는 이런 성향의 사람이 되는 것입니다. 우리는 믿음의 사람이 되며(요일 5:1), 우리는 세상을 이기는 사람이 됩니다(요일 5:4). 또한 주님께서는 그리스도인에게 사탄이 치명상을 입히지 못하도록 도우십니다.

---

[26] 마틴 로이드 존스, 『로마서 강해』 12권, 162-178.

> 하나님께로부터 난 자는 다 범죄하지 아니하는 줄을 우리가 아노라
> 하나님께로부터 나신 자가 그를 지키시매 악한 자가 그를 만지지도
> 못하느니라(요일 5:18).

그리스도께서는 많은 아들들을 이끌어 영광에 들어가게 하시는 분이십니다(시 2:10). 그러기에 그리스도인들이 그 심령에 있어서 새롭게 되는 것은 바로 이 점을 숙고함으로 말미암습니다. 그러므로 신자들은 삶에 대한 전체 관점이 변화됩니다(벧전 2:9, 12; 히 11:13; 엡 4:17; 5:7-12). 하나님의 형상의 회복을 꿈꾸며 삶을 통해 하나님께 영광을 돌리기를 소망합니다(벧전 2:12; 빌 1:11). 삶 속에 선한 것이 나타남으로 하나님이 주시는 열매를 맺습니다.

> 그러므로 내가 이것을 말하며 주 안에서 증언하노니 이제부터 너희
> 는 이방인이 그 마음의 허망한 것으로 행함 같이 행하지 말라
> (엡 4:17).

하나님 나라 백성은 "내가 누구인가? 내가 무엇을 하고 있는가? 내가 어디로 가고 있는가?"라는 질문에 바르게 답하는 자들입니다. 그리고 하나님의 사람들은 '상주시는 이'를 늘 바라봅니다(히 11:25; 12:2; 롬 8:18, 23; 고전 15:33-34). 신자는 하나님의 심판의 시간이 얼마 남지 않았음을 인식합니다(요일 2:28; 3:3; 고후 5:10; 롬 13:10-11). 그러기에 신자는 이 땅에서의 삶을 사는 동안 우리에게 주어진 시간을 하나님의 영광을 위한 기회로 여기고 최선을 다해 살아갑니다. 이러한 태도는 우리의 삶을 더욱 긴장하게 하며, 또한 거룩하게 살도록 하는데 도움을 줍니다.

> 이는 우리가 다 반드시 그리스도의 심판대 앞에 나타나게 되어 각각 선악간에 그 몸으로 행한 것을 따라 받으려 함이라(고후 5:10-11).

> 사랑은 이웃에게 악을 행하지 아니하나니 그러므로 사랑은 율법의 완성이니라 또한 너희가 이 시기를 알거니와 자다가 깰 때가 벌써 되었으니 이는 이제 우리의 구원이 처음 믿을 때보다 가까웠음이라 (롬 13:10-11).

목회적 경험을 가지고 있는 사람이라면 병든 그리스도인이 되는 사람들의 특징은 무기력한 그리스도인이라는 것을 알게 될 것입니다. 이와 같이 게으름은 신자에게 있어서 가장 해로운 일입니다(딛 1:12-13).[27]

> 그레데인 중의 어떤 선지자가 말하되 그레데인들은 항상 거짓말쟁이며 악한 짐승이며 배만 위하는 게으름뱅이라 하니 이 증언이 참되도다 그러므로 네가 그들을 엄히 꾸짖으라 이는 그들로 하여금 믿음을 온전하게 하고(딛 1:12-13).

성령은 신자가 그리스도와 함께 살아있는 연합으로 인도하십니다. 신자 안에 그리스도와 인격적 관계를 통하여 주님과 일치되는 것이 있습니다. 참된 신자가 된다는 것은 하나님과의 바른 관계를 맺는 자가 된다는 것을 의미합니다. 성령은 영적으로 죽어있던 그들을 영적으로 살아나게 하십니다. 성령은 신자들로 하여금 그들 자신의 죄를 하나님 앞에 회개하

---

27   마틴 로이드 존스, 『로마서 강해』 12권, 488-491.

고, 복음을 믿고 주님을 섬길 수 있는 그런 마음으로 변화시키십니다.

그리스도는 신자들이 믿음에서 떨어지지 않도록 보호하십니다. 신자들은 오직 하나님의 능력을 통해서만 끝까지 인내할 수 있습니다. 신자는 모든 상황 속에서 자신의 삶 속에서 예수 그리스도를 실현하기 위해 노력합니다. 참된 신자들은 믿음 안에서 인내합니다. 참된 신자는 하루아침에 되지 않습니다. 많은 시간이 필요합니다. 그리고 많은 노력이 필요합니다.

하나님은 신자들을 그 아들의 형상을 본받게 하기 위하여 미리 정하셨습니다. 이를 알기에 신자는 하나님을 향한 확신 속에서 평강을 얻게 됩니다. 구원을 통해 우리의 인격이 변화됨을 경험하게 됩니다. 인격의 구원이 이루어지는 것입니다.

> 하나님이 미리 아신 자들을 또한 그 아들의 형상을 본받게 하기 위하여 미리 정하셨으니 이는 그로 많은 형제 중에서 맏아들이 되게 하려 하심이니라(롬 8:29).

신자들은 하나님의 능력을 통해 인내합니다. 그리고 그 인내에 자신의 의지를 더합니다. 왜냐하면 인간의 삶은 지속적인 믿음의 발휘 없이 단순히 하나님의 보존이라는 위로에만 의존할 수는 없기 때문입니다(마 10:22; 요 8:31; 15:5; 고전 16:13; 히 3:14; 계 2:10; 3:11). 그러기에 신자는 하나님께 자신의 믿음을 구하고, 그 믿음에 확신하며, 그리고 끝까지 충성된 삶을 살아갑니다. 이런 삶이 가능하게 하는 하나님의 말씀들이 우리에게 소망이 됩니다.

> 또 너희가 내 이름으로 말미암아 모든 사람에게 미움을 받을 것이나

끝까지 견디는 자는 구원을 얻으리라(마 10:22).

우리가 시작할 때에 확신한 것을 끝까지 견고히 잡고 있으면 그리스도와 함께 참여한 자가 되리라(히 3:14).

너는 장차 받을 고난을 두려워하지 말라 볼지어다 마귀가 장차 너희 가운데에서 몇 사람을 옥에 던져 시험을 받게 하리니 너희가 십 일 동안 환난을 받으리라 네가 죽도록 충성하라 그리하면 내가 생명의 관을 네게 주리라(계 2:10).

7. 그리스도인의 자살

우리가 죽고 싶어 하는 것이 고통에서 벗어나기 원해서는 아닌가요?
또는 환난에서 벗어나고자 하는 것은 아닙니까?
아니면 하늘의 평화요 기쁨입니까?
고통 가운데 있는 사람들 중에는 죽음을 생각하는 사람이 있습니다. 그 중에는 죽음을 통해서 삶에 있는 고통을 벗어나고 싶어 합니다. 그러나 그것은 그리스도인의 올바른 태도가 아닙니다.[28]
우리는 마지막 날 우리의 육체도 구원을 받을 것입니다. 그날 우리는 몸의 완전한 구원을 받을 것입니다(히 12:23; 고후 5:1, 6,8; 빌 1:23; 행 3:21; 롬 8:23; 엡 4:10; 요일 3:2). 그러니 신자는 그 날을 소망하며 오늘을 주님의

28　마틴 로이드 존스, 『로마서 강해』 14권, 148-161.

은혜 안에서 살아야 합니다.

그리스도인은 죽음에 대해 그리스도인으로서 생각을 가지고 있어야 합니다. 그리스도인은 하늘에 대한 적극적인 소망을 가지고 있습니다(요 5:24; 빌 1:21-23; 살전 5:9-10). 신자가 하늘에서 얻기를 고대하는 것은 하나님의 얼굴이어야 합니다(마 5:8).[29] 그리스도인은 주님을 바라볼 수 있는 곳, 지고지선의 광경을 볼 수 있는 곳, 그것을 기대해야 합니다. 다른 무엇보다도 하늘의 하나님과 그 하나님과 함께 하는 모든 것을 소망해야 합니다. 하나님의 나라는 주님만으로 만족할 수 있는 곳입니다. 그곳에서는 주님만을 바라보는 것만으로 만족합니다. 하나님 나라는 그리스도와 함께 있는 것 그 이상을 바라지 않는 것입니다. 그곳이 하나님 나라입니다. 이러한 것에 하나님 나라의 특징이 있습니다.

우리의 삶은 고난과 고통의 연속입니다. 우리는 태어남과 동시에 고난을 경험합니다. 고통이 있는 것이 자신으로 인한 것일 수 있습니다. 그리고 가족이나 사회로 인해서 그런 것일 수 있습니다. 국가로 인해서 그럴 수 있습니다. 그러나 언젠가 이러한 모든 것이 다 끝날 것입니다. 모든 것들이 끝이 올 것입니다. 그러니 신자는 오직 주님만을 믿어야 합니다. 그분만이 만세 반석 하나님이십니다.

그리스도인은 죽을 때와 방식, 죽을 장소를 결정해서는 안 됩니다. 그리스도인의 느낌이 어떠하든지 자기 자신의 죽음에 관해서 자기 스스로 결정하지 말아야 합니다. 그리스도인은 결코 "나는 죽고 싶다!"라고 말해서는 안 됩니다(고후 5:2-4). 그리스도인에게 있어서 죽음은 죄를 위한 속

---

29 마틴 로이드 존스, 『믿음의 시련』, 275-296.

죄가 아니라 죄를 폐하고 영생으로 들어가는 통로이기 때문입니다.[30]

고난으로 인하여 탄식하며 하늘로부터 오는 우리 처소로 덧입기를 간절히 사모한다는 것이 우리에게 함정을 파거나 유인하여 죽고 싶게 만들고, 하늘에 갔으면 하는 소욕을 일으키게 해서는 안 됩니다. 윌리암 테넌트는 "무슨 권세로 자신의 소원을 주님의 마음과 생각 속에 집어넣을 수 있다고 생각하는가?"라고 하였습니다. 그러므로 그리스도인은 자기들의 생애를 스스로 끝내고 싶어 해서는 안 됩니다. 그러나 우리는 주의 뜻이면 언제라도 죽을 준비를 하고 있어야 합니다(빌 1:20-23).

신자는 현재를 알기 위해서 이 땅에서의 삶을 위해서 교회를 나가는 것이 아니라 훗날의 끝을 생각하기에 교회에 나가야 합니다.[31] 그리고 신자에게 있어서 죽음에 관하여 중요한 것은 죽음에 대한 것은 우리가 결정할 문제가 아니라 주님께서 결정하실 문제라는 사실입니다(고전 9:19-21; 빌 1:20-23, 24-26; 갈 2:20).

> 나의 간절한 기대와 소망을 따라 아무 일에든지 부끄러워하지 아니하고 지금도 전과 같이 온전히 담대하여 살든지 죽든지 내 몸에서 그리스도가 존귀하게 되게 하려 하나니 이는 내게 사는 것이 그리스도니 죽는 것도 유익함이라 그러나 만일 육신으로 사는 이것이 내 일의 열매일진대 무엇을 택해야 할는지 나는 알지 못하노라 내가 그 둘 사이에 끼었으니 차라리 세상을 떠나서 그리스도와 함께 있는 것이 훨씬 더 좋은 일이라 그렇게 하고 싶으나(빌 1:20-23).

---

30   하이델베르크 교리문답. 42문. 답.
31   마틴 로이드 존스, 『믿음의 시련』, 128.

사도 바울은 죽음의 고난 속에서도 자신의 삶의 결정권을 주님에게 두었습니다(빌 1:19-26).

우리 자신이 주님의 손 안에 있고, 자신과 마음과 생각과 뜻과 모든 것을 주님께 복종시켜야 합니다. 자신에 대해서 염려하지 않고 중심에 자신을 놓고 있지 않다고 말할 수 있는 한, 그것은 옳으며 모든 것이 잘 되고 있는 것입니다. 그리스도인은 언제나 전적으로 주님과 그분의 뜻과 방식에 온전히 매달린 사람입니다. 그렇습니다. 우리는 항상 주님의 손 안에 있습니다. 그러니 우리는 항상 안전합니다. 우리의 모든 것을 주님께 맡기어야 합니다(행 7:54-56, 59-60; 계 14:13). 다른 무엇보다 문제가 되는 것은 나와 그리스도와의 관계입니다(시 116:15; 요 21:18-22). 신자는 그리스도와의 관계가 가장 중요합니다.

주님은 우리에게 병적인 염려와 근심의 희생자가 되지 말라고 하십니다. 세상의 일들에 대해 두려워하는 것은 그들의 마음이 확정되지 않았기 때문이요, 그 중심이 견고하지 않기 때문입니다. 우리는 오직 우리의 주님를 의지해야 합니다. 신자는 주님 안에 거할 때 평안을 경험합니다. 또한 주님은 미래를 걱정하지 말라 하십니다. 우리는 주님의 말씀에 의지해야 합니다.

하나님은 우리에게 생명을 선물로 주셨습니다. 그런 주님이 생명의 유지와 지탱을 위해 음식을 공급하실 것은 당연한 일입니다. 우리에게 목숨을 주신 분이 그 생명을 유지하고 지속할 수 있는 것들을 주실 것입니다. 그러므로 믿는 자는 결코 염려할 필요가 없습니다.[32] 하나님은 우리에게 일을 주셨습니다. 그러므로 그 일을 열심히 최선을 다해서 하면 되는 것

---

32   마틴 로이드 존스, 『산상설교집 하』, 161-162.

입니다. 하나님은 시작하신 일을 멈추시지 않으십니다. 그 일을 유지하십니다. 하나님의 계획을 분명히 반드시 그리고 확실히 성취하실 것입니다.[33]

> 내가 확신하노니 사망이나 생명이나 천사들이나 권세자들이나 현재 일이나 장래 일이나 능력이나 높음이나 깊음이나 다른 어떤 피조물이라도 우리를 우리 주 그리스도 예수 안에 있는 하나님의 사랑에서 끊을 수 없으리라(롬 8:38).

이것이 미래를 맞는 그리스도인의 올바른 태도입니다.
우리가 주님께 받지 않은 것이 무엇이 있습니까?

> 네게 있는 것 중에 받지 아니한 것이 무엇이냐?(고전 4:7)

이 질문에 대한 우리의 대답은 "우리가 있는 것 중에 주님께 받지 않은 것은 없습니다"라는 고백입니다. 그리스도인은 하나님의 날을 사모하며 그 날이 기대합니다(벧후 3:12).[34] 그날 우리는 영혼과 육체가 함께 구원을 경험할 것입니다. 그날 더 이상 그리스도인은 죽음을 두려워하지 않고 살게 됩니다. 그날 우리는 그리스도와 영원히 함께 있게 될 것입니다.

하나님 나라에 있는 우리의 몸은 영원히 썩지 않을 것입니다(고전 15:42). 그리고 주님처럼 영광스러운 모습을 갖게 될 것입니다(고전 15:43). 우리는 새로운 본능을 갖게 될 것입니다(마 22:29-30).

---

33 마틴 로이드 존스, 『산상설교집 하』, 164-165.
34 마틴 로이드 존스, 『생수를 나누라』, 118, 230, 258.

8. 그리스도와 결혼하여 누리게 되는 특권

성도는 하나님의 은혜 속에서 자라날 뿐 아니라, 주를 아는 지식에서도 자라나는 자입니다(벧후 3:17-18).[35] 신자는 하나님을 아는 지식을 가장 고귀한 지식으로 고백합니다. 주님의 이름이 우리의 이름이 됩니다. 그래서 우리는 그리스도인으로 불립니다.

우리가 그리스도인이 됨으로 받는 은혜가 있습니다.

첫째, 그리스도인은 주님의 서 있는 위치에 함께 동참하게 된다는 것입니다(고전 1:30).

둘째, 그리스도인은 그리스도의 아버지 앞에 나아가는 특권을 누리게 됩니다.[36]

셋째, 신자는 천사들의 섬김을 받습니다(히 1:13-14). 천사는 우리를 인도하십니다(행 8:26-39). 천사는 신자의 필요를 공급합니다(왕상 19:1-8). 천사는 신자를 보호합니다(단 3:28; 6:22; 행 27:21-24). 우리를 위험에서 구해 줍니다(행 5:19-23; 12:6-11).

넷째, 주님의 돌보심과 보호하심을 경험합니다.

다섯째, 마지막 날 주님과 함께 왕 노릇 할 것입니다(고전 6:2-3).

여섯째, 신자는 주님과 함께 하나님 나라에서 만물을 소유합니다(고전 3:21-23).

신자가 그리스도와 결혼함으로 인한 결과는 다음과 같습니다.

첫째, 주님과의 결혼은 하나님께 대하여 열매를 맺게 됩니다. 신자는

---

35 마틴 로이드 존스, 『로마서 강해』 3권, 386.
36 마틴 로이드 존스, 『로마서 강해』 4권, 82-96.

열매 맺는 신앙을 하는 것입니다. 신자는 결코 시간을 그냥 보내지 않습니다. 신자는 하나님이 주신 열정을 가지고 하나님의 영광을 위해 최선을 다해 사는 자가 됩니다.

둘째, 거룩한 삶을 살아갑니다. 거룩은 감정이 아닙니다. 거룩은 하나님의 영광을 위해 영위되는 삶입니다. 신자는 거룩을 통해 하나님의 형상을 본받는 자가 됩니다(롬 8:29). 신자는 거룩을 목적하며 거룩한 삶을 살아갑니다(골 1:11; 엡 3:16-19). 신자는 거룩을 통해서 진정한 행복을 경험합니다.

신자의 행복은 환경에서 오는 것이 아니라, 하나님과의 바른 관계의 회복에서 오는 것입니다. 신자의 행복은 구원받음으로 인해 오는 것입니다. 그러므로 신자는 모든 것보다 하나님과의 화목의 관계를 중시여깁니다. 하나님과 관계가 좋으면 다른 것은 어떠하든지 그 안에서 하나님과의 관계를 지속하며 기뻐합니다. 찰스 스펄전은 "나는 모든 일들 속에서, 재난으로 인해 어려워진 상황 속에서도 혹은 순경의 상황 속에서도 하나님을 즐거워할 수 있다. 나는 모든 일들 속에서 하나님을 즐거워할 수 있다"고 고백합니다.[37] 그런 고백이 가능한 자가 됩니다.

그리스도인에게 있어서 두 종류의 대변인은 예수 그리스도와 성령님이십니다.[38] 예수 그리스도는 아버지 곁에 계셔서 우리의 대변인이 되십니다. 또한 성령의 변호가 우리 속에 있습니다.

> 그러므로 나의 사랑하는 자들아 너희가 나 있을 때뿐 아니라 더욱

---

37 찰스 스펄전, 『스펄전 설교노트 1』, 30.
38 마틴 로이드 존스, 『로마서 강해』 6권, 187.

지금 나 없을 때에도 항상 복종하여 두렵고 떨림으로 너희 구원을 이루라 너희 안에서 행하시는 이는 하나님이시니 자기의 기쁘신 뜻을 위하여 너희에게 소원을 두고 행하게 하시나니(빌 2:12-13).

모든 그리스도인에게는 두 가지 원리가 있습니다.[39]

첫째. 그리스도 예수 안에 있는 자들에게는 결코 정죄함이 없습니다.

둘째. 기독교란 인간 존재의 본성에 철저하고 근본적인 변화가 수반됩니다. 신자에게 근본적인 변화가 일어납니다.

신자가 성령의 영역 안에 들어가지 않으면 율법의 요구가 그 사람 속에서 결코 이루어질 수 없습니다. 신자는 은혜 안에서 성장되면서 하나님을 경외하며 거룩함을 온전히 이루는 삶을 목적하며 살아갑니다(롬 6:14; 요일 5:4; 엡 4:15-16; 벧후 3:18; 고후 3:18; 7:1).

---

39 마틴 로이드 존스, 『로마서 강해』 5권, 13.

10장
구원

1. 구속과 구원의 정의
2. 구원에 대한 하나님의 계획과 결과
3. 하나님이 인간의 죄를 즉시로 심판하시지 않는 이유
4. 구원의 삼중적인 의미
5. 구원에 대한 시간적 차원에서의 이해
6. 이미(already)와 아직(but not yet)
7. 구원과 확신
8. 구원하심과 긍휼의 관계
9. 구원의 궁극적인 목표

10장 구원

1. 구속과 구원의 정의

마틴 로이드 존스는 '구속'의 의미에 대해 『로마서 강해』 1, 3, 7권에서 말씀하였습니다.

『로마서 강해』 1권에서는 구속을 칭의와 성화 그리고 영화를 의미한다고 합니다.[1] 구속의 의미는 하나님께서 죄인 된 나를 용서해 주시는 것입니다. 주님께서 내 대신 죄 값을 치러주시는 것입니다. 구속(redemption)은 값을 지불한 결과로써의 해방을 의미합니다. 주님의 피로 죄의 값을 지불하셨으며, 죽으심으로 율법에서 요구하는 죄의 삯을 다 치루셨습니다. 구속은 칭의와 성화와 궁극적 구원과 영화를 의미합니다.

> 피 흘림이 없은즉 사함이 없느니라(히 9:22).

1　마틴 로이드 존스, 『로마서 강해』 1권, 75-219.

죄의 삯은 사망이요(롬 6:23).

『로마서 강해』 3권에서는 '구속'을 신자를 죄의 신분에서 건져내는 것이라고 합니다.[2] 구속의 의미는 우리를 죄의 노예 신분에서 건져내는 것입니다. 은혜의 복음 안에는 죄는 우리 안의 영적인 삶을 완전히 파괴하지 못합니다. 죄가 하나님의 은혜가 우리 안에서 활동하는 것을 막지도 못합니다. 죄는 그런 힘도, 그럴 권한도 없습니다. 왜냐하면 우리에게는 죄를 멸하는 그리스도가 있기 때문입니다. 이와 같이 우리에게는 성령의 도우심이 있기에 죄가 우리를 지배하지 못합니다. 이는 우리가 그리스도의 구속의 은혜로 말미암아 더 이상 율법 아래 있지 않고 은혜 아래 있기 때문입니다. 구속받은 성도에게 하나님은 성령을 통해 지속적으로 하나님의 은혜를 공급해 주십니다.

『로마서 강해』 7권에서는 구속은 사단, 마귀의 지배를 받으며 노예 아래 있던 것에서 대가를 지불하고 해방됨을 의미합니다. 결국 구속이란 예수님이 자신의 목숨을 주고 우리를 사단과 죄와 죄책, 그리고 죄로 인한 하나님의 진노와 저주에서 속량하여 해방하는 것입니다. 하나님의 구속의 방식은 이 현세대 속에서 사람들을 불러 모아 그 세대에서 구원받게 하되, 개인적으로 그 세대에서 건짐 받게 하고, 그 모든 자들로 이 새로운 하나님의 나라로 영접되게 하는 것입니다(마 21:43; 행 1:11; 벧전 3:13).[3] 구속은 헬라어로 '아고라조'라 하는데 이는 노예를 구입하기 위해 대가를 지불하는 것을 의미합니다.

---

2   마틴 로이드 존스, 『로마서 강해』 3권, 126.
3   마틴 로이드 존스, 『로마서 강해』 12권, 521-574.

죄와 사망에 예속된 상태에서 건짐 받아 자유함을 받는 것이 구원입니다. 구원을 사단 마귀의 지배에서 해방되는 것이라고 정의합니다.[4] 구원 받은 신자는 예수 그리스도의 의로 옷 입으며, 하나님의 영광이 우리 가운데 이식(利殖)되는 것입니다. 구원은 그리스도께서 나에게 '의'를 주시는 것입니다. 신자는 하나님의 성품에 참여한 자가 되는 것입니다. 이렇게 구원에 이르는 것은 하나님의 은혜 언약에 근거하여 칭의와 성화와 영생을 위해 오직 그리스도만을 받아 들이고, 영접하고, 의존하는 것입니다(요 1:12; 행 16:31; 갈 2:20; 행 15:11).[5]

> 이로써 그 보배롭고 지극히 큰 약속을 우리에게 주사 이 약속으로 말미암아 너희가 정욕 때문에 세상에서 썩어질 것을 피하여 신성한 성품에 참여하는 자가 되게 하려 하셨느니라(벧후 1:4).

　주님의 구원의 방식은 점진적인 개선의 방식이 아닙니다. 주님의 구원은 어느 날 갑자기 임할 것입니다. 우리가 그날이 언제인지 모르는 것은 우리 영혼의 유익에도 좋습니다. 왜냐하면 그러한 긴장은 신자를 늘 깨어 있게 하기 때문입니다. 그러므로 믿는 자는 깨어 있어 재림의 날을 준비해야 합니다(벧후 3:7,10; 고후 5:10; 눅 21:27-28; 롬 8:23-25).
　구원의 목적은 예수 그리스도께서 우리에게 영생을 주는 것이고, 우리를 하나님께 인도하고, 우리를 온전함에 이르게 하고, 그리고 우리를 궁극적인 영화에 이르게 하는 것입니다(고후 7:1). 성령의 역사로 신자에게 역

4　마틴 로이드 존스,『로마서 강해』7권, 53.
5　웨스트민스터 신앙고백, 제 14장 구원에 이르는 믿음에 대하여

사하는 죄의 권세는 약화됩니다. 신자는 그리스도의 은혜 안에 거룩한 삶을 살아갑니다. 이 삶에는 영적 전쟁이 벌어지겠지만 결국 하나님의 사람은 하나님의 성령의 도우심을 통하여 성화를 이루어 나갈 것입니다.

우리가 주님의 날을 준비하면서 삶을 살아가면서 알아야 할 것들이 있습니다. 그러한 삶을 준비한다는 것은 주님의 선택함을 받은 사람들마저 세상에 살면서 환난을 당하게 될 것이라는 것입니다(고후 4:17-18). 우리는 환난에서 예외된 자들이 아닙니다. 오히려 그리스도의 남은 고난에 동참하는 자들이 됩니다(골 1:24). 우리는 주님의 제자로서 스승보다 낫지 않습니다(눅 6:40). 그러므로 주님의 고난에 동참하는 것은 제자로서의 삶을 사는 것이 되는 것입니다. 그러나 그것은 억지로 하는 것이 아닙니다.

신자는 우리에게 주어진 일들 속에서 주님의 말씀을 기억하고 주 성령에 의지하며 삶을 당당하게 살아가는 것입니다. 환난에도 불구하고 기뻐하는 것이 아니라 환난 가운데서 기뻐하는 삶을 살아나갑니다.[6] 신자는 점점 하나님을 더욱더 알아갑니다. 이러한 것을 소망합니다. 이런 자들은 주님으로 인해 충만한 삶을 경험합니다. 이러한 믿음으로 삶을 사는 신자는 세상이 감당할 수 없는 자들이 됩니다(히 11:38). 또한 신자는 이 땅에 살면서 위에 것을 생각하고 땅에 것을 생각하지 말아야 합니다(골 3:2; 요일 3:2-3; 고후 5:2; 벧후 3:12; 히 10:13).

> 위의 것을 생각하고 땅의 것을 생각하지 말라(골 3:2).

우리의 목적지는 이 땅이 아닙니다(마 24:36, 42-44; 막 13:35-37; 눅

---

6 마틴 로이드 존스, 『생수로 채우라』, 247.

12:35-36; 계 22:20). 우리는 죄의 몸에서 구원받아 부활의 몸을 입고 하나님의 나라에서 온전히 그분을 예배하는 삶을 소망하며 살아가야 합니다. 그러한 소망이 있기에 이 땅에 살면서도 이 땅에 속한 자가 아니라 하나님 나라의 백성으로서 살아갈 수 있는 것입니다.

구원을 소망하는 성도는 이 땅에 살면서 성경을 읽어야 합니다. 그리고 성경을 통하여 하나님의 계획을 생각하여야 합니다. 이러한 태도가 그리스도인이 예수님을 바라보며 사는 삶을 살아가는 태도입니다.

> 믿음의 주요 또 온전하게 하시는 이인 예수를 바라보자 그는 그 앞에 있는 기쁨을 위하여 십자가를 참으사 부끄러움을 개의치 아니하시더니 하나님 보좌 우편에 앉으셨느니라(히 12:2).

주님은 정녕 오실 것입니다(요 14:2-3; 막 14:62; 마 24:27, 30-31; 계 22:20). 그날 주님은 그의 포로들을 사로잡을 것입니다. 그때 우리는 그의 계심 그대로 뵈올 것이며 그와 같이 될 것입니다. 그리고 영원토록 그분의 영광에 함께 참여할 것입니다. 마지막 날 주님께서 오셔서 영광의 영원한 주님의 나라를 세우실 것입니다(요 16:33; 롬 8:8-11). 그날 우리는 완전하고 완벽한 하나님 나라에서 그분의 통치를 경험할 것이요, 왕 되신 주님의 다스림 안에서 우리는 주님에게 영원토록 영광을 돌릴 것입니다. 그리고 그것을 기뻐하는 삶을 살게 될 것입니다. 우리는 그날 주님을 온전히 알게 될 것이요, 회복된 영혼으로 하나님 앞에 서는 영광을 경험할 것입니다. 우리는 하나님의 나라에서 주의 영광을 반사하고 그 안에서 성장하며, 영원히 그와 함께 있을 것입니다.

> 그 후에 우리 살아 남은 자들도 그들과 함께 구름 속으로 끌어 올려 공중에서 주를 영접하게 하시리니 그리하여 우리가 항상 주와 함께 있으리라(살전 4:17).

구속사는 하나님께서 예정하신 역사입니다. 하나님께서 구속의 모든 역사를 계획하셨습니다(창 15:16; 갈 4:4; 롬 5:6).[7] 그 하나님께서는 역사의 시작뿐만 아니라 끝도 아십니다. 그러므로 이 역사 속에 존재하는 시간의 요소는 항상 주 예수 그리스도와의 관계를 가장 우선적이고 본질적으로 생각해야 합니다.

구원은 하나님과의 화목입니다. 우리는 하나님과의 화해를 소망해야 합니다. 우리는 하나님과 화목 된 삶 속에서 하나님의 영광을 기뻐하며 그분을 즐거워해야 합니다. 이것이 역사 속에서 행해야 할 신자의 태도입니다. 그리스도 안에서만 '아멘'이며 그리스도 안에 있을 때 우리는 진정한 평안을 누리며 살 것입니다(고후 1:20).

정리합니다. 우리 주 예수 그리스도는 하나님께 전적인 순종과 고난, 피 흘리심과 십자가에서 죽으심 그리고 무덤에 묻히시고 부활과 승천을 통해 우리에게 죄와 죄의 모든 결과로부터 구원을 가져다주었습니다.

주님을 통해 구원받은 신자가 하나님과 화목함으로 많은 유익을 얻게 됩니다.

첫째, 신자는 죄의 용서를 받습니다(막 14:24; 히 9:22).

둘째, 신자는 그리스도의 의로 말미암아, 그의 의를 덧입어 하나님 앞에 의롭다 함을 얻게 됩니다(롬 3:24; 4:24; 5:9; 8:34; 고전 1:30; 고후 5:21).

---

7 마틴 로이드 존스, 『로마서 강해』 13권, 311-313.

셋째, 신자는 하나님의 자녀가 됩니다(갈 3:26; 4:5-6). 우리는 하나님을 아바 아버지라고 부를 수 있습니다. 우리는 더 이상 사단의 종이 아닙니다.

넷째, 신자는 그리스도를 본받는 삶을 살아갑니다(마 10:38; 16:24; 눅 9:23; 요 8:12, 12:26; 고후 8:9; 빌 2:5).

다섯째, 신자는 죄와 사탄과 싸워 승리하는 삶을 살아갑니다(눅 10:18; 11:22; 요 14:30; 히 2:14; 고전 15:55-56; 골 2:15; 벧전 3:22; 요일 3:8; 계 12:10; 20:2).

여섯째, 신자는 하늘의 상속권을 받게 됩니다(롬 8:17; 벧전 1:4).

일곱째, 그는 영원히 하나님의 나라에 거할 것입니다(살전 4:17).

이와 같은 것들이 구원받은 신자가 받는 은혜의 결과입니다.

구원의 정의를 살펴보면 다음과 같습니다.『로마서 강해』1권에서 구원에 대해 다음과 같이 정의합니다. 구원은 어떤 면에서 보든지 전혀 그것을 받을 자격이 없는 우리에게 임한 하나님으로부터의 값없는 선물이라는 것입니다. 그러나 구원은 단순히 값없는 선물만이 아니고, 그와 정반대되는 것(진노)을 받아야 하는 사람들에게 베푸신 값없는 선물입니다.

구원의 의미는 구원은 단순히 죄 용서만을 의미하지는 않습니다. 적극적인 의를 받게 되었다는 것을 강조합니다.[8] 이에 대해 로이드 존스는 이렇게 말합니다.

> 우리가 죄 사함 받았다는 사실 만으로 하늘에 들어갈 허락을 얻지 못합니다. 우리는 필연코 '의'로 옷 입어야 합니다. 무엇보다 우리는

---

8   마틴 로이드 존스,『로마서 강해』1권, 61-81.

적극적인 의가 필요합니다.

신자에게는 구원을 받은 것에 대한 거룩이 행위로 드러나며 성화의 삶을 통해서 구원의 확신이 경험된다는 것입니다(롬 6:22). 우리의 옛 사람이 죽고 새 사람으로 다시 사는 것입니다(고전 5:7; 엡 4:22-24; 골 3:5-10). 이는 하나님의 율법을 사랑하며 그것을 행하는 삶을 사는 것입니다(레 18:4; 삼상 15:22; 엡 2:10). 이것이 하나님을 기뻐하는 삶이요, 하나님의 뜻에 따라 사는 것입니다(롬 6:10-11; 갈 2:20).

『로마서 강해』 3권에서는 구원의 의미를 죄와 죄의 효력에서 완전하게 제거하는 것을 강조합니다.[9] 그리스도께서 그의 은혜로서 이루신 모든 일의 전체 목적은, 우리를 죄와 사망으로부터 완전히 구원하는 것입니다. 구원은 그리스도 자신이 생명이요 하나님의 생명인 새 생명 가운데로 인도하는 것입니다(롬 6:5-6). 구원의 목표는 우리를 죄와 그 효력에서 완전하게 제거시키는 것입니다. 구원의 목적은 우리가 이 세상에 있는 동안이라도 아담의 타락 전에 가졌던, 우리 복 되신 주님 자신 속에 있는 상태로 더욱 더 가까워지는 것입니다. 우리 주님께서 이 땅에 계실 동안 몸 안에 계실 때의 그 상태에 더 가까이 접근 하는 것입니다. 그러므로 신자는 성화를 위한 거룩한 소망을 가지고 삶을 살아나가는 것입니다.

『로마서 강해』 7권에서는 구원은 죄로부터의 구원에서 시작해서 하나님과의 화해 그리고 영원한 나라에 들어가는 것으로 강조합니다.[10] 구원은 사람이 죄로부터 구원을 받는다는 것을 뜻합니다. 구원은 죄 가운데서 건

---

9   마틴 로이드 존스, 『로마서 강해』 3권, 111-124.

10   마틴 로이드 존스, 『로마서 강해』 7권, 336-341.

져주는 것입니다. 이는 전체적이고 전인적인 구원입니다. 구원은 죄의 책임으로부터 구원을 받으며, 마귀와 그 세력으로부터 죄짓게 하는 요구에 대하여 전적으로 면제될 것입니다. 마지막 날은 우리 각자의 흠 없고 점 없는 자로 변화되는 날이 될 것입니다. 구원은 죄로부터 구원, 하나님과의 화해, 영광의 소망, 그리고 영원한 복락 등 모든 것을 다 함축하는 구원입니다.

하나님이 주시는 구원의 은혜의 힘은 인간의 힘으로 혹은 사단의 힘으로 막을 수 없습니다. 신자의 구원 받음에 대한 확신은 성령으로 말미암아서 구원을 확증합니다. 또한 하나님의 은혜는 성경을 통해서, 성령을 통해서, 그리고 우리의 마음의 확신을 통해서 계속해서 우리에게 이 구원의 진리를 설득시켜 나갑니다. 그리고 확신에 이르게 됩니다.

하나님은 신자를 성화시키는 은혜 혹은 성화하는데 역사하시는 은혜의 능력으로 인도하십니다. 구원의 은혜의 힘은 하나님을 찾는 것, 영혼과 육을 살리는 것과 중생하는 것으로 끝나지 않고 죄를 '제지'하는 힘이 있습니다. 우리에게 주시는 하나님의 은혜의 힘은 우리에게 역사하는 사단을 제지하고, 악을 제지하며 그리고 죄를 제지합니다. 이것은 끊임없이 우리를 지켜주시는 하나님의 은혜입니다.[11]

구원이란 사람의 활동이나 공로에 달려 있는 것은 아닙니다. 그가 믿느냐 믿지 않느냐에 구원이 결정되는 것은 아닙니다. 구원은 자신이 믿는다고 받는 것이 아닙니다. 만일 그렇다면 그 믿는 일을 인간의 공로로 돌리고 있는 것입니다.[12] 구원은 처음부터 끝까지 오직 하나님이 주시는 은혜입니다.

---

11 마틴 로이드 존스, 『로마서 강해』 2권, 420-426.
12 웨스트민스터 표준문서. 제 18장 "은혜와 구원의 확신에 대하여"를 참고 하세요.

구원은 상급이 아닙니다. 진정한 신비는 모든 사람이 다 구원을 받지 못한다는 데 있는 것이 아니라, 어떤 사람이라도 구원을 받는다는 데 있습니다. 하나님께서 아무 일도 하지 아니하시고 모든 인류로 하여금 파멸에 들어가도록 허용하셨다 할지라도, 어느 누구라도 조금도 불평한 근거를 갖고 있지 않습니다. 따라서 하나님께서는 그가 원하시고 기뻐하시는 대로 우리에게 행할 절대적인 자유권을 가지고 계십니다.

> 이는 내 생각이 너희의 생각과 다르며 내 길은 너희의 길과 다름이니라 여호와의 말씀이니라 이는 하늘이 땅보다 높음 같이 내 길은 너희의 길보다 높으며 내 생각은 너희의 생각보다 높음이니라(사 55:8-9).

하나님은 그분이 가진 자유함으로 인간을 구원하셨습니다. 신자는 하나님께서 어느 누구에게라도 긍휼을 베푸실 수 있었다는 사실, 특별히 여러분에게 긍휼을 베푸셨다는 그 사실을 알고 기이함과 놀라움으로 가득차게 될 것입니다. 이것을 깨달은 자는 자신의 구원받음에 대한 하나님의 크신 은총에 감사하며 살 것입니다.[13]

사도 바울은 "구원의 길은 오직 한 가지 밖에 없다"합니다(요 14:6). 그것은 복음은 하나밖에 없다는 것입니다(갈 3:28; 엡 2:11-13; 3:1-6).

> 예수께서 이르시되 내가 곧 길이요 진리요 생명이니 나로 말미암지 않고는 아버지께로 올 자가 없느니라(요 14:6).

---

13 마틴 로이드 존스, 『로마서 강해』 9권, 218-224.

구원은 오직 그리스도를 믿음으로 말미암아 된다는 진리입니다. 예수 그리스도께서 인류에게 전하여 준 기쁜 소식인 구원 이것은 구약에서나 신약에서나 마찬가지 진리입니다. 구원은 믿는 모든 사람들에게 주어집니다.

예수 그리스도께서 인간의 죄를 자신의 피와 죽음으로 갚으셨습니다. 그분은 삶을 통해서 고난당하시고, 피 흘리시고, 십자가에서 죽으심을 통해서 율법을 온전히 이루셨습니다. 그러기에 십자가에서 '다 이루었다'고 선언하신 것입니다(요 19:30). 구원에 관한 한 우리는 더 할 수 있는 것은 없습니다(히 10:10-14). 더 할 수 있다고 말하는 자가 있다면 그것은 주님의 십자가에서의 구속의 역사를 부인하는 것입니다.

예수 그리스도가 하나님과 율법의 요구를 이루셨기에 우리는 주님을 통하여 하나님과의 관계가 회복된 것입니다. 주님은 자신의 삶을 통하여 인간의 손으로 쓴 율법을 도말하셨습니다. 이 말의 의미는 주님은 죄로 인해 하나님과 인간 사이의 막힌 담을 십자가에서 피 흘리시고 죽으시고 묻히심으로 허셨다는 의미입니다.

예수님은 십자가의 대속의 은혜를 통해서 유대인과 이방인 그리고 모든 인류를 그리스도 안에서 하나 되게 하셨습니다.

> 너희는 유대인이나 헬라인이나 종이나 자유인이나 남자나 여자나 다 그리스도 예수 안에서 하나이니라(갈 3:28).

주님은 부활하셨으며, 승천하셨고, 그리고 지금 하나님 우편에 계십니다(시 110:1). 그 주님은 하나님과 인간 사이를 화목하게 하셨습니다. 하나님에게서 온 복음을 통하여 우리는 하나님과 화해를 이룹니다. 하나님과 인간 사이에 죄로 인해 막힌 담을 주님이 허셨습니다. 우리는 주님을 통해 하나님을 아바 아버지라 부를 수 있게 되었습니다. 이제 우리는 예수 그리스도를 통해서 하나님의 자녀가 된 것입니다.

주님이 영광의 주로 심판으로 주로 이 땅에 다시 오실 것입니다. 주님은 심판을 통해서 하나님의 주권을 반드시 분명히 보여주실 것입니다. 이를 통해 하나님의 영광이 세상이 밝히 들어날 것입니다. 하나님은 모든 사람에 대해 완벽한 지식을 가지고 계시며 이를 통하여 심판하실 것입니다. 그 날은 엄밀한 의미에서 심판의 날이 아니라 공표와 실행의 날이 될 것입니다. 그리고 그 날의 심판의 주체는 하나님이십니다(벧전 1:17; 롬 14:10; 마 18:35; 살후 1:5; 히 11:6). 또한 그리스도가 재판장이 되실 것입니다(요 5:22; 딤후 4:8; 행 17:31; 고후 5:10; 요 5:27; 행 10:42). 성도들과 천사들 역시 이 심판에 참여할 것입니다(마 13:41-43; 19:28; 고전 6:2-3; 마 19:28; 눅 22:30).

그날 신자들은 그리스도를 통해 영원한 구원을 경험할 것입니다. 하나님은 주님을 믿는 이들에게 새 하늘과 새 땅을 허락하실 것입니다. 우리는 그곳에서 영원히 주님과 함께 살 것입니다. 이 영광스러운 복음을 우리는 전해야 합니다. 신자는 복음 전파에 게을리 해서는 안 됩니다. 우리는 복음 전파를 통해 인간이 죄인이라는 사실을 알려야 합니다. 그 인간은 자신 스스로의 행위로는 구원이 불가능함을 알게 됩니다. 그러기에 인간은 메시아를 필요로 합니다. 그 메시아가 바로 우리 주 예수 그리스도입니다. 그분에게로 사람들을 인도해야 합니다.

『로마서 강해』 9권에서는 구원 받은 것은 다음과 같은 이유로 구원받은 것은 아니라는 것을 상기시킴으로써 신자에게 구원에 대한 경각심을

가지게 합니다.[14]

첫째, 기독교 국가의 백성이라고 해서 그 백성이 기독교인임을 뜻하는 것은 아닙니다.

둘째, 부모가 그리스도인이라고 해서 그 자녀가 기독교인임을 뜻하는 것은 아닙니다.

셋째, 세례를 받았다는 사실 때문에 기독교인임을 뜻하는 것은 아닙니다.

넷째, 교회의 지체가 되었다고 기독교인임을 뜻하는 것은 아닙니다. 눈에 보이는 교회에 속한 모든 사람들이 눈에 보이지 않는 교회에 다 속한 것은 아닙니다.

『로마서 강해』 10권에서는 구원은 전적으로 하나님의 행위임을 말합니다.[15] 구원은 전적으로 하나님께 속한 것입니다. 사람이 구원을 받는다면 그것은 하나님께서 그를 구원하셨기 때문입니다. 구원은 전적으로 하나님의 목적에 의존합니다. 만일 사람이 구원을 받게 되면 그것은 하나님께서 구원하시기 때문입니다. 그러나 그 사람이 구원을 받지 못하면 그것은 자신이 믿지 않았기 때문입니다. 사람이 구원을 받지 못하고 타락한 채로 방황하고 있다면, 그것은 전적으로 그 자신이 하나님의 복음을 거부하고 하나님의 구원의 방식을 대적하기 때문입니다.

하나님의 뜻하심에 따른 선택의 교리가 숙명론은 아닙니다(롬 10:10, 13-14; 9:11; 10:1). 그러므로 우리는 사람들이 선택 받았는지 아닌지 모르기 때문에 사람들의 구원을 위해서 기도해야 하며, 전도하기를 멈추지 말

---

14 마틴 로이드 존스, 『로마서 강해』 9권, 138-141.
15 마틴 로이드 존스, 『로마서 강해』 10권, 서문강 역 (서울: CLC, 2007), 16-30, 214-215. 참고. 웨스트민스터 18장 1. 은혜와 구원의 확신에 대하여.

아야 하는 것입니다.

> 10 사람이 마음으로 믿어 의에 이르고 입으로 시인하여 구원에 이르느니라 13 누구든지 주의 이름을 부르는 자는 구원을 받으리라 14 그런즉 그들이 믿지 아니하는 이를 어찌 부르리요 듣지도 못한 이를 어찌 믿으리요 전파하는 자가 없이 어찌 들으리요(롬 10:10, 13-14).

구원을 받기 위해 선택의 교리를 믿을 필요는 없습니다. 이 말의 의미는 선택의 교리를 믿지 않아도 구원 받을 수 있다는 것입니다. 왜냐하면 구원을 받기 위해서 교리 전체에 대한 온전하고 깊은 이해가 구원 받는 것에 있어서 본질적인 것은 아니기 때문입니다. 믿고 구원받는 순간에 신자는 모든 것을 다 알 필요는 없습니다. 구원은 인간의 지식에 달려 있는 것이 아니기 때문입니다.

"성령이 친히 우리의 영과 더불어 우리가 하나님의 자녀인 것을 증언하시나니"(롬 8:16)라는 말을 모른다고 해도 그리스도인이 될 수 있으며, 믿음으로 의롭다 함을 받을 수 있고 칭의의 보증을 소유할 수도 있습니다. 완전한 확신을 가지고 있지 않으면서도 그리스도인이 될 수 있습니다. 그렇지만 믿음으로 말미암아 의롭다 함을 받지 않고서는 그리스도인이 될 수 없습니다. 이것이 언제나 보증의 요소이며 안식의 능력입니다.

구원의 소식은 좋은 일입니다(사 52:7; 롬 1:16-17; 눅 1:68; 고후 5:19-20).

> 좋은 소식을 전하며 평화를 공포하며 복된 좋은 소식을 가져오며 구원을 공포하며 시온을 향하여 이르기를 네 하나님이 통치하신다 하는 자의 산을 넘는 발이 어찌 그리 아름다운가(사 52:7).

> 내가 복음을 부끄러워하지 아니하노니 이 복음은 모든 믿는 자에게 구원을 주시는 하나님의 능력이 됨이라 먼저는 유대인에게요 그리고 헬라인에게로다 복음에는 하나님의 의가 나타나서 믿음으로 믿음에 이르게 하나니 기록된 바 오직 의인은 믿음으로 말미암아 살리라 함과 같으니라(롬 1:16-17).

왜냐하면 그것은 하나님이 인간의 구원에 간섭하셨다는 것을 의미하기 때문입니다.

> 내가 너로 여자와 원수가 되게 하고 네 후손도 여자의 후손과 원수가 되게 하리니 여자의 후손은 네 머리를 상하게 할 것이요 너는 그의 발꿈치를 상하게 할 것이니라 하시고(창 3:15).

구원은 긍휼에 풍성하신 하나님의 긍휼과 은혜(롬 5:1; 겔 33:11)와 사랑(요일 4:8; 엡 2:4; 3:19)의 결과입니다. 하나님은 선하십니다. 하나님은 빛이십니다. 하나님은 사랑이십니다. 그 하나님께서 우리를 당신의 자녀로 보시며 영원하신 사랑으로 우리를 구원으로 인도하십니다(롬 5:9; 8:32, 36-39).

> 자기 아들을 아끼지 아니하시고 우리 모든 사람을 위하여 내주신 이가 어찌 그 아들과 함께 모든 것을 우리에게 주시지 아니하겠느냐(롬 8:32).

구원은 믿음으로 말미암아서만 의롭다 하심을 받는 것과, 그 의롭다 하심을 받은 결과들입니다(롬 1:17; 3:21; 4:5; 5:1, 10).

복음에는 하나님의 의가 나타나서 믿음으로 믿음에 이르게 하나니 기록된 바 오직 의인은 믿음으로 말미암아 살리라 함과 같으니라 (롬 1:17).

구원받은 신자는 하나님과 더불어 화평을 누리게 됩니다(고후 5:19; 롬 5:1-2; 히 10:19; 4:16).

곧 하나님께서 그리스도 안에 계시사 세상을 자기와 화목하게 하시며(고후 5:19).

그러므로 우리가 믿음으로 의롭다 하심을 받았으니 우리 주 예수 그리스도로 말미암아 하나님과 화평을 누리자(롬 5:1-2).

신자는 하나님과 화목하게 됩니다. 하나님과의 관계에 있어서 막힌 담은 사라졌습니다. 왜냐하면 주님이 죽으심으로 그 죄악의 담을 다 무너트리셨기 때문입니다. 구원받은 신자는, 신자의 옛 본성, 아담 안에서 가졌던 옛 사람이 이미 그리스도 안에서 십자가에 못 박혀 죽었습니다.

그러므로 형제들아 우리가 예수의 피를 힘입어 성소에 들어갈 담력을 얻었나니(롬 6:6).

그러므로 신자는 죄에 대해서 죽은 자가 되었습니다(롬 8:2, 7:4).

이는 그리스도 예수 안에 있는 생명의 성령의 법이 죄와 사망의 법에서 너를 해방하였음이라(롬 8:2).

그리하여 구원받은 자는 성령 안에 새로운 사람이 되었습니다(골 3:3; 롬 8:2, 14).

> 이는 너희가 죽었고 너희 생명이 그리스도와 함께 하나님 안에 감추어졌음이라(골 3:3).

> 무릇 하나님의 영으로 인도함을 받는 사람은 곧 하나님의 아들이라(롬 8:14).

그러나 아직도 죄는 이 세상에 남아 있습니다. 사단은 이 세상에 남아 있습니다. 신자에게는 죄의 몸이 여전히 유효합니다(롬 6:6). 그래서 신자는 세상과 싸워야 하며, 육체와 마귀와 싸워야 합니다(요일 5:18-19; 계 12:11). 죄와의 전쟁은 죽을 때까지 계속됩니다.

> 하나님께로부터 난 자는 다 범죄하지 아니하는 줄을 우리가 아노라 하나님께로부터 나신 자가 그를 지키시매 악한 자가 그를 만지지도 못하느니라 또 아는 것은 우리는 하나님께 속하고 온 세상은 악한 자 안에 처한 것이며(요일 5:18-19).

우리는 죄의 몸, 사망의 몸에서는 아직 구원을 받지 못했습니다. 그렇지만 우리는 구원받았습니다. 그러므로 우리는 성령의 도우심을 통하여 죄와의 싸움에 승리할 것입니다. 그리고 마지막 날 그 몸마저 구원받을 것입니다(롬 8:11, 23; 빌 3:20-21; 고전 6:19; 히 12:23; 고후 5:1, 6, 8; 빌 1:23; 행 3:21; 엡 4:10; 요일 3:2). 우리는 그 날을 소망하며 삶을 살아갑니다. 구원받은 신자는 구원받은 자로서의 그의 삶의 과정이 성화의 과정에 있습니다 (롬 8:13; 6:14, 17; 빌 2:13).

성령의 협력하는 은혜를 통해 우리는 날마다 새로워집니다. 구원받은 신자는 그의 삶에 성화의 삶을 목적하며 살아갑니다. 그것은 신자가 우리 주 예수 그리스도의 영광을 위하여 살겠다고 목적하는 것입니다(롬 8:17-19). 구원은 단순한 영육혼의 구원에 그치는 것이 아닙니다. 구원받은 자는 전인의 철저한 구원을 받습니다. 그리고 완전히 새로운 피조물로 거듭나게 되는 것입니다(고후 5:17).[16]

로이드 존스는 『로마서 강해』 14권에서 구원에 대하여 말씀을 더합니다.

> 구원은 인간의 행위의 결과가 아니라 전적으로 하나님의 행위입니다. 우리의 궁극적인 구원이 결국 우리의 손 안에 달려있다면 구원받을 사람이 한 사람도 없을 것입니다. 거듭남은 사람의 행사가 아닙니다. 하나님의 행사입니다.[17]

그렇습니다. 구원은 하나님의 행위이기에 구원은 확실한 것입니다. 왜냐하면 구원은 하나님의 일이기 때문입니다. 또한 구원 받은 자는 그 구원을 상실할 수 없습니다. 이와 같이 신자들의 구원이 안전한 이유는 하나님

---

16 마틴 로이드 존스, 『로마서 강해』 10권, 465-480.
17 마틴 로이드 존스, 『로마서 강해』 14권, 268-269.

이 그들을 붙잡고 계시기 때문입니다.

구원은 오직 하나님의 은혜의 주권에 속한 것입니다. 그러므로 구원 받은 자는 자신의 행위로 인해 구원받은 것이 아니라는 것을 인지해야 합니다. 그리고 구원 받은 것으로 인해서 교만해서도 안 됩니다. 그러나 구원받은 자로서 삶을 살아가야 할 인간의 책임도 있음을 기억해야 합니다(요 3:36). 인간이 선한 일을 행함으로 구원 받은 것은 아니지만, 선한 일을 위해서 구원을 받았기 때문입니다. 구원 받은 자들은 예수 그리스도 안에서 선한 일을 위하여 새롭게 창조된 것입니다(요 15:8; 빌 1:11; 벧전 2:12).

2. 구원에 대한 하나님의 계획과 결과

인간의 구원은 전적으로 하나님께 속해 있습니다.[18] 이와 같이 구원이 하나님께 속하여 있기 때문에 구원은 확실한 약속입니다. 만약 구원이 인간의 행위나 인간의 무엇인가를 요구하거나 그것의 결과라면 우리는 구원에 대한 확실한 약속을 가지지 못하게 될 것입니다. 그러나 구원은 완전히 하나님의 긍휼로 말미암으며, 오로지 하나님의 선택하심의 결과이며, 그리고 하나님의 전능하신 능력으로 이루어지는 것입니다.

만일 구원이 하나님의 긍휼로 인한 것이 아니라면, 단 한 영혼도 구원 받지 못했을 것입니다. 다시 말하지만, 구원은 언제나 하나님의 긍휼의 결과입니다. 하나님께서는 구원에 대해 절대로 인간에게 의존하지 않습니다. 또한 인간은 자신의 구원을 이룰 수 없으며, 타인의 구원도 이룰 수 없습

---

18   마틴 로이드 존스, 『로마서 강해』 11권, 243-278, 54-355.

니다. 그러기에 인간은 자신의 구원에 대해 하나님 앞에 겸손해야 합니다. 자신의 구원 받음에 감사해야 합니다.

성경에서 말씀하고 있는 구원의 방법은 단 한 가지 방법밖에 없습니다. 그것은 구원은 항상 믿음, 즉 십자가에 달리신 예수 그리스도를 믿는 믿음으로 말미암는 다는 것입니다. 이것 외에는 구원을 얻을 수 있는 길은 없습니다. 또한 하나님 나라에 들어가는 방법 또는 구원의 방법은 국적이나 행위에 달려 있는 것이 아닙니다. 구원은 항상 믿음의 문제입니다. 구원은 항상 믿음, 오직 믿음으로만 말미암는 것입니다(행 16:31; 고전 1:21; 엡 2:8).

구원을 받았다면 그것은 영원한 구원을 받은 것입니다. 왜냐하면 접붙이시는 분이 하나님이시고 회복시키시는 분도 하나님이시기 때문입니다. 그 하나님은 전능하신 분이시며 모든 것을 아시는 분이시기에 그분의 역사에는 실수가 있을 수 없기 때문입니다(롬 11:29; 고후 7:10). 그러기에 구원 받은 자가 중생했다가 다시 중생을 못했다가, 접붙임을 얻었다 또 잃었다 할 수 없습니다.

이방인들은 완전히 소망이 없었습니다. 그런데 하나님의 긍휼하심으로 이방인들이 교회로 들어오게 되었습니다. 이것은 하나님의 권능이요, 택하심의 결과입니다. 하나님께서 원 줄기가 아닌 이방인들을 취하셔서 감람나무에 접붙이셨습니다. 이방인들로 하여금 영적인 자녀가 되게 한 것입니다. 지금도 여전히 이방인들 중에서 하나님께로 부르시는 일들이 일어나고 있습니다. 그리고 마지막에 하나님의 자신이 작정하신 모든 일을 성취하실 것입니다. 마지막의 날에 나타나는 것 중에 중요한 일은 유대인들이 교회로 돌아온다는 것입니다. 많은 수의 유대인들이 한꺼번에 교회로 들어올 것입니다. 주님께 돌아올 것입니다. 마지막 날 신자들은 그러한 모습을 보는 증인이 되는 영광을 경험하게 될 것입니다.

구원은 삼위 하나님의 협의 가운데 이루어진 일인데 이는 전적으로 하나님의 일입니다.[19] 그러기에 구원은 하나님의 확실하고 완벽한 계획이며, 반드시 성취될 일입니다. 이 구원의 계획안에는 인간의 구원만이 아닌 모든 것들을 포함한 구원입니다. 이 구원 계획의 중심엔 그리스도가 계십니다. 이 구원 계획이 성경을 통해서 우리에게 계시된 것입니다. 우리의 구원은 창세전의 영원부터 계획되었습니다.

> 내가 너로 여자와 원수가 되게 하고 네 후손도 여자의 후손과 원수가 되게 하리니 여자의 후손은 네 머리를 상하게 할 것이요 너는 그의 발꿈치를 상하게 할 것이니라 하시고(창 3:15).

우리의 구원에 대해 구약에 이미 많이 예언되었습니다(시 22편 고난당하는 그리스도; 사 7장 동정녀 탄생, 9장, 11장, 40장; 렘 2:6; 단 9장 다른 사람을 위해 죽으시는 메시야 예언). 성경은 그것을 알려주시는 책입니다. 구원은 창세전에 영원부터 이미 계획되어 있는 것이며, 구약에서 그것에 대한 많은 예표를 보여주고 있습니다. 창세기 17장에 나오는 아브라함이 이삭을 바치는 모습은 신약에서 주님의 십자가에서의 죽으심에 대한 예표입니다.

우리의 구원이 안전하고 확실한 이유는 하나님께서 이 세상에, 베들레헴에 아기로 그리고 인간 예수로 그 독생자를 하늘로부터 보내셨기 때문입니다.[20] 하나님의 구원은 우리를 죄에서 구원해줍니다. 구원은 우리를 하나님과 화해하게 합니다. 우리가 구원됨으로 하나님과의 교통이 회복됩

---

19 마틴 로이드 존스, 『로마서 강해』 1권, 52.
20 마틴 로이드 존스, 『로마서 강해』 4권, 405.

니다. 이와 같이 하나님과의 교통이 회복되고 다시 하나님과 교제하기까지는 우리가 구원받은 것은 아닙니다. 이 화해의 교제는 그리스도를 통해서 이루어집니다.

우리의 구원은 우리를 끔찍한 불행에서 구원하여 영광의 소망으로 회복시켜 줍니다(마 24:22). 또한 임박한 진노로부터 건짐을 받게 합니다. 구원은 우리에게 영생을 줍니다. 구원은 우리에게 하나님 나라에서 받을 영광의 소망을 줍니다. 그것은 하나님 나라를 위한 소망입니다. 구원은 모든 충만한 영광을 가지신 하나님의 면전에서 영원토록 보낼 가능성을 우리에게 가져다줍니다. 이것이 구원입니다.

인간은 자신의 정죄에 대해 책임을 져야 합니다(마 16:27; 계 22:12). 그 이유는 그 자신의 악함으로 인해서 예수 그리스도의 구원을 받아들이지 않았기 때문입니다. 우리에게 구원이 필요한 이유는 구원받지 않은 이들에게는 하나님의 진노가 그들의 불경건과 불의에 대하여 임하기 때문입니다(시 95:11; 계 6:16).[21]

구원은 인간의 모든 자랑을 배제시킵니다.[22] 이는 율법의 요구에 의한 우리의 행위가 전혀 끼어들지 못하기 때문입니다. 우리를 구원하는 것은 우리의 믿음이 아닙니다. 우리를 구원하는 것은 주 예수 그리스도와 그분의 완벽한 공로의 결과입니다. 믿음이 우리를 구원하는 것이 아닙니다. 믿음은 단지 우리를 구원하는 그리스도의 의와 연결시켜 주는 통로요 매개체에 불과합니다. 구원하는 의는 그리스도의 의이며 믿음은 단순히 그것을 우리에게 전가시켜 줍니다. 그러므로 믿음의 요소에는 언제나 주 예수

21　마틴 로이드 존스, 『로마서 강해』 1권, 18.
22　마틴 로이드 존스, 『로마서 강해』 1권, 142-249.

그리스도의 구원하심을 신뢰하는 신뢰의 요소가 있습니다.

우리의 구원에는 주 예수께 우리의 죄 사함과 구원을 위임하는 위임의 요소와 복종의 요소가 있습니다. 이는 믿는 바에 자기 자신을 포기하는 것을 의미합니다. 구원받은 우리는 하나님께 완전히 복종하며, 우리 삶을 다스리는 하나님의 손길에 완전히 복종해야 합니다.[23] 복종은 정도껏이 없습니다. "이 정도면 되겠지?"라는 것은 없습니다. 구원에 관한 한 우리는 하나님께 온전히 그리고 완전히 복종해야 합니다. 자신의 생각과 요구가 하나님께 주장되거나 관철되게 하려 해서는 안 됩니다. 오히려 주님이 뜻이 우리의 삶 속에서 이루어지길 소망해야 합니다.

구원에 관한 모든 일을 하나님께서 하실 것입니다. 그러므로 우리에게 중요한 것은 하나님과의 온전한 관계입니다. 하나님은 하나님의 방식이 있습니다. 하나님은 하나님의 방식으로 구원을 이루실 것입니다. 그리고 하나님의 일을 하실 것입니다. 신자는 그것에 순종해야 합니다. 하나님께 맡겨야 합니다. 하나님은 말씀하실 것입니다. 우리는 들어야 합니다. 하나님이 우리를 고치실 것입니다(마 9:21-22; 막 5:23; 요 11:11; 행 4:9). 우리를 치유하실 것입니다. 우리를 온전하게 하실 것입니다. 그리고 하나님은 우리를 하나님의 사람으로 만들어 나가실 것입니다. 하나님이 우리의 삶을 다스리고 지배하실 것입니다. 이렇게 구원의 본질은 주 예수 그리스도를 통한 하나님과의 관계의 회복이며, 그분이 믿는 자를 통치하는 관계입니다.

신자는 구원 받음을 통해 하나님을 아버지로 알게 됩니다. 이러한 관계는 오직 구원받아 하나님의 자녀 된 자에게만 가능합니다. 그는 더 이상

---

23 마틴 로이드 존스, 『생수를 누리라』, 163, 201.

죄와 사탄의 자녀가 아닙니다. 구원이란 이러한 관계로의 회복입니다.[24] 인간 자신이 하나님의 손 안에 있음을 안다면, 인간의 영혼이 누릴 수 있는 가장 큰 위로와 위안을 누릴 것입니다. 만약 하나님께서 우리를 붙잡고 계신다면 우리는 그분의 손안에 있는 것입니다. 그렇다면 우리는 주님의 말씀에 순종하는 삶을 살아야 합니다. 그렇지 않으면 주님은 강제로라도 우리를 이끄실 것입니다.[25]

구원은 하나님의 손에 속해 있습니다. 우리의 구원이 확실하고 절대적으로 분명한 것은 우리가 하나님의 손과 그리스도의 손 안에 있기 때문입니다. 구원은 우리 손에 달린 것이 아님을 감사드립니다. 그러므로 구원이 우리에게 달려있지 않고, 하나님께 있다는 것은 큰 축복입니다. 또한 우리의 구원의 확실함은 하나님 자신의 성품과 그의 변함없이 넘치는 은혜에 터를 잡고 있기 때문입니다. 하나님은 약속의 하나님이십니다. 그분이 정하시면 하십니다. 왜냐하면 그분은 영원하신 하나님이시기 때문입니다.

3. 하나님이 인간의 죄를 즉시로 심판하시지 않는 이유

하나님께서 인간이 죄를 짓는 즉시 심판하시지 않은 이유는 다음과 같습니다.

첫째, 죄의 깊이를 드러내시는 하나님의 방식이요, 인간을 폭로시키시는 하나님의 방식이 그 이유입니다. 그것은 인간이 죄를 짓는 역사를 통해

---

24 마틴 로이드 존스, 『생수를 누리라』, 225.
25 마틴 로이드 존스, 『생수를 구하라』, 49-50.

서 죄의 실상이 어떠한 것이며, 죄가 얼마나 무서운 것인가를 알게 하시기 위해서입니다. 인간의 죄가 단순히 어떤 가벼운 불순종의 행동이나 실수가 아니라, 무섭고 끔찍한 귀추들을 가져오는 실로 무서운 영혼의 질병임을 가르치시는 하나님의 방식입니다(엡 5:5; 갈 3:3; 롬 1:28-32). 하나님은 인간의 역사를 통해서 인간의 죄의 본질을 드러내십니다.[26]

둘째, 신자는 죄를 깨닫는 것을 통해서 그리스도인이 됩니다. 빌립보 감옥에 있었던 바울과 실라가 그 어려움 가운데서도 찬양을 할 수 있는 이유를 간수들은 알고자 원했습니다. 간수들은 바울과 실라에게 "우리보다 당신들이 더 행복해 보이는 이유가 궁금합니다"라고 합니다. 그들은 자신들의 악함을 느끼고 죄를 깨달았기 때문입니다. 죄를 깨닫는다는 것은 우리의 본성 자체가 죄로 가득하다는 사실을 깨닫는 것입니다. 이렇게 죄를 깨닫는 것을 통해서 신자가 되는 것입니다.

죄를 깨달은 신자들은 하나님의 일을 합니다. 히포의 어거스틴처럼 새로운 삶을 살아갑니다. 종교개혁 역시 이런 자신의 죄를 깨닫고 고뇌하며 몸부림쳤던 한 인간의 영혼에서 시작했습니다.[27] 자신의 죄악과 무가치함과 악함에 대한 의식을 가지는 것이 신자 됨의 시작입니다. 죄를 깨달은 자는 하나님과의 인격적 관계를 맺기 시작합니다. 죄는 우리 아버지이신 하나님과의 관계를 파괴한 것으로 보기 전에는 죄를 깨달은 것이 아닙니다. 중요한 것은 자신이 얼마나 많은 죄를 지었느냐가 아닙니다. 그 죄들이 어떤 죄들이었느냐도 아닙니다.

그러면 죄에 대하여 살펴보겠습니다.

---

26 마틴 로이드 존스, 『로마서 강해』 7권, 109-111.
27 마틴 로이드 존스, 『생수를 누리라』, 93, 105, 111, 124-125.

첫째, 원죄는 아담이 최초의 죄를 저질렀을 때 인류의 대표자로 행동했기 때문에 우리는 모두 아담의 죄에 대한 책임에 연루되어 있습니다. 아담이 한 일이 우리 모두에게 영향을 주었고 모든 인간이 포함되었습니다. 인류는 개인의 총합이 아닌 유기적 단일체요, 단일 종족이요, 단일 가족입니다(창 3:6-8, 13; 고후 11:3; 롬 5:12, 14).

둘째, 원죄는 영적 무능력자가 된 것을 의미합니다. 인간 본성상 영적인 일을 행하기에 무능한 자가 되었습니다. 이것은 인간이 죄에 오염되었음을 의미합니다. 전적인 부패를 한 것입니다. 차고 넘치는 모든 악이 원죄입니다. 원죄로 인해 모든 인간은 모든 악으로 기울어지는 성향을 가지게 되었습니다(시 51:5; 요 3:6; 롬 3:18; 8:7-8; 엡 2:3).

셋째, 원죄는 지성과 의지, 마음과 양심, 영혼과 육체, 그리고 모든 능력과 힘을 지배합니다. 그리하여 하나님의 법에 굴복할 수 없게 됩니다(요 8:34; 롬 6:17, 20; 8:7). 원죄를 가진 인간은 하나님의 일들을 깨닫지 못합니다(고전 2:14).[28] 사람은 원죄로 죄책을 가지게 되었습니다. 사람에게 전적 부패가 발생했습니다(요 5:42; 롬 7:18, 23; 엡 4:18; 딤후 3:2-4; 요일 3:8; 히 3:12).

죄란 하나님과 우리와의 관계를 파괴한 것입니다. 죄는 인간이 의도적으로 따르기로 선택한 악한 길입니다. 죄는 하나님을 적극적으로 반대하는 것입니다. 죄는 인간의 자유로운 선택인데 그것은 악한 선택입니다(창 3:1-6; 사 48:8; 롬 1:18-32; 요일 3:4). 선과 악의 중립 지대는 없습니다. 우리는 언제나 선과 악 중에서 양자택일을 해야 합니다(마 10:32-33; 12:30; 눅 11:23; 약 2:10). 죄는 죄책과 부패를 포함합니다. 죄는 마음속에 거합니다

---

[28] 헤르만 바빙크, 『개혁교의학 3』, 박태현 역 (서울: 부흥과개혁사, 2013), 115-144.

(잠 26:25; 렘 17:9; 마 15:19-20; 눅 6:45; 히 3:12).[29] 또한 죄는 도덕적 악입니다.

죄의 결과 우리는 하나님과의 화목의 교제가 끊어졌습니다. 죄로 인해 죄책감이 생겼습니다. 죄로 인해 삶의 고통이 생겼습니다. 죄로 인해서 인간은 연약성과 질병의 포로가 되었습니다. 죄로 인해 육체적인 죽음을 맞이하며 영원한 죽음에 거하게 됩니다. 죄인 된 우리는 하나님께 가까이 갈수록 자신의 죄와 자신의 무가치함 그리고 추함을 더욱 깨닫습니다. 그러나 죄를 깨닫는다는 것은 부정적인 것이 아니고 오히려 긍정적인 것입니다. 왜냐하면 죄를 깨달음을 통해서 비로소 신자로 거듭나게 되기 때문입니다. 회개하지 않은 신자는 없습니다. 이는 죄를 깨달음을 통해 신자가 됨을 시작했다는 의미입니다.

하나님께서 인간에게 율법을 주신 이유는 율법은 인간을 구원하지 못함을 알려주시기 위해서 입니다. 율법은 죄를 깨닫게 합니다. 또한 율법을 통해서 인간이 자신의 행위로 자기 자신을 구원하기 위해서 아무리 애쓴다 할지라도 소용이 없음을 인간들에게 최종적으로 입증합니다(고전 1:21; 롬 8:3; 3:20).

> 그러므로 율법의 행위로 그의 앞에 의롭다 하심을 얻을 육체가 없나니 율법으로는 죄를 깨달음이니라(롬 3:20).

율법은 만물에 대한 하나님의 주권을 보여주고, 하나님의 절대적 통제권과, 그리고 하나님 자신의 최종적 권위를 보여주기 위함입니다(롬 16:25-27).

---

29 벌코프,『조직신학』, 447-450.

모든 것이 하나님의 지배 아래에 있습니다(행 7장 스데반의 역사 개관, 13장 사도 바울이 비시디아 안디옥에서 고백한 말씀).[30] 하나님께서는 만물을 통치하시고 다스리십니다. 하나님께서 모든 것을 다스리시면서 자신의 목적과 정반대로 보이는 많은 일들이 일어나는 것을 허용하십니다. 그러나 그러한 일들도 여전히 하나님의 지배 아래 있습니다. 하나님이 허락하시지 않은 일이 일어나지 않습니다. 모든 일은 하나님의 섭리 안에서 일어납니다.

욥기 1장에 보면 마귀 역시 하나님의 지배 아래 있음을 알 수 있습니다(마 12:29; 계 2:20). 그러나 이 말씀의 의미가 하나님이 악을 창조하셨다는 말은 아닙니다. 비록 하나님께서 악을 허용하셨지만, 또 비록 악이 매우 강력하고 많은 위력을 행사하지만, 그러나 여전히 악은 전능하신 하나님의 손 아래 있다는 의미입니다(욥 1:6-12). 이와 같이 하나님께서 악을 허용하시고 또한 악을 지배하십니다(롬 11:11; 시 99:1). 하나님은 전능하신 분이시기 때문입니다.

성경에서 예언이 가능할 수 있는 이유는 하나님께서 완벽한 계획을 가지고 계시고 모든 일의 정확한 시기를 아시기 때문입니다. 하나님은 확실히 실행될 큰 계획과 목적을 가지고 계십니다. 성경은 우리에게 때와 시기는 하나님에게 속해 있고 모든 일이 하나님의 완벽한 시간표에 따라 일어난다고 말씀하십니다. 하나님은 항상 하나님의 때를 정하십니다. 모든 것이 하나님의 지배 아래 있습니다. 그리고 하나님의 목적은 확실하고 분명합니다. 신자는 하나님께서 모든 계획을 갖고 계시고 처음과 끝을 아시고, 때와 시기와 모든 것을 아신다는 중요한 사실에 굳게 의지해야 합니다.

---

30   마틴 로이드 존스, 『로마서 강해』 11권, 348-356.

하나님께서는 기독교를 근절하기 위해 최선을 다하는 제국들을 일어나게 하셨습니다.[31] 헬라나 로마가 그런 나라 중의 하나였습니다. 이것은 하나님께서는 성자가 오셨을 때 언어(헬라)나 도로(로마가 정복과 지배를 위해 만든 도로들)가 준비되어 복음이 뻗어 나가도록 하기 위하여 제국들이 번영하는 것을 허용하셨다는 것입니다. 때로는 이와 같이 교회의 유익에 반하는 것처럼 보이는 일들이 오히려 교회에 가장 큰 유익이 되는 일들이 있습니다.

예를 들면 예루살렘 멸망과 유대인의 흩어짐은 이방인들에게로 복음이 전파되는 데 가장 좋은 원인적 사건이 되었습니다. 이방인 복음화의 관점에서 볼 때 예루살렘 멸망은 지금까지 역사에서 일어난 일들 중에 가장 유익한 일들 중의 하나입니다. 이처럼 복음의 유익에 반하는 것처럼 보였던 일들이 나중에 복음에 가장 유익한 것으로 들어나는 일들이 있다는 것입니다.

회심을 하기 전에 광폭한 불신앙에 완전히 갇혔던 집단 또는 개인의 분명한 실례들을 성경을 통해서 볼 수 있습니다. 또한 역사를 통해서도 얼마든지 그런 예들을 찾아 볼 수 있습니다. 그러므로 하나님께서 관련된 곳에는 절망적인 경우 같은 것이 존재하지 않습니다. 왜냐하면 하나님의 능력은 모든 사람을 구원시킬 수 있기 때문입니다. 하나님 안에서 모든 것이 가능하며, 모든 일들이 하나님의 작정과 섭리 안에서 일어나고 있습니다.

모든 사람이 "이제 모든 일이 끝장났어"라고 말할 때, 하나님께서는 일어나시고 그분의 적들은 흩어집니다. 그리고 그때에 교회는 새로운 부흥의 시기를 경험하게 됩니다. 하나님께서는 모든 일이 절망적으로 보일 때

---

31 마틴 로이드 존스, 『로마서 강해』 11권, 358-364.

까지 우리를 가두셨다가, 아무 소망이 없어 보이는 그때에 갑자기 역사하십니다(행 12장 베드로가 옥에서 나오는 역사, 헤롯이 죽은 일 그리고 다음에 일어난 교회의 부흥, 행 12:23-24). 헤롯의 죽음도 그와 같습니다. 그가 살아 있을 때는 교회의 역사에 어려움을 겪었지만 그의 죽음으로 인해 하나님의 말씀은 더욱 크게 전파되었기 때문입니다. 이와 같이 부흥은 하나님의 직접적이고 즉각적인 임재를 경험할 때 일어납니다.[32]

> 헤롯이 영광을 하나님께로 돌리지 아니하므로 주의 사자가 곧 치니 벌레에게 먹혀 죽으니라 하나님의 말씀은 흥왕하여 더하더라 (행 12:23-24).

그러므로 신자는 오늘날의 외적인 상황이 어떠하든지 그것들을 보지 말고 오히려 하나님의 위대한 설계와 계획과 목적을 보아야 합니다. 하나님께서 모든 일을 지배하십니다. 하나님께서는 실패하실 수 없으십니다. 하나님의 목적은 영원히 확실하고 그리고 반드시 이루어진다는 사실을 알아야 합니다. 하나님의 목적은 확실하며 그 어떤 것도 그 무엇도 이러한 하나님의 목적을 막을 수 있는 것은 없습니다.

하나님 안에 있는 신자에게는 절망은 존재하지 않습니다. 성경과 역사를 보면 하나님은 하나님의 일을 세상에서 소망이 없던 자들을 사용하여 쓰셨습니다.[33] 그들은 세상에서 아무런 소망이 없었지만, 그들이 주님을 믿을 때 그들의 삶은 변하였습니다. 그들은 새로운 삶을 살았습니다. 이와

---

32   마틴 로이드 존스, 『생수를 누리라』, 269.
33   마틴 로이드 존스, 『세상의 유일한 희망』, 김현준 역 (서울: 나침반, 2003), 128.

같이 그리스도와 함께 할 때 사람에게 있는 절망은 사라지는 것입니다. 오히려 세상을 바라보면 세상에서 얻는 것은 절망입니다.

세계의 역사를 보십시오. 문명의 발달이 인간을 구원하지 못했습니다. 인간의 지식이 인간을 구원하지 못했습니다. 음악도, 미술도 그리고 어떤 학문도 인간을 구원하지 못했습니다. 물질도 건강도 인간을 구원하지 못했습니다. 제국도 국가도 인간을 구원하지 못했습니다. 오히려 인간은 더욱 갈 길을 모르는 자같이 삶을 살아갔습니다. 이와 같이 인간의 철학은 우리에게 아무런 소망이 없고 우리에게 전혀 아무런 도움을 주지 못합니다. 인간의 역사에는 아무런 목적도 없고, 역사에서 일어나는 일들은 단지 우연히 일어나는 것들뿐이며, 어떤 목적도 없고 방향도 없습니다.[34] 인간이 자랑하는 역사를 보면 그 역사는 늘 죄악이었고 제자리였으며, 구원의 길이 아니었습니다. 인간을 구원한 역사는 없습니다. 오직 하나님의 구원의 역사만이 인간에게 구원에 대한 소망을 줍니다.

4. 구원의 삼중적인 의미

원죄를 가지고 있는 인간은 모두 죄로 인한 죄책을 가지고 있습니다. 죄책을 가지고 있는 우리는 율법에 의해 정죄함을 받았습니다. 우리 모두는 죄의 노예요, 죄의 지배 아래에 있습니다. 인간은 이 세상 신의 노예입니다(엡 2:2; 롬 5:12).

---

34 마틴 로이드 존스, 『로마서 강해』 11권, 347-348. 피셔(H.A.L. Fisher)의 유럽의 역사(history of Europe)

> 그 때에 너희는 그 가운데서 행하여 이 세상 풍조를 따르고 공중의 권세 잡은 자를 따랐으니 곧 지금 불순종의 아들들 가운데서 역사하는 영이라(엡 2:2).

구원은 그 죄책으로부터 구원을 받는다는 것을 의미합니다. 구원은 죄의 책임과 정죄로부터 그리고 정죄하는 율법으로부터 건짐을 받는 것입니다. 구원은 죄의 모든 '책임'으로부터 구원을 받는 것을 의미합니다.

세상이란 하나님 없이 사는 삶의 철학과 사상 그리고 행동을 포함한 모든 인본주의적인 것을 의미합니다.[35] 세상에 속한 모든 사람은 사탄의 노예입니다. 세상이란 하나님을 떠난 모든 것을 의미합니다. 이는 하나님 없는 삶입니다. 세상은 스스로를 신격화합니다.[36] 하나님의 피조물이며, 죄된 인간이 하나님처럼 높아지려는 욕망을 가지는 것입니다. 이것은 믿음 없이 살아가는 것을 의미합니다. 이와 같이 하나님의 품을 떠나 하나님 없이 모든 일들을 생각하는 공동체가 바로 세상입니다. 자신들이 스스로 신이 된 것이 바로 세상입니다. 이런 세상에 속한 자들은 하지 말아야 하는 일들을 대수롭지 않게 합니다. 이런 세상에 사는 자들은 자신이 신이며, 자신이 중심인 삶을 살아갑니다.

하나님 없는 삶은 세상의 삶과 세상을 바라봅니다. 강물과 샘과 열매 맺는 땅을 봅니다.[37] 그리고 그들은 환경에 영향을 받습니다. 세상에 속한 자들은 사탄과 죄에 영향을 받습니다. 죄와 사탄의 노예로 살면서 스스로

35　마틴 로이드 존스,『십자가』, 112-113.

36　마틴 로이드 존스,『위기의 그리스도인』, 25.

37　마틴 로이드 존스,『만입의 고백 찬양』, 200.

는 자유하다고 착각합니다. 그들에게는 죄를 짓지 않을 자유가 없습니다. 그리고 그럴 힘도 없습니다. 왜냐하면 그들은 이미 죄와 사탄의 노예이기 때문입니다(롬 3:16; 5:12; 엡 2:1; 약 1:15; 요 8:44).

그러면서도 그들은 세상에서 자신이 원하는 것을 이룰 수 있다고 착각합니다. 이런 삶의 모든 중심에는 죄와 사탄이 있습니다. 그런데도 세상은 사탄의 힘과 존재를 인정하지 않습니다. 그리고 그들의 존재와 힘을 믿지도 않습니다. 사탄은 이렇게 세상을 속일만큼 간교하고 간사합니다. 사탄은 인간의 마음을 지배합니다. 인간의 마음을 간섭하고 좌우합니다. 사탄은 우리의 의지마저도 다스립니다. 사탄은 우리의 마음과 욕구와 의지와 모든 것을 지배합니다. 이런 사탄이 지배를 받는 세상에 속한 자들은 하나님의 나라를 유업으로 받지 못합니다(고전 6:9-11).

구원은 첫째로 죄의 문제에 있어서 가장 중요한 것은 죄의 오염입니다(벧후 1:4; 롬 7:23). 오염이란 우리의 본성 속에 있는 죄를 말합니다. 구원은 죄의 '오염'으로부터 건짐을 받는 것입니다. 둘째로 죄의 '세력' 또는 '세상'에서 건짐을 받는 것을 의미합니다. 죄의 세력으로부터 건짐을 받습니다. 셋째로 죄의 경향성에서 건짐을 받습니다.[38] 은혜의 복음은 죄를 멸하는 그리스도가 신자 마음의 중심에 계십니다.

회개한 자의 특징은 인간은 완전히 실패했음을 철저히 깨닫는 다는 것입니다. 회개하는 자는 자신에게 자신을 구원할 힘이 없음을 자각합니다. 회개를 통하여 자신의 지식, 경험, 도덕적 노력을 포함하여 세상, 육신 마귀에 대한 근본적인 부인을 수반합니다. 자신 만이 아니라 다른 사람도 구원할 수 없다는 것을 고백합니다. 이와 같은 사실을 통해서 알 수 있는 것

---

38 마틴 로이드 존스, 『로마서 강해』 7권, 336-337.

은 인간의 회개함은 하나님의 은혜의 선물이라는 진리입니다.

주님께서 이런 인간을 구원하시기 위해 이 땅에 오신 것입니다. 주님께서 십자가에서 죽으셔서 우리를 죄에서 그리고 사탄과 사망의 권세에서 구원하시기 위해 오신 것입니다. 복음은 아무 것도 우리에게 요구하지 않습니다. 하나님은 우리를 구원하시기 위해 우리에게 아무 것도 요구하시지 않습니다. 하나님은 우리를 구원하시기 위해 우리의 도덕, 능력, 경험, 철학, 학문을 요구하시지 않습니다. 아니 이런 것들이 결핍되어 있다고 해도 하나님의 구원 역사에는 아무런 문제나 장애가 되지 않습니다. 방해가 되기는커녕 오히려 구원받는 조건이 됩니다.

우리는 주님께 구원받기 위해 아무 것도 할 것이 없습니다. 무엇을 할 필요도 없습니다. 구원 받기 위해 어떤 조건이 요구되지도 않습니다. 오히려 우리는 광야요 황무지이며 마른 땅이고 극빈자라는 고백이 바로 구원의 조건입니다. 우리는 이와 같이 아무 것도 없이 하나님 앞에 나아가게 되는 것입니다. 그리고 하나님은 그런 자를 기뻐하심으로 받아주십니다.[39]

하나님은 나를 구원하시기 위해 내가 구원받아야 할 이유나 조건을 요구하시지 않습니다. 오히려 그런 것은 복음을 받아들이는 일에 방해가 될 뿐입니다. 구원받는 자는 오직 주님에 대한 필요를 느끼며 나아가는 자입니다. 주님은 그런 자를 기뻐하십니다. 구원은 이와 같이 우리에게 아무 것도 요구하지 않습니다. 구원은 전적으로 하나님의 일입니다. 구원의 처음도 중간도 마지막도 모두 하나님의 일입니다. 구원 받기 위해 우리가 할 수 있는 일은 정녕 아무 것도 없습니다.

---

39 마틴 로이드 존스, 『로마서 강해』 7권, 236-238.

5. 구원에 대한 시간적 차원에서의 이해

마틴 로이드 존스는 구원에 대한 시간적 차원의 이해를 여러 번 반복해서 말씀하고 있습니다. 같은 말을 반복하는 것은 목사가 해야 할 일이라고 말씀합니다. 중요한 교리에 대한 반복을 부끄러워하지 말아야 한다고 합니다. 또한 교사로서 그러한 일을 하는 것은 중요한 일이라고도 합니다. 그는 반복을 하지만 단순한 반복이 아니라 창조적인 반복을 합니다. 반복을 하면서도 듣는 회중은 마치 처음 듣는 것과 같은 그런 느낌을 가지게 합니다. 듣는 이들은 마치 처음 말씀을 듣는 것과 같은 감동을 경험합니다. 그것은 말씀을 전하는 이가 복음 안에서 성령 충만함과 확신함으로 전하기에 그런 것입니다. 같은 교리에 대해서 많은 연구를 통해서 다양하게 설명하기에 그런 것입니다.

구원에 관한 시간적 차원에서 보면 먼저 과거에 이미 구원받았음을 말씀합니다. 이것에 대하여 『로마서 강해』 2, 6, 7, 13권에서 말합니다.

1) 구원의 '과거'에 대한 시점의 이해입니다.[40]
그것은 우리가 이미 구원을 받았다는 것입니다
(We have been saved. 롬 5:1).

> 그러므로 우리가 믿음으로 의롭다 하심을 받았으니 우리 주 예수 그리스도로 말미암아 하나님과 화평을 누리자(롬 5:1).

---

40   마틴 로이드 존스, 『로마서 강해』 2권, 169.

또한 이러한 말씀을 『로마서 강해』 6권에서 반복합니다.[41] 우리는 구원 받았습니다(롬 6:6, 11; 7:4, 6). 우리의 과거는 청산되었습니다. 이는 옛 사람의 종말을 의미합니다.

> 6 우리가 알거니와 우리의 옛 사람이 예수와 함께 십자가에 못 박힌 것은 죄의 몸이 죽어 다시는 우리가 죄에게 종 노릇 하지 아니하려 함이니 11 우리가 알거니와 우리의 옛 사람이 예수와 함께 십자가에 못 박힌 것은 죄의 몸이 죽어 다시는 우리가 죄에게 종 노릇 하지 아니하려 함이니(롬 6:6, 11).

> 4 그러므로 내 형제들아 너희도 그리스도의 몸으로 말미암아 율법에 대하여 죽임을 당하였으니 이는 다른 이 곧 죽은 자 가운데서 살아나신 이에게 가서 우리가 하나님을 위하여 열매를 맺게 하려 함이라 6 이제는 우리가 얽매였던 것에 대하여 죽었으므로 율법에서 벗어났으니 이러므로 우리가 영의 새로운 것으로 섬길 것이요 율법 조문의 묵은 것으로 아니할지니라(롬 7:4, 6).

이러한 말씀을 『로마서 강해』 7권에서 반복합니다.[42] 우리가 구원을 이미 받았다는 의미는 그리스도인인 우리는 예수 그리스도의 십자가의 대속의 사건을 통해서 우리의 죄책의 문제는 이미 끝이 났다는 것입니다. 구원을 받았다는 의미는 그리스도인들은 율법과 죄에 대해서 죽었다는 의

41　마틴 로이드 존스, 『로마서 강해』 6권, 136-137.

42　마틴 로이드 존스, 『로마서 강해』 7권, 339-340.

미입니다. 우리는 이미 그리스도와 함께 죽었고, 그리스도와 함께 장사 지낸 바 되었으며, 그리스도와 함께 다시 살려냄을 받았기 때문입니다. 우리는 이미 우리 주 예수 그리스도가 우리를 위하여 피 흘리시고 십자가에 못 박혀 죽으셔서 무덤에 묻히셨고, 사흘 만에 부활하셨음을 믿는 그 믿음을 통해 의롭다 함을 받았습니다. 신자는 구원에 대한 과거의 의미로 신자는 이미 구원을 받았다는 것입니다(고전 1:18; 롬 5:1, 8:1).

그리고 다시 한 번 『로마서 강해』 13권에서 구원의 시간적 차원의 의미에 대하여 과거에 이미 구원을 받았음을 말씀합니다.[43] 우리는 구원을 받았습니다(We have been saved). 우리는 예수 그리스도의 대속을 통해 이미 죄책으로부터 구원 받았습니다(롬 8:1-2). 또한 구원 받은 우리는 율법 아래 있지 않습니다. 우리는 율법의 저주와 정죄로부터 구원받았습니다. 이 일은 주님께서 십자가에서 단번에 끝내버린 일입니다.

> 그러므로 이제 그리스도 예수 안에 있는 자에게는 결코 정죄함이 없나니 이는 그리스도 예수 안에 있는 생명의 성령의 법이 죄와 사망의 법에서 너를 해방하였음이라(롬 8:1-2).

이렇게 구원에 대하여 반복해서 말씀하고 있지만 그저 단순한 반복이 아닌 말씀을 전할 때마다 강조점을 조금씩 바꾸어가면서 듣는 성도들로 하여금 새로운 마음으로 듣도록 하는 것을 알 수 있습니다. 이것은 로이드 존스 목사님이 구원에 대한 분명하고 완전한 이해를 바탕으로 말씀을 전하기 때문입니다.

---

43 마틴 로이드 존스, 『로마서 강해』 13권, 330-331.

2) 구원의 시점에서 '현재' 시점에 대한 이해입니다. 이것 역시 『로마서 강해』 2, 6, 7, 13권에서 반복합니다. 그러나 이러한 반복은 지루함을 느끼게 하기 보다는 중요성에 대한 이해를 더욱 확실하게 해줍니다. 우리는 아직도 구원 받고 있습니다(We are still being saved). 죄의 세력과 오염으로부터 구원받고 있습니다. 성화는 진행과정입니다. 이렇듯 구원 받은 자는 성화의 관점에서 보면 구원을 받고 있다는 것입니다.[44] 구원을 받고 있다는 말씀을 『로마서 강해』 6권에서 반복합니다.[45] 우리는 죄의 권세, 세력, 오염에서 구원받고 있습니다(요일 3:3).

> 주를 향하여 이 소망을 가진 자마다 그의 깨끗하심과 같이 자기를 깨끗하게 하느니라(요일 3:3).

『로마서 강해』 7권에서도 신자가 구원받고 있음을 말씀하므로 신자가 게으름에 머물러 있지 않도록 합니다. 우리는 구원받고 있습니다(롬 7:24; 6:2, 14).[46] 『로마서 강해』 13권에서 다시 구원을 받고 있는 현재 시점에 대해 말씀합니다.[47] 구원받은 신자에게도 여전히 남아 있는 죄의 오염이 있습니다(요일 1:10; 롬 7:18, 23; 빌 3:12). 신자는 죄로 넘어지는 일이 여전히 존재합니다(롬 7:23). 죄의 세력은 여전히 신자에게 영향을 미칩니다. 왜냐하면 신자 역시 죄의 몸을 여전히 가지고 있기 때문입니다. 우리는 '죄의 세력'과 '죄의 오염'으로부터 구원을 받고 있습니다(We are being saved). 우리

---

44 마틴 로이드 존스, 『로마서 강해』 2권, 169.
45 마틴 로이드 존스, 『로마서 강해』 6권, 138.
46 마틴 로이드 존스, 『로마서 강해』 7권, 340.
47 마틴 로이드 존스, 『로마서 강해』 13권, 330-331.

의 '죄의 몸'(롬 6:6)은 주님의 재림시에 구원을 받을 것입니다(롬 8:11, 23; 고전 6:19).

> 나의 자녀들아 내가 이것을 너희에게 씀은 너희로 죄를 범하지 않게 하려 함이라 만일 누가 죄를 범하여도 아버지 앞에서 우리에게 대언자가 있으니 곧 의로우신 예수 그리스도시라 그는 우리 죄를 위한 화목 제물이니 우리만 위할 뿐 아니요 온 세상의 죄를 위하심이라 (요일 2:1-2).

그리스도인에게 있어서 성화는 점진적이고 계속적인 일입니다(갈 5:24; 롬 8:13; 골 1:11). 우리는 죄의 세력과 오염으로부터 점진적으로 성화를 받고 있습니다. 그리스도의 형상이 우리 안에서 형성되어 가고 있는 것입니다. 현재 시점에서 구원의 중요한 요점은 성화가 이미 끝난 것이 아니라 '진행형'이라는 것입니다. 이것을 보면서 알 수 있는 것은 로이드 존스는 교리에 대해 언제나 명확하면서도 조금씩 교리에 대한 이해가 깊어지고 있다는 것을 알게 됩니다. 그런데 이는 로이드 존스의 신학이 단순히 지식의 차원에서의 깊이가 깊어졌다라고 보기 보다는 인간의 이해와 사랑이 깊어졌다는 것을 느끼게 됩니다.

3) 구원의 미래에 대한 말씀 역시 반복해서 말씀합니다.

『로마서 강해』 2권에서의 말씀입니다.[48] 우리는 구원 받을 것입니다(We shall be saved). 이것은 '영화'입니다(롬 8:23, 30; 유 24).

---

48 마틴 로이드 존스, 『로마서 강해』 2권, 서문강 역 (서울: CLC, 2010), 170.

> 그뿐 아니라 또한 우리 곧 성령의 처음 익은 열매를 받은 우리까지도 속으로 탄식하여 양자 될 것 곧 우리 몸의 속량을 기다리느니라 (롬 8:23).

『로마서 강해』 6권에서 구원의 미래에 대해 말씀합니다.[49] 믿음은 소망을 유발합니다. 소망은 참된 기독교의 척도입니다(히 11:1). 참된 기독교는 "다가오는 세상"에 주요한 시선을 두고 있습니다. 우리가 이 땅에서 받은 분량은 하나의 전체에 대한 작은 분량에 지나지 않습니다. 그것은 다만 하나님 나라에서 경험하게 될 것들을 이 땅에서 경험하는 하나의 맛보기에 불과합니다. 우리는 마지막 날 놀라운 하나님의 영광을 보게 될 것이요, 우리는 그 영광에 참여하게 될 것입니다. 우리의 육체 역시 영광스러운 모습으로 바뀔 것입니다(살전 4:17; 고전 15:42-44, 51-52).

그리고 로이드 존스는 다시 『로마서 강해』 7권에서 구원에 대한 정의를 다시 말합니다.[50] 구원은 장래에 일어날 일입니다(롬 8:23-24; 13:11-12; 벧전 1:5; 고전 1:30). 구원은 우리가 처음 받을 때보다 더 가까워지고 있습니다(롬 13:11). 궁극적인 구원의 목표를 향해서 움직이고 있습니다. 그렇습니다. 하나님은 모든 것이 완성될 때까지 멈추지 않으실 것입니다. 그분은 모든 것이 온전해지는 것을 보실 것입니다. 우리는 그러한 일에 증인으로 함께 할 것입니다.

> 그뿐 아니라 또한 우리 곧 성령의 처음 익은 열매를 받은 우리까지도

49　마틴 로이드 존스, 『로마서 강해』 6권, 서문강 역 (서울: CLC, 2005), 142-145.
50　마틴 로이드 존스, 『로마서 강해』 7권, 서문강 역 (서울: CLC, 2010), 341-344.

> 속으로 탄식하여 양자 될 것 곧 우리 몸의 속량을 기다리느니라 우
> 리가 소망으로 구원을 얻었으매 보이는 소망이 소망이 아니니 보는
> 것을 누가 바라리요(롬 8:23-24).

그리고 구원을 받을 것에 대한 교리를 『로마서 강해』 13권에서 다시 한 번 말씀합니다.[51] 우리가 구원을 받을 것입니다(We shall be saved). 그리스도인은 궁극적인, 최종적이고 완성적인 구원을 바라보고 있습니다(고전 1:30). 그것은 최종적인 구속 즉 영화(glorification)입니다. 영화와 함께 있는 모든 것을 포함한 그 최종적인 구속은 미래에 아직 남아 있습니다. 우리는 하나님의 양자될 것 곧 몸의 구속을 기다리고 있습니다(히 9:27-28; 벧전 1:3-4, 8-9). 그리고 그 날을 반드시 보게 될 것입니다. 결론적으로 말하면 다음과 같습니다. 우리는 과거에 구원받았습니다(We have been saved). 지금 우리는 현재 구원받고 있습니다(We are being saved). 그리고 미래에 우리는 최종적으로 완전히 그리고 철저하게 구원받을 것입니다(We shall be saved).

6. 이미(already)와 아직(but not yet)

우리는 이 세상에서의 삶에 대해 매우 특별한 관점을 가지고 살고 있습니다. 신자는 우리가 살고 있는 시기를 이해해야 합니다. 시간과 이 세상에서 사는 삶과 내세에 관하여 다른 대다수의 사람들과는 전혀 다른

---

[51] 마틴 로이드 존스, 『로마서 강해』 13권, 330-332.

관점을 가지고 살고 있습니다. 우리는 내세에 대한 분명한 사고방식을 가지고 있습니다.

"이미"의 의미는 다음과 같습니다.

우리의 구원에 대한 말씀은 오직 교회 안에 있는 사람들, 신자들에게만 주어진 것입니다. 구원에는 감정이나 체험이 수반되기는 하지만 구원을 본질적으로 감정이나 체험의 차원에서만 생각해서는 안 됩니다. 구원 받음에 대한 중요한 사실은 우리가 어떤 신분의 사람이냐 입니다(요 8:12; 행 26:16-18).

> 일어나 너의 발로 서라 내가 네게 나타난 것은 곧 네가 나를 본 일과 장차 내가 네게 나타날 일에 너로 종과 증인을 삼으려 함이니 이스라엘과 이방인들에게서 내가 너를 구원하여 그들에게 보내어 그 눈을 뜨게 하여 어둠에서 빛으로, 사탄의 권세에서 하나님께로 돌아오게 하고 죄 사함과 나를 믿어 거룩하게 된 무리 가운데서 기업을 얻게 하리라 하더이다(행 26:16-18).

우리의 신분은 우리가 그리스도에게 속한 자라는 것입니다. 우리의 신분이 죄와 사탄의 종에서 하나님의 자녀가 되었습니다. 우리는 이미 어두움에서 빛으로, 사단의 권세에서 하나님께로 돌아간 자들입니다(골 1:12-13; 롬 6:1-6; 8:2-6).

> 우리로 하여금 빛 가운데서 성도의 기업의 부분을 얻기에 합당하게 하신 아버지께 감사하게 하시기를 원하노라 그가 우리를 흑암의 권세에서 건져내사 그의 사랑의 아들의 나라로 옮기셨으니(골 1:12-13).

그리스도인들은 조금 더 선해진 사람들이 아니라 전적으로 달라진 사람들입니다. 우리는 성품과 하나님과의 관계에 있어서 전적으로 달라졌습니다. 어떤 사람이 그리스도인인지 아닌지를 그들의 행실이 아니라 성품으로 판단해야 합니다. 그리스도인은 거듭나 새로운 성품을 받았기 때문입니다(벧전 1:22-23; 요일 5:17-19; 롬 13장). 그리하여 신자는 그 삶에서 그리스도의 향기가 들어나게 되어 있습니다(엡 2:10; 벧전 2:12; 빌 1:11; 요 15:8).

> 너희가 진리를 순종함으로 너희 영혼을 깨끗하게 하여 거짓이 없이 형제를 사랑하기에 이르렀으니 마음으로 뜨겁게 서로 사랑하라 너희가 거듭난 것은 썩어질 씨로 된 것이 아니요 썩지 아니할 씨로 된 것이니 살아 있고 항상 있는 하나님의 말씀으로 되었느니라 (벧전 1:22-23).

그리스도인들은 이미 이 세상에 살고 있을 때에도 "낮"에 이미 속해 있습니다. 비록 낮이 가까워 오고 있다는 것이 진리임에도 불구하고 심령으로는 "이미" 그 낮에 속하여 있습니다.

우리가 "아직" 이 세상에 살아 있고 우리 몸이 "아직" 영화롭게 되지는 않았지만 영적으로 말해서 우리는 "이미" 영화롭게 된 사람들입니다(롬 6:8-11, 14). 하나님이 보실 때에는 우리는 성령의 영역 속에 존재하게 되는 일이 이미 일어난 것입니다(롬 4:5; 고후 5:21; 6:14-17; 살전 5:8; 엡 2:4-6; 5:6-8). 우리는 본질적으로, 또는 영적으로 이미 "주 안에 있는 빛"입니다. 그러나 영적으로만 이 점이 우리에게 해당되는 것입니다.

"아직"의 의미는 다음과 같습니다.⁵²

우리 속에는 아직도 여전히 흑암의 잔재나 흔적이 있습니다. 바로 "옛 사람"의 흔적입니다. 그것은 바로 몸에 해당되는 요점입니다(빌 3:17-20; 살전 5:1-6; 벧전 2:11-12; 히 11:13).

> 사랑하는 자들아 거류민과 나그네 같은 너희를 권하노니 영혼을 거슬러 싸우는 육체의 정욕을 제어하라 너희가 이방인 중에서 행실을 선하게 가져 너희를 악행한다고 비방하는 자들로 하여금 너희 선한 일을 보고 오시는 날에 하나님께 영광을 돌리게 하려 함이라 (벧전 2:11-12).

그러므로 우리는 몸의 구속을 고대하며 살아가고 있습니다(롬 8:23; 13:12-13; 6:11).

> 그뿐 아니라 또한 우리 곧 성령의 처음 익은 열매를 받은 우리까지도 속으로 탄식하여 양자 될 것 곧 우리 몸의 속량을 기다리느니라 (롬 8:23).

신자는 성령을 받음으로써 미래 시대와 연관된 새로운 존재 방식의 참여자가 됩니다. 이와 같이 성령은 처음 익은 열매(롬 8:23)이자 미래의 복에 대한 담보요 증거가 됩니다(고후 5:5; 엡 1:14). 그리고 이것은 우리가 하나님께 속했다는 '인'(고후 1:22), 하나님의 아들 됨의 '보증'(롬 8:15-16)입

---

52 마틴 로이드 존스, 『로마서 강해』 13권, 352-366.

니다. 이것은 우리에게 그리스도가 다시 오시기 전까지는 드러나지 않을 충만한 부요함(롬 8:23)입니다.

7. 구원과 확신

구원 받음에 있어서 확신이 절대요소는 아닙니다.[53] 구원에 대한 확신이 없다고 해도 구원을 받을 수 있습니다. 믿음이 구원에 절대 조건은 아니라는 것입니다. 다시 말하면 '구원받은 것'과 '구원받은 것에 대한 확신'은 다를 수 있습니다.[54] 그러므로 구원에 인간의 행위가 개입되는 것은 전혀 없는 것입니다. 구원은 전적인 하나님의 행위요, 하나님의 은혜의 결과인 것입니다.

구원의 확신에 거하기 위해서는 다음과 같은 지식을 가져야 합니다.
1) 우리의 구원은 어떤 국면에서도 우리 자신에게 달려있지 않습니다.
구원은 전적으로 하나님의 은혜에 달려있습니다. 신자가 구원을 얻은 것은 전적으로 대가없이 얻은 것입니다. 인간의 구원은 하나님의 무한한 은혜 안에 있는 하나님의 사랑으로부터 나왔습니다.
만약 누군가 사랑을 갈망하지 않는다면 그는 비정상입니다. 그는 괴물

---

53   마틴 로이드 존스, 『로마서 강해』 5권, 335, 438.
54   웨스트민스터 신앙고백 제18장에 보면 다음과 같은 말씀이 있습니다. "자기가 전적으로 죄인임을 깨달으며 또한 자신을 하나님 앞에 자랑하여 내세울 수 없는 것을 안다면 또한 우리를 위해서 주 예수 그리스도께서 자발적으로 순종하심을 이루신 역사와 십자가 나무 위에서 달려 우리의 죄를 위해 수동적인 순종 자세로 징벌을 당하신 역사만을 의지한다면 비록 구원의 확신이 없더라도 여러분은 그리스도인입니다."

입니다. 사랑받지 못한다는 느낌은 세상이 겪는 고뇌와 긴장과 불행의 큰 원인입니다.[55] 신자는 하나님의 사랑을 갈구합니다. 십자가 주님의 은혜를 갈구합니다. 신자의 사랑은 세상의 사랑과 다릅니다. 신자는 성경에서 말씀하고 있는 사랑이 뜻하는 진정한 의미와 뜻을 압니다. 신자는 사랑의 삶을 살아갑니다(요일 4:7-8; 마 22:37; 요 4:24).

신자는 주님의 구원을 소망합니다. 신자는 구원을 경험하고 기뻐하는 자의 삶을 살아갑니다. 성령으로 인해, 하나님의 말씀으로 인해, 내 안에 있는 확신으로 인해, 그리고 신자는 그리스도의 죽음과 부활로 말미암아 하나님 앞에서 자신이 의롭다 함을 입고 서 있다는 것을 압니다.

신자의 구원은 하나님의 약속으로 인해 전적으로 보증됩니다. 왜냐하면, 우리가 하나님과 원수 되었을 때 하나님께서 가장 위대한 일을 행하셨기 때문입니다. 이런 위대한 일을 하신 하나님께서 어떤 형태의 죄든지 간에 그로부터의 궁극적이고 완전한 구원과 우리가 받은 최종적인 영광을 안전하게 보장하는 데 필요한 그보다 더 적은 일을 못하실 리가 없기 때문입니다. 주님이 십자가에서의 행함으로 인해 전에 아담 안에 있었던 우리가 이제 그리스도 안에 가입되었습니다. 이 사실이 결국 우리의 궁극적인 구원을 보증합니다.

믿음으로 의롭다 함을 얻은 사람은 '그리스도 안'에 있는 사람이고 그렇기 때문에 그의 최종적인 구원이 그리스도에 의해서 보장되는 것입니다. 성도의 궁극적인 구원은 주 예수 그리스도와의 교제로 확증됩니다. 또한 믿음으로 의롭다 하심을 얻는다는 사실을 아는 사람은 반드시 구원

---

55   마틴 로이드 존스, 『생수로 채우라』, 160.

의 확신을 가집니다.[56]

구원의 확신은 언제나 신자에게 주어진 큰 축복입니다. 신자의 구원에 대한 확신은 그 삶을 새롭게 합니다. 신자의 삶을 강하게 합니다. 구원 받음에 대한 확신은 신자가 언제나 온전한 삶을 살게 하는 원인이 됩니다. 이렇게 주님을 믿는 자는 결코 하나님께 그의 구원이 거절되지 않습니다.

> 그러나 내가 너희에게 이르기를 너희는 나를 보고도 믿지 아니하는 도다 하였느니라 아버지께서 내게 주시는 자는 다 내게로 올 것이요 내게 오는 자는 내가 결코 내쫓지 아니하리라(요 6:36-37).

구원 받은 신자는 예수님을 결코 부끄러워하지 않습니다. 주님 역시 결코 우리를 실망시키지 않으실 것입니다.[57]

> 나는 오직 주의 사랑을 의지하였사오니 나의 마음은 주의 구원을 기뻐하리이다(시 13:5).

그러므로 그리스도인은 자신의 구원 받음에 관해서 고민해서는 안 됩니다. 우리 안에 있는 죄를 인식한다는 사실, 유혹의 강함이 있다는 사실로 인해서 우리의 구원을 의심해서는 안 됩니다. 우리는 구원받았습니다. 칼빈은 "구원받은 것에 대한 확신"이야 말로 그리스도인에게 주어진 하나님의 크신 은혜라고 말씀합니다.

---

56   마틴 로이드 존스, 『로마서 강해』 2권, 12-160.

57   마틴 로이드 존스, 『로마서 강해』 2권, 332.

믿음으로 구원받는 것은 아니지만 구원에 대한 확신에 거하는 것은 믿는 자의 특권이요 기쁨입니다. 확신에 거할 때 그의 삶은 더욱 더 그리스도인다운 모습을 갖추어 나가도록 노력할 것이요, 그 이유가 될 것이기 때문입니다. 또한, 구원의 확신에 거하는 것은 최종적 견인에 대한 절대적 확실성입니다(요일 2:19; 요 17:12; 빌 1:6; 4:13; 롬 8:20). 우리가 죄로부터 궁극적으로 완전하게 그리고 전적으로 구원 받는 것이 성령의 내주하심으로 말미암아 보증됩니다.[58]

『로마서 강해』 10권에서는 구원에 대하여 다음을 더 보충하여 설명합니다.[59] 성도가 구원 받은 그 구원은 어느 누구도 빼앗아가지 못한다는 것입니다(요 11:28; 사 28:16).

> 그러므로 주 여호와께서 이같이 이르시되 보라 내가 한 돌을 시온에 두어 기초를 삼았노니 곧 시험한 돌이요 귀하고 견고한 기촛돌이라 그것을 믿는 이는 다급하게 되지 아니하리로다(사 28:16).

> 그를 믿는 자는 누구든지 구원을 받을 것입니다(롬 1:16; 행 4:12).

> 내가 복음을 부끄러워하지 아니하노니 이 복음은 모든 믿는 자에게 구원을 주시는 하나님의 능력이 됨이라 먼저는 유대인에게요 그리고 헬라인에게로다(롬 1:16).

---

58 마틴 로이드 존스, 『로마서 강해』 5권, 113-114, 204-206.
59 마틴 로이드 존스, 『로마서 강해』 10권, 332-347.

> 다른 이로써는 구원을 받을 수 없나니 천하 사람 중에 구원을 받을
> 만한 다른 이름을 우리에게 주신 일이 없음이라 하였더라(행 4:12).

구원은 전적으로 하나님의 은혜입니다. 구원 받음에 있어서 주님이면 충분합니다(딤전 2:5).

2) 율법은 구원받은 신자를 고소하지 못합니다.

> 그러므로 이제 그리스도 예수 안에 있는 자에게는 결코 정죄함이 없
> 나니(롬 8:1).

또한 신자는 마귀에게 승리할 것입니다(약 4:7; 계 12:11; 요일 5:18-19).[60]

> 그런즉 너희는 하나님께 복종할지어다 마귀를 대적하라 그리하면 너
> 희를 피하리라(약 4:7).

마귀는 신자를 멸망시키지 못합니다. 마귀는 신자를 천국에도 지옥에도 넣을 수 없습니다. 오직 하나님만이 그 일을 하실 것입니다. 그러므로 신자는 마귀를 두려워할 필요가 없습니다. 신자의 소망은 오직 하나님과의 교제에 있어야 합니다.

3) 구원받은 신자에게 나타나는 성화는 언제나 구원 받은 자에게 나

60　마틴 로이드 존스,『로마서 강해』2권, 335.

타나는 부산물입니다.

그러므로 성화를 목적으로 삼는 자는 큰 실수를 범하게 됩니다. 신자의 삶의 목적은 하나님께 영광을 돌리는 것이어야 합니다. 삼위 하나님과의 교제에 그 목적이 있어야 합니다. 그런 자에게는 성령이 함께 하십니다. 이런 신자에게는 성령에 의해 몸의 행실을 죽이는 일들이 자연스럽게 나타납니다. 이는 성령의 인도를 받는다는 것을 의미합니다. 그러므로 그리스도인의 삶의 목적은 성화를 목적하는 삶이 아니라 신자가 성령과 함께 할 때 성화는 저절로 따라오는 것입니다(딤후 3:16-17; 롬 6:6; 벧전 1:2; 고후 7:1; 엡 1:4-6, 12, 14).

> 너희가 육신대로 살면 반드시 죽을 것이로되 영으로써 몸의 행실을 죽이면 살리니 무릇 하나님의 영으로 인도함을 받는 사람은 곧 하나님의 아들이라(롬 8:13-14).

이와 같이 성화는 구원 받는 자에게 자연스럽게 나타나는 현상입니다.[61] 왜냐하면 신자는 더 이상 죄의 왕 노릇 아래 있지 않고 은혜의 왕 노릇 아래에 있습니다. 이런 은혜 안에 거하는 신자에게 있어서 그의 최종적인 구원이 틀림없고 확실하며 보증되어 있습니다. 어느 누구도 그의 구원 받음을 취소할 수 없습니다(롬 8:10).[62]

신자는 하나님께서는 이 세상이 완전한 우주로 회복이 되기 전까지는

61　마틴 로이드 존스, 『로마서 강해』 5권, 204-206.
62　마틴 로이드 존스, 『로마서 강해』 5권, 96.

만족하지 않으실 것을 기억해야합니다.[63] 하나님께서는 미래에 당신의 영원한 나라를 세우실 것입니다(행 3:19-24; 마 19:28; 엡 1:10). 그리고 그 나라는 완전히 회복된 나라일 것입니다. 그 나라를 위해 하나님은 멈추지 않고 하나님의 일을 하실 것입니다.

> 예수께서 이르시되 내가 진실로 너희에게 이르노니 세상이 새롭게 되어 인자가 자기 영광의 보좌에 앉을 때에 나를 따르는 너희도 열두 보좌에 앉아 이스라엘 열두 지파를 심판하리라(마 19:28).

하나님은 이 일의 완성을 위해서 멈추지 않고 나아가실 것입니다. 새 하늘과 새 땅 그것이 하나님이 원하시는 하나님의 나라의 모습입니다. 그 곳에서 우리는 하나님께 영원히 영광을 돌리며 살 것입니다. 그러기 위해서 우리는 이 땅에 살면서 하나님과의 화해가 필요합니다.

구원은 하나님과의 화해를 의미합니다. 하나님과의 화해는 구원의 시작이자 끝입니다.[64] 신자는 하나님과 화해하며 하나님의 나라가 이루어 질 것을 소망하며, 신자로 살면서 이 땅에서 하나님의 나라의 그림자를 경험하는 것입니다. 우리는 누구나 행복해지기를 갈망합니다. 그러나 이것보다 더 중요한 것이 있습니다. 그것은 하나님과의 화해입니다. 신자는 하나님과의 화해를 통해 진정한 행복을 경험하게 됩니다.

하나님께서는 주님을 이 땅에 보내셨습니다. 주님을 통해서 우리의 죄를 사해주셨습니다. 우리를 위해 주님께서는 십자가에 고난당하시고 죽으

---

63 마틴 로이드 존스, 『로마서 강해』 10권, 192-250.
64 마틴 로이드 존스, 『생수를 마셔라』, 137, 146.

셨으며 무덤에 묻히신 후 제 삼일에 부활하셨습니다.

예수의 부활에 대해서는 성경에 많은 증거가 있습니다.

먼저 빈 무덤에 대한 증거가 있습니다(마 28:6; 막 16:5-6; 눅 24:3, 6: 22-24; 요 20:5-8). 예수의 부활 후 주님이 나타나신 일들이 성경에 기록되어 있습니다. 신약에는 최소한 10회는 나타나셨습니다. 그 중 5회는 부활 첫 번째 날이었고, 나머지 5회는 예수의 승천하시던 날까지 포함해서 부활 후 약 40일 동안에 나타나셨습니다(마 28:8-10; 요 20:10-18; 눅 24:13-35; 고전 15:5; 눅 24:36-43; 요 20:20-28; 21:1-22; 마 28:16-20; 고전 15:6, 7; 눅 24:44-52; 행 1:49).

부활하신 주님은 개인들에게도 나타나셨습니다(마리아, 베드로, 야고보 등). 그리고 같은 날 다른 시간대에 나타나시기도 하셨습니다. 한날한시에 예루살렘과 갈릴리 모두에 나타나시기도 하셨습니다. 이러한 예수의 부활 후 나타나심의 증거들은 주님의 부활이 단순히 무슨 환각적인 일이었을 가능성의 여지를 완전히 불식시켜 줍니다.[65]

주님의 부활은 하나의 사실일 뿐 아니라 주 예수 그리스도를 믿는 모든 이들에게 앞으로 일어나는 일을 그려주는 하나의 예표와도 같습니다 (행 26:23; 2:27; 고전 15:19-24).

> 곧 그리스도가 고난을 받으실 것과 죽은 자 가운데서 먼저 다시 살아나사 이스라엘과 이방인들에게 빛을 전하시리라 함이니이다 하니라 (행 26:23).

---

65 로버트 L. 레이몬드, 『최신조직신학』, 718-723.

주님의 부활은 우리 부활의 보증입니다. 그러므로 믿는 자는 주님의 부활과 자기 자신 또한 마지막 날 부활하게 될 것을 믿습니다. 부활하여 승천하신 주님은 지금도 하나님 우편에서 죄와 사단의 영향력이 강한 이 땅에 사는 우리를 위해 간구하십니다.

> 그러므로 자기를 힘입어 하나님께 나아가는 자들을 온전히 구원하실 수 있으니 이는 그가 항상 살아 계셔서 그들을 위하여 간구하심이라(히 7:25).

그 주님은 우리를 위한 대제사장이십니다.

> 그러므로 우리에게 큰 대제사장이 계시니 승천하신 이 곧 하나님의 아들 예수시라 우리가 믿는 도리를 굳게 잡을지어다 우리에게 있는 대제사장은 우리의 연약함을 동정하지 못하실 이가 아니요 모든 일에 우리와 똑같이 시험을 받으신 이로되 죄는 없으시니라 그러므로 우리는 긍휼하심을 받고 때를 따라 돕는 은혜를 얻기 위하여 은혜의 보좌 앞에 담대히 나아갈 것이니라(히 4:14-16).

주님은 하나님 우편에서 우리를 위한 중보의 기도를 하시며 우리의 처소를 예비하시고 계십니다. 그 주님을 통해 우리는 하나님과 화해합니다.

> 그러므로 우리가 그리스도를 대신하여 사신이 되어 하나님이 우리를 통하여 너희를 권면하시는 것 같이 그리스도를 대신하여 간청하노니 너희는 하나님과 화목하라(고후 5:20).

신자는 회개를 통해서 믿는 자의 삶을 시작합니다. 그러나 우리 스스로의 행위를 통해서 의롭다 함을 받지 못한다는 사실을 알아야 합니다. 우리의 의는 예수 그리스도를 믿는 자에게 주어지는 것입니다. 우리는 주 예수 그리스도가 우리를 인해서 행하신 일로 말미암아 의롭다 함을 받는 것입니다. 신자가 의를 행하는 것은 성령의 역사 안에서 행하는 것입니다. 그러므로 신자의 행위는 결국 우리 안에서 거하시는 성령의 행위라고 볼 수 있습니다. 이와 같이 신자가 그리스도인이 됨으로 인해서 선함이 자연스럽게 나타납니다(고전 1:2; 6:11; 고후 5:17; 엡 2:10; 4:24).

신자가 그리스도인이 되기 위해서는 가장 먼저 죄가 무엇인지를 알아야 합니다. 자신이 죄인이라는 것을 깨닫는 것은 주님의 은혜입니다. 죄는 하나님을 대적하는 것입니다. 이러한 죄는 멸해져야 합니다. 죄는 영원히 파멸되어야 합니다.

죄를 알아야 회개를 합니다. 그리스도인은 회개를 통하여 자신이 얼마나 큰 죄인인지를 깨닫게 됩니다. 우리는 죽는 날까지 '죄와 사망의 몸'을 가지고 있기 때문에 죄와의 싸움은 계속될 것입니다(롬 7:19, 23; 고후 7:1; 살전 5:23; 갈 5:17; 벧전 2:11). 그리스도께서 우리 죄를 위해 죽으셨습니다. 그러기에 신자는 예수 그리스도를 통해서 성령의 은혜 안에서 마귀를 대적할 수 있습니다(요 3:3; 고전 6:11; 딛 3:5).

> 너희는 믿음을 굳건하게 하여 그를 대적하라 이는 세상에 있는 너희 형제들도 동일한 고난을 당하는 줄을 앎이라(벧전 5:9).

그것을 믿고 신자는 죄와의 싸움을 멈추지 말아야 합니다(롬 6:5-6, 14; 8:13). 예수님을 믿는 자들의 공동체가 교회입니다. 교회는 그리스도의 몸입니다(엡 1:22-23; 4:16).

> 또 만물을 그의 발 아래에 복종하게 하시고 그를 만물 위에 교회의 머리로 삼으셨느니라 교회는 그의 몸이니 만물 안에서 만물을 충만하게 하시는 이의 충만함이니라(엡 1:22-23).

> 그에게서 온 몸이 각 마디를 통하여 도움을 받음으로 연결되고 결합되어 각 지체의 분량대로 역사하여 그 몸을 자라게 하며 사랑 안에서 스스로 세우느니라(엡 4:16).

주님께서는 교회 공동체에 속한 신자들이 고난을 당할 때 도우십니다.

> 그가 시험을 받아 고난을 당하셨은즉 시험 받는 자들을 능히 도우실 수 있느니라(히 2:18).

하나님은 우리를 고아와 같이 버려두시지 않으십니다. 2천 년이 넘게 교회가 존속하는 것은 하나님의 도우심의 결과라고 밖에는 표현할 길이 없습니다.

우리는 열심히 하나님에 대해 배워야 합니다. 우리는 말씀에 대해 배워야 합니다. 왜냐하면 구원받을 만한 믿음의 내용을 이해함 없이는 구원의 확신도 금방 사라져 버리기 때문입니다. 이와 같이 믿음은 아는 것을 기초로 이루어집니다. 그러나 여기서 중요한 것은 진리를 이지(理智)로만 받아들여서는 안 된다는 것입니다. 우리는 성경 말씀을 지식만이 아니라 우리의 영혼으로 받아들여야 합니다. 이것이 신약의 가르침입니다.

주님은 마지막 날 심판을 위하여 오실 것입니다. 주님은 믿는 자들에게 하나님 나라를 허락하시기 위해 강림하실 것입니다. 주님은 오셔서 믿는 자들에게 상급을 주실 것입니다. 불의 시험을 통과한 자는 상급을 받겠지만, 그렇지 못한 자는 손실을 경험할 것입니다(고전 3:15). 하나님의 백성이 심판 받는 날에 상급의 편차가 있을 것입니다(눅 19:12-19; 고전 3:10-15). 신자의 상급은 자신의 공로로 얻는 것이 아니라 하나님의 은혜의 선물로 받는 것입니다(눅 17:10; 롬 11:35; 욥 22:2-3; 35:7). 우리는 그 날을 소망하며 삶을 살아나가야 합니다.

> 그들이 우리에 대하여 스스로 말하기를 우리가 어떻게 너희 가운데에 들어갔는지와 너희가 어떻게 우상을 버리고 하나님께로 돌아와서 살아 계시고 참되신 하나님을 섬기는지와 또 죽은 자들 가운데서 다시 살리신 그의 아들이 하늘로부터 강림하실 것을 너희가 어떻게 기다리는지를 말하니 이는 장래의 노하심에서 우리를 건지시는 예수시니라(살전 1:9-10).

역사에서 자유 의지를 가졌던 오직 한 사람이 있었다면 그는 아담입니다. 인간은 아담의 범죄 이후 이 세상에 태어난 모든 사람은 다 타락하였고 결과적으로 죄로 인한 저주 아래 있습니다.

하나님께서 당신 자신의 주권적인 의지와 주권으로 원하시는 대로 행하실 절대적인 권한을 갖고 계십니다. 하나님은 타락한 인간에 대해 무엇이든지 하실 수 있습니다. 그 하나님께서는 어떤 사람들을 택하사 구원받게 하셨습니다. 이와 같이 구원은 전적으로 하나님의 주권적인 결과요, 하나님의 선택의 결과입니다. 그분께서 구원하고자 하는 자를 구원하시는 것은 그분의 자유로운 의지의 선택의 결과입니다.

만약 사람이 구원을 얻는다면 그것은 하나님께서 그를 선택하셨기 때문입니다. 왜냐하면 하나님께서는 긍휼 베푸실 자에게 긍휼을 베푸시고, 하고자 하시는 자를 강퍅케 하시는 분이시기 때문입니다. 하나님께서는 어떤 사람들은 구원하시기로 결정하시고, 어떤 사람들은 멸망과 저주를 받도록 보내시기로 작정하십니다. 따라서 만일 사람들이 구원을 받으면, 그것은 전적으로 하나님의 긍휼 때문입니다. 이와 같은 구원을 주시는 하나님의 위대함과 영광과 영원하심과 그의 위엄이 성경에 나타나 있습니다(출 3:1-6; 수 5:13-15; 욥 42:1-6; 사 6:1-5; 히 12:28-29; 골 2:18-19).

사람이 그리스도인이 되는 것은 하나님의 의지와 뜻과 선택 때문입니다. 그러나 만약 정죄를 받았다면 그것은 그들 자신의 책임입니다. 즉, 사람들은 자기 정죄를 받는데 대한 책임을 그 자신이 져야합니다. 왜냐하면 그가 하나님의 구원의 방식을 거절하고, 예수 그리스도의 십자가의 은혜를 받아들이지 않기 때문입니다.

8. 구원하심과 긍휼의 관계

한때는 이방인들이 불순종에 갇혀 있었습니다. 과거에 이방인들은 소망 없는 자들이었습니다. 그런 자들에게 하나님께서 긍휼을 베푸셨습니다. 긍휼이란 고통을 덜어주고자 하는 소원을 의미합니다.[66] 구원은 오로지 그리고 완전히 하나님의 긍휼의 결과입니다. 하나님의 긍휼이 이방인

66　마틴 로이드 존스, 『로마서 강해』 9권, 212.

들을 구원했습니다.[67] 이와 같이 하나님의 목적은 "긍휼"을 베푸시는 것입니다. 구원은 오직 하나님의 긍휼의 결과임을 명백히 나타내는 것입니다. 어떻게 일어나든지, 언제 일어나든지, 이 일은 완전히 하나님의 긍휼의 결과입니다. 그리고 그 일은 유대인이나 이방인이나 동일하게 역사하십니다.

지금 유대인들은 과거의 이방인들처럼 구원에 소망이 없는 자들이지만 바울 사도가 설명하는 것처럼 하나님께서는 그들에게도 긍휼을 베푸실 것입니다. 주님은 구원이 유대인에게서 난다고 하셨습니다(요 4:22). 그 주님이 유대인이십니다. 그분께서 구원에 관한 모든 가르침과 개념, 구원의 모든 목적이 하나님께서 특별한 민족, 곧 유대인들을 통해 주셨고 이루신 것이라는 사실도 말씀하셨습니다. 그러므로 구원에 대한 이해는 유대교의 가르침과 구약성경의 가르침 그리고 그 배경과 준비의 빛 아래에서만 이해할 수 있습니다.[68]

하나님께서는 유대인들에게 긍휼을 베푸시기 위해 그들을 예전 이방인들이 경험했던 것과 동일한 방법으로 그들을 불순종에 가두어 두십니다. 그러나 미래에 하나님의 긍휼로 인해 하나님께서 대다수의 유대인들을 구원하실 것입니다.

9. 구원의 궁극적인 목표

사람은 자신을 구원하지 못합니다.[69] 또한 자신의 구원을 결정할 권한

---

67 마틴 로이드 존스, 『로마서 강해』 11권, 310-346.
68 마틴 로이드 존스, 『생수를 구하라』, 301, 309.
69 마틴 로이드 존스, 『로마서 강해』 9권, 337-341.

도 없습니다. 그럴 능력도 없습니다. 구원에 관한한 인간은 전적으로 무능합니다. 구원은 전적으로 하나님께 속한 것입니다. "내가 긍휼히 여길 자를 긍휼히 여기고 불쌍히 여길 자를 불쌍히 여기리라"(롬 9:15)고 말씀하신 분은 하나님이십니다.

사도 바울은 자기의 동족들이 하나님 나라 밖에 있다는 사실을 슬퍼했습니다. 그래서 그들로 하여금 그 나라에 들어오게 설득합니다. 그러기 위해서 바울은 성경에서 예언된 대로 먼저 이방인들을 하나님의 나라로 받아들일 것에 대한 예언을 다룹니다. 이에 대해서는 유대인과 관련한 곳에서 자세히 다루겠습니다. 우리는 구원을 받았습니다.

율법으로부터 구원 받음에 대한 의미는 다음 3가지입니다.[70]

1) 율법의 저주로부터 구원을 받았습니다.

2) 우리를 거룩하게 할 수 없는 율법의 무능함에서 벗어났습니다. 우리는 율법으로 말미암아 의롭다 함을 받지 않습니다.

3) 죄의 본성을 격발시키는 하나님의 율법에서 벗어났습니다. 우리는 율법으로 인해 정죄를 받지 않습니다.

구원은 회심을 하는 것입니다. 이 말의 의미는 신자가 하나님의 뜻에 대한 자기들의 마음의 생각을 바꾸는 것을 의미합니다.[71] 구원을 받은 신자에게 있어서 새로운 소망이 생깁니다. 신자의 구원의 궁극적인 목표와 표적은 영화입니다. 이에 대해 마틴 로이드 존스는 다음과 같이 『로마서 강해』 4권에서 설명합니다.[72]

---

70 마틴 로이드 존스, 『로마서 강해』 4권, 118-120.

71 마틴 로이드 존스, 『로마서 강해』 6권, 15.

72 마틴 로이드 존스, 『로마서 강해』 4권, 117-147.

먼저 성화에 대해 살펴보겠습니다.
1) 구원의 목적은 우리의 성화입니다.

> 곧 창세 전에 그리스도 안에서 우리를 택하사 우리로 사랑 안에서
> 그 앞에 거룩하고 흠이 없게 하시려고(엡 1:4).

구원은 그의 사랑하는 아들을 통하여 성령으로 말미암아 우리를 위하여 행하시는 모든 것 안에 있는 하나님 앞에서 우리가 거룩하고 책망할 것이 없게 하려는 것입니다. 신자들은 성령을 통한 하나님의 책망이 고통스럽게 느껴지더라도 죄로 인한 하나님의 책망을 기꺼이 받아들여야 합니다.[73] 이것이 신자 안에 있는 새 생명을 살리는 길이기 때문입니다. 부흥의 때에는 이러한 일들이 있었습니다.

우리의 지식과 감정과 의지 곧 전인을 성령께서 주관하십니다. 왜냐하면 그리스도인의 생명은 성령 안에 있는 생명이기 때문입니다.[74] 그 생명은 하나님의 거룩을 드러내고자 하는 성향이 자연스럽게 드러납니다. 신자의 성화의 모습은 이렇듯 하나님과의 관계의 화목을 통해서 자연스럽게 드러나게 됩니다.

구원과 성화의 관계에 대해서 그는 『로마서 강해』 11권에서도 다음과 같이 말합니다.[75] 구원은 그 자체로 끝이 아닙니다. 우리를 구속하신 주님께서는 우리를 깨끗하게 하시고, 선한 일을 열심히 하는 백성이 되게 하십니다.

---

73 마틴 로이드 존스, 『영광을 바라보라』, 144.
74 마틴 로이드 존스, 『로마서 강해』 4권, 117-144.
75 마틴 로이드 존스, 『로마서 강해』 11권, 206.

그가 우리를 대신하여 자신을 주심은 모든 불법에서 우리를 속량하시고 우리를 깨끗하게 하사 선한 일을 열심히 하는 자기 백성이 되게 하려 하심이라(딛 2:14).

이에 대해『로마서 강해』12권에서도 "구원은 신자들에게 거룩한 삶을 살도록 하기 위해서"임을 말합니다(벧전 1:16; 2:9; 약 1:25; 딛 2:14; 마 5:16; 롬 8:7; 골 1:21-22).[76] 이를 통해서 구원의 목적은 성화된 삶을 살도록 하는 데 있다는 것을 알게 됩니다.

기록되었으되 내가 거룩하니 너희도 거룩할지어다 하셨느니라 (벧전 1:16).

그러나 너희는 택하신 족속이요 왕 같은 제사장들이요 거룩한 나라요 그의 소유가 된 백성이니 이는 너희를 어두운 데서 불러 내어 그의 기이한 빛에 들어가게 하신 이의 아름다운 덕을 선포하게 하려 하심이라(벧전 2:9).

2) 두 번째로 구원의 목적은 하나님과 화목하게 함입니다.[77]

곧 하나님께서 그리스도 안에 계시사 세상을 자기와 화목하게 하시며 그들의 죄를 그들에게 돌리지 아니하시고 화목하게 하는 말씀을

---

76   마틴 로이드 존스,『로마서 강해』12권, 184.
77   마틴 로이드 존스,『로마서 강해』13권, 296-297.

우리에게 부탁하셨느니라(고후 5:19).

기독교는 우리를 하나님께로 인도하기 위해 존재하는 것입니다. 우리는 하나님과의 화목을 신앙생활에 있어서 항상 맨 앞에다 놓아야 합니다. 구원의 목적은 우리를 하나님과 화해시키고, 우리의 삶 속에서 하나님과 그 하나님의 거룩하심을 변호하는 데 있습니다.

구원의 목적은 나로 하여금 하나님의 뜻과 일치된 삶을 살도록 하는 것에 있습니다. 그러므로 하나님께서 사람을 자신을 위해 만드신 것은, 하나님과 사람이 계속 하나님과 교통하고 교제할 수 있도록 하기 위함입니다. 그러나 인간은 범죄하였고 죄로 인하여 하나님과의 교제는 단절되었습니다. 이 단절된 교제의 회복을 위해 우리 주 예수 그리스도가 십자가의 죽으심을 통하여 하나님과 우리 사이에 죄로 인해 막힌 담을 허무셨습니다. 그래서 우리는 주님을 통해 하나님을 "아바" 아버지라 부를 수 있으며 하나님과 자녀의 관계로 회복되었습니다.

3) 세 번째로 구원의 목적은 하나님을 영화롭게 하고 영원토록 그를 즐거워하는 것에 있습니다.[78]

구원받은 신자는 마음을 새롭게 함으로 성령의 인도하심을 받습니다. 그렇게 순종하는 자들은 하나님의 뜻에 관한 것들을 발견할 수 있게 됩니다. 그리고 그것을 행하는 것을 소망하는 삶을 살아가는 것입니다. 그것은 하나님의 사람은 하나님의 영광을 목적하며 삶을 살아나간다는 것입니다. 그는 모든 것의 중심에 하나님의 영광을 둡니다. 그래서 하나님의 영

---

78 마틴 로이드 존스, 『로마서 강해』 13권, 296- 297. 참고, 웨스트민스터 대(소)교리문답 1문. 사람의 제일되고 가장 높은 목적, 인생의 목적은 하나님께 영광을 돌리고, 하나님을 기뻐하는 것입니다.

광을 위해 삶의 모든 것을 결정합니다.

신자는 하나님을 기뻐하고 즐거워합니다. 신자는 하나님만으로 만족하며 무엇보다 하나님의 영광을 위한 삶을 기뻐합니다. 그래서 신자는 모든 일을 하나님의 영광 안에서 생각하고 행동합니다. 신자의 삶의 기준이 바로 "하나님께 영광"이 되는 것입니다.

4) 구원은 우리 주 예수 그리스도에게 달려 있습니다.[79]

하나님은 우리의 구원에 대해 어떤 순간에도 우리에게 의존하지 않습니다. 구원은 전적으로 하나님 안에 존재하고 있고, 하나님에게 속해 있습니다. 이것은 로이드 존스가 구원에 대하여 말할 때 끊임없이 언급하고 있는 말씀이기도 합니다.

로이드 존스는 구원에 대한 말씀만이 아니라 많은 교리에 대해 반복을 합니다. 그러나 그는 반복을 하면서도 다양한 입증의 예를 성경을 통해서 합니다. 그는 신학의 사람이면서 동시에 성경의 사람이라는 것을 알 수 있습니다.

그는 모든 설교가 신학에 기초해야 함을 강조합니다. 신학이 없는 설교의 위험성에 대해 경고합니다. 그는 교리에 대해 새로운 성경 말씀을 찾고 그것을 말씀합니다. 그러면서 교리를 완성시켜 나가는 것을 알 수 있습니다.

인간이 거듭났다는 첫 번째 증거는 회개하여 복음을 믿는 것입니다(마 4:17; 막 1:15). 회개케 하는 것은 사람에게 새로운 마음과, 새로운 사고방식과, 새로운 이해를 주시는 성령의 작용입니다. 구원 얻는 자는 회개합니다 (행 2:38; 16:30; 눅 3:10). 그러므로 복음 설교에 있어서 회개는 언제나 가장

---

79   마틴 로이드 존스,『로마서 강해』11권, 217, 169-238.

먼저 놓아야 합니다. 믿는다면서 회개하지 않는다면 그는 구원을 받았는지에 대한 심각한 고민을 해야 할 것입니다.[80]

> 베드로가 이르되 너희가 회개하여 각각 예수 그리스도의 이름으로 세례를 받고 죄 사함을 받으라 그리하면 성령의 선물을 받으리니 (행 2:38).

구원 받음을 통해서 신자는 지성, 심령, 의지에 영향을 받습니다. 성령의 조명을 받은 지성은 하나님의 열려진 진리의 영광을 보게 됩니다. 또한 심령이 감동케 되며 예배와 찬양과 경배로 나아가게 됩니다. 이와 같이 그리스도인의 구원의 영광은 전인을 다루는 것입니다.[81] 구원은 성도의 전인을 변화시키는 역사가 일어납니다.

예배란 하나님 앞에 엎드리는 행위이며, 하나님 때문에 하나님을 높이는 행위입니다. 예배란 하나님이 하시는 일과 그분으로부터 받은 모든 복과 상관없이, 하나님 앞에 엎드리며 오직 하나님께 집중하는 것입니다. 그리하여 하나님의 임재를 경험하는 것입니다. 진정한 예배는 그분의 임재 앞에 엎드려 하나님을 높입니다. 참된 예배는 오직 하나님만을 예배합니다.[82] 우리는 하나님 앞에 엎드리어 겸손하게 그리고 그 분 앞에 침묵하며 하나님의 위엄 앞에 경외심으로 가득하여 그분을 예배합니다. 예배를 평범한 것으로 바꾸지 마십시오. 예배를 받으시는 분도 하나님이시고, 예

---

80   마틴 로이드 존스, 『로마서 강해』 8권, 89-90.
81   마틴 로이드 존스, 『로마서 강해』 11권, 371.
82   마틴 로이드 존스, 『생수를 구하라』, 146-147, 151, 166-168.

배를 만드신 분도 하나님이십니다. 예배를 놓치지 마십시오. 신자는 예배를 잃어버리면 안 됩니다.

우리는 하나님의 가르침을 벗어나서는 안 됩니다. 하나님은 살아계신 분이십니다. 그분은 어디에나 계십니다. 모든 세상의 존재는 오직 하나님의 크고 거룩한 뜻이 낳은 결과입니다. 구원은 하나님의 능력이 낳은 결과입니다. 우리는 하나님의 이러한 것들을 예배하는 것입니다.

찬양은 하나님을 기리는 노래입니다. 찬양은 하나님에 관한 노래입니다. 찬양은 하나님께 대한 거룩하고도 시적인 노래를 의미합니다.[83] 우리는 영광스러운 주님을 찬양하게 됩니다. 그분의 인격을 찬양합니다. 그분의 위엄을 찬양합니다. 신자는 이런 찬양을 하게 되는 것입니다. 이런 찬양은 신령한 노래로 성령으로 감동하여 심령에서 자연스럽게 터져 나오는 표현입니다.

사무엘의 어머니 한나의 노래가 이와 같았습니다. 세례 요한의 부친 사가랴의 노래가 이와 같았습니다. 예수님의 모친 마리아의 노래가 이와 같았습니다. 이것은 영으로 찬송하는 것이요, 마음으로 찬송하는 것입니다. 찬양은 이와 같이 언제나 예배로 이어집니다.

---

83 마틴 로이드 존스, 『성경적 찬양』, 25-29, 40, 115.

11장
믿음

1. 믿음의 정의
2. 믿음은 활동입니다.
3. 믿음의 요소
4. 믿음이 산출되는 방식
5. "믿음으로 말미암아"의 구약의 의미
6. 구원받을 만한 믿음
7. 믿음의 경향성
8. 의롭다 함을 얻는 믿음
9. 믿는 자에게 나타나는 특징들

11장 믿음

1. 믿음의 정의

마틴 로이드 존스는 믿음에 대하여 『로마서 강해』 1, 5, 7, 11권에서 다루고 있습니다. 이렇게 많은 곳에서 믿음을 다루고 있는 것은 로이드 존스가 성도들이 믿음의 정의와 믿음의 중요성에 대해 잘 알기를 원하셨기 때문입니다.

『로마서 강해』 1권에서 다루고 있는 믿음의 정의를 살펴봅니다.[1]

믿음이란 주님께서 우리를 위해서 행하신 일과 구원을 위해서 행하신 것을 신뢰하는 것입니다. 믿음은 진리에 대한 앎(knowledge)과 진리에 대한 동조(assent), 그리고 진리에 대한 신뢰(trust)입니다. 믿음은 진리에 자기 자신을 위임하고 전폭적으로 그것에 자기 자신의 자아를 포기하는 것입니다. 믿음을 가진 사람은 더 이상 자신을 바라보지 않으며 자신을 기대하지 않습니다. 그는 오직 그리스도만을 바라보며 그분의 행하신 일만을 바

---

[1] 마틴 로이드 존스, 『로마서 강해』 1권, 64-68, 157-159, 264-306.

라봅니다. 신자는 주님의 행하신 것만을 의존합니다.

믿음이란 단지 도구일 뿐이지 내가 의롭다 함을 얻는 원인은 아닙니다. 내가 의롭게 되는 원인은 주 예수 그리스도와 그가 행하신 모든 것입니다. 그러므로 믿음이란 하나님의 의가 나의 것으로 되는 데 있어서 통로에 불과한 것입니다. 믿음은 이러한 진리를 깨닫는 것입니다. 믿음은 복음을 믿고 받아들이는 것입니다. 할례자도 믿음으로 말미암아 의롭다 함을 받으며, 무할례자도 믿음으로 말미암아 의롭다 하실 하나님은 한 분이십니다.

믿음에는 확신이라는 또 다른 요소를 포함하고 있습니다. 또한 믿음은 앎입니다. 우리는 지식의 요소를 믿음으로부터 박탈해서는 안 됩니다. 믿음은 지각을 함유하고 있으며, 그것은 가슴 속에서 전인적으로 일어납니다. 믿음이란 우리들을 열심 있고 능력 있게 만들어 우리의 생활과 우리의 생각과 행동을 강하게 합니다. 참된 믿음은 이와 같이 지성과 의지와 감정 모두를 포함합니다. 믿음은 전인의 모든 것을 포함하는 것입니다.

믿음은 문제들을 두고 뒤로 물러서지 않습니다. 믿음은 문제들을 극복합니다. 믿음은 그 문제들을 똑바로 바라보고 그것들 위로 올라섭니다. 믿음은 어려움을 생각하지 않는다는 뜻은 아닙니다. 그러나 믿음은 그 어려움들을 극복합니다. 믿음이 어려움을 고려해 넣는다고 할지라도 믿음은 약해지지 않고 오히려 여전히 강한 채로 남아 있습니다. 반대로 불신앙은 어려움만을 바라봅니다. 믿음은 아브라함과 참 믿음을 가진 모든 자들로 하여금 확실한 일들을 향하게 합니다. 믿음은 우리들을 강하게 합니다. 믿음은 우리의 약함을 막아 주고 우리의 망설임을 제지해줍니다. 왜냐하면 하나님은 하나님이시고 하나님답기 때문에 결코 처음과 나중 모든 요인과 있을 수 있는 환경과 상황을 보지 않고 약속하는 일이 없습니다. 우리는 모든 것을 아시는 전지하신 하나님을 믿습니다.

믿음이란 궁극적으로 하나님에 대한 진리를 아는 것이며 이는 신자가 모든 대가를 지불하고서라도 그분을 신뢰함으로써 하나님께 영광을 돌리는 것입니다. 사람의 믿음의 척도는 언제나 궁극적으로는 그의 하나님에 대한 앎의 정도입니다. 또한 강한 믿음은 하나님께 순종하며 거룩함을 가짐으로 생겨납니다.

어린 묘목은 소나무의 성질이 있지만 그것은 분명히 성장한 소나무처럼 강하지 않은 것만은 사실입니다. 그처럼 우리의 믿음도 약하지만 참 믿음일 수 있습니다.[2] 믿음은 하나님께서 우리에게 주시는 것이며 우리 안에 짜 넣어 주시는 것입니다.

그러므로 믿음은 언제나 하나님을 확신하게 하고 의탁하도록 인도합니다. 믿음은 성령의 능력으로 믿는 것입니다. 그러기에 믿음은 성령의 역사입니다. 믿음이란 우리 안에서 또는 지옥에서부터 우리를 요동케 하는 모든 음성에 대항할 바로 이 확신 그것입니다. 믿음은 하나님을 바라보며 하나님의 신실하심을 고수하는 것입니다. 믿음은 하나님에게만 관심을 둡니다.

2. 믿음은 활동입니다.

『로마서 강해』 5권에서는 믿음은 체험의 가능성에 대해 강조하고 있습니다.[3] 믿음은 하나님의 말씀을 믿으며 이 체험의 가능성을 믿고 "구하라,

---

2 웨스트민스터 표준문서. 제 18장 "구원의 확신에 대하여"를 참고할 것.
3 마틴 로이드 존스, 『로마서 강해』 5권, 521.

찾으라, 문을 두드리라"고 말하는 그 가르침을 믿는 것을 의미합니다. 믿음은 축복을 주시는 분에게 달려 있습니다. 그리고 그에게 간청하는 것입니다. 믿음은 활동입니다. 실천에 옮겨져야 합니다(약 2:26).

『로마서 강해』 7권에서는 믿음에 대해 인간적인 측면보다는 예수 그리스도의 측면에서 말씀하고 있습니다.[4] 복음에는 믿음으로 믿음에 이르게 함으로써 말미암은 하나님의 의가 나타난다는 것입니다. 이것은 믿음이 구원의 조건이 아니라는 것입니다. 우리의 믿음이 구원을 결정하지 않습니다. 믿음이 구원받을 조건으로 요구되는 것도 아닙니다. 믿음은 그리스도 안에서만 발견되는 것으로서, 고유하고 특별한 성질로써 그리스도의 사람에게만 속한 것입니다.

율법주의란 율법을 지킴으로써 자신을 의롭게 하였다고 생각하는 것인데, 이에 반대되는 것의 의미가 믿음입니다. 믿음의 사람이라 하면서 자신의 가치의식을 다 몰아내지 못했다면, 믿음을 가진 것이 아닙니다. 우리를 의롭다 하는 것은 예수 그리스도의 의입니다(롬 1:17). 믿음은 구원을 받는 도구요 통로일 뿐입니다. 나를 바르게 해주는 것은 그리스도의 의입니다. 내가 의롭다 함을 받는 것은 그리스도 때문입니다. 믿음으로 말미암은 하나님의 의가 우리의 믿음에 나타나게 됩니다(엡 2:8; 고전 2:12, 14; 마 11:25-26).

> 너희는 그 은혜에 의하여 믿음으로 말미암아 구원을 받았으니 이것은 너희에게서 난 것이 아니요 하나님의 선물이라(엡 2:8).

믿음의 사람만이 믿음으로 말미암은 예수 그리스도의 의를 보고 그것

---

4   마틴 로이드 존스, 『로마서 강해』 7권, 374-378.

을 받아들이고 즐거워합니다. 바울은 율법을 따라 의를 이루려 했습니다. 그런데 거침돌이 있었습니다. 바로 하나님의 의입니다.

"어떻게 이 사람들이 의로웠는가?"

이에 대한 대답은 믿음으로 말미암은 의입니다. 그것은 하나님께서 주신 의입니다. 하나님께서 믿음을 향하여 주신 의입니다(롬 1:17; 갈 3:16; 히 10:38).

> 나의 의인은 믿음으로 말미암아 살리라 또한 뒤로 물러가면 내 마음이 그를 기뻐하지 아니하리라 하셨느니라(히 10:38).

그리하여 의인은 믿음으로 말미암아 살아갑니다. 우리 주 예수 안에 있는 하나님의 사랑에서 끝내 분리해낼 것은 하나도 없습니다. 바울은 이 의(義)를 알게 됨으로 참된 자유를 얻었습니다.

『로마서 강해』 11권에서 말하는 믿음을 보겠습니다.[5] 믿음은 전적인 하나님의 은혜입니다(엡 2:8; 고전 2:14).

> 너희는 그 은혜에 의하여 믿음으로 말미암아 구원을 받았으니 이것은 너희에게서 난 것이 아니요 하나님의 선물이라(엡 2:8).

> 믿음은 내가 만들어 내는 것이 아닙니다. 그러므로 믿음의 사람들은 두렵고 떨림으로 구원을 이루어야 합니다(빌 2:12; 히 2:1-3).

---

5 마틴 로이드 존스, 『로마서 강해』 11권, 187-188.

> 그러므로 나의 사랑하는 자들아 너희가 나 있을 때뿐 아니라 더욱 지금 나 없을 때에도 항상 복종하여 두렵고 떨림으로 너희 구원을 이루라(빌 2:12).

> 그러므로 우리는 들은 것에 더욱 유념함으로 우리가 흘러 떠내려가지 않도록 함이 마땅하니라 천사들을 통하여 하신 말씀이 견고하게 되어 모든 범죄함과 순종하지 아니함이 공정한 보응을 받았거든 우리가 이같이 큰 구원을 등한히 여기면 어찌 그 보응을 피하리요 이 구원은 처음에 주로 말씀하신 바요 들은 자들이 우리에게 확증한 바니(히 2:1-3).

참된 믿음은 불신앙을 침묵하게 합니다. 역사에 하나님의 심판인 보응이 일어나고 있는 일들은 인간이 역사 속에서 행한 악한 행동에 대한 보답입니다. 우리의 삶에 있어서의 하나님의 보응은 우리가 하나님께 순종하지 않는다면, 우리에게 있는 삶의 축복 자체가 우리에게 저주가 된다는 것을 보여줍니다.

로이드 존스는 믿음만을 강조하지 않습니다. 그는 행위 또한 믿는 자에게 구원을 받은 것이 드러나는 매우 중요한 증표임을 말합니다.[6] 믿음의 사람은 다음과 같은 고백을 합니다.[7]

> 내가 말할 수 없는 죄를 지었습니다. 나는 죄의 생활을 살아왔습

---

[6] 마틴 로이드 존스, 『로마서 강해』 10권, 288-313.
[7] 마틴 로이드 존스, 『로마서 강해』 1권, 65.

니다. 나는 신성 모독자입니다. 나는 해악자이고 비열한 자입니다. 내가 범하지 않은 죄란 거의 없습니다. 아직도 내 안에 있는 죄를 알고 있습니다.

죄라는 것은 하나님의 뜻을 경멸하며 거부하는 것입니다. 죄는 하나님의 길을 떠나, 죄악의 길을 따르는 것입니다. 죄는 하나님이 우리에게 원하시는 것을 행하지 않고 그것을 무시하며 어기는 것입니다. 우리를 위한 하나님의 뜻과 그분의 길을 거스리는 것 그것이 죄입니다.[8] 죄는 질병입니다. 죄는 거룩하고 바르고 선한 하나님의 율법을 사람을 죄에 빠뜨리는 것으로 만들어버렸습니다. 죄는 이렇게 율법을 왜곡시켜 버립니다.

죄는 파괴적입니다. 죄가 있는 곳에는 파괴가 일어납니다. 죄로 인해 관계의 파괴가 일어납니다. 죄로 인해 영혼의 파괴가 일어납니다. 또한 죄는 항상 죽음으로 인도합니다. 죄는 인간을 지옥으로 그리고 고통과 형벌로 인도합니다. 죄는 하나님께 가증스럽습니다.

하나님은 거룩하고 순결하신 분이시기에 죄를 절대로 그냥 보실 수가 없으십니다.[9] 신자는 죄된 삶에서 떠나 하나님께 나아갑니다. 신자는 예수 그리스도를 따릅니다. 신자는 그분의 구원을 소망합니다. 신자는 십자가의 의미를 깨닫습니다. 신자는 자신의 의(義)가 아니라 그리스도의 의(義)가 나의 의(義)이기 때문에 그는 하나님의 자녀인 것을 압니다.

하나님께서 주의 의를 나의 의로 간주하십니다. 그러므로 하나님은 나를 바라보지 않으시고, 우리에게 주를 주신 주 예수 그리스도만을 바라

---

8   마틴 로이드 존스, 『만입의 고백 찬양』, 128-129.

9   마틴 로이드 존스, 『산상설교집 상』, 337-338.

봅니다. 또한 이러한 것에 대한 고백을 하는 신자는 고백에서 멈추지 않습니다. 예수를 통해 의롭다 함을 받은 신자는 그의 삶에서 그리스도의 영광을 위하여 삶을 살아갑니다. 신자는 이와 같이 행함으로 나아갑니다. 신자는 행함이 믿음을 온전하게 합니다(요일 2:3, 5; 벧후 1:5-10). 행함이 없는 믿음은 죽은 믿음이기 때문입니다(약 2:20-22). 믿음의 실상을 궁극적으로 증거하는 것은 행함입니다(약 2:24, 26).

> 24 이로 보건대 사람이 행함으로 의롭다 하심을 받고 믿음으로만은 아니니라 26 영혼 없는 몸이 죽은 것 같이 행함이 없는 믿음은 죽은 것이니라(약 2:24, 26).

신자는 신앙고백을 통해서 자기가 구원받았음을 보여줍니다. 자신의 믿음을 시인하는 것은 세례로 나타납니다(행 19:5). 세례는 그리스도의 교회에 속하여 신자들의 무리 안에 들어가는 것입니다(행 2:41-42; 살전 1:6, 9; 고전 6:19-20; 골 3:3). 세례를 통하여 구원을 받는 것은 아닙니다. 그러나 세례는 구원의 '인'을 우리에게 허락해 줍니다. 신자는 세례를 통하여 새 생명의 삶을 살기를 나타내는 '표'요 '인장'입니다(벧전 3:21).

> 그들이 듣고 주 예수의 이름으로 세례를 받으니(행 19:5).

믿음은 우리의 일상생활에 영향을 줍니다. 참된 믿음은 우리의 삶에 도움을 줍니다. 믿음은 우리를 돕는 일에 실패하지 않습니다. 그들의 삶 속에 나타난 그러한 결과는 신자의 입을 통해 말로 나타납니다. 또한 주님을 믿는다면 신앙이 삶으로 고백될 것입니다(행 4:17-20; 5:29-32; 고후 5:10-

15; 고전 9:16-17; 벧전 3:15). 이는 예수를 부끄러워하지 아니함으로써 예수님을 주시라고 고백하는 것입니다(딤후 1:8, 12, 16).

> 8 그러므로 너는 내가 우리 주를 증언함과 또는 주를 위하여 갇힌 자 된 나를 부끄러워하지 말고 오직 하나님의 능력을 따라 복음과 함께 고난을 받으라 12 이로 말미암아 내가 또 이 고난을 받되 부끄러워하지 아니함은 내가 믿는 자를 내가 알고 또한 내가 의탁한 것을 그 날까지 그가 능히 지키실 줄을 확신함이라 16 원하건대 주께서 오네시보로의 집에 긍휼을 베푸시옵소서 그가 나를 자주 격려해 주고 내가 사슬에 매인 것을 부끄러워하지 아니하고(딤후 1:8, 12, 16).

예수가 주되심을 믿는다면 나의 생각하는 모든 것이 전적으로 성령의 지배를 받습니다. 주님께서 내 행동을 통제하십니다(고후 6:14-16; 빌 1:27).

> 오직 너희는 그리스도의 복음에 합당하게 생활하라 이는 내가 너희에게 가 보나 떠나 있으나 너희가 한마음으로 서서 한 뜻으로 복음의 신앙을 위하여 협력하는 것과(빌 1:27).

신자는 주를 그를 위하여 고난을 받게 됩니다(빌 1:29). 신자는 경건의 삶을 살아 갑니다(딤후 3:5; 골 3:3). 그는 그리스도의 영광을 위한 삶을 살아 나갑니다.

> 그리스도를 위하여 너희에게 은혜를 주신 것은 다만 그를 믿을 뿐 아니라 또한 그를 위하여 고난도 받게 하려 하심이라(빌 1:29).

3. 믿음의 요소

신자는 하나님이 주 예수를 믿으라고 명령하셨기에 주님을 믿습니다 (요 6:28-29; 요일 3:23, 5:10).[10]

> 그들이 묻되 우리가 어떻게 하여야 하나님의 일을 하오리이까 예수께서 대답하여 이르시되 하나님께서 보내신 이를 믿는 것이 하나님의 일이니라 하시니(요 6:28-29).

참된 믿음에는 언제나 믿는 일과 설득당하는 일과 행동이 있습니다. 믿음에는 몇 가지의 요소가 있습니다.[11] 믿음에는 뉘우침이 있습니다. 믿음에는 회개가 있습니다. 그리고 믿음에는 정서가 수반됩니다. 믿음은 성령님을 의뢰합니다. 우리 자신을 우리 구주에게 포기하는 것으로 나아갑니다. 이 믿음은 하나님의 선물입니다(엡 2:8).

> 너희는 그 은혜에 의하여 믿음으로 말미암아 구원을 받았으니 이것은 너희에게서 난 것이 아니요 하나님의 선물이라(엡 2:8).

믿음은 하나님께 부르심을 받은 하나님의 자녀들만이 특별하게 가지는 것입니다. 이 믿음을 통해 신자에게 성경이 하나님의 말씀이라는 확실한 지식을 우리에게 최종적으로 주는 것은 바로 성령의 증거입니다. 구원

---

10   마틴 로이드 존스, 『로마서 강해』 7권, 서문강 역 (서울: CLC, 2010), 173.
11   마틴 로이드 존스, 『로마서 강해』 10권, 서문강 역 (서울: CLC, 2007), 270-281.

받는 믿음은 항상 하나님의 약속들에 만족합니다. 왜냐하면 하나님은 약속을 언제나 지키십니다.[12] 구원받을 만한 믿음은 구원의 길을 압니다. 그 길만이 오직 유일한 길임을 압니다. 그리고 믿음은 그것을 매우 분명하게 알고 의심하지 않습니다. 중요한 것은 구원받는 확신이 모자랄 때도 우리는 여전히 구원받는 믿음을 가지고 있다는 것입니다.

4. 믿음이 산출되는 방식

복음에 대한 것은 구약 성경에 이미 예고되어 있습니다. 그러나 모든 사람이 복음을 믿는 것은 아닙니다(사 53:1; 52:7).[13] 그리스도인인 우리가 해야 할 일은 성경으로 돌아가는 것입니다.

> 성경이 무엇을 말하느냐(롬 4:3).

이 믿음은 참된 들음으로 말미암습니다(행 16:13-14; 고전 2:14; 약 1:18; 벧전 2:21-25; 살전 1:5).

> 육에 속한 사람은 하나님의 성령의 일들을 받지 아니하나니 이는 그것들이 그에게는 어리석게 보임이요, 또 그는 그것들을 알 수도 없나니 그러한 일은 영적으로 분별되기 때문이라(고전 2:14).

---

12 마틴 로이드 존스, 『하박국 강해』, 57.
13 마틴 로이드 존스, 『로마서 강해』 10권, 485-500.

믿음을 갖지 않는 한 사람은 주님의 이름을 부르지 않을 것입니다(갈 3:2; 롬 10:17). 그리고 구원 받음과 믿음의 모든 것은 하나님의 은혜에 속해 있습니다(엡 2:8). 믿음은 그리스도인의 삶 전체의 원리입니다. 믿음은 하나님만을 신뢰하며, 그리스도의 복음을 받아들이는 것입니다. 이 믿음은 지성의 행위가 포함되며, 반드시 삶 속에서 드러나게 되어 있습니다. 믿음은 반드시 성장하고 성숙된 믿음으로 나아가야 합니다. 오로지 진리에서 난 자들인 신자들은 이 믿음을 가지게 될 것입니다.

> 43 어찌하여 내 말을 깨닫지 못하느냐 이는 내 말을 들을 줄 알지 못함이로다 47 하나님께 속한 자는 하나님의 말씀을 들으니 너희가 듣지 아니함은 하나님께 속하지 아니하였음이로다(요 8:43, 47).

5. "믿음으로 말미암아"의 구약의 의미

하나님께서는 하시고자 하는 자에게 구원의 은혜를 베푸십니다. 또한 하나님은 하고자 하시는 자를 강퍅하게 하십니다.[14] 하나님께서는 하나님의 거대하고 표적적인 하나님의 권능과 그 주권을 나타내시기 위해서 바로 속에 있는 그 완고함과 저항감과 악을 증가시키기도 하십니다. 성경에 그와 같은 예가 있습니다. 하나님께서 바로를 사용하사 있는 그대로의 바로의 존재를 더 심화시키시고 자극하셨습니다. 하나님 자신의 뜻을 위해서 그의 마음을 완강케 하셨습니다. 이와 같이 하시는 목적은 하나님께서

---

14 마틴 로이드 존스, 『로마서 강해』 10권, 550-563.

하나님의 능력을 나타내고자 하신 것입니다.[15]

　이스라엘은 복음에 순종치 아니하고 거스리는 백성들입니다. 그들은 아브라함의 자손들인 자신들만이 자유한 사람들이라고 믿었습니다. 그리고 그들은 그 민족의 혈통만을 의지하고 있었습니다(요 8:31-33; 롬 1:21).

> 하나님을 알되 하나님을 영화롭게도 아니하며 감사하지도 아니하고 오히려 그 생각이 허망하여지며 미련한 마음이 어두워졌나니 (롬 1:21).

　그들은 자신의 행위를 의존하고 있었습니다. 그들은 자기들의 이해하는 대로 율법을 지키려고 애쓰는 그들의 모든 행동들, 바로 그것이 자신들을 구원할 것이라고 믿었습니다. 그러기에 그들은 전적으로 그릇되어 있었던 것입니다. 성경에서 말씀하고 있는 "구원은 믿음으로 말미암는다"는 구원의 방식입니다(사 65:1-2).

> 나는 나를 구하지 아니하던 자에게 물음을 받았으며 나를 찾지 아니하던 자에게 찾아냄이 되었으며 내 이름을 부르지 아니하던 나라에 내가 여기 있노라 내가 여기 있노라 하였노라 내가 종일 손을 펴서 자기 생각을 따라 옳지 않은 길을 걸어가는 패역한 백성들을 불렀나니 (사 65:1-2).

　유대인들은 그 믿음을 받아들이지 않았지만, 이방인들은 그 믿음을

15　마틴 로이드 존스, 『로마서 강해』 9권, 서문강 역 (서울: CLC, 2008), 246-247.

받아들였습니다. 오히려 이방인들이 믿게 된 것입니다. 그에 반해 유대인들은 거의 대다수가 복음을 거절했습니다(신 32:21; 엡 4:18; 마 23:37-39; 롬 9-11장; 요 5:40; 행 13:46).

> 그들이 하나님이 아닌 것으로 내 질투를 일으키며 허무한 것으로 내 진노를 일으켰으니 나도 백성이 아닌 자로 그들에게 시기가 나게 하며 어리석은 민족으로 그들의 분노를 일으키리로다(신 32:21).

그렇지만 유대인들 역시 하나님의 구원의 방식 속에 포함되어 있습니다. 이방인을 구원하신 하나님께서는 미래에 유대인들 역시 구원하실 것입니다. 이방인을 구원하신 하나님은 유대인의 구원은 더 쉬울 것입니다. 그리고 그 일은 마지막 날에 이루어질 것입니다. 그렇게 되기 전에 먼저 충만한 이방인의 수의 구원이 앞서게 될 것입니다(롬 11:25-26). 그리고 결국 하나님은 유대인을 구원하실 것입니다. 그렇게 유대인과 이방인을 포함한 모든 민족을 구원하시고자 하시는 것이 하나님의 구원 계획입니다.

6. 구원받을 만한 믿음

구원받을 만한 믿음은 성육신과 동정녀 탄생의 교리를 믿는 것입니다(빌 2:5-8; 눅 1:26-28; 롬 8:3; 요 1:14; 8:58; 딤전 3:16).[16]

---

16   마틴 로이드 존스, 『로마서 강해』 10권, 161-169.

> 율법이 육신으로 말미암아 연약하여 할 수 없는 그것을 하나님은 하시나니 곧 죄로 말미암아 자기 아들을 죄 있는 육신의 모양으로 보내어 육신에 죄를 정하사(롬 8:3).

주님은 가르치시는 전체 방식을 통해서 그의 주되심을 선포하셨습니다(마 5:21-22; 7:28-29). 신자는 주님의 그리스도 되심을 믿습니다. 예수님이 행하신 기적들이 그분이 주님이심을 확증하며 신자는 그것을 믿습니다(요 14:11; 사 35:6).

> 내가 아버지 안에 거하고 아버지께서 내 안에 계심을 믿으라 그렇지 못하겠거든 행하는 그 일로 말미암아 나를 믿으라(요 14:11).

주님은 악한 영들을 제압하시는 그의 능력을 보이십니다. 그리고 주님은 자연의 모든 요소를 통제하실 수 있습니다. 신자는 이것을 믿습니다.

부활은 십자가 위에서 죽으셨고 장사지낸바 되었던 바로 그 예수님께서 "주님이시라"는 사실을 선포하고 있음을 증명합니다. 예수님의 주되심은 그의 영혼과 몸이 무덤에서 썩도록 내버려둠을 당하지 않았다는 것입니다(행 3:12-15; 17:18). 신자는 이런 주님의 부활을 믿습니다(딤후 2:17-18; 고전 15:17; 롬 1:3-4; 행 2:23-24).

> 그가 하나님께서 정하신 뜻과 미리 아신 대로 내준 바 되었거늘 너희가 법 없는 자들의 손을 빌려 못 박아 죽였으나 하나님께서 그를 사망의 고통에서 풀어 살리셨으니 이는 그가 사망에 매여 있을 수 없었음이라(행 2:23-24).

신자에게 있는 구원받을 만한 믿음은 구원의 교리를 믿는 것입니다. 구원의 계획은 창세전에 계획되었습니다. 구원은 전적으로 삼위 하나님의 일이며, 전적으로 하나님의 은혜로 생긴 것입니다. 구원은 삼위 하나님이 협의 가운데 이루어졌기에 그 구원은 확실하고 완벽한 계획이며, 반드시 성취될 것입니다. 이 구원은 인간만의 구원이 아니라 모든 만물의 구원을 의미합니다. 그리고 그 구원 계획의 중심은 바로 우리 주 예수 그리스도이 십니다. 이 언약이 인류에게 성경을 통해 계시 되었습니다.

그 메시아 되신 주님이 동정녀의 몸을 통해 이 땅에 오셨습니다. 그 주님이 우리의 죄 값을 대신 치르셨습니다. 주님은 우리를 구원하시기 위해 우리의 죄를 대신해서 고난당하셨고, 피 흘리셨으며, 그리고 죽으셨습니다. 죽으신 그분은 부활하셨으며 승천하셨고 지금 하나님 우편에 계십니다. 그분은 영광의 주로 심판의 주로 이 땅에 재림하실 것이며, 그분을 통하여 새 하늘과 새 땅, 그리고 새 예루살렘이 완성될 것입니다. 이것을 믿는 것이 구원받을 만한 믿음입니다.

그리스도인의 삶은 고난의 삶입니다(롬 8:18; 고전 1:8; 벧전 4:13). 그러나 그는 거룩하게 사는 삶을 살아야 합니다. 왜냐하면 신자는 장차 우리에게 나타날 영광을 고대하며 살기 때문입니다(창 3:15; 마 19:27-28; 요 14:1; 빌 1:6; 3:20-21; 골 1:21-22; 3:4; 살전 1:10; 딤전 6:14, 19; 딤후 1:12; 4:1; 딛 1:2, 11; 히 9:28; 약 5:7; 벧전 1:3-5; 5:1, 10; 요일 2:28; 3:1-3; 계 22:20; 마 25:34).

> 생각하건대 현재의 고난은 장차 우리에게 나타날 영광과 비교할 수 없도다(롬 8:18).

> 너희 안에서 착한 일을 시작하신 이가 그리스도 예수의 날까지 이루
> 실 줄을 우리는 확신하노라(빌 1:6).

이것이 그리스도인의 삶인 것입니다.[17]

7. 믿음의 경향성

주님의 부활은 주님의 죽으심이 충분하고 그의 죽으심으로 말미암아 여기 지상에서 목적하신 일을 완성하셨다는 것을 말해줍니다.[18] 부활은 예수님께서 하나님의 아들이심과 영광의 주가 되심을 입증하는 것입니다. 주님의 부활은 우리의 모든 원수들이 정복되었다는 것을 공표하는 놀라운 사건입니다(요일 3:8; 요 7:37-39; 히 1:3; 2:14; 9:24; 빌 2:6-9).

> 자녀들은 혈과 육에 속하였으매 그도 또한 같은 모양으로 혈과 육을
> 함께 지니심은 죽음을 통하여 죽음의 세력을 잡은 자 곧 마귀를 멸
> 하시며(히 2:14).

"주님은 지금 어디에 계시는가?"
"지금은 무엇을 하시고 계시는가?"
"그것이 나를 위해 어떤 의미가 있는가?"

17　마틴 로이드 존스, 『로마서 강해』 6권, 55.
18　마틴 로이드 존스, 『로마서 강해』 10권, 183-190.

이 또한 부활의 의미의 일부입니다. 승천도 믿음에 있어서 사활을 좌우하는 부분입니다(행 1:10-11; 히 9:27-28). 그 주님은 마지막 날 심판을 위해서 오십니다(요 5:27). 이것을 믿는 것입니다.

> 올라가실 때에 제자들이 자세히 하늘을 쳐다보고 있는데 흰 옷 입은 두 사람이 그들 곁에 서서 이르되 갈릴리 사람들아 어찌하여 서서 하늘을 쳐다보느냐 너희 가운데서 하늘로 올려지신 이 예수는 하늘로 가심을 본 그대로 오시리라 하였느니라(행 1:10-11).

믿음의 경향성을 살펴보면 믿음을 이해할 수 있습니다.[19] 믿음은 어떤 사람들은 믿음에 더 강할 수 도 있고 어떤 사람들은 더 약할 수 있습니다. 우리의 신앙 생황에 있어서 우리가 더 약한 그리스도인들로부터 우리 자신을 떼어낼 수 없습니다. 그러므로 믿음이 더 강한 형제가 믿음이 더 약한 형제를 괴롭히지 말아야 합니다. 그들을 힘으로 제압하려 하거나 그들에게 여러분의 의견을 은근히 주입시키려 하지 말아야 합니다. 오히려 믿음이 강한 신자는 약한 그리스도인들을 따뜻하게 영접하고, 그들에 대해서 깊은 관심을 가지고 있음을 보여야 합니다. 또한 그들을 교회 공동체에 받아들일 때, 주님께서 그들과 우리 모두에게 함께 보여 주신 사랑과 기대와 정중함으로 받아들여야 합니다.

19　마틴 로이드 존스, 『로마서 강해』 14권, 45-50.

8. 의롭다 함을 얻는 믿음

　믿음은 증거들을 필요로 하지 않습니다. 믿음은 단순히 하나님의 말씀만으로 만족합니다. 왜냐하면 하나님은 하나님이시기 때문입니다. 이러한 믿음으로 아브라함은 하나님께서 그에게 일러 주셨던 것을 소망에 차서 믿었던 것입니다. 아브라함은 바랄 수 없는 중에 바라고 믿은 것입니다.[20] 이와 같이 참 믿음이란 언제나 그 안에 이 확신의 요소를 가진다는 사실을 반드시 인식해야 합니다. 믿음은 하나님의 구원을 완전히 확신하며 하나님의 구원의 계획에 완전히 설복 당하는 것입니다(롬 4:18).

> 아브라함이 바랄 수 없는 중에 바라고 믿었으니 이는 네 후손이 이같으리라 하신 말씀대로 많은 민족의 조상이 되게 하려 하심이라
> (롬 4:18).

　그리고 믿음은 확실한 것입니다. 참 믿음은 '완전히 확신하는 것'입니다. 아브라함은 자신이 믿는 것을 행동으로 옮겼습니다. 아브라함의 믿음은 그로 하여금 하나님과 그에게 맺었던 언약의 놀라운 말씀을 믿게 하였습니다. 하나님께서 아브라함에게 "네 후손이 이와 같으리라"하셨을 때, 하나님은 그에게 그의 혈통상의 자손뿐만 아니라 또 다른 후손(Seed)에 관해서도 동시에 말씀하고 계셨던 것입니다. 그것은 영적인 자녀들을 의미합니다. 아브라함을 그것을 믿은 것입니다. 이와 같은 메시야를 믿는 믿음을 통해 그는 구원을 받은 것입니다.

20　마틴 로이드 존스, 『로마서 강해』 1권, 259-265.

의롭다 함을 얻는 믿음이란 하나님을 믿고 하나님에게 영광을 돌리는 믿음입니다.[21] 믿음은 하나님께서 약속하신 것은 그가 능히 이루신다는 것을 확신하는 것입니다. 그런 믿음을 통해서만 의롭다 함을 받습니다. 그리고 그 진리를 아는 사람은 반드시 커다란 확신을 누리고 있는 사람입니다.[22] 그 믿음은 특별히 주 예수 그리스도의 부활의 차원에서 예수 그리스도를 믿는 것입니다. 예수 그리스도의 육체적인 부활의 사실을 믿지 않는 한 기독교 신앙이 아닙니다.

부활은 예수가 하나님이며, 하나님의 아들이시며, 그리고 영원한 아들이라는 점을 선언하는 것입니다. 구원받은 자는 말씀을 통해 이 사실을 알게 됩니다. 주님은 우리를 의롭다 하시기 위해서 부활하셨습니다. 주님의 부활은 주님이 의롭다는 사실을 입증하는 역사적 사건입니다.

그들은 성령 안에서 구원의 확신을 가지게 됩니다. 구원받은 자들은 성령에 붙들린 삶을 살아 나갑니다. 그런 신자는 성령이 주시는 영광을 경험합니다. 하나님의 가족의 일원이 됩니다. 하나님의 보호하심과 공급하심을 경험하게 됩니다(눅 12:7). 그는 하나님의 자녀로 입양되며, 그는 하나님의 독생자이신 예수 그리스도와 함께 상속자로 선포됩니다(롬 8:17).

믿음은 하나님을 믿을 뿐만 아니라 우리 주 예수 그리스도를 따르려고 애쓰는 것입니다. 그러나 신자는 자신들의 행위나 다른 어떤 것에 의해서도 자기를 의롭다하는 것이나 그렇게 하려고 노력하는 것을 중단한 사람입니다. 그리스도인은 의롭다 함을 찾기 위해 자신을 바라보지 않고 전적으로 그리스도와 그가 그리스도 안에 있다는 것만을 바라봅니다. 이것이

---

21 마틴 로이드 존스, 『로마서 강해』 1권, 294-305.
22 마틴 로이드 존스, 『로마서 강해』 2권, 133.

의롭다 함을 얻는 믿음입니다.

9. 믿는 자에게 나타나는 특징들

믿든 자에게 나타나는 특징은 결코 정죄함이 없다는 것을 믿는다는 것입니다.

> 그러므로 이제 그리스도 예수 안에 있는 자에게는 결코 정죄함이 없나니(롬 8:1).

신자는 예수 안에 있는 생명의 성령의 법이 죄와 사망의 법에서 해방시키심을 믿습니다(롬 8:2).[23] 신자는 무엇보다 하나님의 사랑을 알고 즐거워하는 그리스도인이 될 수 있음을 기억합니다. 그리고 삼가 옳은 일을 추구합니다. 신자는 주님을 알기 원하며 그의 부활의 권능과 그의 고난에 동참하기를 원한다고 고백합니다. 신자는 최선을 다해서 그의 삶을 통해서 주님을 기쁘시게 합니다(벧후 1:5-7).

> 그러므로 너희가 더욱 힘써 너희 믿음에 덕을, 덕에 지식을, 지식에 절제를, 절제에 인내를, 인내에 경건을, 경건에 형제 우애를, 형제 우애에 사랑을 더하라(벧후 1:5-7).

---

23 마틴 로이드 존스, 『로마서 강해』 4권, 376.

약속의 영은 우리에게 하나님의 자녀라는 것과 또한 우리를 위해서 기업이 준비되었다는 충만한 확신과 절대적인 확신을 줍니다.[24] 이런 자들은 하나님께 영광을 돌리는 삶을 살아 나갑니다. 하나님을 영화롭게 하는 믿음은 하나님의 모든 영광스런 속성을 숙고해 보고 명상하는 것입니다. 하나님의 편만성, 전지성, 전능성을 숙고해 보는 것입니다. 또한 하나님의 의와 공평과 진리, 거룩, 불변성, 영존하심 등에 대해 생각하는 것입니다.[25]

참된 믿음에는 순종의 요소가 있습니다(롬 16:19, 26; 벧전 1:1-2).

> 19 너희의 순종함이 모든 사람에게 들리는지라 그러므로 내가 너희로 말미암아 기뻐하노니 너희가 선한 데 지혜롭고 악한 데 미련하기를 원하노라 26 이제는 나타내신 바 되었으며 영원하신 하나님의 명을 따라 선지자들의 글로 말미암아 모든 민족이 믿어 순종하게 하시려고 알게 하신 바 그 신비의 계시를 따라 된 것이니 이 복음으로 너희를 능히 견고하게 하실(롬 16:19, 26).

이는 성령으로 열려진 마음입니다(행 16:14; 고전 2:14).

> 두아디라 시에 있는 자색 옷감 장사로서 하나님을 섬기는 루디아라 하는 한 여자가 말을 듣고 있을 때 주께서 그 마음을 열어 바울의 말을 따르게 하신지라(행 16:14).

---

24 마틴 로이드 존스, 『로마서 강해』 5권, 525-534.
25 마틴 로이드 존스, 『로마서 강해』 1권, 276.

신자는 진정한 찬동을 합니다. 신자의 순종은 전인의 순종입니다.[26] 또한 신자의 순종은 회개를 내포합니다. 우리 시대의 가장 큰 부족은 자신의 죄를 깨닫지 못한다는 것입니다. 이 시대의 사람들은 겸손하지 않습니다. 이들에겐 회개가 없습니다.[27]

그러나 믿는 자에게는 반드시 회개가 필요합니다. 신자의 믿음에 회개가 없다면 아직 신앙함을 시작하지 않은 것입니다. 회개 없는 중생은 없습니다. 회개가 일어나야 그 다음에 중생을 합니다. 자신의 죄를 깨닫지 못한 자는 그러니 아직 신자로서의 삶을 시작하지 못한 것입니다. 죄를 깊이 깨달으면 깨달을수록 그는 하나님의 은혜를 소망합니다. 그런 신자는 그리스도의 십자가를 감사해합니다. 그런 자는 하나님과 바른 관계를 맺습니다(살전 1:5-6).

> 이는 우리 복음이 너희에게 말로만 이른 것이 아니라 또한 능력과 성령과 큰 확신으로 된 것임이라 우리가 너희 가운데서 너희를 위하여 어떤 사람이 된 것은 너희가 아는 바와 같으니라 너희는 많은 환난 가운데서 성령의 기쁨으로 말씀을 받아 우리와 주를 본받은 자가 되었으니(살전 1:5-6).

그는 주 예수 그리스도와 그의 구원의 방식에 관한 교훈을 받아들입니다. 자신의 죄를 위하여 그리스도께서 십자가를 지셨음을 믿습니다. 그리스도께서 자신을 하나님과 화해케 하기 위해서 보내심을 받은 자라고

26　마틴 로이드 존스, 『로마서 강해』 10권, 503-515.

27　마틴 로이드 존스, 『생수로 채우라』, 45.

믿습니다. 신자는 자신에 관한 진리와 하나님에 관한 진리를 깨닫습니다. 그런 자는 주의 교훈을 따름으로 주어지는 모든 욕설을 달게 받습니다(행 5:41; 벧전 4:13-14, 16; 마 5:11-12).

성령께서 여러분들에게 하나의 말씀을 적용하실 때 성령께서 그 말씀을 여러분의 심령으로 하여금 깨닫게 하십니다. 성령이 여러분의 마음과 양심과 의지에 영향을 미치게 하셨을 때에 갑자기 그 말씀을 통해서 겸손해지며 굴복하게 됩니다. 회개하고 주님을 믿는 자들은 즐거움과 기쁨을 경험합니다.[28] 주의 구원의 즐거움을 경험합니다. 그는 구원의 길에 대한 이해하기 시작합니다. 그는 십자가를 통한 하나님의 용서를 경험합니다. 그는 자유하게 하는 주님만을 바라보게 됩니다.

선택과 예정에 관한 성경교훈의 진수는 우리의 책임도 동시에 역설하고 있다는 것입니다. 복음을 들으면서도 믿지 아니하는 사람은 그 불신앙에 대한 책임을 지고 있습니다. 하나님은 인격의 하나님이시기에 억지로 믿음을 주시지는 않습니다. 하나님은 신자가 진정으로 믿음을 원할 때 성령을 통해 믿음을 주십니다. 믿음이 없는 것은 그가 하나님의 은혜를 그의 의지적으로 받아들이지 않기 때문입니다. 그의 자아가 하나님을 받아들이지 않은 것입니다. 하나님의 구원의 방식을 받아들이지 않기 때문입니다. 하나님께서는 그런 자에게는 스스로의 행위에 대한 책임을 반드시 물을 것입니다.

---

28 마틴 로이드 존스, 『회개』, 108-120.

12장
성화/성결

1. 중생의 정의
2. 칭의의 정의
3. 성화의 정의
4. 성화된 삶의 중요성
5. 영화의 정의

12장 성화/성결

1. 중생의 정의

    신자가 중생을 해야 하는 이유는 하나님께 반역과 죄 된 행위를 일삼는 우리의 악하고 죄 된 본성 때문입니다. 인간의 본성은 악합니다(마 7:11). 인간의 마음에서 나오는 것은 불의뿐입니다(마 15:19; 사 48:8; 롬 3:12; 창 6:5; 엡 2:3; 렘 17:9; 요 8:34; 엡 2:1; 시 58:3). 우리는 정결한 마음과 새로운 성품을 필요로 합니다. 이것이 중생이 필요한 이유입니다.

    중생한 자는 하늘로부터 난 자입니다. 중생은 인간의 행위의 결과가 아닙니다. 중생은 전적으로 하나님의 행사입니다.[1] 인간을 중생시킬 수 있는 것은 오직 하나님만이 하실 수 있습니다. 거듭남에 있어서 우리가 감당할 역할은 없습니다. 우리가 누구냐, 우리가 어떤 은사를 가지고 있느냐 하는 것은 거듭남의 문제에 있어서 어떤 차이도 가지고 오지 않습니다. 거듭남에 있어서 우리는 모두 동등합니다. 왜냐하면 거듭남은 오직 하나님의 결

---

[1] 마틴 로이드 존스, 『로마서 강해』 14권, 33.

정이요, 하나님의 은혜의 행위이기 때문입니다.

거듭남은 성령의 사역입니다. 성령이 사람들을 그리스도와의 살아있는 연합으로 인도합니다. 성령은 영적으로 죽어있던 이들을 살아나게 해서 죄를 회개하고 복음을 믿고 주님을 섬길 수 있게 합니다. 이런 일들은 기꺼이 그렇게 하도록 마음을 변화시키는 성령의 역사입니다.[2]

중생은 신적 생명의 씨앗이 우리 안에 있다는 것을 의미합니다.[3] 거듭남보다 더 위대한 변화는 없습니다. 중생하게 되면 지성의 변화가 일어납니다. 주님을 알고 그것을 가장 귀한 지식이라고 생각합니다. 이렇게 지성의 변화가 나타나는 것입니다. 중생하면 신자에게 새 성향이 생기며 그는 성령의 일을 생각합니다(고전 2:16; 롬 8:5; 요 15:15). 중생은 전인적인 변화를 가져옵니다. 중생한 자는 지성적으로, 정서적으로, 그리고 도덕적으로 변화가 나타납니다. 인간 본성의 변화가 나타납니다(엡 2:5). 이런 변화는 초자연적인 변화이며, 근본적인 변화입니다.

> 육신을 따르는 자는 육신의 일을, 영을 따르는 자는 영의 일을 생각
> 하나니(롬 8:5).

중생한 자는 자신이 죄인임을 깊이 인식합니다. 이것은 죄에 대한 진정한 슬픔입니다. 죄로 인해 상처 입은 다른 사람들과 하나님을 향한 겸손한 죄를 고백합니다. 죄를 고백함으로 하나님께 돌아갑니다(눅 15:18). 성령은 하나님과 화목하게 합니다. 신자는 성령을 통해 하나님과 새로운 교

---

2 앤서니 후크마, 『개혁주의 구원론』, 136.
3 마틴 로이드 존스, 『로마서 강해』 2권, 73.

제를 시작합니다. 그런 신자는 새 하늘과 새 땅을 소망합니다(골 3:2; 요일 2:15; 마 6:24; 눅 14:16-24; 히 2:1).

> 위의 것을 생각하고 땅의 것을 생각하지 말라(골 3:2).

왜냐하면 신자는 하나님을 목적하며 삶을 살아가기 때문입니다. 신자는 성령을 통해 새 힘을 얻게 됩니다. 그는 진리의 편에 서게 됩니다. 신자에게는 의지의 변화가 일어납니다.

> 그가 우리를 대신하여 자신을 주심은 모든 불법에서 우리를 속량하시고 우리를 깨끗하게 하사 선한 일을 열심히 하는 자기 백성이 되게 하려 하심이라(딛 2:14).

중생하지 못한 자의 고통은 그가 죄의 진상을 알지도 이해하지도 못한다는 것입니다.[4] 그는 죄의 진정한 본질을 이해하지 못합니다. 왜냐하면 율법에 대한 진정한 이해는 성령의 조명을 받기까지는 인간은 죄에 대하여 이해할 수 없기 때문입니다. 인간은 악을 행하기에 익숙합니다(렘 13:23). 왜냐하면 모든 만물보다 거짓되고 심히 부패한 것이 인간의 마음입니다(렘 17:9). 오직 하나님만이 정결한 마음을 창조할 수 있습니다(시 51:10-12).

하나님은 돌 같은 죄인의 마음을 제거하고 부드러운 마음을 주십니다. 하나님은 사람들의 마음 깊은 곳에 새로운 마음을 주십니다. 그 나라에

---

4 마틴 로이드 존스, 『로마서 강해』 5권, 154-157.

들어가고자 하는 자는 반드시 자신의 이전의 삶과 결별하여야 합니다(마 10:37-39; 눅 14:26). 우리는 중생을 함으로 주님의 자녀가 됩니다. 그러한 자는 성령이 주시는 자유를 경험합니다. 신자는 하나님의 보호와 공급하심을 경험합니다.

> 너희에게는 심지어 머리털까지도 다 세신 바 되었나니 두려워하지 말라 너희는 많은 참새보다 더 귀하니라(눅 12:7).

신자는 하나님 나라의 상속권을 갖습니다. 신자는 죄 사함을 받으며, 의롭다고 인정받습니다. 우리는 예수 그리스도를 참되게 믿음으로 의롭게 됩니다. 이 모든 것이 하나님의 일이시기에 우리는 안전하고 확실한 보증을 얻게 됩니다(갈 2:16; 엡 2:8-9; 빌 3:9). 하나님의 순전한 은혜로 그리스도께서 이루신 완전한 속죄와 의와 거룩함을 우리에게 주십니다(딛 3:4-5; 롬 4:24-25).[5]

> 내가 확신하노니 사망이나 생명이나 천사들이나 권세자들이나 현재 일이나 장래 일이나 능력이나 높음이나 깊음이나 다른 어떤 피조물이라도 우리를 우리 주 그리스도 예수 안에 있는 하나님의 사랑에서 끊을 수 없으리라(롬 8:38-39).

중생은 인간의 마음에서 시작해서 새 하늘과 새 땅의 완성에 이르기까지 재창조의 모든 사역을 포함하고 있습니다. 중생한 자는 전에는 영적

---

5   참조 하이델베르크 교리문답. 제 23주일 60문.

으로 죽었으나 이제는 참된 생명을 소유하고 영생을 기다리며 살아나갑니다(마 8:22; 눅 15:24). 그런 자들은 계속해서 죄를 즐기지 않으며 죄를 완전히 버립니다. 신자는 죄에 빠질 수는 있지만 죄 가운데 행하지는 않습니다.

> 하나님께로부터 난 자마다 죄를 짓지 아니하나니 이는 하나님의 씨가 그의 속에 거함이요 그도 범죄하지 못하는 것은 하나님께로부터 났음이라(요일 3:9).

신자는 결국 죄에서 하나님께로 돌아옵니다. 그런 신자는 세상을 이기는 자입니다(요일 5:4). 이와 같이 신자는 세상의 유혹에 지지 않고 승리를 거둡니다. 하나님의 사람은 반드시 돌아옵니다(요일 2:15). 그리스도는 거듭난 사람을 마귀가 해치지 못하도록 보호하십니다.[6] 그리스도의 사람인 이상 그는 그리스도의 보호 안에 있는 것입니다.

> 하나님께로부터 난 자는 다 범죄하지 아니하는 줄을 우리가 아노라 하나님께로부터 나신 자가 그를 지키시매 악한 자가 그를 만지지도 못하느니라(요일 5:18).

---

6 앤서니 후크마, 『개혁주의 구원론』, 144-146.

2. 칭의의 정의

『로마서 강해』 1권에서 칭의를 하나님의 전적인 단독 행위이시며 신자에게 그리스도의 의로 의롭다함을 입혀 주는 것이라고 합니다. 칭의는 사람의 행위와는 전혀 관련이 없는 즉 인간의 공로는 전혀 개입하지 않은 하나님의 긍휼하심의 결과입니다.[7] 칭의는 하나님이 우리들에게 하신 선언입니다. 우리들은 하나님께서 우리들을 의롭다고 간주해 주시고 의롭다고 선포하시는 의미에서만 의인이 되는 것입니다(롬 8:33-34; 3:22; 골 1:22).

칭의를 통해 의롭게 만들어지는 것은 아닙니다. 칭의는 우리들 안에서 실제적인 변화를 가져오지는 않습니다. 칭의는 우리가 여전히 죄 가운데 있지만 우리를 의롭다고 인정해주시는 하나님에 의한 법정적이고 법률적인 선고입니다. 칭의는 우리를 죄를 짓지 않은 의로운 자로 인정하는 것입니다. 칭의는 하나님의 가장 거룩한 존전에서 신자가 의로우며, 옳으며, 기뻐 받으신 바가 되었다고 선언하시는 것입니다(롬 3:26).

칭의는 법정적 의미입니다. 하나님은 칭의를 통해 우리의 죄와 죄책 모두를 제거하십니다. 그러나 이 의롭다 함을 얻은 사람은 보기에 선한 일이 없을 뿐만 아니라 실제로 불경건한 사람입니다. 이 말의 의미는 우리는 행함이 없고 여전히 불경건한 때에 의롭다 함을 얻는 다는 의미입니다. 주님은 아직 태어나지 않은 자들의 죄까지도 짊어지셨습니다.

칭의는 그리스도의 의를 신자에게 입혀주어 하나님께서 신자를 의롭다고 선언하는 것입니다. 하나님께서 예수 그리스도의 의를 우리에게 전가시키고 우리의 것으로 회계하는 것입니다. 예수 그리스도의 의로 신

---

7   마틴 로이드 존스, 『로마서 강해』 1권, 78, 182-307.

자를 하나님께서 의롭다 여겨 주십니다. 이는 오직 하나님만이 행하시는 것입니다. 우리가 경건하지 않은 상태에서 아무런 본성의 변화 없이 여전히 죄인이었을 때 하나님으로 말미암아 그 앞에서 의롭다 함을 받는 것입니다. 칭의는 전적인 하나님의 은혜요 선물입니다(롬 9:30; 갈 2:16; 빌 3:9; 행 13:38-39; 엡 2:7-8).

로이드 존스는 칭의에 대해 다음과 같은 예화를 들어 설명합니다.

> 어느 사람이 누더기 옷을 입고 초췌한 모습으로 서 있습니다. 하나님 앞에 정죄 받고 유죄판결을 받은 죄수인 그는 피고석에 나와 있는 것입니다. 그런데 무슨 일이 있었습니다. 그것은 하나님께서 그에게 의의 옷을 입혀 주셨다는 것입니다. 그에게 하나님은 그리스도의 완벽한 흰 옷을 입혀 주신 것입니다. 그리고 이제 하나님은 다른 것을 제쳐 놓고 옷 입은 그것만 보십니다.

이것이 칭의 교리입니다.

칭의 교리는 우리들에게 하나님께서 불경건한 자를 있는 그대로 의롭다 하신다고 말해 주는 것입니다. 의롭다 함을 받는 것은 오직 믿음으로 말미암으며, 그 외에 다른 어떤 조건에 의해서도 결정되지 않습니다(요 1:12; 롬 3:28; 5:1). 이것은 여러분은 이 모든 것에도 불구하고 의롭다 함을 받는다는 것을 의미합니다. 하나님께서 그리스도 안에서 이루신 바가 그것입니다.

『로마서 강해』 12권에서는 칭의를 우리 죄를 대신 지신 그리스도의 보혈 안에서 찾습니다.[8] 하나님께서 우리의 죄와 실패를 당신의 아들에게 짊어지게 하시고 우리의 죄 때문에 그 아들에게 벌을 내리셨습니다. 그분은 우리를 위해 고난을 당하셨고, 십자가에서 피를 흘리셨으며 죽으셔서 무덤에 묻히셨습니다(겔 35:25-26; 사 43:25; 44:22; 렘 31:34; 슥 3:4; 갈 4:5). 그 주님의 의에 비추어서 하나님께서는 우리를 은혜롭고 값없이 용서하시며, 우리를 당신 자신과 화해시킨 것입니다(롬 4:24-25; 고후 5:21). 의에 대하여 우리는 아무 것도 못합니다. 이것은 사람이 의롭다 하심을 얻는 것은 율법의 행위에 있지 않고 믿음으로 되는 것을 의미합니다(롬 3:21-26; 갈 2:16; 엡 2:8-9; 빌 3:8-11). 칭의는 믿음이라는 통로를 통해서 우리에게 오는 것입니다.

> 그러므로 사람이 의롭다 하심을 얻는 것은 율법의 행위에 있지 않고
> 믿음으로 되는 줄 우리가 인정하노라(롬 3:28).

우리는 그리스도 안에 있습니다. 그의 피로 의롭다 함을 얻는 것입니다. 칭의는 주 예수 그리스도 안에서 그로 말미암아 우리들에 대해 이루어진 것입니다. 이것을 떠나서는 하나님과 사람간의 화평은 존재하지 않습니다. 칭의를 통해서 하나님과 화평을 얻게 되는 것이 결과입니다.[9] 칭의의 결과 죄와 타락으로 인해 깨졌던 하나님과 사람 사이의 교제가 다시 정립된 것입니다. 하나님의 공의는 만족되었고 그래서 우리는 하나님께서 어떻게 우리를 용서하실 수 있는지를 아는 것입니다. 믿음으로 의롭다 하심을 받은 사람은 하나님과 화평한 사람입니다.

---

8   마틴 로이드 존스, 『로마서 강해』 12권, 46.
9   마틴 로이드 존스, 『로마서 강해』 2권, 26-35, 68-74, 172.

우리의 칭의가 전적으로 주 예수 그리스도와 그의 십자가로 말미암는다는 것을 안다면 비록 우리가 죄에 빠진다고 할지라도 칭의가 여전히 사실이라는 것을 반드시 알아야 합니다. 그런 자들은 하나님의 존전에 서 있게 됩니다. 칭의에 있어서의 진수는 십자가에서 일어난 그 일입니다.

마틴 루터는 "의롭다 하신 이가 하나님이신데 누가 정죄할 수 있습니까?" "의롭다 하시는 이는 하나님이시니 누가 능히 하나님의 택하신 자들을 고소하겠습니까?"를 깨달음으로 칭의의 위대함을 말하였습니다(롬 1:17; 갈 3:11; 히 10:38; 합 2:4).

> 오직 의인은 믿음으로 말미암아 살리라(롬 1:17).

> 나의 의인은 믿음으로 말미암아 살리라 또한 뒤로 물러가면 내 마음이 그를 기뻐하지 아니하리라 하셨느니라(히 10:38).

그러나 신자는 칭의에서 멈추어서는 안 됩니다. 우리는 성화를 위해 노력하며 성장해야 합니다(롬 8:28-30). 성화는 본질적으로 성령 하나님의 역사입니다. 칭의는 단번에 그리고 영원히 발생하는 일이지만, 성화는 하나의 과정입니다.

3. 성화(성결)의 정의

『로마서 강해』 3권에서는 성결의 삶을 살아야 하는 이유에 대하여 말씀합니다.[10] 성결과 성화는 같은 의미입니다. 성화(성결)는 신자에게 주어진 하나님의 명령입니다. 이는 믿는 자들이 해야 하는 일입니다. 성결(성화)은 이미 우리에게 일어난 것을 기초한 권면이요 명령입니다. 성결은 우리의 지위와 위치를 깨닫게 하고 그에 따라서 행동하게 하는 것입니다(요일 3:9-10). 우리는 성결함의 요구가 전적으로 우리의 위치에 맞는 일이라는 것을 압니다. 그러기에 성결의 생활을 하지 못한다면 책임회피자요, 철없는 아이요, 게으르고 나태한 사람이요, 그리고 진실로 거짓말쟁이입니다.

『로마서 강해』 3권에서 성결 혹은 성화에 대해 말하면서, 성결(성화)의 삶이 이 땅에서 신자가 목적해야 할 것이라고 강조합니다.[11] 신자인 우리는 우리 스스로를 위해 살 권리가 없습니다. 우리 자신을 기쁘게 할 권리가 없습니다. 우리는 죄를 지을 권리가 없습니다(고후 7:1; 히 12:14).

성결이란 우리 주 예수 그리스도를 닮아가는 것입니다. 우리는 그리스도인으로 깊은 변화를 겪은 사람이며, 그 변화의 결과 거룩함에 이르는 열매를 맺습니다. 성결이란 하나님께 바쳐지는 것이며, 그를 섬길 양으로 드려지는 것입니다.

『로마서 강해』 5권에서는 성결의 삶을 중생과 연관하여 말씀합니다.[12] 신자는 거듭나는 순간 성화(성결)의 과정이 시작됩니다. 성령은 성화를 촉진시키고 자극시킵니다(빌 2:13). 성령은 성화에 최대의 자극을 줍니다. 그러나 그것이 성화 자체는 아닙니다.

『로마서 강해』 11권에서는 성결을 하나님과의 관계에서 찾습니다.[13] 성

---

10 마틴 로이드 존스, 『로마서 강해』 3권, 392-408.
11 마틴 로이드 존스, 『로마서 강해』 3권, 441-447.
12 마틴 로이드 존스, 『로마서 강해』 5권, 512-514.
13 마틴 로이드 존스, 『로마서 강해』 11권, 209-238.

결을 어떤 감정으로 생각하지 말고 하나님과의 근본적인 관계로 생각해야 합니다. 성결은 하나님을 보는 친교로 인도할 것입니다. 하나님을 보는 것이 성결의 동기입니다. 그리스도인의 성화는 우리 자신에 관한 진리를 깨닫고 그것을 실제화 하는 방식입니다. 성화는 계속되어야 하는 우리 측에서의 의지의 행동을 유발합니다. 성화는 사람이 스스로 감당해야 하고 그 안에 계신 "성령으로 말미암아 어떤 일을 하라"고 부름 받은 하나의 과정입니다(롬 8:12-13; 12:1-2; 고전 9:24; 고후 6:14; 갈 5:16; 엡 4:1; 빌 2:12-13; 골 3:1-10; 살전 4:1-5; 딤전 6:11-16; 딤후 2:19; 딛 2:11-14; 약 1:22-27; 4:7-8; 벧전 1:13; 3:10-11; 4:1; 5:8-9; 요일 2:3-6).

> 그러므로 형제들아 우리가 빚진 자로되 육신에게 져서 육신대로 살 것이 아니니라 너희가 육신대로 살면 반드시 죽을 것이로되 영으로써 몸의 행실을 죽이면 살리니(롬 8:12-13).

성화는 하나님께서 자신을 위해 신자를 자신의 것으로 주장하시고 구속하여 새롭게 하여 그에게 사명을 주시는 것입니다. 그리스도인은 의롭다 함을 받은 사람입니다. 그는 거룩해져 가고 있는 사람입니다(골 1:11-12; 엡 3:16-19). 궁극적인 의미에서는 "이미" 그리스도 안에서 성화되었습니다. 그러나 그는 체험을 통해 점점 더 거룩해져 가고 있습니다. 이러한 모습은 율법의 요구가 육신을 좇지 않고 영을 좇아 행하는 모든 사람들 속에서 이루어지고 있습니다.[1]

성화의 삶을 소망하는 신자는 몸의 행실을 죽게 하고 몸의 행실에 대

---

[1] 마틴 로이드 존스, 『로마서 강해』 5권, 77-78.

해서 끝내야 합니다. 그것이 가능한 이유는 다음과 같습니다.[2]

1) 우리는 성령으로 할 수 있습니다(요일 3:9; 5:18-19).

> 하나님께로부터 난 자는 다 범죄하지 아니하는 줄을 우리가 아노라 하나님께로부터 나신 자가 그를 지키시매 악한 자가 그를 만지지도 못하느니라 또 아는 것은 우리는 하나님께 속하고 온 세상은 악한 자 안에 처한 것이며(요일 5:18-19).

2) 우리의 영적인 지위를 이해해야 합니다(벧후 1:2-4). 우리의 지위는 하나님의 자녀들입니다. 그러므로 하나님이 자녀들의 모습이 우리의 삶에서 나타나야 합니다.

3) 궁극적인 목표를 잃지 말아야 합니다(벧후 1:10-11; 요일 3:2-3). 우리는 하늘에 속해 있는 자들입니다. 하나님 나라를 소망하며 사는 자들입니다. 그 나라가 우리의 목표입니다. 우리의 영육혼이 온전히 구원받은 그 나라를 우리는 소망합니다.

> 그러므로 형제들아 더욱 힘써 너희 부르심과 택하심을 굳게 하라 너희가 이것을 행한즉 언제든지 실족하지 아니하리라 이같이 하면 우리 주 곧 구주 예수 그리스도의 영원한 나라에 들어감을 넉넉히 너희에게 주시리라(벧후 1:10-11).

---

2 마틴 로이드 존스, 『로마서 강해』 5권, 151-183.

4) 우리는 실족하지 않는 삶을 살아야 합니다(벧후 1:10; 갈 5:16; 벧전 2:11; 3:10-11; 엡 5:11-12).

> 내가 이르노니 너희는 성령을 따라 행하라 그리하면 육체의 욕심을 이루지 아니하리라(갈 5:16).

> 사랑하는 자들아 거류민과 나그네 같은 너희를 권하노니 영혼을 거슬러 싸우는 육체의 정욕을 제어하라(벧전 2:11).

우리는 거듭난 사람들입니다. 거듭난 사람은 자연인처럼 살지 않습니다. 거듭난 사람은 자연인처럼 생각하지 않습니다. 그리스도인은 그리스도인들만의 삶의 방식이 있습니다. 그것은 새로운 영적인 사고방식을 가지고 있다는 것입니다. 그러므로 우리는 우리에게 일어나는 일을 자연인의 관점이 아니라 영적인 관점으로 바라보아야 합니다. 그래야 우리는 실족하지 않습니다. 넘어지더라도 다시 일어날 수 있는 것입니다.[3] 우리는 하나님의 방식으로 세상을 바라보아야 합니다(사 55:8).

우리가 성화의 삶을 살아야 하는 동기는 하나님의 심판에 대한 두려움과 양심 때문입니다. 그러므로 피차 사랑의 빚 외에는 아무 빚도 지지 말아야 합니다.[4] 신자는 마지막 날 거룩해지게 될 것입니다. 하나님 나라에서 영화의 모습을 가지게 될 것입니다. 그는 흠이나 책망할 것이 없는 자가 될 것입니다(엡 5:27). 하나님 앞에서 거룩하고 책망할 것이 없는 자가

---

3 마틴 로이드 존스, 『믿음의 시련』, 80.
4 마틴 로이드 존스, 『로마서 강해』 13권, 299.

될 것입니다. 우리는 그 나라를 소망하며 삶을 살아야 합니다. 거룩한 삶이 없이는 어느 누구도 주님을 볼 수 없습니다(고후 7:1; 히 12:14).

4. 성화된 삶의 중요성

『로마서 강해』 12권에서는 성화의 삶의 중요성에 대하여 강조합니다.[5] 성화는 상태입니다. 우리는 하나님의 자녀가 되었습니다(롬 8:14-15). 우리는 그리스도 예수 안에 있는 새 사람이 되었습니다.

> 무릇 하나님의 영으로 인도함을 받는 사람은 곧 하나님의 아들이라 너희는 다시 무서워하는 종의 영을 받지 아니하고 양자의 영을 받았으므로 우리가 아빠 아버지라고 부르짖느니라(롬 8:14-15).

그리스도인은 성령에 의해 거듭났습니다. 그리스도인은 새로운 성품을 가지게 되었습니다(롬 7:5-6). 이와 같이 된 신자의 성화는 '경험'이 아니라 '상태'입니다.

성화는 하나님이 시작하고 지속시키며 완성합니다. 성화는 거듭나는 순간부터 시작합니다. 하나님의 자녀의 삶 속에는 하나님의 성령이 그들 속에 있습니다(요 17:17; 엡 5:26; 살후 2:13). 신자는 성령의 인도하심을 받습니다(롬 8:4, 13-14). 성령에 의해 거룩해집니다. 성령으로 인해 죄의 권세는 약화되고 신자는 하나님의 은혜 안에서 점점 강해지고 거룩을 행하며

---

5 마틴 로이드 존스, 『로마서 강해』 12권, 32-47.

살게 됩니다(골 1:11; 엡 3:16-19).

> 4 육신을 따르지 않고 그 영을 따라 행하는 우리에게 율법의 요구가 이루어지게 하려 하심이니라 13 너희가 육신대로 살면 반드시 죽을 것이로되 영으로써 몸의 행실을 죽이면 살리니 14 무릇 하나님의 영으로 인도함을 받는 사람은 곧 하나님의 아들이라(롬 8:4, 13-14).

복음 전도의 입장에서 볼 때 그리스도인들의 영위하는 삶보다 더 중요한 것은 없습니다. 말하는 것은 쉬운 일입니다. 그러나 신자에게 중요한 것은 "어떻게 사느냐"의 하는 것입니다. 다시 말하면 "자기 믿음을 어떻게 실천에 옮기고 있는가?"가 중요한 것입니다.

우리가 죄 용서함을 받고 죄책이 제거된 후에도 죄의 원리는 우리 안에 남아있습니다. 죄의 원리는 죄의 몸, 사망의 몸에 남아 있는 것입니다(롬 7:24). 그러므로 우리는 이 죄의 몸에서 부활의 몸이 되는 그 날까지 계속해서 죄를 죽여야 합니다. 그런 삶을 살기 위해서 우리는 성화의 교리를 이해해야 합니다. 우리의 삶의 사활을 좌우하는 문제는 "사람들이 무엇을 하느냐?"가 아니라 "사람들이 그 일을 왜 하느냐?"입니다.

그리스도인다운 삶을 영위하는 것은 그리스도 안에서 수동적으로 거하는 것이라고 표현해서는 안 됩니다. 성화는 적극적인 그리스도인다운 행실과 그리스도의 교훈이 외적으로 드러나 작용하는 것입니다. 인간은 하나님의 진노 아래 무능한 죄인으로 있었습니다. 그때에 자신들은 지옥만을 정면으로 응시하고 있었습니다. 그런데 하나님께서 무한하신 은혜와 자비하심과 사랑과 긍휼과 연민으로 죄인들을 구원하시되, 하나님의 독생자의 죽으심과 흘리신 피의 대가로 구원하셨습니다(고전 6:19-20; 벧전

1:18-19).

우리는 하나님의 행위의 결과 구원받았습니다(롬 1:16; 3:20-21, 23-24).[6] 우리는 예수 그리스도의 십자가의 대속의 은혜로 구원을 받은 것입니다. 우리는 새 피조물이 된 것입니다. 그러기에 우리는 거룩한 삶을 살아야 합니다(벧전 1:16). 그리스도인에게 있어서 영적 성장은 필수적인 것입니다(벧전 2:2; 벧후 3:18; 엡 4:14-15; 빌 3:13-14). 그리스도인으로서의 성장은 구원을 더욱 풍성하게 이해하고 누리게 할 것입니다.

> 기록되었으되 내가 거룩하니 너희도 거룩할지어다 하셨느니라
> (벧전 1:16).

주님은 단순히 우리를 형벌이나 지옥에서 건지시기 위해서만 오신 것은 아닙니다. 우리를 모든 불법에서 구속하시고 우리를 깨끗하게 하사 선한 일에 열심히 하는 친 백성이 되게 하려 오셨습니다(골 1:12; 벧전 3:18; 요일 3:8). 알렉산더(Cecil Frances Alexander)는 "그리스도께서는 우리를 용서받게 하기 위해서 뿐만 아니라 우리로 선한 사람으로 만들기 위해서 죽으셨다"고 말하였습니다. 이는 우리의 삶에 있어서의 행위가 나타나는 이유에 대해서 적절한 설명입니다(롬 8:29-30; 겔 36:27; 빌 2:13; 고후 5:17; 엡 4:23-24; 살전 5:23).

구속의 큰 목적은 죄와 사탄의 사로잡힌 데서 우리를 건져내고, 흑암과 밤의 권세에서 우리를 구원해 내는 것입니다. 이와 같이 주님께서는 모든 것을 회복시키기 위해서 오셨습니다. 회복을 통해서 모든 것이 하나님

---

6 마틴 로이드 존스, 『로마서 강해』 13권, 368-415.

의 영광을 위해서 다시 섬길 수 있도록 하신 것입니다.

> 그러므로 형제들아 내가 하나님의 모든 자비하심으로 너희를 권하노니 너희 몸을 하나님이 기뻐하시는 거룩한 산 제물로 드리라 이는 너희가 드릴 영적 예배니라(롬 12:1).

구속의 큰 목적은 죄와 사탄의 사로잡힌 데서 우리를 건져내고, 흑암과 밤에서 우리를 구원해 내는 것입니다. 그런 은혜를 받은 우리가 그것을 잊어버리고 살아서는 안 됩니다. 그러므로 신자는 허망한 것으로 행함같이 행하면 안 됩니다.

> 그러므로 내가 이것을 말하며 주 안에서 증언하노니 이제부터 너희는 이방인이 그 마음의 허망한 것으로 행함 같이 행하지 말라 그들의 총명이 어두워지고 그들 가운데 있는 무지함과 그들의 마음이 굳어짐으로 말미암아 하나님의 생명에서 떠나 있도다 그들이 감각 없는 자가 되어 자신을 방탕에 방임하여 모든 더러운 것을 욕심으로 행하되 오직 너희는 그리스도를 그같이 배우지 아니하였느니라 진리가 예수 안에 있는 것 같이 너희가 참으로 그에게서 듣고 또한 그 안에서 가르침을 받았을진대(엡 4:17-21).

그리스도께서 단순히 신자에게 죄를 안전하게 지을 방책을 제공하기 위해서 이 땅에 오신 것이 아닙니다(롬 6:1; 요일 1:5-6; 2:4). 그리스도를 안다고 하면서 어두움 가운데 살고 있으면 그런 사람에게 할 수 있는 말은 오직 한 가지뿐입니다. 곧 그 사람은 거짓말쟁이요, 진리가 그 속에 있지 않다는 것입니다. 성경은 이와 같은 자들에 대해 이렇게 말씀하십니다.

> 너희가 그리스도를 이같이 배우지 아니 하였느니라(벧전 4:1-4; 2:9-10; 딤전 6:8-12).

여러분이 얼마나 거룩하냐는 죄를 짓는데 문제가 되지 않습니다. 그러므로 신자는 항상 깨어 있어야 합니다. 하나님의 백성답게 살아야 하는 이유는 자신의 구원뿐만이 아니라 다른 사람이 여러분을 보고 있기 때문입니다. 신자가 죄를 지으면 하나님의 영광을 욕되게 하는 것입니다. 신자가 바른 일을 행하고 산다면 다른 사람들에게 선한 영향을 끼치는 것입니다.

그리스도인인지 아닌지는 그가 하나님의 계명을 지키는지 아닌지를 보면 알 수 있습니다(히 6:4-6; 10:26-31; 12:28; 빌 2:12-13; 4:5; 고전 9:27). 하나님을 사랑한다면 그 계명을 사랑할 것이기 때문입니다. 또한 그리스도인들은 자기들의 구원을 확신한다고 할지라도 주님을 두려워함으로 행하며 살아야 합니다(빌 2:12-13; 벧전 4:15-18; 골 3:2; 벧후 1:10-14; 약 5:7-11; 요일 3:3; 계 19:6-8). 우리는 깨어 있어야 합니다(눅 21:34-36; 막 13:33, 37; 고전 15:34; 엡 5:14; 살전 5:6-8; 벧후 1:5-7). 이것이 신자의 바른 태도입니다. 그렇지 않은 자는 하나님을 볼 수 없을 것입니다(계 22:15).

> 한 번 빛을 받고 하늘의 은사를 맛보고 성령에 참여한 바 되고 하나님의 선한 말씀과 내세의 능력을 맛보고도 타락한 자들은 다시 새롭게 하여 회개하게 할 수 없나니 이는 그들이 하나님의 아들을 다시 십자가에 못 박아 드러내 놓고 욕되게 함이라(히 6:4-6).

그러므로 나의 사랑하는 자들아 너희가 나 있을 때뿐 아니라 더욱 지금 나 없을 때에도 항상 복종하여 두렵고 떨림으로 너희 구원을 이루라 너희 안에서 행하시는 이는 하나님이시니 자기의 기쁘신 뜻을 위하여 너희에게 소원을 두고 행하게 하시나니(빌 2:12-13).

신자는 지속적으로 일깨우고, 지피고, 불을 흔들어 불기를 일으켜야 합니다. 우리 속에 죽어가고 있는 깜부기와 같은 불기를 다시 살려야 합니다(딤후 1:6). 자신 자신을 부단히 검증해야 합니다(고후 13:5).

"내가 정말 복음의 가르침에 따라서 살아가고 있는가?"

"내가 시간을 쓰는 방식을 복음이 결정하는가?"

"복음이 내 삶에 가장 큰 요인인가?"를 늘 점검해야 합니다. 그러기 위해 말씀을 읽고 듣고 그 말씀대로 행하여야 합니다(계 1:3).

전에는 죄인 된 삶을 사는 사람이었으나, 이제는 더 이상 아닙니다. 신자는 이와 같이 자신이 누구라는 것을 적극적으로 인식하며 살아야 합니다. 여러분은 깨끗합니다. 그러나 살면서 묻을 수 있는 먼지의 더러움으로부터는 매 순간 자신을 정결하게 해야 합니다(벧후 1:9-10; 롬 13:12-14). 신자는 옛 본성을 벗어 버렸기에 자신이 어떠한 존재인지를 인식하며 살아야 합니다(골 3:9; 엡 4:22; 5:11; 6:13; 갈 5:19-23; 빌 1:27; 요일 1:7; 요 3:19-21). 이런 거룩한 삶을 살기 위해 우리는 영적인 무기를 갖추어야 합니다(살전 5:8; 엡 6:14-17; 벧후 1:5-7, 10). 그것은 하나님의 말씀과 성령의 도우심입니다.

너희는 믿음 안에 있는가 너희 자신을 시험하고 너희 자신을 확증하라 예수 그리스도께서 너희 안에 계신 줄을 너희가 스스로 알지 못하느냐 그렇지 않으면 너희는 버림 받은 자니라(고후 13:5).

오직 너희는 그리스도의 복음에 합당하게 생활하라 이는 내가 너희에게 가 보나 떠나 있으나 너희가 한마음으로 서서 한 뜻으로 복음의 신앙을 위하여 협력하는 것과(빌 1:27).

이러한 교리를 이해하는 것은 그리스도 예수 안에서 거룩해진 자로서의 삶을 살아가는 동기를 부여하고 삶을 통제하는 힘이 됩니다. 우리의 생명은 '영광에서 영광으로' 변화되는 것이며, 끝없이 영원한 것입니다. 타락하기 이전의 아담의 모습으로 성화되어 가는 것입니다. 하나님은 이 일을 반드시 이루실 것입니다. 왜냐하면 그것이 하나님의 뜻이기 때문입니다.

하나님께서는 인간들에게 안타까운 마음을 가지셨습니다. 그래서 그들을 건져내셨습니다. 이와 같이 우리가 의롭다 하심을 받은 것은 하나님의 자비의 결과입니다. 우리의 성화, 우리의 장래의 영화도 전적으로 하나님의 자비의 결과입니다(시 103:10-14; 130:3-4).[7] 그러기에 우리의 삶은 하나님의 영광을 위한 삶이 되어야 합니다. 그리고 그것을 기뻐해야 하며, 우리의 하나님을 기뻐해야 합니다.

5. 영화의 정의

영적 생활의 제1표지는 자기가 죽었다고 느끼는 것입니다. 사람이 죽

---

7 마틴 로이드 존스, 『로마서 강해』 12권, 58.

는 순간, 다시 살 가능성이 있어집니다.[8]

> 전에 율법을 깨닫지 못했을 때에는 내가 살았더니 계명이 이르매 죄는 살아나고 나는 죽었도다(롬 7:9).

성화는 그리스도와 연합되어 있는 것에 대한 결과입니다.[9] 영화는 죄와 악의 모든 영향과 국면에서 완전하고 철저하게 구원을 받는 것입니다.[10] 영화는 몸과 영과 혼이 다 함께 구원을 받는 것의 의미합니다. 그날 우리는 전인이 죄의 모든 해로운 영향에서 철저하고 완전히 구원을 받을 것이요, 죄의 모든 더럽게 하고 부패케 하는 영향으로부터 완전히 벗어나게 될 것입니다. 주 예수 그리스도와 같게 될 것이고 완전한 사람, 평화롭게 된 사람이 될 것입니다.

> 곧 우리가 원수 되었을 때에 그의 아들의 죽으심으로 말미암아 하나님과 화목하게 되었은즉 화목하게 된 자로서는 더욱 그의 살아나심으로 말미암아 구원을 받을 것이니라(롬 5:10).

하나님은 처음이나 나중이나 차별이 없으며 처음부터 끝을 아십니다. 우리는 이미 하나님 앞에서 영화롭게 된 것입니다(롬 8:30).

로마서 8:29에 "하나님이 미리 아신 자들을 또한 그 아들의 형상을 본

---

[8] 마틴 로이드 존스, 『로마서 강해』 4권, 192.
[9] 마틴 로이드 존스, 『로마서 강해』 6권, 서문강 역 (서울: CLC, 2005), 15.
[10] 마틴 로이드 존스, 『로마서 강해』 1권, 서문강 역 (서울: CLC, 1999), 252.

받게 하기 위하여 미리 정하셨으니 이는 그로 많은 형제 중에서 맏아들이 되게 하려 하심이니라" 하셨습니다.

그리고 마지막 날 우리의 영화가 이루어질 것입니다(고전 15:49, 51; 골 3:4; 빌 3:21). 그날이 오기를 우리는 소망합니다. 우리의 사망의 몸마저 구원받는 그 날 우리는 영화를 경험하게 될 것입니다. 영원히 죽지 않을 것이며, 영원히 하나님을 예배할 것입니다. 그것은 진정한 만족과 기쁨이 있는 그런 것입니다.

13장
율법

1. 율법의 목적
2. 율법의 역할
3. 율법 적용의 유의점
4. 할례와 칭의의 관계
5. 가톨릭
6. 유대인을 지칭하는 단어
7. 유대인들의 무지
8. 유대인에 대한 하나님의 뜻
9. 남은 자에 대한 소망
10. 하나님의 백성 '감람나무'
11. 유대인은 구원에서 배제되었나?

13장 율법

1. 율법의 목적

　율법이 있기 전 양심에 하나님의 법을 주셨습니다. 인간이 창조하실 때 이미 그 본성과 체질의 일부가 되게 하신 것입니다. 그리고 시내산에서 그 백성에게 그 사실을 상기시키시고 문자화한 것이 율법입니다.[1] 이 율법은 하나님이 주신 것이기에 선한 것이며, 율법을 거부하는 것은 곧 하나님을 거부하는 것입니다. 하나님의 사람이 율법을 지키지 않겠다고 하는 것은 하나님과 이웃을 사랑하지 않겠다는 것과 같습니다. 왜냐하면 율법의 요점은 "너희 마음과 뜻과 목숨과 정성과 힘을 다하여 주 너의 하나님을 섬기며 네 이웃을 네 몸처럼 사랑하라"는 것이기 때문입니다.[2]

> 　예수께서 이르시되 네 마음을 다하고 목숨을 다하고 뜻을 다하여 주 너의 하나님을 사랑하라 하셨으니 이것이 크고 첫째 되는 계명이

1　마틴 로이드 존스, 『하나님께로 난 사람』, 정상윤 역 (서울: 복있는사람, 2013), 104.
2　마틴 로이드 존스, 『로마서 강해』 1권, 34.

요 둘째도 그와 같으니 네 이웃을 네 자신 같이 사랑하라 하셨으니 이 두 계명이 온 율법과 선지자의 강령이니라(마 22:37-40).

율법의 목적은 우리가 전능하신 하나님과 대면하고 있다는 사실을 항상 상기시켜 주는 것입니다. 율법은 우리를 병적인 주관성에서 끌어내 하나님과 우리의 관계에서 우리의 삶의 행동들에 대해서 생각해 보게 하는 것입니다.[3]

율법의 목적에 대하여 『로마서 강해』 1, 2, 3, 4, 12, 13권에서 논하고 있습니다. 그것은 율법의 목적을 아는 것이 매우 중요한 일이라는 것을 의미합니다.

율법은 사람의 법이 아니라 하나님의 법입니다. 율법은 하나님을 계시해줍니다. 율법이 하나님의 성품과 거룩하심을 우리에게 알려줍니다. 율법을 통하여 하나님이 요구하시는 높은 수준을 보여줌으로써 우리 죄를 드러나게 합니다. 율법의 요구는 인류에게 유효하지 않은 적이 없습니다(시 119:152, 160). 율법은 언제까지나 우리에게 변함없이 유효한 것입니다. 우리에게는 율법을 지킬 의무가 있습니다(마 5:17-19). 하나님의 도덕법은 폐기된 적이 없습니다.

율법은 죄의 죄 됨을 드러내 보이는 것입니다. 우리에게 있는 죄가 결코 가볍고 피상적이 것이 아니라 우리 존재 깊은 곳에 자리 잡고 있는 것임을 알려줍니다. 자기 죄의 심각성을 깨달은 사람만이 하나님의 십자가의 은혜를 감사하고 기뻐하며 찬양할 수 있는 것입니다. 그분의 이름을 찬

---

3 마틴 로이드 존스, 『하나님께로 난 사람』, 101.

양할 수 있습니다, 주님의 인격과 위엄을 찬양할 수 있습니다.[4] 죄의 심각성을 깨달은 사람만이 우리를 죄에서 구원해 주신 삼위하나님을 찬양합니다. 우리의 왕이신 주님을 찬양합니다. 대제사장이신 주님을 찬양합니다. 선지자이신 주님을 찬양합니다. 우리는 성령의 지배 아래 살면서 범사에 우리와 함께 하고 인도하시는 성령을 찬양합니다.

하나님의 율법을 제대로 모르고 율법과 우리의 관계도 제대로 모르는 것은 복음이 주는 축복을 깨닫지 못하는 주된 원인이 됩니다.[5] 그러나 하나님의 사람은 율법의 의미를 압니다. 율법을 주신 하나님을 압니다. 신자는 그분의 마음을 율법을 통해서 보고 배웁니다. 그리고 그 율법을 행하기를 소망합니다. 율법을 행함을 통한 기쁨을 경험합니다. 신자는 자신이 삶의 중심이 되는 것이 아니라 하나님의 영광을 위해 살아나갑니다. 신자는 성령이 함께 함을 통해 삶을 힘 있게 살아나갑니다. 신자는 성령 안에서 진정한 즐거움과 기쁨을 경험합니다. 신자는 성령을 통해 하나님의 뜻을 행하기를 즐거워하고 기뻐하게 됩니다(겔 36:27; 히 8:10; 렘 31:33).

먼저 『로마서 강해』 1권에서는 율법의 목적은 "죄에 대한 지식을 주기 위함"이라고 합니다.[6] 율법을 통해 죄에 대한 지식을 주기 위함입니다. 율법을 통해 죄의 가공할 성격에 대해 알게 하기 위함입니다(롬 7:13). 우리는 율법을 통해 무서운 죄성을 인정하고 승복하며 죄를 절감하게 하고자 하는 것입니다.[7] 이와 같이 율법의 목적은 죄를 규정하는 것입니다(롬 3:20).

율법으로는 유죄를 선고하고 율법으로는 절대로 구원 받을 수 없음을

---

4 마틴 로이드 존스, 『성경적 찬양』, 115.
5 마틴 로이드 존스, 『성경적 찬양』, 62, 81, 108.
6 마틴 로이드 존스, 『로마서 강해』 1권, 33.
7 마틴 로이드 존스, 『하나님께로 난 사람』, 107, 119.

알려주는 것입니다. 이것이 율법입니다. 세상 어느 것도 모든 사람을 정죄하지 않습니다. 오직 율법만이 모든 사람을 정죄합니다. 우리에게는 이 율법을 지켜야 할 의무가 있습니다(롬 7:12, 22, 25; 시 119:4-6; 고전 7:19; 갈 5:14, 16, 18-23). 신자는 자신이 죄에 오염되어 있으며, 죄의 죄됨을 깨닫고, 그리고 죄를 증오합니다(약 1:23-25; 롬 7:9, 14, 24).

인간은 율법을 통해 죄를 알고 그 죄에 대해 자신이 진심으로 회개하게 될 때 그리고 자신의 죄를 슬퍼할 때, 그래서 마음의 재앙을 깨달을 때 (왕상 8:38) 우리는 주님의 십자가를 사랑할 수 있습니다.[8] 이것이 율법의 목적입니다. 율법은 인간으로 하여금 죄를 깨닫게 하고 죄를 사하는 메시아를 소망하게 하는 것입니다(갈 3:24; 롬 7:24-25; 8:3-4). 율법을 통해 죄가 금하여지고 있음을 깨닫습니다(약 2:11; 시 119:101, 104, 128). 그러므로 율법은 신자가 죄를 짓지 못하게 억제하는데 유용합니다(약 2:11; 시 119:101, 104, 128). 그리고 그 메시아 앞에 나아가 회개하고 그를 통하여 의를 얻게 되는 것입니다. 신자는 주님에 대한 완전한 순종을 하는 삶을 살아가며, 그것이 자신에게 필요하다는 것을 알게 됩니다(갈 3:24; 롬 7:24-25; 8:3-4).

『로마서 강해』 2권에서 율법의 목적은 "우리가 율법을 온전히 지킬 수 없다는 것을 깨닫게 하고, 이는 결국 우리를 그리스도에게 인도하는 몽학선생의 역할"을 율법이 하고 있음을 말합니다.[9] 하나님께서 그리스도의 탁월성을 알려주시기 위해 율법을 주신 것입니다. 율법을 통해 우리가 구원받을 필요가 있다는 것과 우리에게는 구원을 이룰 능력이 전혀 없다는 점을 보여주는 것입니다. 그리하여 율법은 우리를 그리스도에게로 데려다

---

[8] 마틴 로이드 존스, 『하나님께로 난 사람』, 71.

[9] 마틴 로이드 존스, 『로마서 강해』 2권, 14.

주는 몽학선생이 되는 것입니다.

> 그러므로 율법의 행위로 그의 앞에 의롭다 하심을 얻을 육체가 없나니 율법으로는 죄를 깨달음이니라(롬 3:20).

> 이같이 율법이 우리를 그리스도께로 인도하는 초등교사가 되어 우리로 하여금 믿음으로 말미암아 의롭다 함을 얻게 하려 함이라 (갈 3:24).

『로마서 강해』 3권에서는 율법의 목적을 "죄의 죄 됨을 나타내기 위함"이라고 정의합니다(롬 3:20; 7:7).[10] 율법은 신자를 그리스도에게 인도하는 몽학선생이며, 우리의 무능과 비참한 궁핍을 보여주는 몽학선생의 역할을 합니다. 이것이 율법의 유익이기도 합니다. 또한 신자가 율법 아래 있지 않고, 주님의 은혜 안에 있기에 죄가 자신을 주관할 수 없음을 고백합니다. 죄가 신자의 생활을 주관하지 못합니다(롬 6:2, 7, 14, 22). 신자는 하나님의 법을 즐거워합니다(롬 7:22).

『로마서 강해』 4권에서는 율법의 목적을 "죄의 본질을 깨닫고 구세주의 필요성을 느끼게 함"이라 합니다.[11] 인간은 자신의 죄가 얼마나 무서운지 알아야 합니다. 그리고 세상에서의 도덕 교육은 한계와 한정된 가치가 있다는 것을 알아야 합니다. 종교보다 도덕이 먼저가 되면 그 도덕은 온전한 작용을 하지 못합니다. 항상 종교가 먼저여야 합니다. 그래야 도덕도 온

---

10 마틴 로이드 존스, 『로마서 강해』 3권, 285.
11 마틴 로이드 존스, 『로마서 강해』 4권, 98-115.

전해질 수 있습니다.[12]

율법에는 한계가 있습니다. 그것은 율법은 인간을 구원할 수 없다는 것입니다. 율법의 특징은 죄를 규정하고 죄의 본질을 드러내고 구세주의 필요성을 보여 줍니다. 이를 통해서 우리는 메시아를 소망하게 되며, 주 예수 그리스도의 공로의 절대적 필요성을 깨닫게 됩니다. 이것이 율법의 좋은 점입니다.

『로마서 강해』 12권에서는 하나님이 율법을 주셨습니다. 그러기에 율법은 하나님의 성품이 드러납니다. 그러므로 신자는 율법을 사랑해야 함을 말하고 있습니다.[13] 하나님의 율법이 결국 하나님의 존재의 표현이라는 사실을 인식함으로부터 율법에 대한 사랑을 시작합니다. 율법은 하나님의 성품의 표현입니다(롬 1:7; 갈 3:21; 요일 1:5). 그러므로 우리는 율법을 사랑해야 합니다.

『로마서 강해』 13권에서는 "율법은 그리스도의 필요성"을 우리에게 보여줍니다. 율법을 통해 그리스도의 영광을 보며 그분이 얼마나 거룩한지를 보여줍니다(마 5:17; 롬 5:18-19). 율법의 목적은 율법을 통한 우리의 상태와 이로 인한 그리스도의 필요성 그리고 성령 안에서 율법을 행하는 그리스도인이 되어야 함을 말씀합니다.[14] 그리스도인은 율법이 어떤 여러 상세한 조목들을 함께 끌어 모은 것쯤으로 생각하지 말아야 합니다. 신자는 율법의 전체성, 종합성 그리고 인격적 요소를 염두에 두어야 합니다. 율법은 우리가 마땅히 해야 할 것이 무엇인가를 말해주려는 것입니다. 율법은

---

12 마틴 로이드 존스, 『능력』, 50.

13 마틴 로이드 존스, 『로마서 강해』 12권, 454.

14 마틴 로이드 존스, 『로마서 강해』 13권, 235-278.

우리가 기계적인 것이 되도록 하기 위해서 주어진 것이 아니라 '삶'이 되도록 하기 위해 주어졌습니다.

성령은 신자에게 내주하심을 통해 율법을 지키고 따를 수 있는 능력을 주십니다(롬 8:4). 율법은 우리의 상태를 보여줍니다. 율법은 우리가 전적으로 무능하다는 것을 보여주는 몽학선생입니다. 이와 같이 율법은 범죄를 지적하고 드러나도록 하기 위해 주어졌습니다. 우리는 율법으로 말미암아 스스로 의롭다함을 얻으려는 쓸데없는 노력을 하는 일에 대해서는 청산하였습니다. 우리는 또한 율법이 우리에게 선고하는 정죄와도 관련이 없게 되었습니다. 그러나 우리는 여전히 율법의 차원에서 가르침을 받고 행하라는 호소를 받고 있습니다. 왜냐하면 율법은 여전히 하나님께서 우리에게 바라시는 삶의 방식을 완전하게 표현하고 있기 때문입니다.

> 그런즉 우리가 믿음으로 말미암아 율법을 파기하느냐 그럴 수 없느니라 도리어 율법을 굳게 세우느니라(롬 3:31).

하나님을 섬기고 높이며 그의 크고 거룩한 이름을 더욱 크고 영화롭게 하는 것이며 말로 우리의 가장 큰 열망이 됩니다.[15] 율법은 그런 식으로 우리에게 적용이 됩니다. 믿음이 사랑으로 역사하듯이 율법도 사랑으로 역사합니다. 우리가 십계명을 지키고 율법의 상세한 국면들을 지키는 것은 우리가 '그리스도인들이기 때문'입니다(골 3:8). 그러므로 그리스도인들에게 사랑하라고 설교만 해서는 안 됩니다. 구체적으로 해서는 안 되는 일이 무엇인지를 말해 주어야 합니다(골 2:16-18; 20-23; 롬 3:27-31). 우리

---

15 마틴 로이드 존스, 『하나님께로 난 사람』, 76.

는 율법을 행함을 통해 하나님께 영광을 돌리며 구원의 확신을 가지게 됩니다.

2. 율법의 역할

율법 그 자체는 거룩하고 흠이 없고 선한 것이지만 사람은 육체에 속하여 있고 죄인이기 때문에 율법을 통해 진노를 받게 됩니다. 율법은 죄의 성품을 가려내어 '죄가 심히 죄 된 것'을 드러나게 합니다.[16] 이와 같이 율법은 죄를 정확하게 가려냄으로써 우리에게 죄를 더 죄되게 하는 것입니다(롬 3:20). 그럼으로써 율법의 진노를 이루게 되는 것입니다.

율법이 하는 일은 죄를 규정하고 죄를 범법으로 만드는 것입니다. 율법은 이를 통해 죄를 내세우는 것입니다. 율법은 죄를 법문화합니다. 율법은 우리의 죄책을 더욱더 확신하고 분명하게 합니다. 율법은 우리 모두를 정죄합니다. 율법은 죄를 알게 하고 우리들 모두를 하나님 앞에 할 말이 없게 만들고 절망하게 합니다. 그러나 율법의 지식은 구원에 아무런 소용이 없습니다.[17] 할례의 행함과 구원은 아무런 관계가 없습니다(롬 2:25). 율법을 지키지 않으면 할례를 받지 않은 것과 같습니다. 우리에게 중요한 것은 내면의 상태입니다.

> 모든 사람과 더불어 화평함과 거룩함을 따르라 이것이 없이는 아무

---

16   마틴 로이드 존스, 『로마서 강해』 1권, 241-244.

17   마틴 로이드 존스, 『로마서 강해』 8권, 226-234.

도 주를 보지 못하리라(히 12:14).

마음이 청결한 자는 복이 있나니 그들이 하나님을 볼 것임이요
(마 5:8).

참된 성도라면 거듭났고, 자신 속에 하나님의 생명을 갖고 있으며, 신의 성품에 참여한 자임을 스스로 드러냅니다. 새로운 마음을 가지게 됩니다. 새로운 성품, 새로운 마음, 성령께서 거하시는 마음을 갖고 있습니다. 이것이 진정 그리스도인이라고 주장할 수 있는 근거입니다.

온 세상의 가장 큰 문제는 하나님이 우리 주와 구주 되신 예수 그리스도를 통해서 해주신 일이 무엇인지 모른다는 것입니다. 그러기에 우리는 삶에 우선순위를 잘못 세워 놓습니다. 만약 우리의 삶에 행복을 앞에 둔다면 우리는 삶의 길을 잘못 든 것입니다. 우리의 삶의 목적은 하나님 앞에서의 거룩에 있습니다. 우리에게 필요한 것은 행복이 아니라 거룩함과 의와 경건과 공평과 진리입니다(딤전 6:11; 엡 4:28).[18]

『로마서 강해』 1권에서는 율법의 유익은 우리가 율법을 지킬 수 없다는 진리를 깨닫고 절망하며 그 절망이 우리로 하여금 그리스도를 찾게 한다는 것입니다.[19] 우리는 율법을 통해 우리 자신의 전적인 무능력인 절망을 알게 합니다. 왜냐하면 어느 누구도 율법을 온전히 지킬 수 없으며 율법을 알면 알수록 자신의 죄 됨을 발견하게 되기 때문입니다. 그러기에 우리는 구세주를 추구하게 되고 그런 면에서 율법은 우리를 그리스도에게

---

18 마틴 로이드 존스, 『로마서 강해』 8권, 74-75, 121.

19 마틴 로이드 존스, 『로마서 강해』 1권, 35-55.

인도하는 몽학선생입니다.

그리스도를 통해서 하나님의 은혜로 말미암아 우리를 구원하고 구속하며, 하나님과 우리를 화목 시키며 영원토록 안전을 보장하는 오직 유일하신 분이십니다. 율법은 죄를 선고하여 구원의 길을 지적합니다. 그러기에 율법은 주님이 오실 것을 예표해 줍니다.

『로마서 강해』 4권에서는 율법의 유익은 율법을 통한 죄를 깨달음에 있음을 말합니다.[20] 율법의 유익은 율법의 행위로 의롭다 함을 받을 사람은 없습니다. 율법 아래 있으므로 거룩하게 될 자도 없습니다. 율법으로 말미암지 않고는 죄를 알 수도 없습니다. 율법을 통해 죄의 본질과 성격을 옳게 이해하게 됩니다.

> 그러므로 율법의 행위로 그의 앞에 의롭다 하심을 얻을 육체가 없나니 율법으로는 죄를 깨달음이니라(롬 3:20).

율법이 할 수 없는 것은 율법은 우리를 죄책에서 건져내어 구원할 수 없다는 것입니다.[21] 또한 우리를 의롭게 할 수도 없습니다. 그러므로 율법은 우리를 하나님 앞에 설 수 있는 능력을 주지 못합니다. 또한 예수님 앞에 설 수 있는 능력을 주지 못합니다.

주님은 결코 율법을 폐기하신 적이 없으십니다. 오히려 주님은 율법을 더욱 강화시키셨습니다(마 5:17-19; 약 2:8; 롬 3:31). 율법을 지킴으로 하나님 앞에서 의롭다 하는 것은 하나님을 사랑하고 이웃을 네 몸과 같이 사

---

20 마틴 로이드 존스, 『로마서 강해』 4권, 153.
21 마틴 로이드 존스, 『로마서 강해』 4권, 387.

랑하는 것입니다.[22]

> 선생님 율법 중에서 어느 계명이 크니이까 예수께서 이르시되 네 마음을 다하고 목숨을 다하고 뜻을 다하여 주 너의 하나님을 사랑하라 하셨으니 이것이 크고 첫째 되는 계명이요 둘째도 그와 같으니 네 이웃을 네 자신 같이 사랑하라 하셨으니(마 22:36-39).

그러나 어느 누구라도 율법을 지켜서 의롭다 함을 받을 수 없습니다. 죄를 가지고 있는 인간은 율법을 지킬 수 있는 능력을 소유하고 있지 못하기 때문입니다.

> 너희가 만일 성경에 기록된 대로 네 이웃 사랑하기를 네 몸과 같이 하라 하신 최고의 법을 지키면 잘하는 것이거니와 만일 너희가 사람을 차별하여 대하면 죄를 짓는 것이니 율법이 너희를 범법자로 정죄하리라 누구든지 온 율법을 지키다가 그 하나를 범하면 모두 범한 자가 되나니 간음하지 말라 하신 이가 또한 살인하지 말라 하셨은즉 네가 비록 간음하지 아니하여도 살인하면 율법을 범한 자가 되느니라(약 2:8-11).

이는 유대인이나 이방인이나 마찬가지입니다(렘 31:31-33; 히 8:8-11).

> 여호와의 말씀이니라 보라 날이 이르리니 내가 이스라엘 집과 유다

---

22 마틴 로이드 존스, 『로마서 강해』 8권, 188-189.

집에 새 언약을 맺으리라 이 언약은 내가 그들의 조상들의 손을 잡고 애굽 땅에서 인도하여 내던 날에 맺은 것과 같지 아니할 것은 내가 그들의 남편이 되었어도 그들이 내 언약을 깨뜨렸음이라 여호와의 말씀이니라 그러나 그 날 후에 내가 이스라엘 집과 맺을 언약은 이러하니 곧 내가 나의 법을 그들의 속에 두며 그들의 마음에 기록하여 나는 그들의 하나님이 되고 그들은 내 백성이 될 것이라 여호와의 말씀이니라(렘 31:31-33).

율법은 우리에게 죄에 대한 '지식'을 증가시키기 위해 주어졌습니다.[23] 그런 의미로 율법은 죄를 증가시킨다고 말합니다. 율법은 우리에게 죄에 대한 '자각'을 증가시킵니다. 율법의 궁극적인 목적은 율법은 우리를 구원할 목적으로 주신 것이 아니라, 우리 복되신 주님과 구주 예수 그리스도이신 하나님의 아들 밖에는 아무것도 구원할 수 없다는 것을 보여주기 위해서 주어진 것입니다.

3. 율법 적용의 유의점

신자 중에는 다른 사람보다 더 많은 지식을 가진 이들이 있습니다. 그러나 신자의 교회 생활에 있어서 그가 옳으니 그 지식을 반드시 실천에 옮길 수 있다는 논리가 필연적으로 성립되는 것은 아닙니다(롬 14:16). 자신의 선하다고 생각하는 주장이 다른 이들에게는 걸림돌이 될 수 있음을 주

---

[23] 마틴 로이드 존스, 『로마서 강해』 2권, 서문강 역 (서울: CLC, 2010), 355-363.

의하여 생각하고 행동해야 합니다. 그러므로 신자는 어느 누군가를 판단하기를 그쳐야 합니다. 그리스도인의 생활에 있어서 당하는 고통의 절반은, 아직 그럴 입장이 아닌데도 성급히 결론을 내리고 만다는 것입니다. 자신의 생각으로 다른 사람을 판단하는 것으로 말미암아 서로에게 고통이 되는 것입니다. 그러므로 신자는 대번에 훌쩍 뛰어 어떤 결론으로 나아가지 말고, 결론을 향하여 계속 나아가다 결론에 이르러야 합니다.[24]

바울은 아무것도 깨끗지 아니한 것은 없다 합니다(행 15:19-20).[25] 피도 깨끗지 아니한 것은 아닙니다. 그 피를 먹는 것 자체에 대해서는 그릇된 것이 전혀 없습니다. 아무것도 그 자체로 깨끗하지 않은 것은 없습니다. 바울은 이를 통해서 믿음이 강하다고 하는 신자들이 믿음이 약한 신자를 정죄하거나 심판하는 일을 함을 교회 공동체에 유익지 않은 행동을 하는 것을 조심할 것을 경고하였습니다(롬 14:13, 21; 고전 8:13; 고후 6:3; 11:29).

4. 할례와 칭의의 관계

할례는 아브라함의 칭의에 대한 인(印)으로써 주어진 외적인 표였습니다.[26] 할례는 아브라함을 의롭다 함을 얻는 데 아무 역할도 하지 않았습니다. 사람은 할례를 받고도 버림을 받을 수 있습니다. 즉 할례 그 자체는 어떤 효력도 없다는 것을 알아야 합니다.

---

24 마틴 로이드 존스, 『로마서 강해』 14권, 68-76.
25 마틴 로이드 존스, 『로마서 강해』 14권, 225-226.
26 마틴 로이드 존스, 『로마서 강해』 1권, 230-246.

중요한 것은 우리가 할례를 받는 것이 아니라 우리의 믿음의 원리가 중요합니다. 우리가 의롭다 함을 받는 것은 오직 믿음, 곧 아브라함과 같은 믿음에 의해서만 되는 것입니다. 할례나 세례는 구원 받는 것 자체와는 관련이 없습니다.

유대인들에게 축복을 가져오는 것은 그들이 할례를 받았다는 사실이 아니라, "우리 조상 아브라함의 무할례시에 가졌던 믿음의 자취를 좇는 것"입니다. 할례가 문제가 아니라 그들이 아브라함과 같은 믿음을 가졌느냐 하는 것입니다. 믿음이 없는 행함은 그것이 종교적 행위라 할지라도 그 행위로 인해 구원을 받는 것은 아닌 것입니다.

5. 가톨릭

로마 가톨릭교회의 중대 오류들은 먼저 우상 숭배와 미신 행위입니다. 성경에는 우상숭배만큼 큰 죄악이 없음을 말씀하고 있습니다. 교회는 결코 새긴 우상이나 형상을 만들어서는 안 됩니다. 그럼에도 불구하고 로마 가톨릭 교회는 형상으로 가득 차 있습니다.

로마 가톨릭교회는 선자들이 형상들에게 경배하도록 가르치고 있습니다. 그들은 동상과 조형물과 초상화를 숭배합니다. 로마에 있는 성 베드로 성당에 가면 거기엔 사도 베드로의 동상이 있습니다. 그런데 그 발가락은 하도 많은 사람들이 그것에 입을 맞추고 인사하기에 아예 달아서 매끈매끈합니다. 그들은 경외심을 가지고 절하면서 형상과 동상과 유물에게 경배합니다.

이것이 우상숭배가 아니고 무엇이겠습니까?

그들은 단지 신앙의 조상들을 공경하기 위해서 성화를 그리거나 동상을 세워놓는 것이라고 하지만, 중요한 것은 그것을 대하는 신자들의 태도입니다. 신자들은 분명 동상에 절하며 그 동상에게 기도합니다. 그리고 그 동상을 숭배함을 통하여 자신의 믿음 생활을 하고 있다는 것입니다.

그들은 자기들이 어떤 성인의 뼛조각과 그가 사용하던 물건을 가지고 있다고 주장하면서 그것을 특별한 장소에 두고 그것에게 경배하며 그 앞에 절합니다. 그들은 성인 숭배를 합니다. 그들은 성인들을 통해 기도해야 한다고 합니다. 이는 인간을 신으로 만드는 것입니다. 이것은 분명 우상숭배입니다.[27] 하나님은 분명 하나님은 새긴 우상을 만들지 말고, 하늘에 있는 것이나 땅에 있는 것이나 물속에 있는 것의 어떤 형상도 만들지 말고, 절하지 말고, 섬기지 말라고 명령하셨습니다.[28]

그들은 거짓된 교리를 주장합니다. 그것은 가톨릭교회 밖에는 구원이 없다는 주장입니다. 이는 자기들만이 구원을 받을 수 있다는 것입니다. 이는 거짓입니다. 성경 어디에도 그런 권한을 가톨릭에게 준 적이 없습니다. 자신들만이 성경을 올바로 이해할 수 있다고 주장하는 것은 그들의 편견이며 하나님의 성령의 권능을 무시하는 행위일 뿐입니다.

또한 그들은 로마 가톨릭교회가 덧붙인 전통도 성경과 동일한 권위를 지니고 동일한 구속력을 지닌다고 합니다. 계시가 끝나지 않았다는 것입니다. 가톨릭은 정경의 완성 뒤에도 하나님은 계속해서 사도들을 계승한 사람들을 통해서 말씀하신다고 말합니다. 이는 거짓입니다. 성경의 기록이 끝난 이후에 계시는 끝이 났습니다.

---

27 마틴 로이드 존스, 『천주교 사상 평가』, 정동수 역 (서울: 그리스도예수안에, 2011), 21-31.
28 십계명 중 제 2 계명. 천주교는 제 2 계명이 그들의 십계명에는 없다.

그들은 교황은 무오하다고 합니다. 이것도 거짓입니다. 인간은 모두 죄인이기 때문입니다. 마찬가지로 마리아 숭배 사상역시 이단적 행위입니다. 그들은 주후 1854년에 마리아의 '무염시태'(아무 죄 없는 상태에서 잉태하였다)를 정식으로 선포하였습니다. 그것은 마리아는 죄가 없이 태어났다는 것입니다. 또한 예수님처럼 마리아도 하늘로 승천했다고 합니다. 그리하여 동정녀의 몽소승천의 교리를 만들었습니다. 마리아가 승천했다는 것입니다.[29] 결국 인간인 마리아의 이미지를 높이고 그녀를 부각시켜 결국 그리스도를 우리 시야에서 가리게 만들었습니다. 가톨릭은 동정녀 마리아를 숭배합니다. 이는 우상 숭배입니다.

6. 유대인을 지칭하는 단어

'히브리인'은 유대인이 히브리어를 쓰고 있다는 사실을 드러내는 명제입니다(빌 3:5). '이스라엘'은 야곱의 후손을 의미합니다(창 32:28; 출 4:22-23). 이는 이스라엘 민족을 의미할 때 사용하는 명제입니다. 이스라엘은 혈통을 강조할 때 사용하는 명제입니다. 야곱은 하나님의 선택된 백성입니다. 이 야곱을 하나님께서 이스라엘로 그의 이름을 바꾸어 주셨습니다.

> 그가 이르되 네 이름을 다시는 야곱이라 부를 것이 아니요 이스라엘이라 부를 것이니 이는 네가 하나님과 및 사람들과 겨루어 이겼음이니라(창 32:28).

---

[29] 마틴 로이드 존스, 『로마서 강해』 7권, 117-118. 몽소(蒙召) 승천 교리는 교황 비오 12세가 1950년 11월 1일 말하였다.

'유대인'이라는 명칭은 바벨론 포로로 잡혀간 유다 사람들이 예루살렘으로 돌아와 현재 이스라엘을 이룬 자들이 자신들의 나라의 이름을 자신 지파를 중심으로 말하고 있을 때 사용하는 명칭입니다. 예루살렘으로 귀환한 자들의 대부분이 유다 지파였기에 유대인이라는 말은 지파 명에서 나라 명으로 사용하기 시작되었습니다. '유대인'이라는 명칭은 일반적으로 이방의 적대 세력이요, 이방의 반명제로 사용됩니다(롬 9:24; 10:12; 3:29).[30]

7. 유대인들의 무지

로이드 존스는 유대인들에 대한 관심이 대단히 많습니다. 그는 유대인들이 구원에 참여하기 쉽지 않은 이유는 율법에 대한 치명적인 오해와 율법을 잘못 해석한 결과라고 말합니다.[31] 유대인들은 (예수 그리스도를 통한) 구원의 방식과 하나님 앞에서 의롭다 함을 받는 방식을 거부했습니다(마 23:37-38; 요 5:40; 행 13:46).

마틴 로이드 존스는 『로마서 강해』 1, 10, 11권에 걸쳐서 유대인들이 왜 복음을 받아들이지 못하는지, 유대인들의 율법에 대한 잘못된 이해는 무엇인지에 대해 자세히 설명합니다.

『로마서 강해』 1권에서는 유대인들의 잘못된 구원관에 대하여 다음과 같이 말합니다.[32] 유대인들은 그들은 단순히 율법을 소유하기만 하면 구원을 얻는다고 생각했습니다. 유대인들은 율법이란 지켜져야 하며 실생활에

---

30 마틴 로이드 존스, 『로마서 강해』 9권, 67-72.
31 마틴 로이드 존스, 『로마서 강해』 10권, 17.
32 마틴 로이드 존스, 『로마서 강해』 1권, 28-32.

서 실천되어야 함을 깨닫지 못했습니다. 유대인들은 율법 조문의 다수와 율법의 주요 부분을 지키는 이상 모든 것이 다 잘 될 것이라고 생각했습니다.

(유대인은 하나님이 주신 율법은) 우리를 구원하기 위해서 주신 것이 아니라는 진리를 그들은 거부했습니다. 율법은 우리로 하여금 우리가 죄인인 것을 깨닫게 하고 우리에게 율법을 온전히 지킨다는 것이 불가능하다는 것을 깨달아 주님께 인도하는 몽학선생입니다. 죄 안에 있는 인간이 율법을 온전히 지킨다는 것은 불가능한 일입니다.

『로마서 강해』 10권에서는 유대인들의 잘못이 무엇인지 보다 구체적으로 설명하고 있습니다.[33] 유대인들은 율법이 진정 요구하는 것이 무엇인지 몰랐습니다(마 5:3). 그들은 자기들의 자랑하는 의, 자기들이 세워왔던 의가 단순히 자기 자신들의 의에 불과하다는 점을 알지 못했습니다(롬 3:19-20; 빌 3:7-8).

> 우리가 알거니와 무릇 율법이 말하는 바는 율법 아래에 있는 자들에게 말하는 것이니 이는 모든 입을 막고 온 세상으로 하나님의 심판 아래에 있게 하려 함이라 그러므로 율법의 행위로 그의 앞에 의롭다 하심을 얻을 육체가 없나니 율법으로는 죄를 깨달음이니라(롬 3:19-20).

그들은 자신의 의와 자기만족 속에서 안주하고 있었습니다(행 23:5-7; 마 9:12-13; 눅 16:15; 사 64:6; 마 7:21-23; 21:31).

---

[33] 마틴 로이드 존스, 『로마서 강해』 10권, 72-84.

예수께서 들으시고 이르시되 건강한 자에게는 의사가 쓸 데 없고 병
든 자에게라야 쓸 데 있느니라 너희는 가서 내가 긍휼을 원하고 제
사를 원하지 아니하노라 하신 뜻이 무엇인지 배우라 나는 의인을 부
르러 온 것이 아니요 죄인을 부르러 왔노라 하시니라(마 9:12-13).

예수께서 이르시되 너희는 사람 앞에서 스스로 옳다 하는 자들이나
너희 마음을 하나님께서 아시나니 사람 중에 높임을 받는 그것은 하
나님 앞에 미움을 받는 것이니라(눅 16:15).

유대인들은 하나님과의 바른 관계를 맺기 위해서 선한 생활을 영위해야 된다고 주장하였습니다. 그러나 그것은 잘못된 주장입니다(고후 4:3-4; 사 64:6). 왜냐하면 주님을 통해 구원받지 않은 자들의 선행은 진정한 의미의 선행이 아니기 때문입니다. 죄를 해결하지 않고는 그가 행하는 모든 것은 그저 죄의 결과물들이 될 뿐입니다.

선지자들은 백성들이 자신들을 스스로 구원할 수 없다는 것을 알기에 구원자가 오는 것을 가르쳤습니다. 그분은 우리 주 예수 그리스도이십니다. 이와 같은 하나님의 구원방식은 언제나 은혜에 속한 것입니다. 하나님께서 친히 당신이 요구하시는 의를 제공하셨음을 유대인들은 몰랐습니다(롬 1:16-17). 유대인들은 하나님께서 이 의를 값없는 선물로 주신다는 사실을 몰랐습니다. 자기들의 의를 세우려고 "힘써야 할 필요가 없다"는 것을 몰랐습니다. 그들은 구원을 받기 위해서는 그저 하나님께서 주신 의에 복종하기만 하면 된다는 진리를 거부했습니다(엡 2:4-9; 롬 1:16-17).

내가 복음을 부끄러워하지 아니하노니 이 복음은 모든 믿는 자에게

구원을 주시는 하나님의 능력이 됨이라 먼저는 유대인에게요 그리고 헬라인에게로다 복음에는 하나님의 의가 나타나서 믿음으로 믿음에 이르게 하나니 기록된 바 오직 의인은 믿음으로 말미암아 살리라 함과 같으니라(롬 1:16-17).

『로마서 강해』 11권에서는 유대인들의 잘못을 예수를 믿는 믿음이 아닌 자신들의 행위를 의지하는 것임을 지적합니다.[34] 유대인들의 잘못은 믿음에 의지하지 않고 그들의 행위에 의지하였다는 것입니다. 구원은 길은 오직 십자가에 달리신 예수 그리스도를 믿는 단순한 믿음입니다. 그런데 유대인들은 스스로 복음과는 별도로 그들은 의롭고, 정의로웠다고 생각했습니다.

그렇게 그들이 주장한 이유는 그들은 선민으로 하나님의 백성이고, 하나님께서 모세를 통해 주신 율법이 있으며, 하나님의 백성이라는 표증으로서의 할례가 있으니 이를 통해 구원을 받을 수 있다고 믿었던 것입니다.[35] 그러나 율법을 통해 죄를 알 뿐 율법은 인간을 구원하지 못합니다. 또한 인간은 하나님의 율법을 온전히 지킬 수 없습니다. 유대인들의 문제는 바로 이 진리를 믿지 않았을 뿐 아니라 거부했다는 것입니다.

이방인들 역시 마음의 법을 통해 정죄를 받을 뿐 온전하지 못합니다. 인간들이 율법을 지킬 수 있다고 말하는 것만큼 거짓된 것은 없습니다. 율법은 오히려 죄를 죄로 정죄하고 드러낼 뿐입니다. 그것이 율법의 역할입니다. 예수님이 아직 오시지 않을 때 구약의 사람들이 의로운 것은 그들이

34　마틴 로이드 존스, 『로마서 강해』 11권, 59-61.
35　마틴 로이드 존스, 『로마서 강해』 8권, 195-203.

오실 메시아를 소망했기에 그런 의미에서 의로운 사람들이었습니다(눅 1:6; 2:25; 행 10:34-35). 그 믿음으로 구약의 사람들이 구원을 받은 것입니다.

율법이 중요한 것은 우리가 율법을 통해 죄를 알기 때문입니다. 그런 도덕적 의식을 통해 모두 다 정죄를 받습니다. 주 예수 그리스도를 듣지 못했던 세상에 살고 있는 사람들은 하나님의 진노 아래 있으며, 정죄 아래 있습니다.

하나님께서는 불의한 것을 전혀 행하지 않으십니다(롬 2:1). 온 세상을 심판하시는 심판장께서는 언제나 옳은 것을 행하십니다. 그러나 복음을 듣지 못한 자들은 옳은 것이 무엇인지 알지 못합니다. 결국 구원을 알지 못합니다(롬 9:20). 그런 인간은 마지막 날 하나님 앞에서 자기 자신의 어리석음을 깨닫게 될 것입니다. 소용없는 헛된 노력으로 구원의 값없는 은혜를 거절하였던 자신의 교만이 얼마나 어리석었음을 깨닫게 될 것입니다.[36] 그러나 그들이 깨닫기는 하지만 결국 소용도 없고 끝도 없는 양심의 가책 속에서 영원히 거하게 될 것입니다. 그러기에 우리는 복음을 증거하는 일에 게을리하지 말아야 합니다.

8. 유대인에 대한 하나님의 뜻

유대인들은 첫 번째 가지이면서 원 가지였기 때문에 특별한 위치를 가지고 있습니다.[37] 하나님께서 그들을 선택하셨고 그들에게 구원을 약속하

---

36 마틴 로이드 존스, 『로마서 강해』 9권, 421.

37 마틴 로이드 존스, 『로마서 강해』 11권, 167-168.

셨기 때문입니다.[38] 하나님께서는 그들 안에서 그들을 통해 역사하셨습니다. 유대인들은 이방인들이 포함된 동일한 감람나무에 접붙임 될 것입니다. 하나님의 똑같은 은혜로 유대인들이 이방인과 같이 변화되고 이방인이 유대인과 같이 변화될 것입니다. 이 둘은 모두 같은 축복을 받을 것입니다. 같은 약속들과 같은 복된 소망의 공동 후계자가 될 것입니다. 이 둘은 모두 믿음 안에서 아브라함의 자손들인 것입니다. 구원에 있어서 유대인과 이방인은 아무런 차이도 없습니다.[39]

유대인들이 예수 그리스도를 통한 구원을 거절했으며, 하나님은 구원을 이방인에게 주셨습니다. 이와 같이 유대인의 빈곤이 이방인에게는 부요함이 됩니다. 하나님께서는 이방인의 구원을 사용하여서 "이스라엘을 시기 나게" 하셨습니다. 그래서 그들은 자신의 죄를 깨닫고 다시 하나님께 돌아올 것입니다. 이스라엘이 돌아온다면 그 축복의 충만한 회복은 큰 부요함이 될 것입니다.

현재는 이스라엘 민족 대부분이 믿지 않고 그 중 매우 작은 부분이 믿고 있지만 남은자가 있다는 것은 결국 대부분의 이스라엘 민족의 부분이 믿게 된다는 증거입니다. 유대인들의 대다수가 믿게 될 때 이방인들의 축복은 훨씬 더 클 것입니다. 이와 같이 하나님께서 유대 민족을 완전하게 버리신 것은 아닙니다.[40]

유대인은 자신들의 행위로 의롭다 함을 얻는다는 잘못된 지식으로 인해 망하였습니다. 그들은 율법을 가지고 있고, 할례를 행함으로 구원을 얻

---

38 마틴 로이드 존스, 『로마서 강해』 11권, 113-126, 242-250.

39 마틴 로이드 존스, 『로마서 강해』 8권, 214.

40 마틴 로이드 존스, 『로마서 강해』 11권, 103-110.

는다는 잘못된 지식을 가지고 있었습니다. 그리하여 유대인은 예수를 받아들이지 않았습니다. 하나님께서는 이방인의 구원 받음을 보고 유대인들이 하나님께 돌아오기를 기대하십니다. 하나님은 이방인을 택하시어 구원하셨습니다. 이방인을 구원하신 하나님은 유대인 역시 구원하실 능력이 있으신 분이십니다.[41]

구원받은 이방인들 역시 이스라엘처럼 버림받을 수 있다는 사실을 기억하고 두렵고 겸손한 마음으로 살아야 합니다. 유대인의 상태와 복음에 대한 거부는 성경에서 이미 예언된 것입니다. 그러나 하나님께서 그 유대인들을 구원하실 것입니다. 그것이 하나님의 작정이십니다. 그러기에 많은 민족들이 유대 이스라엘을 완전히 멸망시키기 위해 전력을 다했음에도 불구하고, 이 유대 민족은 보존되어 왔습니다. 왜냐하면 유대인들은 하나님의 백성이기 때문입니다. 하나님의 백성인 유대인들은 결국 하나님의 섭리에 의해 구원을 받게 될 것입니다.

유대 민족은 원 가지였으나 그들의 교만으로 인해 꺾였습니다. 그리고 그 자리에 이방인들이 접붙여졌습니다. 그래서 이방인들은 당연히 유대인들보다 낫다고 생각했습니다. 그러나 하나님께서는 유대 민족의 자리에 접붙여진 이방인들에게 자긍하지 말 것을 경고하십니다. 유대인들은 교만하여 꺾였으니, 이방인인 너희도 교만하면 꺾이게 될 것임을 말씀합니다. 하나님께서 원 가지들도 아끼지 아니하셨으니, 너희도 아끼지 아니하실까 주의하라 하십니다(롬 11:17-21; 고후 13:5).[42]

이방인이 구원을 받음으로 말미암아 이방 민족의 구원으로 인해 유대

---

41   마틴 로이드 존스, 『로마서 강해』 11권, 251-275.
42   마틴 로이드 존스, 『로마서 강해』 11권, 171-178.

민족이 시기나게 하기 위해 부름을 받았습니다. 그러므로 우리 안에 있는 구원의 열매를 유대인들에게 보여줌으로 저들을 시기 나게 하여 유대인들의 마음을 사로잡아야 합니다. 이것이 하나님의 뜻입니다. 언젠가 미래에 유대인들은 하나님의 백성으로 돌아올 것입니다. 왜냐하면 하나님께서 유대 민족에 대한 관계를 끊지 않으셨기 때문입니다. 그들에겐 "은혜로 택하심을 따라 남은자"가 있습니다. 바울도 그 중 한 예입니다. 그리고 초기 교회에도 많은 이스라엘이 예수님을 믿었습니다(행 2:41; 4:4; 21:20).

> 그들이 듣고 하나님께 영광을 돌리고 바울더러 이르되 형제여 그대도 보는 바에 유대인 중에 믿는 자 수만 명이 있으니 다 율법에 열성을 가진 자라(행 21:20).

이스라엘의 조상들이 진실했기 때문에 그들의 자손들에게도 진실한 것이 반드시 있습니다. 또한 하나님께서 이방인을 구원하셨다면 그 능력은 유대인을 구원하시는 것 또한 불가능한 일은 아니라는 것을 보여주고 있는 것입니다. 이에 대한 증거로, 사도 바울의 사례, 은혜로 택하심을 따라 남은자, 이스라엘 민족의 본질에 대한 논증, 하나님의 능력, 그리고 하나님께서 이방인들에게 이미 행하신 일은 유대인들에게도 그 일을 하실 수 있는 능력들이 있음을 통해 하나님께서 유대 민족을 구원하실 것을 증거 합니다.

이방인을 구원하신 하나님의 능력은 유대인을 구원하실 수도 있음을 보여줍니다. 만일 하나님께서 이방인을 구원하실 수 있으시다면, 유대인들을 구원하시기는 얼마나 더 쉽겠습니까! 그렇습니다. 이방인을 구원하신 하나님께서 미래의 어느 날에 유대민족을 구원하실 것입니다.

9. 남은 자에 대한 소망

유대인들이 비록 대부분 교회 밖에 머물러 있지만 하나님께서 완전히 그 민족을 버리지 않으셨습니다.[43] 대다수의 유대인들이 교회 밖에 머물러 있고 복음을 거절하고 있는 것이 사실이지만, 그럼에도 불구하고 하나님께서는 완전히 자신의 백성을 버리지 않으셨습니다. 유대 민족 대부분이 배교자가 되었지만 하나님께서는 "남은자들"을 남겨 두셨습니다. 사도 바울이 유대인인데 구원받은 것이 그 증거입니다. 사도 시대에 유대인이 그리스도인이 된 자들이 우리 생각보다 많습니다.

> 그들이 듣고 하나님께 영광을 돌리고 바울더러 이르되 형제여 그대도 보는 바에 유대인 중에 믿는 자 수만 명이 있으니 다 율법에 열성을 가진 자라(행 21:20).

엘리야 시대에 존재했던 남은자들에 대한 교리처럼, 지금도 일종의 보장을 부여받고 있습니다. 그 남은자들도 이스라엘 민족의 일부분입니다. 그러기에 유대 민족 전체가 버림을 받았다고 말할 수 없고 그렇게 말해서도 안 됩니다. 왜냐하면 구원을 받은 남은자들이 있기 때문입니다. 남은자들을 보존하시는 분은 하나님이십니다(사 1:9; 딤후 2:17-19). 남은자가 하나님의 목적이기에 남겨졌습니다. 남은자를 남겨둘 수 있는 분은 오직 하나님뿐이십니다. 하나님이 아니었다면 모든 인간은 사라졌을 것입니다. 이 남은 자는 앞으로 구원 받을 자들에 대한 분명한 예표입니다.

43　마틴 로이드 존스, 『로마서 강해』 11권, 35-77.

그러나 우리가 구원 받은 것에 만족하여 구원의 풍요 위에 안주하며 풍요를 자랑하고 "우리가 바로 그 백성이다"라고 생각하는 순간, 이스라엘 자손에게 무서운 재앙을 초래했던 바로 그 오류에 빠질 것입니다. 그러므로 구원받은 자들은 늘 겸손한 마음으로 하나님의 구원의 손길에서 벗어나는 일이 없도록 삶을 살아나가야 합니다.

10. 하나님의 백성 '감람나무'

아브라함은 두 민족의 조상입니다. 하나는 '자연적인(혈통) 민족'의 조상이고, 다른 하나는 '영적인(믿음) 민족'의 조상입니다. 구약성경에 나오는 '감람나무'는 '하나님의 백성'을 의미합니다.[44] 이스라엘 민족은 '하나님 백성'으로서 간주되었습니다. 그런 의미에서 이스라엘 민족은 구약 시대의 '교회'였습니다.

> 너는 여호와 네 하나님의 성민이라 네 하나님 여호와께서 지상 만민 중에서 너를 자기 기업의 백성으로 택하셨나니(신 7:6).

하나님의 백성인 '감람나무'는 첫째는 육체적으로 믿음 안에서 구원받은 이스라엘 백성이며, 둘째로는 영적으로 하나님의 백성으로 접붙임바 된 이방인이면서 그리스도인이 된 자들입니다(롬 11:17). 이방인은 믿음으로 하나님의 백성으로 '접붙임'이 되었습니다. 따라서 감람나무는 메시야

---

44 마틴 로이드 존스, 『로마서 강해』 11권, 159-162.

를 믿음으로 기대하며 기다렸던 구약시대의 교회였던 유대인과 그 메시아 되신 예수 그리스도를 믿음으로 교회를 이루는 이방인을 의미합니다. 감람나무는 아브라함의 영적인 자녀입니다.

11. 유대인은 구원에서 배제되었나?

마틴 로이드 존스는 유대인에 대한 큰 관심을 보입니다. 그는 특별히 미래의 어느 날 유대인들이 하나님께 돌아올 것이라고 믿고 있습니다.[45] 이방인을 구원하신 하나님께서 유대인을 시기 나게 하여 유대인을 구원하실 것이라는 것입니다. 이방인을 구원하신 하나님께 있어서 유대인을 구원하는 것은 더 쉬운 일입니다. 유대인들의 구원이 구약성경의 가르침과 모순되지 않습니다.[46] 유대인이 구원에 배제되었느냐는 질문에 대한 대답은 "그렇지 않다!"라는 것입니다. 그 증거의 예로 유대인인 사도 바울 자신이 그리스도인이며 사도입니다.

유대인들은 하나님의 특별한 약속을 받은 족장들의 자손들입니다. 유대인들은 하나님의 은혜로 되돌아가는 데 있어 어려움이 전혀 없습니다. 왜냐하면 하나님은 그 일을 하실 수 있는 능력이 있기 때문입니다. 하나님께서 유대인들을 처벌하기 위해 그들을 강퍅하게 하신 것이 아니라 이방인들에게 복음을 전달하고 그 일을 통해 유대인 전체를 되돌리기 위함입니다. 이처럼 하나님은 유대인을 원수로 간주하시어 이방인을 구원하시기

---

45 마틴 로이드 존스, 『로마서 강해』 11권, 252-303.
46 마틴 로이드 존스, 『로마서 강해』 11권, 253.

위해 유대인들을 사용하신 것입니다. 일시적으로 그들을 원수로 간주하시지만, 하나님은 여전히 그들을 당신의 백성으로서 사랑하고 계십니다.

유대인들이 하나님께 돌아오게 하는 일보다 더 어려운 일인 이방인을 구원받게 하신 분이 하나님이십니다. 그러니 유대인들이 하나님께 돌아오게 하는 일은 더 가능한 일입니다. 이스라엘의 배제가 최종적인 것이 아니라 단지 일시적일 뿐입니다. 이스라엘은 회복할 가능성이 있습니다. 그리고 그 이스라엘은 회복이 절대적으로 확실합니다.

> 형제들아 너희가 스스로 지혜 있다 하면서 이 신비를 너희가 모르기를 내가 원하지 아니하노니 이 신비는 이방인의 충만한 수가 들어오기까지 이스라엘의 더러는 우둔하게 된 것이라 그리하여 온 이스라엘이 구원을 받으리라 기록된 바 구원자가 시온에서 오사 야곱에게서 경건하지 않은 것을 돌이키시겠고 내가 그들의 죄를 없이 할 때에 그들에게 이루어질 내 언약이 이것이라 함과 같으니라(롬 11:25-27).

하나님의 은사와 부르심에는 후회가 없습니다(롬 11:29). 하나님께서 조상들에게 약속하신 일은 성취될 것이고 완성될 것입니다. 아직도 자신들을 구별하고 조상들의 전통에 따라 예배를 드리며 복음을 거절하는 유대인들이 미래의 어느 날 전체적으로 신자가 되어 교회 안으로 들어올 것입니다. '이스라엘 모두'가 구원될 것입니다. 하나님께서 이스라엘의 조상들에게 하신 약속 그리고 선택의 목적은 변할 수 없습니다.

하나님은 유대인들과 관계를 단절하지 않으셨습니다.[47] 엘리야에게 하

---

47 마틴 로이드 존스, 『로마서 강해』 11권, 24-31.

신 하나님의 대답은 의로운 많은 사람들이 있었다는 것이며 이는 지금의 유대인들에도 해당되는 말씀입니다(딤후 2:19; 사 1:9; 7:3; 왕상 19:18; 롬 11:4). 하나님은 자신을 위해 이스라엘을 조성하시고 준비하셨습니다. 사도인 바울도 이스라엘인이지만 복음을 믿고 구원을 받았습니다(시 94:14; 롬 1:1). 그러므로 이스라엘의 배제가 궁극적인 배제가 아닙니다.[48] 유대인들에게 일어난 일인 구원이 이방인에게 이르게 됩니다.

이방인들에게 복음을 전하기 위한 하나님의 이해하기 어려운 목적의 한 부분으로서 유대인에게 일어났습니다. 믿는 유대인들조차 이방인들이 복음화 되는 것에 못마땅해 했습니다. 유대인들은 이방인들이 복음화되는 것에 시기가 났고 그로 인해 그들은 이미 거절했던 복음을 다시 생각하게 되었습니다. 이는 미래의 어떤 시점에 유대인들로 하여금 자신들의 잘못을 깨닫고 거절했던 복음을 믿도록 하기 위함입니다.

---

48 마틴 로이드 존스, 『로마서 강해』 11권, 91-101.

14장
죄

1. 죄의 정의
2. 악의 정의
3. 죄를 범한 영혼
4. 인간이 죄인인 이유
5. 죄의 권세
6. 그리스도인과 죄의 관계
7. 참된 지혜

14장 죄

1. 죄의 정의

악의 구체적인 형식이 죄입니다.[1] 죄는 도덕적 악입니다. 죄는 불법입니다. 그리고 그 척도는 하나님의 법입니다.

죄와 관련된 성경 용어를 살펴보면 다음과 같습니다.

* **하타드**: 과녁을 맞히지 못하고 정도에서 이탈한 행위를 의미합니다. 혹은 자신의 목표를 잃고 올바른 길에서 헤매는 행동을 의미합니다. "아뻴과 아본"은 정직과 바름이 결여된 것을 의미합니다. 구부러짐, 비틀어짐, 잘못됨, 좋은 방향에서 벗어남을 의미하기도 합니다.
* **페샤**: 올바른 권위에 복종하기를 거부하거나 거역하는 것을 의미합니다. 율법을 적극적으로 범한 것 혹은 언약을 깨

---

1 벌코프, 『조직신학』, 447-448.

뜨린 것입니다. 정해진 경계를 넘고, 하나님에 대한 언약 관계를 깨뜨리고, 변절과 반란으로 드러나는 것입니다.

* **레샤**: 악하고 죄악 된 마음으로 율법을 떠난 것을 의미합니다. 혹은 악행, 죄악된 불법행위를 의미합니다.
* **야샴**: 죄책을 의미합니다.
* **마알**: 불성실을 뜻합니다.
* **아벤**: 허무함을 의미합니다.
* **아바**: 본성의 왜곡과 뒤틀림입니다.
* **슈가가**: 의도하지 않은 실수에서 발생한 잘못된 행위를 뜻합니다.
* **마을**: 부정, 간통, 배신을 의미합니다.
* **헤벨**: 무가치함입니다.
* **샤베**: 거짓말을 의미합니다.
* **네할라**: 어리석음을 뜻합니다.
* **라**: 악을 의미합니다.

"하마르티아, 하마르테마, 이디키아, 아페이데이아, 아포스타시아, 파라바시스, 파라코에, 파라프토마, 오페일레마, 아노미아, 파라노미아"와 같은 단어의 의미는 탈선, 불의, 불순종, 범죄, 변절, 죄책을 의미합니다. 죄는 이와 같이 다양한 이름이 있습니다.[2]

사탄과 악은 분명히 존재합니다(엡 1:21; 3:10; 골 1:16; 2:10; 벧전 3:22). 세상에서 일어나는 모든 재앙의 원인은 죄와 사탄입니다(창 3:1, 4; 요 8:44; 고후 11:3; 요일 3:8; 계 12:9; 20:2, 10) . 죄는 침략자이며 독재자입니다. 사탄

---

2 헤르만 바빙크, 『개혁교의학 3』, 155-156.

과 죄는 하나님의 권세를 제외한 세상에서 가장 강력한 권세입니다. 죄의 참된 본질을 볼 수 있다면 우리는 분명 죄를 혐오할 것입니다. 죄는 보편성을 가지고 있습니다(롬 3:10; 요일 1:8; 약 3:2; 왕상 8:46; 롬 3:23; 갈 1:4; 요 7:7; 요일 4:5; 5:19).[3] 어느 한 사람의 예외도 없이 모든 사람, 선한 사람이든 세상이 알고 있는 가장 훌륭하고 착한 사람이든 가장 비열한 사람이든 모두 다 죄 아래 있습니다(롬 3:10-12).

> 기록된 바 의인은 없나니 하나도 없으며(롬 3:10).

성경은 원죄로 인해 이 악한 권세가 우리를 꼼짝 못하게 붙잡고 있다는 것을 말씀해 줍니다. "이 세상의 신"인 마귀가 우리를 지배하고 있으며, 끊임없이 우리를 찾아와 유혹합니다(고후 4:4)[4] 그러므로 우리는 죄의 무서운 성격을 알아야 합니다(롬 3:14-17). 죄의 가공할 특성과 본성적으로 사람이 처해 있는 섬뜩한 지위를 보여주어야 합니다(롬 3:18). 이렇게 인간에게 복음의 필요성을 알려주어야 합니다. 그래서 인간이 죄 아래서 빠져나와 은혜 아래 있게 해야 합니다(갈 4:4-5; 눅 7:47).

> 때가 차매 하나님이 그 아들을 보내사 여자에게서 나게 하시고 율법 아래에 나게 하신 것은 율법 아래에 있는 자들을 속량하시고 우리로 아들의 명분을 얻게 하려 하심이라(갈 4:4-5).

---

3 마틴 로이드 존스,『로마서 강해』8권, 281-287.
4 마틴 로이드 존스,『창세기에 나타난 복음』, 정상윤 역 (서울: 복 있는 사람, 2010), 29-30.

죄에 대하여 마틴 로이드 존스는 『로마서 강해』 1, 2, 7, 8권에서 다음과 같이 말하고 있습니다. 죄는 인간의 전 인격에 영향을 미칩니다. 마음속에 일어나는 죄를 행동화하면 인간은 더 악하게 됩니다. 죄는 우리를 눈멀게 합니다. 죄는 우리의 눈을 멀게 할 뿐만 아니라 우리의 영혼을 부패시키고, 우리의 시각을 꼬이게 합니다(삼하 12:7-15). 죄는 사실 뿐 아니라 하나님의 교훈에 대해서도 눈 멀게 합니다. 그리하여 죄는 거짓된 안전감을 줍니다.

『로마서 강해』 1권에서는 죄를 하나님과의 관계에서 설명하고 있습니다.[5] 죄는 하나님을 향한 반역입니다. 죄는 하나님과의 관계를 틀어지게 하는 것입니다. 죄는 하나님을 향한 도전이요, 하나님으로부터의 분리입니다. 모든 죄는 하나님과의 교제를 방해합니다. 죄는 하나님과 성도의 인격적 관계를 파괴시킵니다. 죄는 표적을 잃어버리는 것입니다. 죄는 표적을 맞추지 못하는 것입니다. 죄는 범법을 의미합니다. 죄는 바르지 못함, 즉 옳지 못하거나 똑바로 가지 못하거나, 똑바로 올라가지 못하거나, 참되지 못한 것입니다. 죄는 위반(trespass)하는 것을 의미합니다. 죄는 사악(iniquity)을 의미합니다.

죄는 끊임없이 본래적이고 근본적으로 악한 것을 의미합니다. 죄는 계명을 범하고 어기는 것입니다(요일 3:4). 죄는 사람을 불의하게 만들 뿐만 아니라 그로부터 하나님의 영광을 빼앗아 갑니다. 죄는 결국 하나님의 영광을 박탈해 갑니다. 그러나 우리가 하나님께 가까이 가면 갈수록 사도 바울이 자신은 "죄인 중의 괴수"라고 고백하는 것처럼, 자신의 죄인 됨을 더 많이 깨닫게 됩니다. 우리는 주님의 빛으로 죄의 죄 됨을 분명히 알고

---

5   마틴 로이드 존스, 『로마서 강해』 1권, 50-75.

고백해야 합니다.

『로마서 강해』 2권에서는 죄를 율법과의 관계에서 다루고 있습니다.[6] 죄인은 율법을 깨뜨리는 자입니다(롬 5:6-11). 주를 항상 기뻐하지 않는 것은 죄입니다. 하나님은 죄를 미워하십니다. 하나님은 죄를 혐오하십니다. 하박국은 "주께서는 눈이 정결하시므로 악을 차마 보지 못하시며 패역을 차마 보지 못하시거늘"(합 1:13; 시 5:5; 11:5)이라고 하십니다. 그러기에 하나님은 반드시 죄를 형벌하십니다. 그 형벌이 즉시로 일어날 수도 있습니다. 그리고 그 죄에 대한 하나님의 형벌이 역사를 통해서 그것이 나타나기도 했습니다. 2번에 걸친 세계대전이 그 예입니다. 지금 일어나고 있는 악한 일들이 바로 그 심판의 발현입니다. 그러기에 지금도 하나님의 심판이 진행 중이라 할 수 있습니다.[7] 이 모든 것이 하나님의 형벌입니다.

> 어떤 사람들의 죄는 밝히 드러나 먼저 심판에 나아가고 어떤 사람들의 죄는 그 뒤를 따르나니(딤전 5:24).

때로는 하나님의 심판이 늦어지는 것처럼 보이기도 합니다. 그러나 하나님의 심판은 우리가 죽은 후에도 있습니다. 하나님의 심판은 영원히 존재합니다. 하나님의 심판은 우리에게는 이미 선언되었고 선포되어 있습니다. 그러나 때에 따라 하나님의 진노와 심판이 연기되기도 합니다. 그것은 하나님의 섭리와 작정에 달려 있습니다.

『로마서 강해』 3권에서는 죄에 대한 정의를 하나님께 복종하지 않는

---

6   마틴 로이드 존스, 『로마서 강해』 2권, 157, 201.

7   마틴 로이드 존스, 『창세기에 나타난 복음』, 32-34.

것으로 정의합니다.[8] 죄는 하나님께 불순종하는 것입니다. 죄는 하나님을 대적하여 배역하는 것입니다. 죄는 하나님의 음성을 듣기를 싫어하는 것입니다. 죄는 하나님께 등을 돌리고 자기가 생각한 대로 행하는 것입니다. 죄란 하나님의 음성과 말씀을 듣기 싫어하는 것입니다. 하나님의 목소리를 듣기를 멈춘 것이 원죄입니다. 사람이 하나님께 복종하기를 멈춘 것이 죄의 진수입니다(롬 8:7; 잠 1:24-31; 요 3:19; 롬 1:24, 26, 28; 2:5-6; 6:16; 살후 2:11-12; 사 6:9-10; 시 10:2-7; 렘 2:13, 19; 욥 24:13; 엡 4:18-19; 골 3:15).

> 육신의 생각은 하나님과 원수가 되나니 이는 하나님의 법에 굴복하지 아니할 뿐 아니라 할 수도 없음이라(롬 8:7).

『로마서 강해』 8에서 죄는 의도적으로 하나님을 떠나 자기의 길을 가는 것이라고 합니다.[9] 죄의 본질은 하나님이 마땅히 받으셔야 하는 영광을 하나님께 돌리지 않으려고 하는 것입니다.[10] 하나님의 임재는 즉시로 죄를 죄로 선고합니다. 사람은 하나님과 관계하면서 영적인 삶을 살도록 되어 있었습니다. 그러나 죄인은 여호와를 경외하는 지혜가 없습니다.

> 여호와를 경외함이 지혜의 근본이라(시 111:10).

죄는 하나님에 대하여 적대적입니다. 죄는 어리석음입니다.

---

8   마틴 로이드 존스, 『로마서 강해』 7권, 170-172.

9   마틴 로이드 존스, 『로마서 강해』 8권, 296-303.

10 마틴 로이드 존스, 『로마서 강해』 8권, 37-63.

그들의 총명이 어두워지고 그들 가운데 있는 무지함과 그들의 마음이 굳어짐으로 말미암아 하나님의 생명에서 떠나 있도다(엡 4:18).

죄 아래 있는 사람은 자신에 대한 이해도 부족합니다(사 53:6; 57:21).

우리는 다 양 같아서 그릇 행하여 각기 제 길로 갔거늘(사 53:6).

죄 아래 있는 사람은 하나님의 말씀마저도 왜곡 시킵니다. 죄인은 의도적으로 하나님을 찾지 않습니다. 그리고 의도적으로 하나님의 길을 떠나 자기의 길로 가는 것입니다(사 53:6).

최초의 인간은 파멸을 자초했고, 하나님이 허락하신 에덴동산에서 쫓겨났습니다. 그런데 슬프게도 인간은 아담과 하와를 통하여서도 여전히 교훈을 배우지 못했다는 것입니다.[11] 죄는 이렇게 인간의 본성까지도 압도합니다. 죄는 하나님의 뜻을 깨닫지 못하게 합니다. 죄는 사단의 뜻을 따르게 합니다. 결국 멸망의 길로 가게 만듭니다.

죄는 결국 자신이 신이 되는 것입니다(시 53:1). 죄는 결국 자기 숭배와 자기 찬미에 빠집니다. 이것이 죄의 실체입니다. 죄는 인간이 하나님을 섬기지 않고 자기 자신을 섬기게 합니다. 죄는 이와 같이 능동적이고 적극적입니다. 죄는 힘을 가지고 있습니다. 이에 대해 성경은 죄는 법이라고 말씀합니다(롬 7:23). 죄는 법입니다. 그 죄는 권세를 가지고 있습니다. 죄는 인간을 조종합니다(롬 7:24; 고후 7:11; 시 51:3; 19:12-13; 갈 5:17; 롬 6:6; 13:14; 갈 5:24; 골 3:5; 벧전 2:11; 엡 4:24). 죄는 우리가 죽는 날까지 따라올 것입니다.

---

11 마틴 로이드 존스, 『창세기에 나타난 복음』, 200, 208.

죄인은 하나님을 두려워하지 않습니다(롬 3:18; 시 36:1). 그런 자들에 대한 하나님의 심판이 있을 것입니다. 그러므로 우리는 죄에 대하여 민감해야 합니다. 죄에 대해 깨어 있어야 합니다. 우리는 죄에 대한 기억이나 생각, 계획과 행동을 모두 멈추어야 합니다.

문명이란 의도적으로 하나님을 배제하고 인간이 힘을 합쳐 자기들끼리 삶을 꾸리려는 시도입니다. 인간이 신이 되어 신이 된 인간들이 서로 싸움을 시작하였습니다. 인간의 이와 같은 행위의 결과는 어떠했나요? 그 결국은 아름다운 결과를 가져오지 못했습니다. 오히려 전쟁과 유혈 사태와 공포와 두려움과 실망과 불행이 찾아왔습니다.[12] 인간은 죄로 인하여 철저히 실패했습니다. 이것이 죄의 결과입니다.

2. 악의 정의

하나님은 악을 허용하셨습니다.[13] 그렇다고 하나님이 그 악을 만드신 것은 아닙니다. 다만 하나님께서 그것을 허용하고 지배하시는 것입니다(욥 1:12; 시 99:1; 롬 11:11).[14] 그 악은 하나님의 전능하신 손안에 있습니다(통일찬송가 80장 주 하나님 크신 능력).[15] 하나님은 자신의 선한 목적을 위해 악을 더욱 악하게 하시기도 하십니다. 악은 선한 것을 적극적으로 반대합니다. 악은 선한 것을 미워하고 선한 것을 망가뜨립니다.

---

12   마틴 로이드 존스, 『창세기에 나타난 복음』, 218.
13   마틴 로이드 존스, 『로마서 강해』 11권, 348-356.
14   욥기 1:6-12, 바로를 쓰신 하나님, 로마서 1장 26, 28절 등은 그런 예입니다.
15   마틴 로이드 존스, 『로마서 강해』 12권, 458-462.

악을 미워하는 것의 반대는 선에 속하는 것입니다. 악은 하나님을 대적하는 것입니다. 그러므로 하나님을 사랑하는 자는 악을 미워해야 합니다. 그리스도인은 하나님과 같이 되어야 합니다(벧전 1:16; 고후 6:14-15). 하나님의 사람은 선을 사랑해야 합니다. 하나님의 형상을 회복하기 위해 노력해야 합니다.

> 기록되었으되 내가 거룩하니 너희도 거룩할지어다 하셨느니라 (벧전 1:16).

> 너희는 믿지 않는 자와 멍에를 함께 메지 말라 의와 불법이 어찌 함께 하며 빛과 어둠이 어찌 사귀며 그리스도와 벨리알이 어찌 조화되며 믿는 자와 믿지 않는 자가 어찌 상관하며(고후 6:14-15).

우리는 거룩함과 진리를 위한 열정을 가지는 사람이 되라는 부르심을 받고 있습니다. 이것이 신자가 소망해야 할 태도입니다. 악을 행하는 자는 자신이 행한 그 악에 대하여 책임을 져야 합니다. 양심이 독단적인 증거자이고 우리가 항상 그 양심에 주의를 기울여야 하지만, 양심은 실수할 수 있습니다. 그래서 빛을 받을 필요가 있습니다. 하나님께서 양심을 그 사람 속에 넣어주신 것이고, 양심은 그 사람 속에 있는 하나님의 소리를 생각나게 하는 것이며 내면적인 모니터가 됩니다(행 23:1).

> 바울이 공회를 주목하여 이르되 여러분 형제들아 오늘까지 나는 범사에 양심을 따라 하나님을 섬겼노라 하거늘(행 23:1).

우리의 양심은 우리와 별개의 것입니다.[16] 우리의 양심은 훈련을 받고 교육을 받아야 합니다. 우리의 양심은 빛을 받아야 하고 수련을 받아야 합니다. 우리는 성령 안에서 깨우침을 받는 양심을 가지고 있어야 합니다.

3. 죄를 범한 영혼

그리스도인이 죄를 짓는 것은 사탄의 노예로서 죄 짓는 것이 아닙니다. 그는 그릇된 것을 하기로 선택하는 자유인으로서 죄를 짓는 것입니다. 그는 사망의 노예로서 죄를 짓는 것이 아니고 자유인으로서 죄를 짓는 것입니다. 마귀도 그리스도인들을 노예로 삼아 죄 짓게 할 수 없습니다. 죄와 사망과 사단은 우리에 대하여 더 이상 지배권을 갖지 못합니다. 더 이상 권위를 갖지 못하고, 더 이상 권리가 없습니다. 우리는 예수 그리스도 안에 있기 때문입니다.[17]

어떤 사람이 극악한 죄를 범하였거나 죄 가운데 살고 있다면 교회는 그들을 징계해야 하고, 성찬식 예배에 함께 참여하지 못하게 해야 합니다(사 9:6-7; 딤전 5:17; 살전 5:12; 행 20:17-18; 히 13:7, 17, 24; 고전 12:28; 마 28:18-20). 그러나 징계의 목적은 그들을 배제시키는 것이 아니라, 그들을 초청하고 그들이 믿음의 사람이 되어 성찬식에 들어오는 것을 즐거워하도록 하는 데 있습니다(마 16:19; 18:17-18; 요 20:21-22; 고후 2:6-8). 교회의 모든 일은 사랑의 정신으로 행해야 합니다.[18]

---

16 마틴 로이드 존스, 『로마서 강해』 9권, 30-32.
17 마틴 로이드 존스, 『로마서 강해』 3권, 202-206.
18 마틴 로이드 존스, 『로마서 강해』 14권, 92.

『로마서 강해』 1권에서는 하나님은 죄를 범한 영혼을 '유기'하심으로 그 죄를 벌하십니다.[19] 죄를 범한 영혼은 그 죄에 대한 대가와 하나님의 심판을 받습니다(롬 1:24-27). 때로는 하나님께서 그들을 그대로 내버려 두심으로 심판하십니다. 이것을 유기라고 합니다.

> 24 그러므로 하나님께서 그들을 마음의 정욕대로 더러움에 내버려 두사 그들의 몸을 서로 욕되게 하게 하셨으니 28 또한 그들이 마음에 하나님 두기를 싫어하매 하나님께서 그들을 그 상실한 마음대로 내버려 두사 합당하지 못한 일을 하게 하셨으니(롬 1:24, 28).

이런 자는 하나님 없는 인간의 종말을 보게 될 것입니다.

> 개들과 점술가들과 음행하는 자들과 살인자들과 우상 숭배자들과 및 거짓말을 좋아하며 지어내는 자는 다 성 밖에 있으리라(계 22:15).

『로마서 강해』 8권에서는 하나님은 신자를 회개로 인도하기 위해 그에게 길이 참으십니다. 그러나 그것을 죄를 용납한다는 것을 의미하는 것은 아닙니다.[20] 하나님이 죄를 허락하신 것도 아닙니다. 하나님은 모든 사람들이 회개하고 구원에 이르기를 원하십니다(딤전 2:4). 그러시기에 하나님의 용납하심으로 인해 죄를 진 자를 즉시로 심판하시지는 않습니다. 하나님은 오래 참으심을 통하여 그가 자신의 죄를 깨닫고 회개하며 하나님의 사

19　마틴 로이드 존스, 『로마서 강해』 1권, 21-24.

20　마틴 로이드 존스, 『로마서 강해』 8권, 72-88.

람으로 돌아오기를 원하시는 것입니다. 이는 길이 참으심의 풍성함입니다.

> 여호와는 긍휼이 많으시고 은혜로우시며 노하기를 더디 하시고 인자하심이 풍부하시도다(시 103:8).

> 주의 약속은 어떤 이들이 더디다고 생각하는 것 같이 더딘 것이 아니라 오직 주께서는 너희를 대하여 오래 참으사 아무도 멸망하지 아니하고 다 회개하기에 이르기를 원하시느니라(벧후 3:9).

하나님이 참으심은 그들로 회개로 인도하시기 위함입니다(롬 8:14; 겔 33:11; 마 23:37; 5:45; 행 14:15-17; 행 17:3).

> 예루살렘아 예루살렘아 선지자들을 죽이고 네게 파송된 자들을 돌로 치는 자여 암탉이 그 새끼를 날개 아래에 모음 같이 내가 네 자녀를 모으려 한 일이 몇 번이더냐 그러나 너희가 원하지 아니하였도다 (마 23:37).

우리는 우리 자신의 경건하지 못했던 것, 자만했던 것, 어리석었던 것, 하나님께 적의를 품었던 것을 고백하여야 합니다. 그리고 하나님 앞에 엎드려 참회하고 회개하여야 합니다. 그러면 하나님이 보내 주신 아들이신 예수님이 내 죄를 맡아 주셨다는 확신이 생길 것입니다.[21] 이와 같이 회개하는 신자는 하나님에 대한 견해와 생각의 변화가 나타납니다. 자신의 죄

---

21   마틴 로이드 존스, 『창세기에 나타난 복음』, 220.

를 분명히 알게 됩니다. 주님을 믿고 그 믿음을 통한 구원의 기쁨을 맛보게 됩니다. 그러한 자는 인생에 대한 변화가 나타납니다.

신자는 거룩함을 추구하는 삶을 살아갑니다. 신자는 구원을 열망하며 하나님의 긍휼만을 사모합니다. 신자는 하나님께 나아갑니다. 그러한 신자는 하나님께 대한 태도가 달라집니다. 신자는 회개함으로 인해서 하나님에 대한 견해와 생각이 변화됩니다. 신자는 하나님의 공의와 자비에 대한 경건한 두려움이 생깁니다(롬 7:24; 고후 7:11; 시 51:4; 19:12-13; 갈 5:17).

신자는 회개를 통해 죄의식과 자신의 무가치를 깨닫게 됩니다(시 51:5-7; 롬 7:18). 자신은 아무 것도 할 수 없음을 깨닫습니다. 자신의 죄 된 본성에 대한 미움을 가지게 됩니다. 신자는 인생에 대한 관점의 변화를 가지게 됩니다. 신자는 회개를 통해서 구원을 열망하여 하나님의 긍휼만을 구합니다(시 51:1).[22] 신자는 그 두려움 가운데 행하게 됩니다. 신자는 삶의 변화를 통해 거룩한 기쁨을 느끼게 됩니다.

4. 인간이 죄인인 이유

성경은 모든 인간이 죄인이라는 것을 분명하게 가르치고 있습니다.[23] 인간 자신의 의식 속에서도 자신이 죄인이 아니라는 핑계거리가 없습니다(롬 3:10-12).

---

22 마틴 로이드 존스, 『성령 하나님과 놀라운 구원』, 임범진 역 (서울: 부흥과개혁사, 2014), 226-230.

23 찰스 하지, 『찰스하지의 조직신학개요』, 원광연 역 (서울: 크리스챤다이제스트, 2004), 40-59.

> 기록된 바 의인은 없나니 하나도 없으며 깨닫는 자도 없고 하나님을 찾는 자도 없고 다 치우쳐 함께 무익하게 되고 선을 행하는 자는 없나니 하나도 없도다(롬 3:10-12).

인류 가운데 어느 일부분이 무죄하다고 말씀하는 구절도 없습니다(요일 1:8; 약 3:2; 왕상 8:46; 롬 3:23). 성경은 이와 같이 인간의 보편적 죄성에 대하여 말씀합니다(갈 1:4; 요 7:7; 요일 4:5; 5:19). 죄는 하나님의 진노와 저주를 받아 마땅하다는 것과 또한 하나님이 지정하신 용서의 방법에 굴복하기를 거부합니다. 이러한 자는 하나님의 정죄를 절대로 피할 수 없습니다. 죄를 짓는 자는 하나님을 대적하는 반역자일 뿐 아니라, 그 동료 피조물들의 최고의 선에 대해서도 악행자요 원수입니다. 인간의 죄성이 인간에게 아주 깊이 자리 잡고 있습니다(창 6:5; 렘 17:9; 엡 2:3; 시 51:5).

이 세상에서는 선인이 언제나 악인보다 행복을 누리는 것은 아닙니다(시 73:2; 말 3:14-15). 그러나 이러한 사실은 현재의 상태가 시험의 상태이지, 보응의 상태는 아니라는 것을 보여줄 뿐, 죄를 벌하시는 하나님의 목적에 대한 증거를 반박하는 증거는 아닙니다(갈 6:8). 누군가 악한 사람이라고 한다면 그 말은 그 사람의 행위의 가장 지배적인 성격이 그 사람이 악한 원칙과 성향을 지닌 사람이라는 의미입니다(마 7:18, 19). 육체 안에 있다든지, 육체를 따라 행하든지, 육체의 일들에 마음을 두는 것은 모두 인간의 자연적인 상태를 말하는 것입니다(롬 7:18; 요 3:6). 그 중 구주를 믿지 않는 것은 가장 큰 범죄입니다(요 3:18; 16:8, 9; 히 10:28, 29).

부패한 사람일수록, 자기가 저지른 범죄의 사악함을 평가할 능력이 적습니다. 따라서 죄에 대하여 우리가 판단하는 것이 하나님이 선언하는 것보다 덜 악하다고 해서, 그것이 그가 하나님의 진노와 저주를 받지 않을 만큼이라는 의미는 아닙니다. 인간의 반드시 죄의 형벌을 받습니다(살후 1:9; 마 25:41; 마 13:42; 요 5:29; 단 12:2; 갈 3:10). 인간의 죄의 형벌은 죽음입니다(창 2:17; 겔 18:4,20; 롬 6:23). 인간의 죄에 따른 형벌은 하나님의 진노와 율법의 저주입니다(갈 3:10; 엡 2:3; 롬 1:18).

죄는 하나님과의 교제를 깨뜨려 놓습니다. 죄는 인간의 영혼을 망칩니다. 이런 죄된 인간을 구원하기 위해서 주님이 우리를 대신하여 속죄 제물이 되시고 의로운 자로서 불의한 자들을 위하여 죽으셔야만 했습니다(벧전 2:14; 3:18; 고후 5:21). 하나님의 독생자의 십자가만큼 죄의 악함과 하나님의 공의를 드러내는 것은 없습니다. 용서함을 얻을 수 있는 유일한 길인 희생이 정말로 비쌉니다. 우리의 주님이신 예수 그리스도의 피 흘리심과 죽으심을 통하여 얻은 것이기 때문입니다.

5. 죄의 권세

죄의 권세에 대해서 로마서 7:8절에서는 다음과 같이 말합니다.[24]

"죄는 타락한 인간의 본성 안에 역사하는 하나의 원리요, 하나의 세력입니다."

죄의 본질과 성격은 로마서 7:11절의 말씀처럼 죄가 율법을 지렛대로 삼아 우리의 저항을 제거시키고 목표하는 결과를 가져올 수 있습니다.

창세기 8:21절에 보면 "인간은 계획하는 바가 어려서부터 악하였다"고 말씀합니다. 그러나 자유주의 설교자들은 인간이 죄인이라는 사실을 싫

---

24 마틴 로이드 존스,『로마서 강해』4권, 161-174, 190-208.

어합니다. 사람들은 하나님을 빅토리아풍의 아버지로 묘사합니다. 하나님의 모습을 엄격하고, 완고하고, 억누르며, 명령하고, 그리고 자기 말이 법인 그런 아버지의 모습으로 묘사합니다. 하나님에 대한 빅토리아풍의 묘사는 결과적으로 사람으로 하여금 하나님을 혐오하게 하고 무율법으로 빠지게 합니다. 그래서 옳고 그름에서 벗어나게 합니다(엡 4:17-19). 그 결과 훈육이 사라집니다. 이러한 결과 사람들은 율법에 대하여 반감을 가지게 됩니다. 그리하여 우리로 사망을 위하여 열매를 맺게 합니다.

죄는 노예의 상전입니다. 죄는 사람을 절대적으로 조종합니다. 죄는 강합니다. 하나님의 율법조차도 죄를 막을 수 없습니다. 죄는 반역의 요소를 우리에게 일으킵니다(롬 8:7; 잠 1:24-31; 요 3:19; 살후 2:11-12; 사 6:9-10; 시 10:2-7; 렘 2:13, 19; 엡 4장; 5장). 죄가 목표로 하는 것은 하나님입니다. 죄는 십자가를 미워합니다. 죄는 하나님에 대한 적의입니다. 어거스틴은 "나는 하나님 자신 때문에 기뻐하고, 하나님을 위해 자신과 자신의 이웃을 기뻐하는 방향으로 영혼이 변화되는 것을 사랑이라고 부른다"라고 하였습니다. 이런 사랑이 우리에게 필요합니다.

로마서 7장 5절, 8절을 보면, 율법이 하는 것은 죄를 죄로 알게 하는 것입니다(8절). 그러기에 우리는 죄의 본질을 이해해야 합니다. 그래야 율법에 대하여 우리가 왜 죽어야 하는지를 알게 됩니다. 또한 중생, 거듭남의 필요를 깨닫게 됩니다.

우리는 율법으로 거룩하게 될 수 없습니다. 신자는 율법과 가진 관계를 청산하기까지는 거룩하게 될 수 없습니다. 신자는 내가 그리스도 안에 있고, 그리스도에게 시집간 것을 믿어야 합니다. 그리고 그것을 즐거워합니다. 이것이 신자가 가져야 할 바람직한 태도입니다.

사람이 자기는 죄인이 아니며, 자기 속에는 죄가 없다고 느끼는 것보다 더 위험한 상태는 없습니다(롬 7:9). 죄는 율법을 잘못 사용하도록 속입니다(딤전 1:8). 죄는 우리를 침체시킵니다(약 1:15).

> 욕심이 잉태한즉 죄를 낳고 죄가 장성한즉 사망을 낳느니라(약 1:15).

죄는 더 이상 문제가 아니라고 우리를 설득 합니다. 그래서 우리를 무율법주의로 이끕니다. 그렇게 해서 하나님께 적대감을 가지게 합니다. 이것이 죄의 목적입니다. 죄는 우리 스스로 세상을 지배할 수 있으며 다른 것은 필요 없다고 확신시킵니다. 죄는 이렇게 신자에게 죄 자체에 대하여 속게 만듭니다(창 3:6).

> 여자가 그 나무를 본즉 먹음직도 하고 보암직도 하고 지혜롭게 할 만큼 탐스럽기도 한 나무인지라 여자가 그 열매를 따먹고 자기와 함께 있는 남편에게도 주매 그도 먹은지라(창 3:6).

그리하여 죄의 결과에 대해 어떤 생각들도 하지 못하게 합니다(벧후 3:1-11). 죄는 우리의 이해를 어둡게 합니다(엡 4:17). 죄는 모든 것을 부패시키고, 변절시키고, 변화시킵니다.

> 이것은 이상한 일이 아니니라 사탄도 자기를 광명의 천사로 가장하나니(고후 11:14).

그러나 그리스도인은 죄인 된 삶의 사람들과는 정반대의 삶을 살아갑니다. 왜냐하면 우리는 하나님의 자녀이기 때문입니다. 하늘에 계신 아버지의 자녀이기 때문에 우리의 삶의 목적은 세상 사람들과는 다릅니다. 우리는 성령 안에서 성령과 함께 선한 삶을 살아갑니다.[25] 이에 대해 성경은 "너희를 어두운 데서 불러내어 그의 기이한 빛에 들어가게 하신 이의 아름다운 덕을 선포하게 하려 하심이라"(벧전 2:9; 계 1:6; 5:10; 사 61:6; 66:12)라고 말씀하십니다. 이것이 우리의 삶의 목적이 됩니다. 신자는 하나님의 형상을 회복하기를 목적하며 삶을 살아나갑니다.

그리스도인은 항상 거룩한 마음을 가지고 자신의 영혼을 지켜야 합니다(시 57:7; 시 119:6). 죄가 처음부터 우리 마음속에서 활동하지 못하도록 해야 합니다(벧전 4:7; 갈 5:16; 롬 13:14). 죄를 승리자로 만들지 말아야 합니다. 신자는 죄에게 져서는 안 됩니다(히 6:11-12; 눅 18:1; 롬 12:12; 사 35:8). 죄와 싸울 때 아예 처음부터 죄에게 기회를 주지 말아야 합니다(살전 5:22; 사 57:20). 우리는 하나님의 거룩과 선한 일들에 대한 것에 마음을 채워야 합니다(살전 5:23).

6. 그리스도인과 죄의 관계

구원받은 신자는 죄를 지을 때마다 구원 문제를 들먹여서는 안 됩니다(롬 8:1). 죄는(죄책, 경향성, 세력, 오염) 신자의 구원에 영향을 미치지 않습니다(롬 6:7). 죄가 신자를 그리스도에게서 끊지 못한다는 것이 얼마나 감사한지요! 그러므로 신자는 다시 회심할 필요가 없습니다. 그는 이미 그리스도 안에서 새로운 피조물이기 때문입니다.

---

25 마틴 로이드 존스, 『생수를 마셔라』, 전의우 역 (서울: 규장, 2013), 64.

신자면 새 사람입니다. 그는 세상과 삶에 대해 전적으로 새로운 시각을 갖습니다. 그는 때때로 하나님의 은혜를 경험합니다. 그리고 믿음으로 장차 올 하나님 나라의 영광을 경험합니다. 신자는 하나님 나라를 소망합니다. 신자는 궁극적인 영광, 최종적인 성취, 그리고 하나님의 자녀로서의 온전함에 대한 소망이 있습니다.[26]

그러면 "어째서 죄를 짓는 것입니까?"라고 질문할 수는 있습니다. 그것은 죄가 내 지체 속에 있으며 '사망의 몸' 또는 '죄의 몸'이 여전히 존재하기 때문입니다(롬 6:6; 7:24). 그러기에 신자는 성령의 인도하심 안에서 늘 깨어 있어서 죄를 죽이며, 죄를 멀리하는 생활을 하여야 합니다(롬 8:13).[27] 그리고 이 싸움은 죽는 날까지 계속될 것입니다.

신자는 죄 죽임을 멈추어서는 안 됩니다(롬 8:13). 성령님이 죄 죽이는 일을 신자와 함께 하실 것입니다(갈 5:17). 신자 스스로는 정죄받은 위치에 있다는 것을 인정해야 합니다. 또한 전적으로 완전히 무능하다는 사실을 인정해야 합니다. 그리고 주님만이 우리는 구원하실 수 있다는 하나님의 방식을 받아들여야 합니다(엡 1:19). 그것이 복종입니다. 그것이 순종입니다. 이것이 믿음입니다. 이것이 구원받은 신자에게 필요한 태도인 것입니다.[28]

죄를 짓는데 가장 무서운 것은 우리가 실패해 있고 실족했고 비참해졌으며 해방받을 필요성이 있다는 면보다는 하나님께 대하여 실수하였고 하나님을 잘못 나타낸다는 데 있습니다.[29] 죄 가운데 빠진 그리스도인은 어

---

26 마틴 로이드 존스, 『위기의 그리스도인』, 305.
27 마틴 로이드 존스, 『로마서 강해』 3권, 135-136.
28 마틴 로이드 존스, 『로마서 강해』 10권, 86.
29 마틴 로이드 존스, 『로마서 강해』 5권, 200.

리석은 자입니다. 하나님을 믿는다고 하면서 자신의 삶 속에서 하나님이 없는 자처럼 하는 것처럼 어리석은 자는 없습니다.[30] 이러한 자는 하나님이 없다고 주장하며 사는 자보다 더 어리석은 자입니다. 그러므로 우리는 하나님을 믿되 바로 믿어야 합니다. 신령과 진정으로 믿어야 하는 것입니다. 온 인격이 믿어야 합니다.

신자는 죄에게 권능을 주는 율법에서 해방되어야 합니다(롬 10:4). 이제 더 이상 정죄 받지 않으며 율법을 마음에 만들었던 죄의 신화에서 자유롭게 되어야 합니다. 율법이 상실할 때 율법의 권능도 상실합니다(롬 5:21; 6:2). 이와 같이 우리는 죄의 통치와 지배와 폭정에서 구원 받았습니다. 우리는 율법의 저주에서 구원 받았습니다(갈 3:10-14).

> 그러므로 내 형제들아 너희도 그리스도의 몸으로 말미암아 율법에 대하여 죽임을 당하였으니 이는 다른 이 곧 죽은 자 가운데서 살아나신 이에게 가서 우리가 하나님을 위하여 열매를 맺게 하려 함이라 (롬 7:4).

왜냐하면 주님이 속죄제물이 되셔서 우리의 죄를 다 담당하셨기 때문입니다. 우리는 주님과 주님의 생명 안에서 연합되었습니다. 주님 안에 있는 성령이 우리 안에 있으며, 그래서 율법의 의가 우리 안에서 충족이 되었기 때문입니다.[31] 그리스도의 죽음은 하나님의 공의를 나타내는 것입

---

[30] 마틴 로이드 존스, 『하나님을 아는 기쁨』, 33.
[31] 마틴 로이드 존스, 『로마서 강해』 4권, 431-436.

니다.[32] 십자가는 하나님의 사랑과 더불어 하나님의 공의가 가장 크게 나타나는 사건입니다.

『로마서 강해』 3권에서 죄는 우리의 죽을 몸, 사망의 몸 안에서만 왕 노릇 할 수 있다는 것입니다.[33] 죄는 하나님과 사람의 큰 원수입니다. 죄가 우리 그리스도인들 안에서 왕 노릇 한다는 것은 불가능합니다. 그러나 우리 죽을 몸에서 왕 노릇하는 것은 가능합니다. 죄는 우리 몸에만 남아 있습니다. 죄가 할 수 있는 일이란 죽을 몸, 사망의 몸 안에서 나를 괴롭히는 것뿐입니다. 그러나 그것은 나의 구원에 영향을 미치지 못합니다.

『로마서 강해』 4권에서는 우리는 성령에 따라 행하지만, 죄에 빠질 수 있다는 것을 경고합니다. 죄 된 삶의 첫 번째 특징은 불안감입니다.[34]

> 그러나 악인은 평온함을 얻지 못하고 그 물이 진흙과 더러운 것을 늘 솟구쳐 내는 요동하는 바다와 같으니라(사 57:20).

또한 죄 된 삶의 두 번째 특징은 불만족의 삶을 사는 것입니다(전 1:2). 죄는 자신을 특별한 범주에 따로 떼어 놓고 생각하게 합니다. 죄는 진리를 자신에게 적용하지 않으면서 다른 사람에게만 적용하려 합니다. 또한 죄는 매일의 삶을 고려하지 않게 합니다(롬 2:1; 마 7:21; 딛 2:11-14). 죄인 된 삶의 특징은 자신을 변호하기 위해 행위를 통하여 구원을 얻으려 하게 합니다.[35] 그러기에 그는 예수 그리스도를 통한 구원을 믿지 않고 받아들이

---

32 마틴 로이드 존스, 『생수를 마서라』, 89.
33 마틴 로이드 존스, 『로마서 강해』 3권, 237-241, 261.
34 마틴 로이드 존스, 『로마서 강해』 5권, 69-70.
35 마틴 로이드 존스, 『로마서 강해』 8권, 24-28.

지 않으며 오히려 불만족한다는 것입니다.

　죄는 한 평생 우리의 마음속에 하나님에 대한 반역을 일으키게 합니다. 때로는 죄는 강한 힘으로 우리에게 승리하는 모습을 보이기도 합니다. 죄는 이와 같이 우리가 살아 있는 동안 항상 하나님께 대한 반역을 도모하게 합니다. 그러기에 신자는 땅에 있는 지체를 죽이기 위해 항상 깨어 있어야 합니다(골 3:5).

　신자는 그리스도 안에 있기에 다시는 마귀의 자녀가 되지 않고 주님의 자녀로 살게 됩니다.[36] 우리는 그리스도인이 되었을 때 죄의 체계와 통치에 대하여 죽었으며, 죄에 대하여 죽었습니다(롬 6:1-2; 유 1:4; 왕하 5:18; 약 1:14-15; 창 39:9; 고후 5:14; 7:1; 사 63:17; 57:17; 호 4:11; 잠 7:7, 23; 히 3:12-13; 갈 6:8; 엡 4:25-30).[37] 죄는 믿는 자를 지배하지 못합니다. 그것은 하나님의 은혜가 믿는 자를 주관하며, 은혜가 자기의 목적을 이룰 것이기 때문입니다. 무엇보다 순종과 의의 열매를 맺게 될 것이기 때문입니다.[38]

　그리스도인도 죄에 빠질 수 있습니다. 그러나 그는 여전히 성령을 따라 행합니다. 죄에 빠졌지만 신자는 여전히 그리스도 안에 있습니다. 신자는 하나의 죄의 행위 때문에 그리스도 안에 있는 것이 멈추지 않습니다. 신자는 죄에 빠질 수는 있으나, 죄 안에 거하지는 않습니다. 다시 죄의 영역으로 되돌아가지 않습니다. 그는 다시 마귀의 자녀가 되지 않습니다. 왜냐하면 '흑암의 권세에서 사랑의 아들의 나라로' 옮겨졌기 때문입니다(골 1:13).

　우리는 죄에서 벗어났습니다. 비록 우리가 여기 몸 안에 있지만, 비록

36　마틴 로이드 존스, 『로마서 강해』 4권, 448-449.

37　마틴 로이드 존스, 『로마서 강해』 3권, 51.

38　마틴 로이드 존스, 『로마서 강해』 3권, 313.

우리는 죄가 몸에 있다는 것을 알지만, 죄에 떨어지지만, 내가 그리스도와 함께 죽었으므로 우리는 구원 받은 것입니다.[39] 그러므로 성도는 겸손하고 열심히 기도하고 날마다 깨어 있어야 하며 성령의 도우심을 구해야 할 것입니다.

마지막 날 사탄은 결박될 것입니다. 그리고 완전히 멸망할 것입니다(계 20:10; 막 9:48; 살후 1:9). 그 날이 오면 죄와 악은 사라질 것입니다. 그날 여자의 후손인 메시아는 사단의 머리를 상하게 할 것입니다(창 3:15; 시 2:6; 22:16, 18; 45:6-7; 110:4; 사 7:14; 11:1-2; 53:3; 단 2:45; 7:13-14; 9:25; 계 19:20; 20:10, 14). 하나님은 그리스도 안에서 승리를 거두실 것입니다. 마귀는 모든 권세와 힘을 박탈당하고 빼앗길 것입니다. 이것이 기독교의 메시지입니다.[40]

7. 참된 지혜

세상의 문제는 지식을 가진 사람을 우월하게 본다는 것입니다(요일 2:16).[41] 그러나 이렇게 우리 자신이 스스로 지혜롭다 여기게 되면 극히 위험한 입장에 빠지게 됩니다(잠 16:18; 갈 6:3; 약 3:1-2; 마 7:1-2; 11:29).

> 교만은 패망의 선봉이요 거만한 마음은 넘어짐의 앞잡이니라
> (잠 16:18).

---

39 마틴 로이드 존스, 『로마서 강해』 3권, 146.
40 마틴 로이드 존스, 『창세기에 나타난 복음』, 142.
41 마틴 로이드 존스, 『로마서 강해』 12권, 614-627.

> 내 형제들아 너희는 선생된 우리가 더 큰 심판을 받을 줄 알고 선생이 많이 되지 말라 우리가 다 실수가 많으니 만일 말에 실수가 없는 자라면 곧 온전한 사람이라 능히 온 몸도 굴레 씌우리라(약 3:1-2).

사랑은 덕을 세우지만, 지식은 우리를 더 교만하게 합니다(롬 1:22; 약 3:13). 참된 지혜는 위로부터 난 지혜입니다. 이 지혜는 순결합니다. 이 지혜는 화평합니다. 이 지혜는 상황을 다루는 능력입니다. 참으로 지혜로운 사람은 양순한 사람입니다. 이런 자는 긍휼과 선한 열매가 가득한 자입니다. 화평으로 심어 의의 열매를 거두는 자입니다. 우리는 이런 지혜를 구해야 합니다.

> 너희 중에 누구든지 지혜가 부족하거든 모든 사람에게 후히 주시고 꾸짖지 아니하시는 하나님께 구하라 그리하면 주시리라…(약 1:5-6).

신자도 겸손과 경계와 두려움이 지속적으로 필요합니다.[42] 왜냐하면 그리스도인도 교만에 빠질 수 있기 때문입니다. 교만과 교만에 동반하는 모든 문제를 바로 잡는 최선의 교정책이 하나님을 아는 것이요, 하나님의 특성과 하나님에 대한 진리를 아는 것입니다. 그러므로 우리에게 가장 필요한 것은 하나님께서 성경에서 자신을 계시하신 대로 하나님을 아는 것입니다(호 6:3; 4:1, 6; 사 5:13).

> 우리가 여호와를 알자 힘써 여호와를 알자(호 6:3).

42　마틴 로이드 존스, 『로마서 강해』 11권, 192-193.

하나님에 대한 진리를 알지 못할 때 우리는 하나님을 무시하는 경향이 나타납니다.[43] 사람들의 신관이 성경의 가르침과 일치하지 않게 됩니다. 결국 죄에 대한 잘못된 견해나 죄를 지은 인간에 대한 잘못된 견해를 가지게 됩니다. 이러한 자는 참된 지혜를 가지지 못한 자입니다.

> 그들이 이같은 일을 행하는 자는 사형에 해당한다고 하나님께서 정하심을 알고도 자기들만 행할 뿐 아니라 또한 그런 일을 행하는 자들을 옳다 하느니라(롬 1:32).

신자는 최선을 다해 부지런히 신자가 해야 할 일을 해야 합니다. 그는 마음의 깊은 곳까지 하나님의 말씀을 기억하고 성령과 동행해야 합니다(롬 8:26). 신자는 상을 받기 위해 경주하는 자처럼 살아야 합니다(빌 3:12-14). 신자는 하나님의 은혜와 거룩에 대해 지속적인 관심을 가지고 있어야 합니다. 신자는 하나님께서 신자에게 명하시는 것을 행하고자 하는 소망이 있어야 합니다(빌 1:11). 하나님에 대한 말씀의 암송과 기도하는 일을 게을리 하지 말아야 합니다(시 119:106; 18:23).

---

43 마틴 로이드 존스,『로마서 강해』 11권, 서문강 역 (서울: CLC, 2010), 193-194.

15장
고난

1. 고난의 의미
2. 시련의 의미
3. 환난의 의미
4. 하나님이 시험하시는 목적
5. 고난과 시련과 환난의 유익
6. 언제 깨어 있어야 하나?
7. 고난과 시련과 환난을 이기는 그리스도인
8. 고난과 시련과 환난의 문제를 해결하는 방법

15장 고난

1. 고난의 의미

    신자의 고난에 대해서 마틴 로이드 존스는 『로마서 강해』 6권에서 다양한 방식으로 신자들을 위로합니다.[1] 그는 다음과 같은 성경의 말씀으로 신자들에게 나타나는 고난에 대해서 이해할 것을 말씀하고 있습니다.
    "하나님은 결코 자기 백성들에게 인생의 안일을 약속하시지 않으셨다"는 것입니다. 성경에는 거짓된 낙천주의를 신자들에게 약속하지 않았습니다. 주님은 결코 보편적 인류의 위안을 약속하지 않으셨습니다. 그러므로 신자는 고난을 보고 놀라지 말아야 되며, 고난으로 인해서 넘어지지 않아야 합니다. 고난에 의해 요동되지도 말아야 합니다. 하나님께서 우리가 기도만 하면 다 들어주시는 하나님이시라면 우리는 모두 나약한 기독교인이 되고 말았을 것입니다.[2]

---

1 마틴 로이드 존스, 『로마서 강해』 6권, 150-153.
2 마틴 로이드 존스, 『하박국 강해, 32.

> 1 너는 이것을 알라 말세에 고통하는 때가 이르러 2 사람들이 자기를 사랑하며 돈을 사랑하며 자랑하며 교만하며 비방하며 부모를 거역하며 감사하지 아니하며 거룩하지 아니하며 3 무정하며 원통함을 풀지 아니하며 모함하며 절제하지 못하며 사나우며 선한 것을 좋아하지 아니하며 4 배신하며 조급하며 자만하며 쾌락을 사랑하기를 하나님 사랑하는 것보다 더하며 13 악한 사람들과 속이는 자들은 더욱 악하여져서 속이기도 하고 속기도 하나니(딤후 3:1-4, 13).

신자는 고난으로 인해 하나님께 대적하는 의식을 느끼기까지 되어서는 안 됩니다. 오히려 신자는 마지막 날 우리에게 나타날 영광과 현재의 고난은 족히 비교할 수 없다는 믿음을 가져야 합니다(롬 8:18, 37). 이러한 믿음을 가지고 자신에게 주어진 삶을 하나님의 백성으로서의 당당함으로 살아가야 하는 것입니다.

우리는 우리의 삶에 나타나는 모든 일들을 하나님의 영원하며 영광스러운 목적에 비추어 생각할 수 있는 신자가 되어야 합니다. 하나님께서 우리에게 있어 가장 중요하게 여기시는 것은 우리의 영혼의 안전입니다. 신자는 그리스도인으로서 하나님의 형상의 회복을 목적하며 삶을 살아가야 합니다. 신자는 성령의 함께하심과 하나님의 약속을 가진 자로서 이 땅에서 하나님과 함께 동행하며 살아나가야 합니다. 신자의 삶의 목적은 "하나님의 영광"입니다. 그리고 "그분을 기뻐하는 삶"을 살아나가야 하는 것입니다.

로마서 8:24-25에서는 신자들이 고난당하는 삶 속에서 어떤 자세로 삶을 살아야 하는지에 대해서 좀 더 자세히 말씀하고 있습니다. 그것은 그리스도인은 삶이 어려울 때 죽음을 소망하는 삶이 아니라 '주와 함께' 거하기를 소망하는 삶을 살아야 한다는 것입니다(빌 3:10; 벧전 1:13). 그리스도인이 하나님의 나라를 열심히 기다리며, 기뻐하는 삶을 살아나가는 것이야 말로 고난 속에서 가져야 할 신자의 태도입니다(롬 8:25; 빌 3:10-11, 13-14; 딛 2:13; 벧후 3:12; 롬 5:2; 요일 3:2).

> 만일 우리가 보지 못하는 것을 바라면 참음으로 기다릴지니라 (롬 8:25).

> 내가 그리스도와 그 부활의 권능과 그 고난에 참여함을 알고자 하여 그의 죽으심을 본받아(빌 3:10-11).

신자의 삶의 마지막 목적지는 이 땅이 아니라 하나님 나라입니다. 우리는 그 나라에서 예수 그리스도와 더불어 후사가 될 것입니다. 우리는 그 나라에서 상급을 받을 것입니다. 그러므로 신자는 그 날을 소망하며 삶을 살아야 합니다.[3]

2. 시련의 의미

마틴 로이드 존스는 신자의 삶에 있는 '환난과 시련'에 대해서 매우 다양한 시각을 신자들에게 제시하고 있습니다.[4]

1) 그는 『로마서 강해』 2권에서 신자의 '시련'은 그리스도인들에게 매

---

[3] 마틴 로이드 존스, 『로마서 강해』 6권, 30-46.
[4] 마틴 로이드 존스, 『로마서 강해』 12권, 서문강 역 (서울: CLC, 2007), 529-542.

우 유익하다고 합니다. 그 이유가 '시련'은 그리스도인으로 하여금 주 예수 그리스도에게로 돌아가도록 하기 때문이라고 합니다. 환난은 언제나 믿음의 사람을 그리스도에게 돌아가도록 부추겨 주기에 신자들에게 유익하다고 합니다.

신자의 신앙의 진정한 상태를 보게 되는 것은 환난이나 시험이 신자들에게 찾아올 때뿐입니다.[5] 신자가 시험을 당할 때 그가 진실한 신자인지 아닌지 알 수 있습니다. 신자는 시험을 통해서 더욱 성장합니다. 신자는 시험이 올 때 주님의 임재를 경험하고 그것을 확신할 때 힘을 얻습니다.[6] 신자는 그 힘을 가지고 고난을 통과하여 하나님의 형상의 회복을 위해 살아갈 것입니다. 신자는 고난을 통하여 하나님의 형상의 회복에 나아가는 것이야 말로 하나님께서 원하시는 것이며, 신자가 취해야할 태도입니다.

2) 그는 『로마서 강해』 6권에서 신자에게 있어서 '환난과 시련'은 우리가 하나님을 사랑하는지 어떤지를 우리에게 보여주는 유익이 있다고 합니다(욥 1:20-21; 2:9-10; 13:15; 롬 8:7; 딤후 1:9; 엡 4:1).[7]

> 욥이 일어나 겉옷을 찢고 머리털을 밀고 땅에 엎드려 예배하며 이르되 내가 모태에서 알몸으로 나왔사온즉 또한 알몸이 그리로 돌아가올지라 주신 이도 여호와시요 거두신 이도 여호와시오니 여호와의 이름이 찬송을 받으실지니이다 하고(욥 1:20-21).
>
> 그의 아내가 그에게 이르되 당신이 그래도 자기의 온전함을 굳게 지

---

5 마틴 로이드 존스, 『로마서 강해』 2권, 91.

6 마틴 로이드 존스, 『하나님을 아는 기쁨』, 212.

7 마틴 로이드 존스, 『로마서 강해』 6권, 253.

키느냐 하나님을 욕하고 죽으라 그가 이르되 그대의 말이 한 어리석은 여자의 말 같도다 우리가 하나님께 복을 받았은즉 화도 받지 아니하겠느냐 하고 이 모든 일에 욥이 입술로 범죄하지 아니하니라 (욥 2:9-10).

고난의 때 욥의 아내는 하나님을 버리고 세상으로 갔습니다. 그러나 욥은 고난 가운데서도 그 신앙을 지킵니다. 욥은 고난 속에서 하나님을 소망합니다. 그는 하나님의 전능하심과 섭리 앞에 겸손합니다(욥 42:1-6).

3. 환난의 의미

환난은 '사람에게 무게를 느끼게 하여 사람을 부서뜨리는 어떤 것'을 의미합니다. 또한 '어떤 일들이 무겁게 내리누르되 거의 부서뜨릴 정도까지 압박하는 것'을 의미합니다. 이러한 환난은 우리가 전혀 통제하지 못하는 환경들의 결과로 일어날 수 있습니다. 또한 환난은 시험을 통해서도 오기도 하고, 핍박을 통해서도 옵니다.

첫째, 이러한 환난에 예외는 없습니다.

모든 그리스도인들은 정도는 달라도 반드시 누구나 시련을 겪게 되며 또한 반드시 견디어내야 합니다. 만약 환난과 시련이 자신을 넘어지게 내버려 둔다면 그는 그리스도인으로서 실족한 것입니다. 그리스도인은 주님의 남은 고난에 동참해야 합니다.

나는 이제 너희를 위하여 받는 괴로움을 기뻐하고 그리스도의 남은

> 고난을 그의 몸된 교회를 위하여 내 육체에 채우노라(골 1:24).

또한 주님의 이름으로 인해 고난당하는 것을 기뻐해야 합니다.

> 사도들은 그 이름을 위하여 능욕 받는 일에 합당한 자로 여기심을 기뻐하면서 공회 앞을 떠나니라(행 5:41).

신자는 환경에서 오는 기쁨이 아니라, 하나님과의 관계에서 오는 기쁨이 있어야 합니다. 환경은 바뀝니다. 따라서 그 기쁨은 오래가지 않으며 진정한 기쁨도 아닙니다. 진정한 기쁨은 하나님과의 관계의 화목에서 오는 것입니다. 그러할 때 신자는 어떤 환경 속에서도 결코 좌절하지 않으며, 그 속에서 하나님의 섭리를 찾아보며, 하나님의 영광을 위해 그 시간을 사용합니다.

둘째, 환난으로 인한 불평은 무지에서 기인한 것입니다(롬 8:24; 고후 5:7).

> 우리가 소망으로 구원을 얻었으매 보이는 소망이 소망이 아니니 보는 것을 누가 바라리요(롬 8:24).

신자는 환난으로 인하여 하나님께 불만을 품지 말아야 합니다. 신자는 환난으로 인해 하나님께 불평하지 말아야 합니다. 신자는 모든 일들이 불공정하게 일어나고 있다는 느낌을 갖지 말아야 합니다. 왜냐하면 그 어떤 일들도 하나님의 허락 없이 일어나는 일은 없기 때문입니다. 모든 일들은 하나님의 섭리 안에서 일어납니다.

하나님께서는 이러한 일들 중에서 가장 귀중하게 여기는 것은 성도의 영혼입니다. 그러니 이 모든 일들이 일어나는 것은 우리의 영혼의 유익을 위하여 일어나는 일이라는 것을 기억해야 합니다. 우리는 보이는 세상을 믿는 자들이 아니라 보이지 않는 하나님을 믿는 자들입니다. 그분은 언제나 우리와 함께 하시는 임마누엘이십니다(마 1:23). 그 주님이 함께 하심으로 우리는 승리를 확신하며 살아나갈 수 있는 것입니다.

고난을 대하는 신자들의 태도에 대해 마틴 로이드 존스는 "날씨 좋을 때만 그리스도인들이 되지 말아야 합니다. 시련과 시험을 만났을 때 넘어지지 말아야 합니다"라고 말합니다. 그렇습니다. 환난이 어떤 식으로든 신자들에게 영향을 끼치지 못하게 해야 합니다. 죄와 사탄이 이 세상 권세를 잡고 있고, 죄의 몸과 사망의 몸을 우리는 가지고 있습니다. 이 세대는 악합니다. 이 세상은 불행의 골짜기 입니다(요 16:33). 우리는 세상이 이렇다는 것을 이미 알고 있습니다. 이것을 알고 있으므로 환난을 당할 때 놀라지 말아야 합니다.

> 세상에서는 너희가 환난을 당하나 담대하라 내가 세상을 이기었노라(요 16:33).

그리고 우리는 하나님께서 주님을 믿는 자에게 승리를 약속해 주셨음을 잊지 말아야 합니다. 우리는 이미 이긴 싸움에 나가 서있는 것입니다. 우리는 승리의 확인자로서, 증인으로서 서있는 것입니다.

셋째, 신자에게 환난과 고난이 있을 것임을 미리 경계를 하는 이유는 신자로 하여금 미리 신자들의 마음을 무장하도록 하기 위해서입니다. 신자들이 이런 지식을 가지게 됨으로 말미암아, 신자들을 환난과 고난으로 인해 놀람으로 충격을 받지 말도록 돕는 것입니다.

> 사랑하는 자들아 너희를 연단하려고 오는 불 시험을 이상한 일 당하는 것같이 이상히 여기지 말고(벧전 4:12).

환난의 이유를 모르고 당하는 것보다는 이유를 알고 당하는 자는 환난을 당할 때 더욱 담대함으로 환난을 대처할 것입니다. 신자는 주님을 믿는 다는 이유로 주님께서 당한 고난을 당할 것입니다. 그러나 주님이 환난을 이기신 것처럼 우리도 이길 것입니다(요 16:33).

넷째, 그러므로 신자들은 시련을 만나게 될 때 그것을 이상한 일로, 혹은 예기치 못한 일이 자기에게 일어난다는 식으로 생각하지 말고, 환난을 맞이할 각오가 되어 있어야 합니다. 오히려 신자는 시련과 환난이 없으면 걱정해야 합니다. 왜냐하면 하나님의 자녀라면 환난을 통해서 하나님의 자녀로 성숙될 것이기 때문입니다.

> 어찌 아버지가 징계하지 않는 아들이 있으리요 징계는 다 받는 것이거늘 너희에게 없으면 사생자요 친아들이 아니니라(히 12:7-8).

인생은 환난을 통해서 성장하도록 우리에게 주어진 것입니다. 그러기에 하나님은 환난이 없는 인생을 약속하시지 않으신 것입니다. 환난이 없는 인생은 없습니다(욥 6:26). 인생에는 누구나 남들이 볼 때 크던 작던 자신에게는 감당하기 어렵게 느껴지는 환난들을 경험하게 될 것입니다.

다섯째, 신자가 환난을 인내할 수 있는 이유는 우리에게 일어나고 있는 일이 우리의 복되신 주님이시요, 상전이신 구주께 일어난 바로 그 일이 우리에게 일어나고 있는 것이라는 것을 우리가 알기 때문입니다(사 53:3; 요 15:18; 벧전 2:18-23; 히 12:1-4). 주님이 당하신 그 일들을 우리도 당하는 것입니다.

> 내가 진실로 진실로 너희에게 이르노니 종이 주인보다 크지 못하고 보냄을 받은 자가 보낸 자보다 크지 못하나니(요 13:16).

> 세상이 너희를 미워하면 너희보다 먼저 나를 미워한 줄을 알라 (요 15:18).

우리는 그런 일들을 통해 주님의 백성임을 깨닫게 됩니다. 그리고 구원받은 신자로 확인되는 것입니다. 신자는 환난을 통해서 더욱 신자로 성장되어질 것입니다. 이 말의 의미는 더욱 성숙될 것이라는 의미입니다. 작은 소나무나 큰 소나무나 다 같은 소나무이지만 작은 소나무에서 자라기를 멈추는 신자가 되길 하나님은 바라시지 않는 것입니다. 모든 신자는 성장을 위한 성장통을 겪게 될 것입니다. 그러나 그것은 하나님의 섭리이며 하나님의 백성은 환난을 이기고 나아갈 것입니다. 그것이 그리스도인의 삶입니다. 우리는 기억합니다.

> 너희는 환난을 당하나 담대하라 내가 세상을 이기었노라(요 16:33).

경건한 자들이 고난을 받는 이유는[8] 그들의 개인적인 죄보다는 인류

---

8 헤르만 바빙크, 『개혁교의학 2』, 박태현 역 (서울: 부흥과개혁사, 2014), 769.

의 죄에 근거합니다. 고난은 보응입니다.

> 하나님의 진노가 불의로 진리를 막는 사람들의 모든 경건하지 않음과 불의에 대하여 하늘로부터 나타나나니 27 그와 같이 남자들도 순리대로 여자 쓰기를 버리고 서로 향하여 음욕이 불 일듯 하매 남자가 남자와 더불어 부끄러운 일을 행하여 그들의 그릇됨에 상당한 보응을 그들 자신이 받았느니라(롬 1:18, 27).

로마서 2:5-6절에 보면 "다만 네 고집과 회개하지 아니한 마음을 따라 진노의 날 곧 하나님의 의로우신 심판이 나타나는 그 날에 임할 진노를 네게 쌓는도다 하나님께서 각 사람에게 그 행한 대로 보응하시되"의 말씀을 통해서 고난은 그들의 죄 또한 인류의 죄의 결과인 것을 알 수 있습니다. 결국 고난은 인간의 죄에 대한 징계입니다(잠 3:12; 렘 10:24; 30:11; 히 12:6; 계 3:19). 그러나 고난을 통해서 신자의 신앙은 강화되고 확증됩니다(시 119:67, 71; 롬 5:3-5; 히 12:10; 약 1:2-4).

> 고난 당하기 전에는 내가 그릇 행하였더니 이제는 주의 말씀을 지키나이다 71 고난 당한 것이 내게 유익이라 이로 말미암아 내가 주의 율례들을 배우게 되었나이다(시 119:67, 71).

> 그들은 잠시 자기의 뜻대로 우리를 징계하였거니와 오직 하나님은 우리의 유익을 위하여 그의 거룩하심에 참여하게 하시느니라 (히 12:10).

내 형제들아 너희가 여러 가지 시험을 당하거든 온전히 기쁘게 여기라 이는 너희 믿음의 시련이 인내를 만들어 내는 줄 너희가 앎이라 인내를 온전히 이루라 이는 너희로 온전하고 구비하여 조금도 부족함이 없게 하려 함이라(약 1:2-4).

이와 같이 신자에게는 고난이 인생의 고통과 징계만을 의미하는 것이 아니라 오히려 신자들의 신앙을 강화하는 데 목적이 있음을 알 수 있습니다. 시험을 통과하지 않은 신자는 매우 위험합니다. 고난의 때 잘못된 길로 갈 수 있기 때문입니다. 고난의 의미를 잘못 이해할 수 있기 때문입니다.

고난에 대한 이해에 따라 그것을 받아들이는 태도는 달라집니다. 결국 결과도 달라집니다. 고난은 결코 징벌만이 아닙니다. 복음은 이미 우리에게 고난이 있을 것임을 말씀하였습니다. 오히려 고난은 우리가 진리를 전하고 있다는 의미입니다. 고난은 진리에 대한 증거입니다(시 44:22; 행 5:41; 빌 1:29; 딤후 4:6).

우리가 종일 주를 위하여 죽임을 당하게 되며 도살할 양같이 여김을 받았나이다(시 44:22).

우리는 단지 그리스도인이라는 이유만으로도 고난을 당할 수 있습니다. 사도들은 그리스도를 믿는 자들은 믿음의 대가로 고난을 받아야 한다는 세상의 태도에 대해 실망하거나 화를 내지 않았습니다. 신자이기에 받아야만 되는 고난이 있다면 오히려 그것을 기뻐하였습니다.

> 사도들은 그 이름을 위하여 능욕 받는 일에 합당한 자로 여기심을
> 기뻐하면서 공회 앞을 떠나니라(행 5:41).

왜냐하면 그들은 복음의 진리를 알았기 때문입니다. 또한 믿는 자에게 있게 될 일들에 대해서 미리 알고 있었기 때문입니다.

> 그리스도를 위하여 너희에게 은혜를 주신 것은 다만 그를 믿을 뿐
> 아니라 또한 그를 위하여 고난도 받게 하려 하심이라(빌 1:29).

그러함에도 불구하고 사도 바울과 같은 이는 오히려 자신을 주님을 위한 제물로 드릴 수만 있다면 그러길 소망하였습니다. 이것이 믿는 자의 고난에 대한 태도였습니다.

> 전제와 같이 내가 벌써 부어지고 나의 떠날 시각이 가까웠도다
> (딤후 4:6).

이와 같이 고난은 하나님의 영광을 위해서 사용됩니다. 또한 고난은 인류의 구원과 하나님의 영광을 그 목적으로 합니다(요 9:2, 3). 고난은 하나님의 영광에 이르는 길입니다. 십자가는 죽은 나무로 만들었지만 십자가를 통하여 신자는 살아나게 됩니다. 죽은 나무의 십자가는 오히려 신자에게 영생을 주는 생명의 나무입니다.

신자는 고난을 통해서 하나님의 나라가 아직 도래하지 않았다는 것을 알게 됩니다. 그런 측면에서 신자의 삶에서의 고난은 '아직'의 측면의 구체

적인 표현입니다.[9] 그것은 이 땅은 아직 하나님의 나라가 도래하지 않았으며, 죄의 모든 결과가 아직 제거되지 않았다는 것을 알려주는 것입니다(행 14:22; 롬 8:17-18; 벧전 4:12-13). 그러므로 신자는 모든 눈물을 닦아 주시고 슬픔과 사망이 더 이상 있지 않게 될 종말의 때에 비추어 신자의 고난을 바라보아야 합니다(계 21:4; 롬 5:3-4; 히 12:11). 우리에게는 하나님의 나라가 기다리고 있기 때문입니다.

그러나 하나님은 단지 신자를 고난 가운데 버려두시지 않습니다. 신자는 세상에 살면서 고난을 받지만 승리에 대한 명백한 상징을 주십니다(계 6:10, 11). 그러기에 우리는 고난 가운데 오히려 하나님을 찬양할 수 있습니다. 우리는 고난에 삶을 포기하지 않고 새로운 시작을 소망하며 살아갈 수 있습니다.

'아직'은 때가 오지 않았습니다. 우리는 성경이 말씀하고 있는 것을 기억해야 합니다. 그것은 동료 종들의 수가 다 찰 때까지 조금만 더 안식하라는 말씀입니다(계 6:11). 그러나 그 날이 올 것입니다. 하나님의 공의가 실현될 날이 올 것입니다. 세상이 심판 받는 날이 올 것입니다. 그날 신자들의 공적은 보상을 받게 될 것입니다(고전 3:10-15; 계 14:13; 마 25:21-23). 이것이 상급입니다.

지금의 이 세상과 다가올 세상 사이에는 분명히 연속성이 있지만 다가올 세상의 영광은 지금 이 세상의 영광을 훨씬 더 능가할 것입니다(고전 2:9). 신자는 그 날을 소망합니다. 그날 우리는 예수 그리스도의 완성된 사역과 결정적 승리를 감사함으로 되돌아보게 될 것입니다.

"이는 생각만 해도 놀라운 일이요 감사한 일이 아닌가요?"

---

9 앤서니 후크마, 『개혁주의 종말론』, 이용중 역 (서울: 부흥과개혁사, 2014), 109-113.

신자는 앞으로 그리스도의 영광스러운 나라의 마지막 국면을 시작하시고 우리 안에서 시작하신 선한 일을 완성하실 그리스도의 재림을 간절히 고대하며 바라봅니다. 그러기에 고난 속에서도 신자는 보이지 않는 하나님을 믿는 믿음을 확증해 나갑니다.

우리는 그리스도 안에서 이미 이루어진 우리의 현재 모습과 그리고 우리가 언젠가 그렇게 되기를 소망하는 모습 사이의 긴장에 비추어 그리스도인으로서의 삶 전부를 살아내야 합니다. 그것이 고난 속에서 인내하면 살아야 하는 신자의 이유입니다.

하나님의 나라는 아직 오직 않았습니다. 그러나 그 날이 반드시 올 것입니다. 그리고 그 날은 우리가 예상하지 못하게 급작스럽게 도래할 것입니다. 그러므로 우리는 늘 깨어 기도하면서 하루하루를 살아나가야 할 것입니다(벧후 3:7; 시 73:20; 신 4:30; 사 2:2; 살후 2:12).

4. 하나님이 시험하시는 목적

하나님이 사람을 시험하시는 목적은 그 시험을 통해서 그 사람의 마음속에 있는 것을 그에게 보여주기 위해서입니다(창 22:1-2; 대하 32:31).[10] 하나님은 시험을 통해서 그 사람 자신이 어떤 존재인지를 드러내십니다. 성도들은 시험을 통해 자신의 추한 모습을 확인하게 될 때, 감사와 겸손과 체험의 보고 속에 들어가게 됩니다. 그것이 하나님이 신자를 시험하는 목적입니다. 이렇게 시험을 통해서 사람에게 하나님을 보여 주십니다.

---

10 존 오웬, 『시험』, 김귀탁 역 (서울: 부흥과개혁사, 2013), 33-35.

시험은 두 개의 목적을 가지고 있습니다.

첫째, 억제하시는 은혜를 통해 하나님 자신을 보여주십시다(창 20:6). 하나님은 신자이든 불신자이든 모든 이들의 하나님이십니다. 그분에겐 능치 못할 일이 없으십니다. 하나님은 이 세상에서 하나님의 섭리를 통해 통치하십니다.

> 하나님이 꿈에 또 그에게 이르시되 네가 온전한 마음으로 이렇게 한 줄을 나도 알았으므로 너를 막아 내게 범죄하지 아니하게 하였나니 여인에게 가까이하지 못하게 함이 이 때문이니라(창 20:6).

둘째, 새롭게 하는 은혜를 통해 자신을 보여주십니다(고후 12:9). 그러므로 신자는 시험을 통해서 자신이 그리스도의 이름을 가진 그리스도인이라는 사실을 인식하고 신자다운 모습으로 삶을 살아 나가야 할 것입니다.

> 나에게 이르시기를 내 은혜가 네게 족하도다 이는 내 능력이 약한 데서 온전하여짐이라 하신지라 그러므로 도리어 크게 기뻐함으로 나의 여러 약한 것들에 대하여 자랑하리니 이는 그리스도의 능력이 내게 머물게 하려 함이라(고후 12:9).

5. 고난과 시련과 환난의 유익

그러면 이렇게 질문할 수 있습니다. "신자들에게 고난은 무슨 유익이 있는 것이냐?"고 말입니다.

첫째, 우리는 모두 다 그리스도인들임에도 불구하고 인격에 모난 부분을 가지고 있습니다. 우리는 모두 고집이 센 자녀들입니다. 그러므로 하나님의 형상을 회복해야 하는 신자들은 환난을 통해서 많은 것을 배울 필요가 있습니다. 이것이 환난이 우리 자신에 대해서 가르치는 것입니다. 환난이 오는 순간 우리는 낮아지게 됩니다. 신자는 환난을 통해서 자신의 연약을 발견하게 됩니다. 자신 속에 있는 교만과 이기심을 발견합니다. 우리 안에 숨어있는 그래서 드러나면 놀랄 수밖에 없는 패역한 정신을 발견합니다.

환난을 통해서 신자는 자신 속에 숨어있는 하나님을 대적하는 불만의 느낌을 가지고 있는 자기 자신을 발견하게 됩니다. 그래서 자기가 얼마나 가련한 그리스도인이었는지를 알게 됩니다. 이것이 환난의 유익입니다. 이렇게 신자는 시련을 통해서 자기 자신의 죄악된 자아에 대해 알게 됩니다. 그러나 그 환난은 우리를 분명 성숙하게 만들 것입니다.

> 우리가 환난 중에도 즐거워하나니 이는 환난은 인내를, 인내는 연단을, 연단은 소망을 이루는 줄 앎이로다(롬 5:3-4).

소망이 크면 클수록 우리가 맞이해야할 환난도 클 것입니다. 그래야 온전한 신자로 그 일을 감당할 것이기 때문입니다. 신자는 환난을 통해 성장하며 온전하게 됩니다. 신자는 환난에 굴복하지 않습니다. 오히려 정금처럼 나아갈 것입니다. 참 신자와 가짓 신자는 환난을 통해 구별될 것입니다. 참신자는 환난에 있는 하나님의 섭리를 믿고 순종하며 나아갈 것입니다. 환난을 버리지 마십시오. 환난은 신자를 온전하고 구비하여 조금도 부족함이 없는 자로 만드는 하나님의 섭리이기 때문입니다.

> 내 형제들아 너희가 여러 가지 시험을 당하거든 온전히 기쁘게 여기라 이는 너희 믿음의 시련이 인내를 만들어 내는 줄 너희가 앎이라 인내를 온전히 이루라 이는 너희로 온전하고 구비하여 조금도 부족함이 없게 하려 함이라(약 1:2-4).

둘째, 병든 사람들에게 동정심을 가지는 자들은 자기 자신들도 그 병을 앓았던 경험이 있던 사람들입니다.

환난을 거쳐야 그러한 교훈을 배운다는 것은 비극입니다. 주님의 충만을 받는 데서 실패한 것이야 말로 인간의 가장 큰 비극입니다.[11] 그러나 죄가 우리에게 행한 일로 말미암아 우리는 그런 류의 사람들이 되었습니다. 그리스도인은 환난을 통해서 자기 자신을 진정으로 이해할 수 있고, 환난을 당하는 자들을 도울 수 있는 자가 됩니다. 그러니 고난은 자신을 성장시키며 더 나아가 다른 사람들을 진정으로 이해하고 위로할 수 있는 사람으로 성숙시키기 위한 하나님의 섭리라는 것을 알 수 있습니다.

> 찬송하리로다 그는 우리 주 예수 그리스도의 하나님이시요 자비의 아버지시요 모든 위로의 하나님이시며 우리의 모든 환난 중에서 우리를 위로하사 우리로 하여금 하나님께 받는 위로로써 모든 환난 중에 있는 자들을 능히 위로하게 하시는 이시로다 그리스도의 고난이 우리에게 넘친 것같이 우리가 받는 위로도 그리스도로 말미암아 넘치

---

11 마틴 로이드 존스, 『생수를 구하라』, 12.

> 는도다 우리가 환난 당하는 것도 너희가 위로와 구원을 받게 하려는
> 것이요 우리가 위로를 받는 것도 너희가 위로를 받게 하려는 것이니
> 이 위로가 너희 속에 역사하여 우리가 받는 것 같은 고난을 너희도
> 견디게 하느니라 너희를 위한 우리의 소망이 견고함은 너희가 고난에
> 참여하는 자가 된 것같이 위로에도 그러할 줄을 앎이라(고후 1:3-7).

그리스도인은 고난을 통하여 위로의 사람으로 성장합니다. 신자는 자신을 위한 삶을 사는 자가 아니라 남을 위하여 사는 자라는 것을 잊지 말아야 합니다. 고난은 남을 섬길 수 있는 사람이 되게 만드는 하나님의 섭리입니다. 신자는 혼자 사는 사람이 아닙니다. 신자는 자신을 위해 존재하는 자가 아닙니다. 신자는 하나님을 예배하며 이웃을 섬기며 그것을 기뻐하는 삶을 이 땅에서 나누며 사는 자들입니다. 신자는 하나님의 나라를 이 땅에서부터 이루기 위해 사는 자들입니다.

셋째, 환난의 결과로 우리는 대단한 교육 과정을 거치게 됩니다(히 12:6; 욥 42:2-3). 그것은 환난을 통해 삶의 지혜를 배우게 된다는 것입니다. 그 지혜는 우리가 하나님만을 의지하는 자가 된다는 것입니다. 환난을 통해 성숙한 그리스도인으로 성장하는 것입니다.

> 67 고난 당하기 전에는 내가 그릇 행하였더니 이제는 주의 말씀을
> 지키나이다 71 고난 당한 것이 내게 유익이라 이로 말미암아 내가 주
> 의 율례들을 배우게 되었나이다(시 119:67, 71).

환난을 경험난 자들은 그 전에는 알지 못했던 지혜를 가지게 됩니다.

> 주께서는 못 하실 일이 없사오며 무슨 계획이든지 못 이루실 것이 없는 줄 아오니 무지한 말로 이치를 가리는 자가 누구니이까 나는 깨닫지도 못한 일을 말하였고 스스로 알 수도 없고 헤아리기도 어려운 일을 말하였나이다(욥 42:2-3).

신자는 고난을 통해서 강인하게 됩니다. 고난을 통과한 자는 무엇보다 하나님만을 의지하게 됩니다. 신자는 고난을 통해 세상을 의지하지 않게 됩니다. 신자는 사람을 의지하지 않습니다. 신자는 세상을 위해 살지 않습니다. 신자는 사람의 만족을 위해 살지 않습니다. 신자는 사람에게 인정받기 위해 살지 않습니다. 고난을 통과한 신자는 오직 하나님의 영광을 위해 살아갑니다. 그는 하나님과 교제하며 하나님과 화목함을 가장 귀한 것으로 알고 살아갑니다. 그는 이 땅의 것을 소망하면서 신자는 시간을 허비하지 않습니다. 신자는 고난을 통해서 하나님의 영광을 위한 삶의 기쁨과 만족을 배우게 됩니다. 이것이 고난의 유익입니다.

신자는 고난을 통하여 마지막에 있을 영화를 소망하며 이 땅에서 성화를 이루기 위해 살아가는 자로 성숙하게 됩니다. 고난을 통하여 성숙하게 된 신자는 자기 자신의 행복을 위한 삶을 멈추고 하나님의 이름을 높이며 살아갑니다. 그는 하나님이 주시는 평안을 누리며 살아갑니다. 그는 하나님 안에서 모든 것을 만족하며 사는 삶을 살아갑니다.

넷째, 그러므로 신자가 지혜로 환난이 여러분들을 다루도록 허용하고 인내한다면, 그 환난을 통해서 좋은 것을 얻어낼 때를 만나게 될 것입니다(시 119:65-67, 72; 히 12:12).

> 그러므로 너희가 이제 여러 가지 시험으로 말미암아 잠깐 근심하게

되지 않을 수 없으나 오히려 크게 기뻐하는도다 너희 믿음의 확실함
은 불로 연단하여도 없어질 금보다 더 귀하여 예수 그리스도께서 나
타나실 때에 칭찬과 영광과 존귀를 얻게 할 것이니라(벧전 1:6-7).

인간은 하나님의 지혜와 계시를 믿든지 아니면 인간의 지혜(고전 2:6)를 믿든지 둘 중 하나를 선택해야 합니다. 우리는 두 개를 동시에 가질 수는 없습니다. 우리는 둘 중 하나를 선택해야만 합니다. 우리는 환난을 통해서 주님의 계시의 말씀을 배우게 됩니다. 나에게 환난이 있기에 주님께 나아갑니다. 내 힘으로는 감당할 수 없기에 주님을 찾습니다. 그런 자는 주님을 만나게 됩니다.

주님은 성경을 통해서 하나님의 뜻을 우리에게 계시해 주십니다. 주님의 특별계시는 하나님을 완전하고도 최종적으로 계시하십니다.[12] 주님의 사역의 중심은 하나님이십니다. 우리는 주님을 통해서 하나님을 보다 더 정확하게 알게 됩니다. 주님의 사역의 중심은 바로 하나님이시기 때문입니다. 주님은 그분의 삶을 통해서 하나님을 계시하셨습니다. 성령님은 주님을 계시하시며, 주님은 하나님을 계시합니다.

우리는 주님을 통해서 하나님을 만납니다. 우리는 주님을 통해 하나님의 나라를 보게 됩니다. 우리는 주님을 통해 하나님의 인격을 보다 생생하게 경험합니다. 우리는 예수 그리스도를 만나 하나님의 지혜를 선택합니다. 그것이 신자의 모습입니다.

신자는 하나님만이 온전하고 확실한 위로를 주시는 분이심을 그의 심령으로 알게 됩니다. 그러기에 신자는 어려움을 통해서 오히려 하나님께

---

12   마틴 로이드 존스, 『타협할 수 없는 진리』, 150.

나아가는 것입니다. 그러니 고난은 하나님을 만나는 통로인 것입니다. 그러므로 신자는 고난을 힘들어하지만 말고 그 고난 속에서 우리를 찾으시는 하나님을 만나는 기회로 삼아야 합니다.

하나님의 지혜는 성령의 나타나심과 능력으로 하여 우리의 믿음이 인간의 지혜를 의지하지 않고 하나님의 지혜를 의지하게 합니다(고전 2:4-5). 우리가 주님으로부터 능력을 받을 때 하나님의 사람으로 살게 됩니다. 신자는 고난을 통해서 하나님이 원하시는 삶을 모습을 우리의 삶 속에서 보여주기 시작합니다.

우리의 삶에 있어서 가장 중요한 것은 "하나님과 어떤 관계를 맺으며 이 세상을 살아가느냐?"입니다. 왜냐하면 하나님은 영원하시며 불변하시는 절대자이시기 때문입니다. 우리는 그분 앞에 마지막 날 서게 될 것입니다. 그러기에 우리는 이 세상에서 없어질 세상의 지혜나 통치자의 지혜를 구하지 않습니다(고전 2:6). 신자는 오직 하나님의 지혜만을 구합니다.

우리는 성령의 도우심으로 인하여 하나님의 지혜가 옳다는 것을 압니다.[13] 신자가 이런 진리를 알도록 성령이 일하실 것이기 때문입니다. 이를 위해 성령께서 직접 우리에게 역사하실 것입니다. 그러므로 우리는 그분께서 일하실 수 있도록 자리를 남겨두어야 합니다.[14] 그러면 우리의 삶이 변화될 것입니다. 성령이 우리를 일으키실 것입니다. 우리가 상상할 수 없는 일들을 우리를 통해 하실 것입니다.

성령을 받은 우리는 예전의 자신이 아니게 됩니다. 우리는 성령을 받음을 통해 저마다 새 생명, 새 본성, 새 마음을 가지게 됩니다. 우리는 성

---

13 마틴 로이드 존스, 『영광을 바라보라』, 49, 170.

14 마틴 로이드 존스, 『생수로 채우라』, 27, 39, 75, 79.

령을 통해 삶에 진정한 기쁨을 경험합니다. 우리는 진정한 행복을 경험합니다. 이것은 언제나 믿음의 주요 또 온전하게 하시는 이인 예수를 바라본 결과입니다(히 12:2). 주님을 바라보는 사람은 언제나 심오하며, 하나님을 아는 지식에 견고하게 기초합니다. 이는 성령의 도우심의 결과입니다. 우리는 상급을 소망하며 이 땅에서 그리스도인으로서 아름답게 살아갈 수 있는 것입니다.

> 그러므로 피곤한 손과 연약한 무릎을 일으켜 세우고(히 12:12).

다섯째, 환난의 유익 가운데 중요한 것 중의 또 다른 하나는 환난과 시련은 우리로 하여금 이 땅의 것들 보다는 하늘과 거기 하늘에서 우리를 기다리는 영광에 대해 더 많이 생각하게 만든다는 것입니다(골 3:2; 엡 1:14; 고후 4:17-18; 롬 8:28). 하나님이 원하시는 것은 우리의 구원입니다. 하나님의 관심은 무엇보다 우리 영혼의 온전함입니다. 우리의 영혼을 위하여 하나님은 우리를 연단하십니다. 그 연단을 통해서 우리는 더욱더 하나님만을 의지하는 자가 됩니다. 그 고난을 통해서 우리가 소망해야 하는 것은 이 땅의 영광이 아니라 하나님의 나라임을 깨닫습니다.

> 우리가 잠시 받는 환난의 경한 것이 지극히 크고 영원한 영광의 중한 것을 우리에게 이루게 함이니 우리가 주목하는 것은 보이는 것이 아니요 보이지 않는 것이니 보이는 것은 잠깐이요 보이지 않는 것은 영원함이라(고후 4:17-18).

하나님의 영광을 위하여 사는 신자는 이 땅의 것보다는 하나님의 나라를 소망하며 살아갑니다. 그리스도인은 이 땅의 삶이 길지 않음을 자각합니다. 종말이 얼마 남지 않았음을 자각합니다. 그리하여 늘 깨어 거룩한 두려움으로 삶을 살아갑니다. 주님의 재림이 갑작스럽게 임할 것을 알기 때문입니다(벧후 3:7; 살후 2:12). 그렇습니다. 주님의 재림은 분명 초대 교회보다는 더욱 가까이 있습니다.

> 이는 이제 우리의 구원이 처음 믿을 때보다 가까웠음이라(롬 13:11).

그리고 그 날은 반드시 올 것입니다. 그러기에 신자는 주의 재림을 준비하는 삶을 살아야 하는 것입니다.

> 만물의 마지막이 가까이 왔으니(벧전 4:7).

> 주의 강림이 가까우니라(약 5:8).

이는 주님의 말씀입니다.

6. 언제 깨어 있어야 하나?

신자는 언제나 깨어 있어야 합니다.[15] 그러나 다음과 같은 경우에는 더욱 깨어 있어야 합니다. 왜냐하면 다음과 같은 경우에는 시험을 들게 되는

---

15 존 오웬, 『시험』, 104-111.

경우가 신자들에게 많이 나타났기 때문입니다.

첫째, 성공할 때 깨어 있어야 합니다(잠 1:32; 호 13:6; 시 30:6-7).

> 미련한 자의 안일은 자기를 멸망시키려니와(잠 1:32).

사울과 다윗을 보면 그들은 잘 될 때 오히려 시험에 들었습니다. 요셉은 잘될 때 시험이 있었지만 그 시험을 믿음으로 극복했습니다.

이스라엘은 어떠했습니까?

그들은 자신들이 잘될 때 그들은 하나님께 영광을 돌리지 않았습니다. 오히려 그것이 자신들의 행위 때문이라고 생각했습니다.

> 그들이 먹여 준 대로 배가 불렀고 배가 부르니 그들의 마음이 교만하여 이로 말미암아 나를 잊었느니라(호 13:6).

그러므로 신자는 늘 깨어 있어야 하지만 특별히 잘 될 때 깨어 있어야 합니다. 히스기야는 어려울 때는 깨어 있었습니다. 그는 하나님에 대한 믿음에 흔들리지 않았습니다. 그러나 그가 앗수르와의 전쟁에서 승리하고 자신의 건강이 회복되자 오히려 하나님께 범죄하고 자고하였습니다(대하 32:25, 31). 그러기에 우리는 교만해서는 안 됩니다.

둘째, 은혜가 멈출 때 깨어 있어야 합니다(눅 22:46; 계 3:2). 신자는 회복이 불가능한 상황이 오기 전에 기도해야 합니다. 이것이 신자의 태도입니다. 주님은 겟세마네 동산에서 기도하실 때 제자들에게 기도를 부탁하셨습니다. 그런데 그 제자들은 오히려 자고 있었습니다. 그런 제자들을 향해서 주님은 이렇게 말씀하셨습니다.

> 이르시되 어찌하여 자느냐 시험에 들지 않게 일어나 기도하라 하시니라(눅 22:46).

사대 교회는 살아있는 이름을 가졌으나 오히려 죽은 자들이었습니다(계 3:1). 그런 교회를 향해 주님은 이렇게 말씀하셨습니다.

> 너는 일깨어 그 남은 바 죽게 된 것을 굳건하게 하라(계 3:2).

이것은 신자라고 해서 시험이 없는 삶을 허락하신 것은 아니라는 것입니다. 오히려 신자이기에 믿음으로 말미암아 남은 고통이 있을 것이라는 것이 성경의 말씀입니다. 그러므로 신자는 고난이 있을 때 떠내려가지 않도록 조심하여야 합니다.

셋째, 영적 기쁨이 충만할 때 깨어 있어야 합니다(고후 12:7; 막 9:5). 받은 은사가 많은 자들이 있습니다. 그런데 그 받은 것이 많으므로 오히려 재앙이 되는 사람도 있습니다. 사울 왕이 그러하였습니다. 그러기에 하나님은 사도 바울에게 육체에 고난을 주심을 통해 바울은 겸손한 태도로 삶을 살아갈 수 있었습니다.

> 여러 계시를 받은 것이 지극히 크므로 너무 자만하지 않게 하시려고 내 육체에 가시 곧 사탄의 사자를 주셨으니 이는 나를 쳐서 너무 자만하지 않게 하려 하심이라(고후 12:7).

그렇지 않으면 사도 베드로처럼 이 땅에 머물려는 잘못된 태도를 가질 수 있습니다.

> 베드로가 예수께 고하되 랍비여 우리가 여기 있는 것이 좋사오니 우리가 초막 셋을 짓되 하나는 주를 위하여, 하나는 모세를 위하여, 하나는 엘리야를 위하여 하사이다 하니(막 9:5).

이런 베드로의 태도를 주님은 책망하셨습니다. 그러므로 신자는 받은 은혜가 많을수록 더욱 하나님의 나라를 사모하는 태도를 잊지 않도록 하여야 합니다.

넷째, 자신감이 넘칠 때 깨어 있어야 합니다(벧전 1:17; 롬 11:20; 고전 10:12). 어떤 시간에는 무엇을 해도 잘 될 때가 있습니다. 그러나 그것은 자신이 잘나서가 아닙니다. 그럴 때에 자신이 그곳에 있을 뿐입니다. 그러므로 항상 조심해야 합니다. 신자는 "선 줄로 생각하는 자는 넘어질까 조심하라고"(고전 10:12)라는 태도를 잊지 말아야 합니다.

또한 이 땅은 우리에게는 지나가는 길입니다. 우리는 영원이 이 땅에 머물지 않습니다. 그리고 우리의 마지막은 갑자기 임할 것입니다. 그러므로 신자는 "너희가 나그네로 있을 때를 두려움으로 지내라"(벧전 1:17)는 주님의 말씀을 기억해야 합니다. 이러한 태도가 신자의 바람직한 태도인 것입니다.

7. 고난과 시련과 환난을 이기는 그리스도인

환난과 고난을 이기려면 먼저 이 세상은 죄와 마귀에 의해서 지배를 받고 있다는 것을 잊지 말아야 합니다. 우리는 구원받았지만 우리는 여전히 "사망의 몸"(롬 6:4; 7:24)을 가지고 있습니다. 그러기에 우리에게 죄와 사탄은 여전히 힘을 발휘 합니다. 우리는 아직 몸은 구속을 받지 못했습니다. 주님의 재림의 날 우리가 부활할 때 그날 우리의 몸도 구원 받을 것입니다(고후 5:1, 6, 8; 빌 1:23; 행 3:21; 엡 4:10; 요일 3:2).

> 예수를 죽은 자 가운데서 살리신 이의 영이 너희 안에 거하시면 그리스도 예수를 죽은 자 가운데서 살리신 이가 너희 안에 거하시는 그의 영으로 말미암아 너희 죽을 몸도 살리시리라(롬 8:11).

신자가 이 세상에서 실패하지 않을 수 있는 방법이 있습니다. 신자가 환난과 시련 속에서도 승리할 수 있는 승리의 방법이 있습니다. 그것은 쉬지 말고 기도하는 것입니다(살전 5:17). 기도에 항상 힘쓰고 결코 그 기도를 멈추지 말아야 합니다(눅 18:1; 엡 6:18; 살전 5:17; 롬 12:12). 기도는 인간 영혼의 가장 숭고한 활동입니다. 사람은 무릎을 꿇고 하나님과 대면할 때 가장 위대하며, 가장 아름답습니다.

우리는 우리의 필요를 주님께 간구하기 전 우리가 하나님 앞에 있음을 인식해야 합니다.[16] 하나님 앞에서 하나님의 뜻이 무엇인지 알기를 소망해야 합니다(히 6:11-12). 하나님의 뜻이 이루어지길 기도해야 합니다. 그러할 때 죄와 사탄을 이길 수 있습니다. 그러기 위해서 신자는 기도를 통하여 성령을 의지하며 성령의 주시는 힘으로 살아가야 합니다. 기도를 통하여 우리의 연약함이 극복될 것입니다(롬 12:12; 벧전 4:7).

> 모든 기도와 간구를 하되 항상 성령 안에서 기도하고 이를 위하여 깨어 구하기를 항상 힘쓰며 여러 성도를 위하여 구하라(엡 6:18).

---

16 마틴 로이드 존스, 『산상설교집 하』, 61, 77.

우리에게 있는 시험은 우리가 죽는 날까지 지속될 것입니다. 그러므로 우리는 주님이 오시는 그날까지 끝까지 싸우며 나아가야 합니다.

> 우리가 소망으로 구원을 얻었으매 보이는 소망이 소망이 아니니 보는 것을 누가 바라리요 만일 우리가 보지 못하는 것을 바라면 참음으로 기다릴지니라 이와 같이 성령도 우리의 연약함을 도우시나니 우리는 마땅히 기도할 바를 알지 못하나 오직 성령이 말할 수 없는 탄식으로 우리를 위하여 친히 간구하시느니라(롬 8:24-26).

신자에게 있어서 죄 죽임은 우리가 죽는 날 까지 계속 해야 할 일입니다(빌 3:12-14; 막 13:13). 마지막 날 우리는 하나님 앞에 칭찬 받는 것을 소망하며 삶을 살아야 합니다. 하나님은 모든 것을 아시는 분이시기에 우리는 모든 것을 기쁨으로 할 수 있는 것입니다. 주님은 모든 신자들에게 이렇게 말씀하셨습니다.

> 환난을 당하나 담대하라. 내가 세상을 이기었노라(요 16:33).

이 말씀은 환난을 당하는 신자들에게는 매우 큰 위로요 소망의 말씀입니다. 신자는 주님이 세상을 이겼다는 결론을 가지고 삶을 시작합니다. 승리는 신자의 것입니다.

고난에 대한 성도의 태도는 다음과 같아야 합니다.

첫째, 주님은 신자들이 하늘나라에 들어가려면 많은 환난을 겪어야 함을 말씀하셨습니다(행 14:22; 약 1:2, 12; 벧전 4:12-14). 신자는 살면서 환난이 있다는 것을 알아야 합니다. 우리는 환난에 제외된 존재가 아닙니다.

그러므로 신자는 환난을 이상한 일 당하는 것처럼 생각해서는 안 됩니다.

> 제자들의 마음을 굳게 하여 이 믿음에 머물러 있으라 권하고 또 우리가 하나님의 나라에 들어가려면 많은 환난을 겪어야 할 것이라 하고(행 14:22).

우리는 예수 그리스도를 믿는 다는 사실만으로도 우리는 많은 어려움을 겪을 것입니다.

> 사도들은 그 이름을 위하여 능욕받는 일에 합당한자로 여기심을 기뻐하면서…떠나니라(행 5:41).

그러나 그런 시험 뒤에 우리에게는 상급이 기다리고 있다는 것을 기억해야 합니다(계 2:10; 3:11; 고전 9:25; 딤후 4:8; 벧전 5:4).

> 2 내 형제들아 너희가 여러 가지 시험을 당하거든 온전히 기쁘게 여기라. 12 시험을 참는 자는 복이 있나니 이는 시련을 견디어 낸 자가 주께서 자기를 사랑하는 자들에게 약속하신 생명의 면류관을 얻을 것이기 때문이라(약 1:2, 12).

우리는 고난을 참고 견디고 인내함을 통해서 더욱 하나님의 사람으로 성장할 것입니다. 환난을 이기며 살아가는 신자는 육체를 의지하지 않고

성령을 의지하며 삶을 살아나가는 태도를 가지게 될 것입니다.[17]

둘째, 신자는 그리스도를 믿는 믿음으로 인해서 당하는 환난 때문에 즐거워해야 합니다(마 5:10-11; 행 5:41). 왜냐하면 우리가 잠시 환난을 받지만 결국 마지막 날에 환난을 통과한 신자들은 극히 크고 영원한 영광의 중한 것을 이루기 때문입니다(고후 4:17). 그러기에 신자는 환난 중에서도 기뻐할 수 있는 이유를 가지고 있는 것입니다(롬 5:3-5). 신자는 연단을 통해서 의와 평강의 열매를 맺게 됩니다.

> 무릇 징계가 당시에는 즐거워 보이지 않고 슬퍼 보이나 후에 그로 말미암아 연단 받은 자들은 의와 평강의 열매를 맺느니라(히 12:11).

신자는 연단을 통해 소망을 이루게 됩니다. 신자는 연단을 통해서 기도의 사람이 됩니다. 신자는 연단을 통해 우리가 추구해야 하는 삶의 목적지가 이 땅에 있는 것이 아니라 하나님 나라라는 것을 알게 됩니다(골 3:2).

셋째, 신자들이 환난 중에 즐거워 할 수 있는 또 다른 이유는 다음과 같습니다. 우리의 믿음이 우리로 하여금 환난이 우리의 소망을 거역하여 장애가 되게 하는 것이 아니라는 것을 알게 됩니다. 오히려 실상은 환난이 우리의 하늘에 대한 소망을 촉진시키고 더해 준다는 사실을 인식하도록 하는 방식으로 환난을 관조하게 됩니다. 그러므로 신자는 환난 중에도 즐거워하고 영광스럽게 생각해야 합니다.

신자는 환난 속에서 살지만 환난에 지배받는 삶을 살지 않습니다. 신

---

17 마틴 로이드 존스, 『로마서 강해』 2권, 82-96.

자는 오히려 환난을 관조합니다. 신자는 환난을 이기며 나갑니다. 신자는 어떤 환경 속에서도 하나님과의 관계를 우선합니다. 그런 삶은 환경을 바라보지 않습니다. 오직 하나님만을 바라봅니다. 그리고 하나님의 영광을 자신의 삶 속에서 나타내기를 소망합니다. 그런 자는 세상이 부러워합니다. 세상이 닮고 싶어 합니다. 세상의 사람들은 신자들에게 어찌하여 신자들은 환난 속에서도 그렇게 평안한지 그 비밀을 알고 싶어 합니다. 그리하여 그들은 이렇게 신자들에게 묻습니다. "선생들이여 내가 어떻게 하여야 구원을 받으리이까?"(행 16:33)라고 우리에게 묻는 것을 경험하는 그런 일들이 있을 것입니다.

넷째, 우리가 진실한 믿음을 가지고 있다면 환난은 우리들로 하여금 주님을 되돌아보게 하는 계기가 됩니다. 시험과 환난을 통해 잊고 있기 쉬운 우리 주 예수 그리스도를 다시 생각하게 합니다. 신자들은 세상에서 우리는 많은 환난을 당할 것이지만, 그 환난들은 우리들의 믿음을 더욱 견고하게 해 줄 것입니다. 왜냐하면 환난은 인내를 이루기 때문입니다. 그러기에 신자는 환난을 통해서 인내하는 삶을 살아나갑니다.

> 우리가 잠시 받는 환난의 경한 것이 지극히 크고 영원한 영광의 중한 것을 우리에게 이루게 함이니(고후 4:17).

인내함이 없이 무엇을 이루는 것은 우리에게 축복이 아닙니다. 우리는 환난을 통해서 우리 자신이 그리스도인임을 드러내게 됩니다. 즉, 인내가 "내가 진정 그리스도인인가?"라는 증거를 드러내게 합니다(약 1:2-3; 욥 13:15).

> 내 형제들아 너희가 여러 가지 시험을 당하거든 온전히 기쁘게 여기

> 라 이는 너희 믿음의 시련이 인내를 만들어 내는 줄 너희가 앎이라
> (약 1:2-3).

다섯째. 신자는 환난을 통해서 생명의 면류관을 얻게 될 것입니다(벧전 1:6-7; 히 11:6; 12:8; 딤후 4:7-8).

> 시험을 참는 자는 복이 있나니 이는 시련을 견디어 낸 자가 주께서 자기를 사랑하는 자들에게 약속하신 생명의 면류관을 얻을 것이기 때문이라(약 1:12).

그렇습니다. 우리에게는 죄의 결과인 죽음이 없습니다(요 11:26). 우리에게는 영생이 있을 뿐입니다. 그러기에 신자는 죽음을 두려워하지 않습니다. 신자는 세상 사람들이 두려워하는 죽음을 무서워하지 않습니다. 신자는 오히려 죽음을 통해 하나님의 나라에 들어가는 그 날을 소망합니다. 우리가 주 앞에 서는 날 우리는 주 앞에서 칭찬을 받을 것입니다.

여섯째, 하나님은 환난을 통해서 우리를 시험하시며, 우리 안에 참된 것을 제외하고는 전부 제거해 버리십니다. 정금을 얻기 위해 연단이 필요하듯, 우리 역시 연단을 통해 정금같이 하나님 앞에 나아갈 것입니다. 환난을 통해서 신자는 하나님의 인정을 받게 됩니다.

> 67 고난 당하기 전에는 내가 그릇 행하였더니 이제는 주의 말씀을 지키나이다. 71 고난 당한 것이 내게 유익이라 이로 말미암아 내가 주의 율례들을 배우게 되었나이다(시 119:67, 71).

환난은 우리로 하여금 주 예수 그리스도에게 돌아가게 합니다(고후 11:23-28; 고전 15:10). 하나님은 환난을 통해서 우리를 향하신 사랑을 보여 주십니다. 그러므로 신자는 어떠한 환난과 시련 속에서도 자기 자신의 부족함에도 불구하고 충분한 하나님의 능력과 은혜와 권능에 대한 생생한 체험을 하게 합니다(시 17:8; 36:7; 57:1; 63:7; 91:4; 룻 2:12). 하나님은 환난을 통해서 우리를 향하신 하나님의 목적에 대한 절대적인 증거를 주시는 것입니다.

8. 고난과 시련과 환난의 문제를 해결하는 방법

여러분이 하고 있는 일에 대한 이유를 가지시고, 지성적인 이해를 가지십시오. 그리고 사람들이 여러분들에게 어떤 형식을 부과하지 못하게 하십시오. 사람들과 의견이 다르더라도, 그 사람의 동기의 옳음을 인정하고, 그 사람이 자기 자신의 생각이나 의견 또는 자신을 내세우고 있지만은 않음을 인정해야 합니다.

우리에게 진정으로 중요한 것은 주님께 충성하는 것이고, 주님의 계명을 지키는 것이며, 주님의 영광과 그 은혜를 찬미하는 것이며, 겸손과 감사함으로 주님께 찬양 드리는 정신입니다. 어떤 그리스도인도 이 세상에서 자기 자신의 목적을 섬기지 말아야 합니다. 어느 누구도 자신의 의지를 내세우거나 자기 자신의 이해를 따라 살거나 자기 자신의 성향을 따라서 살아서는 안 됩니다.

신자는 자신의 신앙 양심에 청종해야 합니다. 그 양심의 소리를 귀를 기울이시고 그 양심을 대항하는 일은 결코 하지 말아야 합니다. 성령의 소리에 귀를 기울여야 합니다. 그리고 우선적으로 무엇보다 주님의 영광을 위해 행동해야 합니다(고전 10:31). 무엇보다 그리스도인은 항상 주님과의 관계에 지배를 받고 있어야 합니다. 예수 그리스도 중심의 삶을 살아야 하는 것입니다.[18]

우리는 우리의 대제사장이 되시고 우리의 죄를 용서하기 위한 화목제물이 되신 주님을 믿습니다. 주님은 우리의 죄를 깨끗하게 하실 것입니다(히 2:17). 그분은 고난을 받으시고 시험받으셨기 때문에 시험 가운데 있는 우리를 능히 도우실 것입니다(히 2:18).

---

18 마틴 로이드 존스, 『로마서 강해』 14권, 139-147.

16장
세상

1. 몸이란 무엇인가?
2. 몸이 중요한 이유
3. 성경에서 말씀하고 있는 세상
4. 이 세대의 잘못된 관점
5. 비그리스도인의 특징들
6. 마귀란 무엇인가?

16장 세상

1. 몸이란 무엇인가?

성경에서 말하고 있는 '몸'이란 의미는 성령의 감화로부터 떨어져 있는 타락한 인간 본성을 의미합니다(롬 8:10).[1] 사람들의 몸에는 사망과 부패의 본질이 있습니다. 몸은 죄의 처소입니다. 몸은 사망의 처소입니다(롬 6:6; 7:24). 몸은 죄가 가장 용이하게 사용하는 도구입니다. 그러나 우리는 죄에 대하여 죽었고 예수 그리스도로 말미암아 하나님께 대하여는 살아있다는 것을 기억해야 합니다(롬 8:10). 신자의 영은 그리스도로 인하여 살아있습니다.

> 예수를 죽은 자 가운데서 살리신 이의 영이 너희 안에 거하시면 그리스도 예수를 죽은 자 가운데서 살리신 이가 너희 안에 거하시는 그의 영으로 말미암아 너희 죽을 몸도 살리시리라(롬 8:11).

---

1 마틴 로이드 존스, 『로마서 강해』 5권, 98-111.

그러므로 신자는 죄와 싸워 승리할 수 있으며 그런 권능을 주님께 받아 누리는 자입니다. 신자는 죄에 대한 싸움을 멈추어서는 안 됩니다(고전 9:27). 신자는 죽는 그 날까지 죄와 싸워야 합니다. 육신 안에 있다는 의미는 우리가 육체 안에 있고, 중생되지 못하였고, 악한 죄의 원리의 지배를 받음과 동시에 율법의 지배 아래 있다는 것입니다.[2] 이것은 우리 안에 죄의 정욕에 있다는 것입니다. 이것은 정욕과 죄 있는 영과 탐욕이 있다는 것을 의미합니다.

죄의 정욕이란 그 자체로서는 선하지만 타락으로 인해서 악의 통로가 되는 자연적인 욕구들을 의미합니다(마 15:19). 이런 세상 사람의 자연적인 욕구를 분출하는 삶과 죄악의 삶의 결과는 죽음뿐입니다(롬 5:12). 죄로 인하여 인간의 하나님의 진노와 율법의 저주를 받게 됩니다(엡 2:3; 갈 3:10). 결국 사망에 이르게 됩니다(롬 6:23). 죄된 인간은 영적 육체적 그리고 영원한 불행을 당하게 됩니다(엡 4:18; 롬 8:22; 애 3:39; 마 25:41; 살후 1:9).

죄는 모든 인간에게 보편성을 가지고 있습니다. 그리고 그 죄의 결과는 언제나 끔찍합니다. 인간은 언젠가는 죽게 됩니다. 죽음 앞에서 인간은 모두 겁쟁이가 됩니다. 그러기에 우리는 죽기 전에 인생에서 가장 중요한 하나님을 만나는 법을 알아야 합니다.[3] 육신 안에 있는 자들은 최종적이고 영원한 하나님으로부터 분리와 그의 영광스러운 임재와 생명에서 최종적으로 끊어지는 두 번째 사망을 체험하게 됩니다. 인간은 선악간에 행한 모든 일에 대한 보응을 받게 될 것입니다(고후 5:10; 전 12:14; 롬 2:16; 14:10, 12; 마 12:36-37).

2　마틴 로이드 존스, 『로마서 강해』 4권, 106-111.
3　마틴 로이드 존스, 『회개』, 42.

2. 몸이 중요한 이유

몸은 여러분의 것이 아니라 하나님의 것입니다.[4] 여러분 자신의 몸을 매일같이 하나님께 드릴 때 달콤하고 향기로운 냄새가 날 정도로 자신의 몸을 지켜야 합니다(엡 5:1-2). 신자는 육체적인 몸을 하나님께 복종시켜야 합니다(롬 7:8; 8:12-13; 엡 2:3; 약 3:5-6; 벧전 2:11; 고전 6:20; 시 103:1). 그리고 우리 몸을 부단히 흠 없고 점 없이 하나님께 드려야 합니다.

> 전에는 우리도 다 그 가운데서 우리 육체의 욕심을 따라 지내며 육체와 마음의 원하는 것을 하여 다른 이들과 같이 본질상 진노의 자녀이었더니(엡 2:3).

우리의 몸을 계속 산 제물로 드려야 합니다(롬 6:8-11, 18; 살전 1:9; 빌 2:17). 왜냐하면 우리는 더 이상 죄로 인해 죽은 자가 아니기 때문입니다. 또한 여러분의 몸을 경멸해서도 안 됩니다. 그러나 몸을 너무 소중하게 생각해서도 안 됩니다. 그것은 몸에 매이고 마는 것이기 때문입니다. 신자는 몸의 소욕이 여러분을 주장하게 해서도 안 됩니다(눅 21:34).

> 너희는 스스로 조심하라 그렇지 않으면 방탕함과 술취함과 생활의 염려로 마음이 둔하여지고 뜻밖에 그 날이 덫과 같이 너희에게 임하리라(눅 21:34).

---

4 마틴 로이드 존스, 『로마서 강해』 12권, 81-106.

신자는 몸의 소욕이 신자의 모든 걸 통제하도록 내버려두지 말아야 합니다(고전 10:31). 신자는 하나님을 섬길 수 있기 위해서 몸의 상태를 적당하게 유지해야 합니다(롬 6:13, 18-19). 이것이 신자가 자신의 몸에 대해 가져야 할 태도입니다. 신자는 자신의 몸을 자신을 위해서 사용하지 말고 하나님의 영광과 그 찬미를 위해서 쓰시도록 하나님께 드려야 합니다.

신자는 자신의 몸을 하나님께 드리되, 하나님께서 당신을 섬기도록 마음대로 주장하시도록 드려야 합니다(욥 31:1; 엡 5:4; 약 3:5). 또한 성령을 쫓아 행해야 합니다. 신자가 몸을 죽이려면 깨어 믿음에 굳게 서 남자답게 강건해야 합니다(고전 16:13).[5] 신자는 믿음에 덕을 덕에 지식을 지식에 절제를 더하는 삶을 살아가야 합니다(벧후 1:5-7). 세상에 있는 동안 그리스도인의 가장 큰 소망은 하나님과 주 예수 그리스도의 영광을 드러내고 그를 칭송케 하려는 데 있습니다.

3. 성경에서 말씀하고 있는 세상

세상은 하나님과 무관하게 생각되거나 조직되거나 영위되는 삶을 의미합니다. 세상은 하나님을 마음에 두지 않고, 하나님께 통제를 받거나 지배를 당하지 않는 삶을 의미합니다. 세상은 타락의 결과로 마귀에 의해서 주도되는 삶과 행동입니다(고후 4:3-4; 엡 2:1-3).

> 우리도 다 그 가운데서 우리 육체의 욕심을 따라 지내며 육체와 마

---

[5] 마틴 로이드 존스, 『로마서 강해』 5권, 197-200.

음의 원하는 것을 하여 다른 이들과 같이 본질상 진노의 자녀이었더니(엡 2:1-3).

세상은 육체를 의미합니다. 세상적인 사고방식과 세상적인 유의 삶입니다(롬 8:9, 12; 요일 2:15-16). 이것이 성경에서 말씀하고 있는 세상의 정의입니다.

이 세상이나 세상에 있는 것들을 사랑하지 말라 누구든지 세상을 사랑하면 아버지의 사랑이 그 안에 있지 아니하니 이는 세상에 있는 모든 것이 육신의 정욕과 안목의 정욕과 이생의 자랑이니 다 아버지께로부터 온 것이 아니요 세상으로부터 온 것이라(요일 2:15-16).

사람들은 그러한 세상이 점점 나아진다고 말합니다. 그들은 세상은 점점 좋아진다고 합니다. 그리고 점점 좋아질 것이라고 합니다. 나아가 그들은 주장하기를 문명의 발달은 곧 세상이 그들이 말하는 천국으로 인도한다고 합니다.

"그러나 과연 그런가요?"

"과학의 발달이 세상을 더욱 나은 세상으로 만들었나요?"

"학문의 발달이 사람을 더욱 도덕적이 되도록 했나요?"

"물질이 많아짐에 따라 세상은 더 나은 세상이 되었나요?"

"그래서 인간은 세상을 통해 구원을 받았나요?"

그것에 대한 대답은 "그렇지 않다는 것입니다!" 세상은 결코 나아지지 않았습니다. 그리고 나아지지 않을 것입니다.

이와 같이 이 세상의 비참한 상태는 인간의 타락의 결과입니다. 인간의 모반과 죄의 어리석음 때문에 하나님께서 인간의 형벌의 일부로 선고하셨던 저주의 결과로 인해 이 세상은 결코 나아지지 않을 것입니다.[6]

세상의 상태는 진화론자들이 말하는 것처럼 나아지고 있지 않습니다. 하나님께서 땅의 어느 역사의 시점에서 저주하셨기 때문에 지금의 상태에 있습니다. 그것은 아담의 죄지음입니다. 진화론의 차원에서 볼 때 인간이나 우주 전체에 대하여 어떠한 소망도 없습니다.[7] 그것은 역사가 증명하고 있습니다. 인간의 역사는 방향이 없습니다. 더 나아짐이 없습니다. 문명의 발달이 결코 인간을 구원하지 못했습니다. 위대한 나라가 사람들을 구원하지 못했습니다.

성경은 오늘날과 같은 세상에 종말이 올 것이라고 말씀합니다. 하나님의 영광과 하나님의 존영은 세상을 이와 같은 상태대로 내버려두지 못하게 합니다(살후 2:8; 딛 2:13).

> 복스러운 소망과 우리의 크신 하나님 구주 예수 그리스도의 영광이 나타나심을 기다리게 하셨으니(딛 2:13).

하나님께서 땅을 저주하시는 바로 그때에 피조물에게 구원의 소망도 주셨습니다(창 3:15; 롬 8:20; 계 1:7, 12-16; 5:6-8; 17:14; 19:11-16; 빌 2:10-11; 살후 1:10; 히 2:14-15; 마 13:41-43; 요일 3:1-2). 하나님은 마지막 날 이 세상을 심판하실 것입니다. 그리고 이 세상을 새롭게 하나님께서 구원하실 것입니다. 하나님은 그 역사를 위한 일을 이미 시작하셨습니다. 그리고 그것

---

6 마틴 로이드 존스, 『로마서 강해』 12권, 81-110.

7 마틴 로이드 존스, 『로마서 강해』 6권, 81-84.

을 마치는 날까지 하나님은 결코 멈추지 않으실 것입니다. 이 세상은 반드시 하나님 앞에서 심판을 통하여 새롭게 태어날 것입니다. 그 일을 위해서 하나님은 계속 진행하실 것입니다.

4. 이 세대의 잘못된 관점

오늘 날의 문제는 사람들이 도덕적인 조건들에 관심이 있기만 하면 그 사람은 분명 그리스도인임에 틀림없다고 인정하는 것입니다.[8] 사람을 그리스도인 되게 하는 것은 체험 외에 그 어느 것도 아니라고 말하는 사람들이 있습니다. 그러나 어떤 한 행동이 그 자체로 나쁘지 않고 오히려 선하다는 사실 그 자체가 "그러니 그것을 행하면 항상 옳다"라고 말하는 이유가 되지는 않습니다.[9] 오히려 신자는 자유를 행사하되 다른 사람의 양심이 정죄 받는 방식으로는 행사하지 말아야 합니다(고전 8:10-12).

> 지식 있는 네가 우상의 집에 앉아 먹는 것을 누구든지 보면 그 믿음이 약한 자들의 양심이 담력을 얻어 우상의 제물을 먹게 되지 않겠느냐 그러면 네 지식으로 그 믿음이 약한 자가 멸망하나니 그는 그리스도께서 위하여 죽으신 형제라 이같이 너희가 형제에게 죄를 지어 그 약한 양심을 상하게 하는 것이 곧 그리스도에게 죄를 짓는 것이니라(고전 8:10-12).

---

8   마틴 로이드 존스,『로마서 강해』10권, 146-148.
9   마틴 로이드 존스,『로마서 강해』14권, 244-261.

신자는 연약한 양심을 가지지 않도록 조심하여야 합니다(고전 10:5, 19-21; 딤전 3:9; 4:1-2; 딛 1:15; 히 10:22). 신자는 더럽혀진 양심을 가지지 않아야 합니다(딤전 1:19; 4:2).

> 믿음과 착한 양심을 가지라 어떤 이들은 이 양심을 버렸고 그 믿음
> 에 관하여는 파선하였느니라(딤전 1:19).

> 자기 양심이 화인을 맞아서 외식함으로 거짓말하는 자들이라
> (딤전 4:2).

이런 자들이 되지 말아야 합니다. 신자의 믿음의 양심은 오류와 거짓된 영성에 빠지지 않게 우리를 지켜주는 가장 큰 안전책입니다(갈 5:1-4; 히 6:4-6).

현대의 잘못된 관점은 다음과 같습니다.[10] 그리스도인들이 천성적인 성품이나 멋진 모습이나 교양적인 세련됨을 참된 기독교 은혜로 오인하고 있는 것입니다. 그러나 중요한 사실은 사람들이 경건해 보인다는 것이 그들이 믿는 바의 진실성에 관해서 아무것도 말해 주지 않는다는 것입니다. 사람들은 모든 객관적인 표준들을 포기했습니다. 성경의 말씀을 잊고 있습니다. 이것이 문제입니다.

모든 사람들은 어떤 분량의 지식을 가질 수는 있지만 충분하지 못할 수 있습니다. 그러므로 정확한 지식을 가져야 합니다. 특별히 구원에 대한 것에 대하여서는 그러합니다.

10　마틴 로이드 존스, 『로마서 강해』 10권, 60-69.

하나님은 언제나 하나님의 가장 위대한 복락들을 하나님의 계명에 순종하는 사람들에게 허락하셨습니다. 우리가 우리 자신의 행복에 관해서 진실로 관심을 가지고 있다면 하나님께 대한 순종의 길을 밟아야 합니다(요 13:17). 행복은 주님 안에 거하는 자들에게 주어지기 때문입니다(계 1:3, 5; 살후 1:2; 고전 1:3).

> 3 이 예언의 말씀을 읽는 자와 듣는 자와 그 가운데에 기록한 것을 지키는 자는 복이 있나니 때가 가까움이라 5 또 충성된 증인으로 죽은 자들 가운데에서 먼저 나시고 땅의 임금들의 머리가 되신 예수 그리스도로 말미암아 은혜와 평강이 너희에게 있기를 원하노라(계 1:3, 5).

거룩보다 행복을 앞세울 때 신자는 비참해 질 것입니다. 신자의 삶의 목적은 행복이 아니라 (하나님 앞에서의) 거룩입니다. 행복을 추구하는 사람은 결코 행복을 얻지 못할 것입니다. 행복은 그렇게 얻어지는 것이 아닙니다. 행복은 하나님과의 온전히 회복된 관계에서 나오는 것이기 때문입니다.

신자의 삶은 그 마음이 바뀌며 그 외모도 바뀝니다. 자신의 삶의 모든 것이 바뀌게 됩니다. 하나님의 사람다운 모습들이 나타납니다. 옷도 바뀝니다. 그리스도인다운 모습을 갖춥니다. 자신만이 아니라 가족의 모든 의상에도 관심을 나타냅니다. 이와 같이 신자의 회심을 통한 거룩은 마음만이 아니라 이렇게 그들의 외면마저도 바꾸어 놓는 것입니다. 한 사람이 바로 서게 되면 그를 통해서 모든 가족이 새로워지며, 공동체가 새로워집

니다. 모든 것들을 제자리로 돌려놓게 됩니다.[11]

5. 비그리스도인의 특징들

비그리스도인의 삶의 특징은 그들은 육신을 좇아 행한다는 것입니다.[12] 그들은 육신을 따릅니다. 그들은 육신의 일만을 생각합니다. 비그리스도인은 세상적으로 생각합니다. 왜냐하면 그들은 육신 아래 있기 때문입니다(갈 5:19-21).

> 육체의 일은 분명하니 곧 음행과 더러운 것과 호색과 우상 숭배와 주술과 원수 맺는 것과 분쟁과 시기와 분냄과 당 짓는 것과 분열함과 이단과 투기와 술 취함과 방탕함과 또 그와 같은 것들이라 전에 너희에게 경계한 것 같이 경계하노니 이런 일을 하는 자들은 하나님의 나라를 유업으로 받지 못할 것이요(갈 5:19-21).

그들은 죄 가운데 태어났고, 죄 가운데 존재하며, 죄 가운데 살게 됩니다(롬 8:7-8, 12). 그들은 영에 대한 생각이 전혀 없습니다. 그들은 하나님의 생명 밖에 있습니다(요 17:3; 고전 2:14). 그러기에 그들은 영적으로 죽었습니다(롬 8:7). 살아있는 죽음 가운데 있는 것입니다. 그들은 살아있으나 단순히 존재할 따름입니다(계 3:1; 딤전 5:6). 육신의 생각을 가지는 것은 사

---

11 마틴 로이드 존스, 『타협할 수 없는 진리』, 142.
12 마틴 로이드 존스, 『로마서 강해』 5권, 14-28.

망입니다(롬 8:6; 엡 4:17-24).

> 육신의 생각은 하나님과 원수가 되나니 이는 하나님의 법에 굴복하지 아니할 뿐 아니라 할 수도 없음이라(롬 8:7).

영적으로 죽은 사람은 하나님을 미워하며 하나님께 대하여 반역합니다. 죽은 자는 하나님께 나아가지 않습니다. 죽은 사람은 스스로 살아날 수 없습니다. 그러기에 그들은 하나님의 율법에 순종하지 않습니다(롬 8:7; 고전 2:14).

> 육에 속한 사람은 하나님의 성령의 일들을 받지 아니하나니 이는 그것들이 그에게는 어리석게 보임이요, 또 그는 그것들을 알 수도 없나니 그러한 일은 영적으로 분별되기 때문이라(고전 2:14).

육신에 속한 자는 하나님을 기쁘시게 할 수 없습니다(롬 8:8, 7:5). 그들은 자신들의 태도가 가지고 올 결과를 알지 못합니다.[13] 그들의 삶의 결과는 파멸이요, 지옥입니다.

> 육신에 있는 자들은 하나님을 기쁘시게 할 수 없느니라(롬 8:8).

---

13 마틴 로이드 존스, 『너희 하나님을 보라』, 227.

6. 마귀란 무엇인가?

로이드 존스는 악과 마귀의 존재를 인정합니다.[14] 마귀란 악에 찬 세력을 의미한다 할 수 있습니다. 마귀는 공중 권세 잡은 자입니다.

> 그 때에 너희는 그 가운데서 행하여 이 세상 풍조를 따르고 공중의 권세 잡은 자를 따랐으니 곧 지금 불순종의 아들들 가운데서 역사하는 영이라(엡 2:2).

마귀는 이 세상의 삶을 통제하고 있습니다.[15]

> 우리의 씨름은 혈과 육을 상대하는 것이 아니요 통치자들과 권세들과 이 어둠의 세상 주관자들과 하늘에 있는 악의 영들을 상대함이라 (엡 6:12).

인간의 비극 중에는 마귀의 존재로 인한 것이라고 설명하지 않고는 불가능한 일들이 있습니다. 마귀의 활동은 지금도 활발하게 행하고 있습니다. 그리고 그들의 활동은 점차 증가하여 마침내 하나님의 일을 망가뜨리거나 훼손하는 것을 향하여 갑니다.[16] 사람들 중에는 마귀의 포로가 되어 공격과 고통을 받는 사람들이 있습니다. 수많은 악한 영들은 신자들을

---

14 마틴 로이드 존스, 『앤솔러지』, 135-142.

15 마틴 로이드 존스, 『로마서 강해』 12권, 113.

16 마틴 로이드 존스, 『로마서 강해』 12권, 487.

하나님으로부터 멀리 떨어지게 하는 것입니다(갈 6:7-8).

마귀는 구약의 족장들과 선지자들을 공격하여 패배시키기도 했습니다. 마귀는 첫 번째 창조 때 했던 일을 두 번째 새로운 창조에서도 반복하려고 노력하고 있습니다. 마귀는 신자의 선한 양심과 이성을 파괴하려고 합니다(롬 14:23; 사 8:20; 요 4:22; 호 5:11; 계 13:12, 16-17; 렘 8:9). 그러나 마귀는 그리스도의 통제 하에 있다는 것을 기억해야 합니다(욥 1:6-12; 마 12:29; 계 20:2).

그리스도는 절대 권력을 가지고 계십니다. 주님은 마귀를 이기고 정복하고 승리하셨기에 마귀는 하나님의 뜻과 목적에 따라 하나님의 허용 하에서만 역사할 수 있습니다(욥 1:6-12). 마귀는 하나님의 피조물에 불과한 존재입니다. 그리스도인은 마귀에게서 자유롭습니다. 신자는 주님 앞에서 거룩함과 의로움의 삶을 살아갈 수 있습니다(갈 5:13; 벧전 2:16; 벧후 2:19; 요 8:34; 눅 1:74-75).

마귀에게 사로잡힌 자는 '예수 그리스도의 피'에 대하여 매우 민감하게 반응을 합니다. 예수의 피가 마귀를 이기기 때문입니다. 예수의 피는 마귀를 정복하기 때문입니다. 마귀는 예수님을 이기지 못하기 때문입니다. 그러기에 신자는 오직 주님의 능력에 의지하여 삶을 살아가는 삶을 살아야 합니다(행 5:29). 이러한 신앙이 악한 세상에서 자유롭게 사는 길입니다(요 8:36; 갈 1:4; 골 1:13; 행 26:18; 롬 6:14). 이러한 믿음이 사탄의 굴레와 죄의 지배로부터 벗어나는 삶인 것입니다(살전 1:10; 롬 8:28; 시 119:71; 고전 15:54-57; 롬 8:1).

17장
사람

1. 사람이 가질 수 있는 가장 큰 특권
2. 사랑
3. 형제 사랑
4. 그리스도인의 삶의 동기
5. 삶과 행위
6. 삶에 대한 그리스도인의 관점
7. 악한 자에 대한 대접
8. 신자와 불신자의 차이
9. 인간의 큰 대적인 '교만'
10. 그리스도인과 기질

17장 사람

1. 사람이 가질 수 있는 가장 큰 특권

이 세상에는 두 종류의 사람만이 있습니다.[1] "죄의 종"이거나 "영생을 소유한 자유인으로서의 하나님의 자녀"입니다. 사람에게는 이와 같이 두 상전이 있습니다. 사람에게는 두 섬김의 차원이 있습니다. "하나님에게 속한 섬김인가?" 아니면 "사탄에게 속한 섬김인가?"의 차원입니다. 이 두 영역이 각자 내적 일관성을 가지고 있습니다.

우리의 상전이 누구인가?

그것을 알 수 있는 방법이 있습니다. 그것은 우리가 "하나님의 영광을 위하여 사는가?"입니다(요 3:36; 5:25; 빌 1:6; 렘 32:40). 만약 그것이 아니라면 우리는 죄와 사탄의 노예로 살고 있는 것입니다. 사탄에 속한 사람은 세상의 유혹을 받으며, 마음에 부패성이 남아있고, 그리고 하나님의 은혜를 무시합니다(요일 2:15; 마 26:79, 72, 74; 약 1:13-14; 4:4). 사탄의 사람은 사

1　마틴 로이드 존스, 『로마서 강해』 3권, 454-458.

탄의 종으로서 일합니다. 그는 게으름과 자만에 빠져있습니다(마 25:26; 딤전 5:13). 영적 교만을 가지고 있습니다(고전 5:10; 엡 5:5). 하나님과 교제하기를 즐거워하지 않습니다(롬 1:28; 레 26:15).

그러나 하나님의 사람은 하나님의 영광을 위해 일합니다. 그는 영생을 확신합니다(요 3:36; 히 6:11). 하나님의 사람은 그리스도 안에서 온전함을 소망합니다(딤후 3:16-17; 벧후 1:10). 성령과 동행합니다(롬 8:16). 어떠한 경우에도 신자는 고난을 이기고 절망을 이겨나갑니다(시 32:6; 88:1-2; 77:1; 사 54:9-10).

사람의 특권 중의 가장 큰 특권은 사람은 하나님의 말씀을 받는 특권을 가지고 있다는 것입니다.[2] 그러므로 그리스도인은 하나님께서 자기에게 말씀하시는 소리를 듣지 못했다고 느끼거나, 하나님의 접촉점을 상실했다고 느낄 때 그는 마땅히 곤고한 생각을 가져야 합니다. 신자에게 있어서 하나님께 버림받았다는 느낌을 가지는 것보다 더 무서운 일은 없습니다. 이것은 하나님의 말씀의 기갈이요, 하나님의 신탁의 상실입니다. 그러므로 신자는 늘 말씀을 사모하며, 예배를 사모하고, 성령과 함께 동행하는 삶을 살아나가야 합니다(벧후 1:10; 롬 8:16; 요일 2:3; 3:14).

2. 사랑

우리가 살고 있는 이 시대에서 가장 크고 실제적인 비극 가운데 하나는 '사랑'이라는 위대한 단어의 의미가 왜곡되고 남용되고 있다는 것입

---

2 마틴 로이드 존스, 『로마서 강해』 8권, 249.

니다. 우리는 사랑의 의미를 분명하고 정확하게 알아야 합니다. 우리는 서로 사랑하라고 말하지만 우리 안에 하나님의 성품이 없다면 그러한 일은 불가능한 일입니다. 그러므로 사랑을 하려면 하나님의 사랑을 먼저 경험한 자만이 가능합니다.

우리에게 있어 가장 놀라운 일은 하나님과 그리스도가 우리를 사랑하신다는 것입니다. 우리에게 있어 구원이란 전적으로 하나님께 있으며, 구원이 위대하고 영원한 하나님의 사랑의 결과라는 것부터 시작하는 것입니다.[3]

어느 시대든 가장 위대한 성도들의 가장 큰 특징은 언제나 자기들을 향하신 하나님의 사랑을 깨달았다는 것입니다. 구원의 길을 생각해 낸 데는 하나님과 그리스도의 사랑보다 더한 것이 없습니다. 십자가로 나아가서 그것을 쳐다보고 곰곰이 생각해 보고 명상해 보고 그것이 함축하고 있는 모든 것을 생각해 보십시오. 그러면 십자가는 그리스도의 사랑임을 알게 됩니다. 또한 십자가를 통해서 하나님의 사랑을 보게 됩니다. 주님은 고난의 십자가를 지심을 통해 우리의 구원이 전적으로 하나님께 있으며 오직 하나님의 영구한 사랑에서 기인한다는 것을 알게 됩니다.

『로마서 강해』 12권에서는 사랑은 율법과 배치되는 것이 아님을 강조합니다.[4] 예수 그리스도와 그분의 십자가의 죽으심을 제외한 채 하나님의 사랑을 완전히 알 수 없습니다. 사랑은 결코 감상적인 것이 아니고 약한 것이 아닙니다. 사랑은 율법과 결코 배치되어서는 안 됩니다. 사랑과 율법이 서로 배치되는 것으로 놓는 것은 신약성경 전체의 기본적이고 초보적

---

3   마틴 로이드 존스, 『로마서 강해』 2권, 19, 135-148.
4   마틴 로이드 존스, 『로마서 강해』 12권, 451-453.

인 가르침을 이해하지 못한 소치입니다 (요 14:15, 21; 요일 2:4-5).

> 15 너희가 나를 사랑하면 나의 계명을 지키리라 21 나의 계명을 지키는 자라야 나를 사랑하는 자니 나를 사랑하는 자는 내 아버지께 사랑을 받을 것이요 나도 그를 사랑하여 그에게 나를 나타내리라 (요 14:15, 21).

주님께서 우리를 사랑하신다는 그 사랑은 영원한 사랑이며, 하나님이 먼저 하신 사랑이며 하나님 스스로 발생한 사랑입니다. 그 사랑은 우리의 비참함에도 불구하고 그리스도께서 죄인 된 우리를 위해 이 세상에 오셨고 우리를 위해 고난당하시고 십자가에서 죽으셨다는 그 사랑입니다. 주님은 죄의 값이 피 흘리심과 죄의 결과인 사망을 친히 감당하심으로 우리가 져야할 율법을 대신 지셨습니다. 그리고 다 이루셨습니다. 하나님은 의로우신 분이시라서 율법을 다 지키지 않은 자와 화목하시지 못하시기 때문입니다. 하나님의 사랑이 그 율법을 이룸을 그리스도를 통하여 행하게 하셨습니다. 그러므로 주님의 십자가는 바로 하나님의 긍휼하심의 사랑의 표현입니다.

   사람은 실패했습니다. 인간은 구원에 관한 한 전적으로 실패하였습니다. 스스로를 구원할 능력이 없습니다. 다른 사람을 구원할 힘도 없습니다. 구원은 오직 하나님의 전적인 은혜입니다. 그러므로 구원은 전적으로 하나님의 은혜와 사랑의 결과입니다. 우리 주 예수 그리스도가 자신의 전적인 사랑의 의지로 십자가를 지셨습니다. 율법을 이루기 위해 억지로 십자가를 지신 것이 아닙니다. 세상을 사랑하심으로 십자가를 지셨습니다.

『로마서 강해』 13권에서는 사랑은 모든 그리스도인이 가져야 할 자세임을 강조합니다.[5] 사랑의 태도란 우리가 그리스도인들로서 항상 다른 모든 사람들을 향하여 가져야 할 자세입니다. 사랑은 질서 있고, 사랑은 합법적이며 그리고 율법의 완성입니다. 사랑은 우리에게 율법의 상세한 국면을 가르쳐 줍니다. 사랑하는 자는 율법을 행하는 자입니다. 우리가 율법을 지킬 때 그것은 하나님을 사랑함으로 행하는 것입니다. 하나님에 대한 사랑과 하나님께 영광을 돌리려는 신자의 마음이 율법을 지키는 이유가 됩니다. 우리에게 하나님의 형상의 회복을 위한 소망이 생깁니다. 영화를 위한 성화의 삶을 시작합니다. 그리고 그것을 기뻐합니다.

3. 형제 사랑

『로마서 강해』 12권에서는 '형제 사랑'의 의미를 말합니다.[6] 신자는 모든 그리스도인에 대한 형제애를 가지되 같은 가족에 속한 혈육 관계에 있는 사람들에 대하여 천성적인 사랑과 애정을 특징짓는 그런 특성을 이 형제 사랑 속에서도 가져야 합니다. 그리스도인은 그리스도인이 아닌 친척에 대해서 느끼는 것보다 동료 그리스도인에 대해서 더 가까운 친근감을 느껴야 합니다.

그냥 좋아하는 것과 사랑하는 것 사이를 구분하는 것은 대단히 중요한 일입니다. 대접할 때 마음 없이 대접해서는 안 됩니다. 이 말의 의미는

---

[5] 마틴 로이드 존스, 『로마서 강해』 13권, 237-239.
[6] 마틴 로이드 존스, 『로마서 강해』 12권, 470-570.

곡식을 밟아 떠는 것처럼 악한 의도를 가지고 대접하지 말라는 것입니다. 신자는 궁핍에 처한 성도를 도와야 합니다(고전 12:26; 롬 12:13).

> 만일 한 지체가 고통을 받으면 모든 지체가 함께 고통을 받고 한 지체가 영광을 얻으면 모든 지체가 함께 즐거워하느니라(고전 12:26).

만약 여러분이 인색하게 군다면 교회 안에 자신의 위치가 어떠한지를 이해하지 못하는 것입니다(막 12:31; 요일 4:20; 3:14, 16-18).

> 누구든지 하나님을 사랑하노라 하고 그 형제를 미워하면 이는 거짓 말하는 자니 보는 바 그 형제를 사랑하지 아니하는 자는 보지 못하는 바 하나님을 사랑할 수 없느니라(요일 4:20).

신자는 돈을 바르게 사용해야 합니다. 신자는 구두쇠가 되지 말아야 합니다. 신자는 도움이 필요한 사람들을 도와줄 수 있어야 합니다(눅 16:8-9; 딤전 6:5, 6-11). 신자는 자기의 소유를 가지면서도 물질의 지배가 아니라 사랑의 정신에 지배를 받아야 합니다(히 13:2-3, 5; 마 25:31-40).

> 2 손님 대접하기를 잊지 말라 이로써 부지중에 천사들을 대접한 이들이 있었느니라 3 너희도 함께 갇힌 것 같이 갇힌 자를 생각하고 너희도 몸을 가졌은즉 학대 받는 자를 생각하라 5 돈을 사랑하지 말고 있는 바를 족한 줄로 알라 그가 친히 말씀하시기를 내가 결코 너희를 버리지 아니하고 너희를 떠나지 아니하리라 하셨느니라 (히 13:2-3, 5).

신자는 이 땅에 살면서 하늘나라에 자신에게 주어질 상급이 있다는 것을 기억해야 합니다(마 25:21, 34, 40; 눅 19:9).

> 21 그 주인이 이르되 잘하였도다 착하고 충성된 종아 네가 적은 일에 충성하였으매 내가 많은 것을 네게 맡기리니 네 주인의 즐거움에 참여할지어다 하고 34 그 때에 임금이 그 오른편에 있는 자들에게 이르시되 내 아버지께 복 받을 자들이여 나아와 창세로부터 너희를 위하여 예비된 나라를 상속받으라 40 임금이 대답하여 이르시되 내가 진실로 너희에게 이르노니 너희가 여기 내 형제 중에 지극히 작은 자 하나에게 한 것이 곧 내게 한 것이니라 하시고(마 25:21, 34, 40).

하나님은 우리의 삶의 결과를 하나님 나라에서 결산하실 것입니다(사 40:10; 갈 3:10; 벧전 4:17; 계 22:12). 그러므로 이 땅에 살 때 하늘의 상급을 쌓는 것은 매우 지혜로운 일입니다. 그리고 그것은 신자로서 당연히 해야 할 일이기도 합니다.

『로마서 강해』 13권에서 말하고 있는 사랑의 의미를 살펴보겠습니다.[7] 오늘날 가장 비극적인 인생의 특징 가운데 하나는 '사랑'이라는 말을 '정욕'으로 낮추어 버리고 있는 데 있습니다. 우리가 진실로 우리의 이웃을 사랑할 때에 필연적으로 율법을 이루고 있는 것이며 율법의 진정한 의도와 목적을 이행하고 있는 것입니다. 이웃을 사랑할 수 있게 되는 오직 유일한 방식은 죄에서 구원받았다는 자신에 관한 진리를 아는 데 있습니다. 주님께서는 다른 어떤 것보다도 우리의 전적인 무능을 확증하셨습니다.

---

7 마틴 로이드 존스, 『로마서 강해』 13권, 244-274.

하나님으로부터 율법이 주어졌습니다. 그러나 원죄를 가지고 있는 인간은 누구도 그 율법을 완전하게 지킬 수 없었습니다. 그것은 사람이 전적으로 무능하기 때문입니다. 나는 너무나 썩었습니다. 또 내 이웃도 썩었습니다. 그러므로 우리는 서로를 진정으로 사랑할 수 없습니다.

우리 자신은 아무것도 아닙니다. 우리는 모두 죄인입니다. 우리는 더 이상 타락할 수 없을 정도로 상실되어 있습니다. 우리의 이웃이나 우리 자신이 동등하게 전적으로 무능하다는 것을 알고, 오직 하나님의 은혜와 자비하심에만 소망이 있다는 것을 알아야 합니다.

우리는 본성적으로 너무 썩어 있어서 반드시 거듭나야 합니다. 그러나 우리 스스로의 힘으로는 거듭날 수 없습니다. 우리에겐 소망이 없습니다. 그런 우리에게 소망이 있는 것은, 성경은 그리스도께서 오셔서 구원을 위한 모든 것을 행하시고, 그리고 우리를 새로운 피조물이 되게 하신다는 것을 말씀하고 있기 때문입니다.

우리가 회개하고 그리스도인이 된다면 우리는 우리 자신처럼 이웃을 더 사랑할 이유를 가집니다. 왜냐하면 우리는 같은 성품을 나누어 가진 자가 되고, 한 가족의 일원이 되었기 때문입니다(고전 2:16; 요일 4:11; 빌 2:3-5). 만일 하나님께서 당신의 원수들을 사랑하지 아니 하셨다면 우리는 존재할 수가 없습니다. 그러나 하나님은 우리가 하나님의 원수 되었을 때 우리를 사랑하셨습니다(요일 4:11; 엡 2:1).

멀리 떨어져 있는 사람들을 사랑하는 것이 바로 옆에 있는 사람을 사랑하는 것보다 더 쉽습니다. 그러나 우리는 우리의 이웃을 사랑해야 합니다. 우리가 만나는 자를 먼저 사랑해야 합니다. 율법은 이웃에게 악을 행치 않는 데서 더 나아가 이웃을 자신처럼 사랑하기를 원합니다. 우리는 그리스도인들로서 모든 사람들을 우리 자신들처럼 사랑해야 합니다(마

5:44). 또한 그 사랑은 주님이 우리를 사랑하신 것처럼 우리 역시 우리 이웃을 사랑해야 합니다(요 13:34-35).

> 새 계명을 너희에게 주노니 서로 사랑하라 내가 너희를 사랑한 것 같이 너희도 서로 사랑하라 너희가 서로 사랑하면 이로써 모든 사람이 너희가 내 제자인 줄 알리라(요 13:34-35).

이것이 신자가 행해야 할 사랑의 태도입니다. 성도를 사랑함을 통해서 자신 역시 하나님의 사랑받는 자임을 드러내는 것입니다. 주님에 대한 사랑을 크게 깨달을 수록 신자는 하나님과 이웃을 더 크게 사랑하게 됩니다.

4. 그리스도인의 삶의 동기

그리스도인의 삶은 이지(理知)로부터 시작합니다.[8] 그리스도인의 삶은 지성적인 것입니다. 그리고 그리스도인은 자신에게 일어나는 일들에 대해 성급하게 판단하지 않습니다. 신자는 하나님의 작정과 섭리를 압니다. 그러기에 그 교리 안에서 생각하고 행동합니다. 이는 비그리스도인들과의 가장 큰 차이 중 하나입니다. 신자인지 아닌지는 그가 여호와의 계명을 기뻐하며 그것을 삶 속에서 행하면서 살아가느냐 아니냐로 알 수 있습니다. 하나님의 사람이라면 율법을 사랑하고 그 율법을 지키는 것을 기뻐할 것

---

8   마틴 로이드 존스, 『로마서 강해』 12권, 55-78.

입니다.

그리스도인들은 자기들이 누구인지 알고 있습니다(살전 1:9). 그들은 사악하며 비열한 자이면서도 불구하고 하나님의 은혜로 구원받은 자들입니다. 그들은 하나님의 소유된 백성들입니다. 그들은 하나님을 향해 가는 자들입니다. 그리스도인은 하나님을 경외하는 사람입니다. 또한 하나님을 경외하는 일에는 항상 정서와 마음을 포함합니다(롬 11:30-31). 이 말의 의미는 우리에게 구원을 주신 일로 하나님께 감사하기만 하지 않고, 그에 합당한 모든 것을 할 준비가 되어있다는 뜻입니다(빌 2:17; 롬 6:16, 19; 고전 6:15, 19-20; 살전 4:1-5, 11).

그리스도인의 생활은 장차 있을 큰 추수 날의 첫 열매를 미리 맛보는 것입니다. 신자는 자신의 삶에서 경험되는 힘든 일들을 딛고 일어납니다. 이것이 그리스도인의 생활의 영광입니다.[9] 마지막 날에 있어서의 축복만이 아니라 이 땅에서 하나님 나라의 백성으로서의 복을 성령과 말씀을 통해서 누리며 살고 있는 것입니다. 이 말의 의미는 평범한 그리스도인은 이 세상에 없다는 것입니다.

영혼의 구원을 받은 우리는 우리의 몸도 구원을 받아야 합니다(롬 8:11, 23; 빌 3:20-21; 고전 6:19).

> 그뿐 아니라 또한 우리 곧 성령의 처음 익은 열매를 받은 우리까지도 속으로 탄식하여 양자 될 것 곧 우리 몸의 속량을 기다리느니라
> (고전 6:19).

---

[9] 마틴 로이드 존스, 『영적침체』, 302, 331.

몸은 우리 영혼이 행동하는 도구입니다(롬 6:11-13; 8:30).

> 이와 같이 너희도 너희 자신을 죄에 대하여는 죽은 자요 그리스도 예수 안에서 하나님께 대하여는 살아 있는 자로 여길지어다 그러므로 너희는 죄가 너희 죽을 몸을 지배하지 못하게 하여 몸의 사욕에 순종하지 말고 또한 너희 지체를 불의의 무기로 죄에게 내주지 말고 오직 너희 자신을 죽은 자 가운데서 다시 살아난 자 같이 하나님께 드리며 너희 지체를 의의 무기로 하나님께 드리라(롬 6:11-13).

구속받은 사람들 안에 있는 죄의 가장 중요한 좌소(座所)가 몸 안에 있습니다. 항상 죄가 그 몸 안에 있습니다. 우리 몸을 하나님께 산제사로 드리는 일을 소홀히 하면, 우리가 몸을 통해 죄로 떨어지게 됩니다(롬 7:8; 8:12-13; 엡 2:3; 약 3:5-6; 갈 5:19-21).

가장 비참한 그리스도인은 불신앙의 죄에 사로 잡혀 있는 자들입니다. 이러한 자들은 명목적 그리스도인들입니다. 이들은 영적 올챙이와 같습니다. 그러나 신자는 성장해야 합니다. 신자는 올챙이에 머물러서는 안 됩니다. 신자는 성숙하여 개구리가 되어야 합니다. 신자는 성장해서 성숙해야 합니다. 작은 소나무도 소나무입니다. 그러나 그것에 만족해서는 안 됩니다. 우리는 큰 소나무로 성장해야 하는 것입니다.

신자는 자신이 그리스인이라는 사실에 놀라며 그것을 감사합니다. 그리고 다른 이들이 그리스도인이 되는 것을 기뻐합니다. 신자는 성도 상호 관계나 연합성의 중요성을 알아야 합니다. 이들은 하나님의 생명을 소유한 자들로서 서로를 알게 되었습니다. 다른 신자들과 친화력과 호감을 주 성령 안에서 사랑을 나누어야 합니다. 이것은 결코 세상 사람들은 알 수 없는 신비입니다. 우리는 성령 안에서 하나입니다.

신자는 하나님의 영광을 위하여 삶을 살아갑니다. 신자는 하나님의 나라를 소망하며 이 땅에서 살아갑니다. 우리는 하나님께로 가며, 그 목적지를 항상 기억하고 있습니다. 신자는 그곳에 도착하기를 소망합니다.

5. 삶과 행위

우리는 항상 원수 마귀에게 도전을 받고 있습니다. 이런 상황 속에서 신자의 삶에 교리와 실천은 나눌 수 없습니다. 왜냐하면 기독교는 단순히 하나의 가르침이 아니라 삶이기 때문입니다.[10] 하나님의 백성들은 그 존재의 총체성과 그 인격과 그 행동 전체가 하나님의 영광을 위해서 존재합니다(요 13:17; 빌 1:27).

> 오직 너희는 그리스도의 복음에 합당하게 생활하라(빌 1:27).

우리에게 주어진 교리의 목적은 우리로 하여금 그 교리가 요구하는 삶을 살 수 있게 하는 데 있습니다. 교리와 실제 사이, 믿음과 행동 사이에 친밀한 관계가 있습니다. 구원의 목적은 그 사람을 하나님의 사람으로 회복시키는 것입니다(딛 2:14). 진정한 그리스도인이라면 이 땅에서 삶을 목적으로 사는 것이 아니라 하나님의 나라를 소망하며 삶을 살아나갑니다.

10 　마틴 로이드 존스, 『로마서 강해』 12권, 16-23.

위의 것을 생각하고 땅의 것을 생각하지 말라(골 3:2).

믿음의 삶은 절대로 쉬운 삶이 아닙니다. 믿음은 항상 실제적입니다. 신자의 삶은 때로는 어렵고 힘듭니다. 성경은 신자들이 이 세상에서 안락한 삶을 살 것이라고 약속하지 않았습니다. 성경은 우리에게 어떤 고통이나 문제도 없을 것이라고 약속하지 않았습니다.[11] 오히려 신자의 삶은 유혹과 올가미가 가득합니다. 그러기에 신자에게는 항상 성령의 인도하심이 필요합니다. 또한 성경이 필요합니다. 하나님의 말씀을 따라 말씀 속에서 위로받고 소망하며 삶을 긍정적으로 소망하며 살아나가야 합니다.

6. 삶에 대한 그리스도인의 관점

우리가 살고 있는 이 시기는 우리 주 예수 그리스도의 초림과 재림 사이의 시기입니다.[12] "밤이 깊고 낮이 가까웠으니"(롬 13:12)라는 말씀을 통해 우리는 이 세상을 살펴볼 때 세상이 바로 그 '밤'과 같다는 것을 알게 됩니다. 그리스인들은 인생을 오늘 있는 그대로 보고, 그 인생이 '밤'이요 '어두움'임 이라는 것을 압니다. '밤'이나 '어두움'이 아니었다면 우리에게 위에 있는 권세가 필요 없었을 것입니다(요 3:19; 8:12; 12:36; 고전 4:5; 골 1:10-13; 벧전 2:9; 요일 1:5-7; 2:8-9; 행 26:16-18; 고후 5:1-4; 갈 1:3-4; 엡 2:1-2; 요일 2:15-17; 5:19; 엡 4:17-20; 살전 5:4-8; 엡 5:8,11-14; 벧전 2:11-12).

---

11 마틴 로이드 존스, 『로마서 강해』 2권, 81-97.
12 마틴 로이드 존스, 『로마서 강해』 13권, 317-435.

그리스도인은 결코 인간 문화를 신뢰하지 않습니다. 그리고 그 문화에 대해 흥분하지도 않습니다. 그 문화에 의존하지도 않고 그 문화를 자랑하지도 않습니다. 우리는 그 문화가 얼마나 놀랍다는 식으로 말하지도 않습니다. 왜냐하면 우리는 이 현 세상에 대한 우리의 관점은 세상은 어둡고 망할 세상이요, 정죄 받을 세상이요, 하나님의 진노 아래 있는 세상이라는 것을 알고 있기 때문입니다(고후 5:4; 요 16:33; 히 13:14). 우리는 그리스도 안에 살고 있기 때문에 이 세상에 대한 진실을 알고 있습니다. 그러기에 우리는 여기서 영원토록 머물고 싶어 하지 않습니다. 우리는 세상이 우리에게 만족함을 주지 못할 것을 알고 있습니다.

신자는 빛 가운데 하나님과 구주와 함께 동행하고 있음을 기억합니다. 빛이 항상 여러분을 비추고 있음을 기억합니다. 또한 빛의 그리스도인이 아닌 자들이 여러분을 지켜보고 있음을 기억합니다. 그러기에 우리는 우리 자신이 누구임을 기억하고 그에 합당하고, 고상하고, 은혜로운 방식으로 행해야 합니다. 우리는 세상 안에 있지만 세상에 속한 자들은 아닙니다.

> 육체의 일은 분명하니 곧 음행과 더러운 것과 호색과 우상 숭배와 주술과 원수 맺는 것과 분쟁과 시기와 분냄과 당 짓는 것과 분열함과 이단과 투기와 술 취함과 방탕함과 또 그와 같은 것들이라 전에 너희에게 경계한 것 같이 경계하노니 이런 일을 하는 자들은 하나님의 나라를 유업으로 받지 못할 것이요(갈 5:19-21).

그러므로 옛 삶을 영위하지 말아야 합니다. 그리고 그리스도인의 삶의 태도를 세상 사람들에게 알려주어야 합니다(골 3:5-9). 우리는 우리 자신이 누구인지를 밝힘으로써 우리 자신이 그리스도인인지 아닌지를 드러냅니다. 신자는 자신이 신자임을 세상 사람이 알게 해야 합니다.

우리의 삶에 있어서 몸의 죄와 마음의 죄 사이에 인위적인 구분선을 두어서는 안 됩니다. 마음의 소원, 마음의 욕심은 몸의 정욕만큼 나쁩니다(빌 1:27; 벧전 5:5; 고전 6:19-20). 왜냐하면 나의 소유자는 주님이시기 때문입니다. 그러므로 신자는 자신이 살고 싶은 대로 살 권리를 갖고 있지 않습니다. 신자는 나 자신을 즐겁게 하려고 사는 것이 아닙니다. 신자는 예수님이 행하신 것처럼 이 세상에서 살고 행하여야 합니다. 그것이 바로 "예수"라는 이름을 믿는 자의 삶의 핵심입니다(롬 12:1; 고전 6:20; 요 6:53).

> 그러므로 형제들아 내가 하나님의 모든 자비하심으로 너희를 권하노니 너희 몸을 하나님이 기뻐하시는 거룩한 산 제물로 드리라 이는 너희가 드릴 영적 예배니라(롬 12:1).

> 값으로 산 것이 되었으니 그런즉 너희 몸으로 하나님께 영광을 돌리라(고전 6:20).

신자는 자기 자신의 행복을 위해 사는 것이 아니라 하나님 앞에서의 거룩을 위해 사는 것입니다. 인간의 행복은 하나님과의 관계의 회복에서 오는 것입니다. 하나님과 화목할 때 우리의 영혼은 행복을 경험합니다. 그런 행복은 세상이 줄 수 없는 행복입니다. 하나님이 주시는 행복은 우리의 전인이 충만한 기쁨과 만족을 경험합니다. 기독교인의 기쁨은 죄를 용서받은 것으로 인한 기쁨, 하나님과의 화해를 통한 기쁨입니다. 신자의 하나님 앞에 있는 영광의 기쁨과 기대감, 영원한 상태를 기대하는 데에서 오는 기쁨입니다.

　신자의 기쁨은 거룩한 기쁨이요 충만한 행복입니다. 그것은 엄숙한 기쁨입니다.[13] 그러기에 우리는 주님과의 관계를 가장 중요한 것으로 생각하며 살아야 합니다. 그런 신자는 주님께서 주시는 힘과 능력을 깨달으며 살아갑니다. 인간은 하나님을 대적하는 동안에는 결코 행복해질 수 없습니다.[14]

　우리가 소망하는 진정한 행복과 기쁨을 얻는 길은 우리 자신을 바라보는 것이 아닙니다. 우리 스스로는 기쁨과 행복을 낳을 수 없습니다. 우리 자신을 바라보거나 스스로 기쁨을 낳으려고 애쓴다고 해서 인간은 진정한 행복을 얻지 못합니다. 진정한 기쁨과 행복은 오직 우리의 주님이신 예수 그리스도를 바라봄으로 얻는 것입니다.[15]

　언제나 주님이 우리를 품고 계십니다. 우리는 주님 안에 있습니다. 신자가 주님 안에 있으니 신자는 주님 안에 숨어 있는 것입니다. 그런 신자는 주 예수 그리스도로 옷 입습니다. 그리고 자신의 육신적 자아를 위해서 아무 것도 공급하지 않는 삶을 살아나갑니다.

　그리스도인들은 신앙의 거침돌을 피하기 위해서 할 수 있는 모든 일을 다 해야 합니다. 그러기 위해 오직 성령 안에서 의와 평강과 희락의 균형을 견지하고 바른 평형감각을 유지하는 원리가 중요합니다.[16] 세상에서는 너희가 환난을 당하나 담대하라 내가 세상을 이기었노라(요 16:33). 이 말씀이 신자의 삶의 담대하고 기쁨이 되는 원천입니다.

13　마틴 로이드 존스, 『산상설교집 상』, 84-85.

14　마틴 로이드 존스, 『세상의 유일한 희망』, 106.

15　마틴 로이드 존스, 『생수로 채우라』, 79.

16　마틴 로이드 존스, 『로마서 강해』 14권, 96, 285.

7. 악한 자에 대한 대접

신약성경은 무엇보다 먼저 행실 그 자체를 다루는 일이 없습니다. 그리스도인이기 위하여 세상의 도덕적인 권면들을 따르는 것이 아닙니다. 우리가 이와 같이 살아야 하는 것은 우리가 지금 그리스도인들이기 때문입니다.[17]

우리의 행실은 우리가 어떠한 사람인가를 나타내는 표현입니다. 우리의 행실은 항상 우리의 '지위'에 대한 이해를 함으로 시작합니다. 신약성경은 우리의 행복으로부터 결코 출발한 적이 없습니다. 항상 하나님과 그 거룩으로부터 출발했습니다.[18]

신자에게 있어서 교리와 실천은 함께 해야 합니다. 그러므로 우리는 이 교훈을 우리의 매일의 일상생활에 실천적으로 적용하며 살아야 합니다. 신자는 하나님의 법을 사랑하며 그 법을 지키길 소망합니다. 그리고 그러한 삶을 즐거워합니다.

성경은 여러분으로 하여금 가장 불행한 일을 대비하게 만듭니다. 그것은 그리스도인들은 분명히 핍박을 받게 되리라는 것입니다(딤후 3:12; 요 13:16; 마 10:22,25).

> 무릇 그리스도 예수 안에서 경건하게 살고자 하는 자는 박해를 받으리라(딤후 3:12).

---

17 마틴 로이드 존스, 『로마서 강해』 12권, 576-638.
18 마틴 로이드 존스, 『로마서 강해』 13권, 287-296.

주님은 선하셨습니다. 그러나 그러함에도 불구하고 고난을 당하셨습니다. 주님이 당하신 그와 같은 일들이 우리에게도 일어날 것입니다.

> 내가 진실로 진실로 너희에게 이르노니 종이 주인보다 크지 못하고 보냄을 받은 자가 보낸 자보다 크지 못하나니(요 13:16).

성경은 이미 고난 받을 것에 대해 예언하고 있습니다. 그리스도인들은 어떤 형태나 모양으로든지 핍박을 받고 있습니다. 그것은 당신이 그리스도인이라는 이유 때문입니다. 참 그리스도인이요, 거듭난 그리스도인들로서 속에 새로운 성품을 가지고 있다면 바로 그 새로운 성품 때문에 신자는 세상에서 공격을 받게 될 것입니다.

> 세상이 너희를 미워하면 너희보다 먼저 나를 미워한 줄을 알라 너희가 세상에 속하였으면 세상이 자기의 것을 사랑할 것이나 너희는 세상에 속한 자가 아니요 도리어 내가 너희를 세상에서 택하였기 때문에 세상이 너희를 미워하느니라(요 15:18-19).

현대에는 그리스도인들이라는 이유 때문에 죽임을 당하고 있는 사람들이 많습니다. 때로는 그 핍박이 매우 교묘한 방식으로 신자에게 올 수도 있습니다. 또는 핍박들이 공개적이고 육체적일 수 있습니다. 핍박이 교활하고 지적이고 정서적인 형태일 수도 있습니다. 신자는 그러한 자들에게 최고의 방식으로 선을 행하여야 합니다. 신자는 저주를 멈추고 오히려 그들을 축복하여야 합니다(마 5:43-44; 눅 9:51-56).

핍박에 대한 우리의 태도는 긍정적이어야 합니다. 핍박을 참아내는 것보다 더 큰 시련은 없습니다. 그러나 신자는 자신을 핍박하는 자에게 앙갚음하지 않아야 하고 참아내야 합니다(마 6:12, 14-15; 18:21-35). 그리고 신자는 참된 선을 소원해야 합니다. 그리스도인들만이 그런 일을 해 낼 수 있습니다. 그러기 위해서 우리는 우리가 하나님 앞에 어떤 자였는지를 기억해야 합니다. 우리는 죄인이었습니다(롬 5:10; 8:7; 딤전 1:13; 딛 3:3). 우리는 큰 죄인이었습니다. 우리는 허물과 죄로 죽은 자들이었습니다(엡 2:1-5). 그런 우리를 주님은 십자가에서 용서해 주셨습니다. 이것을 기억하는 것은 신자들이 죄인 된 다른 이들을 이해하고 사랑하는 데 있어서 매우 큰 도움이 됩니다.

　세상 사람들은 거듭나지 않았기 때문에 죄악의 행동을 하고 있습니다. 그들은 무지한 상태에 있습니다. 그들은 영적인 진리에 대해서 소경이고, 그들의 마음은 어두워져 있습니다. 그들은 하나님과 하나님의 모든 방식들을 대적하는 성향을 가지고 있습니다. 우리를 핍박하는 사람들은 자기들의 행하는 일을 알지 못합니다. 그들은 주님을 보지 못하고 하나님을 알지도 못합니다. 그들은 결코 그리스도인을 이해하지 못합니다(고후 4:3-4). 그런 자들의 행동에 대해 되갚지 않을 수 있는 것은 "하나님께서 나를 사랑하지 않으셨으면 어떠했을까?"를 생각해 보는 것입니다(요 3:16; 엡 2:8).

　우리의 오늘은 전적인 하나님의 은혜의 결과입니다(고후 5:17). 이러한 생각을 가지게 될 때 우리를 핍박하는 자들에 대하여 오히려 안 됐다는 생각을 가지게 될 것입니다. 이러한 이해가 세상 사람들을 위해 기도하며, 그들이 구원받고 거듭나기를 위해서 기도하게 할 것입니다. 그들을 불쌍히 여기고 그들에게 불쌍하다는 생각을 가지게 됩니다. 그리고 그들을 위해 하나님께 기도합니다(눅 23:34; 마 18:35).

　신자는 사람들이 악한 방식으로 여러분에게 행동할 때, 여러분은 세상의 사람들과 다르다는 것을 모든 사람들에게 알게 해야 합니다(마 5:38-48; 벧전 2:21-23). 그것이야 말로 악한 자에 대하여 신자가 해야 할 행동입니다.

> 이를 위하여 너희가 부르심을 받았으니 그리스도도 너희를 위하여 고난을 받으사 너희에게 본을 끼쳐 그 자취를 따라오게 하려 하셨느니라 그는 죄를 범하지 아니하시고 그 입에 거짓도 없으시며 욕을 당하시되 맞대어 욕하지 아니하시고 고난을 당하시되 위협하지 아니하시고 오직 공의로 심판하시는 이에게 부탁하시며(벧전 2:21-23).

신자가 죄에서 해방되었다는 것은 '의의 종'이 되었다는 것입니다. 하나님께서는 주님을 믿는 자녀들 속에 생명의 씨앗을 넣으시는데 그것은 의의 씨앗입니다. 이 새 생명을 가진 자는 죄에서 자유로워지고 의의 자녀로 삶을 살아나갑니다.

신자의 새 생명의 원리는 우리가 죄에서 자유롭게 되었다는 것을 아는 것입니다.[19] 이것이 모든 그리스도인들에게 진리입니다. 새 생명의 원리는 다음과 같습니다.

1) 우리가 죄 없는 완전성을 가지고 있다는 것을 의미하지 않습니다.

2) 우리가 죄 된 본성에서 자유롭게 되었다는 것을 의미하는 것은 아닙니다.

3) 우리가 시험에서 자유로워졌다고 말하는 것은 아니고 다시 시험을 받지 않을 것이다라고 말하는 것도 아닙니다. 다시는 마귀가 우리에게 던

---

19 마틴 로이드 존스, 『로마서 강해』 3권, 340-348.

질지도 모르는 악한 사상으로 염려 하지 않을 것이며, 죄 된 몸에 남아 있는 죄의 활동으로 말미암아 다시는 고통당하지 않을 것이라는 등 그런 의미는 아닙니다.

신자는 죄책에서 자유롭습니다. 그리고 신자는 그리스도의 사람이 되었고, 그리스도의 영광을 위하여 우리의 삶을 살아갑니다. 우리의 새 생명의 삶에는 그리스도의 사랑이 나타날 것입니다.

8. 신자와 불신자의 차이

인간의 삶에 있어서 가장 큰 고통은 하나님을 모르는 것입니다.[20] 그러므로 우리가 세상에 살면서 가장 먼저 알아야 할 것이 있습니다. 그것은 우리가 하나님을 알아야 한다는 것입니다. 최선을 다해서 하나님을 알아가는 일에 열심을 내어야 합니다. 또한 우리 자신과, 우리에게 관련된 모든 것을 하나님의 손에 전적으로 맡기라는 것입니다(시 73편; 37편; 사 55:8-9; 롬 11:33-36).[21]

> 이는 내 생각이 너희의 생각과 다르며 내 길은 너희의 길과 다름이니라 여호와의 말씀이니라 이는 하늘이 땅보다 높음 같이 내 길은 너희의 길보다 높으며 내 생각은 너희의 생각보다 높음이니라(사 55:8-9).

---

20 마틴 로이드 존스, 『로마서 강해』 6권, 229.
21 마틴 로이드 존스, 『로마서 강해』 7권, 124-125.

그리고 하나님께 대하여 산 자로 살아야 합니다. 하나님께 대하여 산 것이라는 것은 나의 개인적인 체험을 의미하는 것이 아닙니다. 이 말씀의 의미는 나의 서 있는 위치와 지위요 그리고 신분의 변화가 생겼다는 것입니다. "하나님께 대하여 사는 삶," 이것이 내가 지금 살고 있는 체제입니다.[22] 하나님께 대하여 산 것이라는 의미는 축복의 다양성을 내포합니다. 우리는 더 이상 하나님의 진노 아래 있지 않습니다. 율법의 저주 아래 있지 않습니다. 죄와 사탄의 종이 아닙니다.

신자는 주 예수 그리스도를 통하여 모든 것에서 구원을 받았습니다. 우리가 그리스도의 계획과 목적 안에 있을 뿐 아니라 더욱 더 이 목적이 우리 안에서 역사되고 있습니다.[23] 선이란 하나님의 영광을 위해서 어떤 것을 행하는 것을 의미합니다.[24] 선인은 의인일 뿐만 아니라 하나님의 사랑에 의하여 통제받는 사람입니다.[25]

반면 비그리스도인은 전적으로 의에 대하여 아무런 관계가 없습니다. 그것은 자기 자신의 의이지, 하나님의 의는 아닙니다. 인간은 본성적으로 죄인이기 때문에 죄인이 하는 행위는 죄의 행위일 뿐입니다. 죄의 결과는 죄입니다. 그러기에 비그리스도인의 행동들은 자기 자신의 선함과 자기 자신의 도덕들에 불과합니다. 이것은 참 의가 아닙니다.[26]

청교도들은 참된 체험과 거짓된 체험 사이를 소위 체험의 '선행사들'을 조사해 봄으로써 부분적으로 검증할 수 있다고 합니다. 이 체험은 죄의식

22　마틴 로이드 존스, 『로마서 강해』 3권, 188.
23　마틴 로이드 존스, 『로마서 강해』 3권, 211, 215.
24　마틴 로이드 존스, 『로마서 강해』 8권, 306.
25　마틴 로이드 존스, 『로마서 강해』 2권, 155.
26　마틴 로이드 존스, 『로마서 강해』 3권, 414-416.

과 실패 의식에 대한 것입니다. 즉 하나님께 죄인이라는 것과 자신의 행위로는 하나님의 의에 도달할 수 없다는 의식입니다. 이는 자기 자신의 무가치하다는 것을 아는 것입니다. 많은 사람들이 이런 체험을 하게 됨을 경험합니다. 이런 체험을 하는 자들은 자신들을 향한 하나님의 사랑에 대한 위대한 느낌을 받게 됩니다.[27] 이런 자들은 그리스도인으로서의 성화의 삶을 소망합니다. 성화의 삶을 시작합니다. 영화롭게 될 그 날을 소망하면서 날마다 거룩함을 위하여 살아갑니다.

9. 인간의 큰 대적인 '교만'

우리가 그리스도인이 되었다고 해서 우리의 삶의 모든 문제가 해결된 것은 아닙니다. 오히려 신자는 중생하여 그리스도인이 되는 순간 오히려 그리스도인으로 성장하기 위한 가르침과 교훈과 경고와 책망과 징계가 필요로 합니다.

> 모든 성경은 하나님의 감동으로 된 것으로 교훈과 책망과 바르게 함
> 과 의로 교육하기에 유익하니(딤후 3:16).

왜냐하면 이생에 있어서는 우리가 그리스도인이 되기 전에나 후에나 항상 존재하는 가장 큰 위험인 교만이 우리에게 여전히 남아있기 때문입

---

27 마틴 로이드 존스, 『로마서 강해』 5권, 489-491.

니다.[28] 신자에게 있어서의 교만은 주님 안에서 자랑하는 대신 인간 안에서 자랑합니다. 이러한 교만은 복음 정신에 반하는 치명적인 악입니다.

> 율법에 있는 지식과 진리의 모본을 가진 자로서 어리석은 자의 교사
> 요 어린 아이의 선생이라고 스스로 믿으니(롬 2:20).

복음은 복되신 성삼위 하나님입니다.[29] 삼위 하나님은 성부 하나님, 성자 하나님, 그리고 성령 하나님이십니다. 이것이 복음의 주제입니다. 복음의 주제는 나사렛 예수입니다. 이것을 인정하는 않는 것은 교만입니다. 자신의 지식이나 세상의 철학이나 학문을 의지하는 것은 인간의 교만입니다. 가장 영광스러운 능력, 곧 구원을 주시는 하나님의 능력을 거부하는 것이야 말로 큰 교만이요, 인간에게 있어서 가장 큰 불행입니다.

> 이 복음은 모든 믿는 자에게 구원을 주시는 하나님의 능력이 됨이라
> (롬 1:16).

교만에는 적극적인 것과 소극적인 교만이 있습니다. 적극적 교만의 특징은 민족을 자랑합니다. 자신의 족벌을 자랑합니다. 그리고 자신의 가치를 자랑합니다. 또한 여러 가지 은사들을 자랑함으로 인해 나타납니다. 그러나 이러한 것이 자신의 구원을 보장하는 것은 아니라는 것을 잊지 말아야 합니다. 구원은 개인적입니다. 개인이 구원을 소망해야 합니다. 어느 민

28　마틴 로이드 존스, 『로마서 강해』 11권, 179-189.
29　마틴 로이드 존스, 『영광을 바라보라』, 65, 67, 75.

족이나 집단 혹은 가족에 속해 있다고 구원이 저절로 주어지지 않습니다.

소극적 교만은 다른 사람을 멸시하는 것으로 나타납니다. 이와 같이 교만한 자는 오직 믿음으로 말미암는 칭의라는 중심적이며 근본적인 원칙과 교리를 부정합니다. 인간은 하나님 앞에서 교만할 것이 아무 것도 없습니다. 그러므로 신자는 절대로 교만하지 말아야 합니다. 교만해서는 안 됩니다. 그러나 인간의 지혜와 이해력만을 중요한 것으로 생각하고 하나님의 깊은 것(고전 2:10)을 거부하고 대적하는 것은 참으로 불행한 일이며, 어리석은 일입니다.

이 세상에서 지혜로운 자가 되려면 세상에서는 어리석은 자가 되어 복음을 믿어야 합니다. 세상에는 어린아이가 되고 하나님의 지혜에는 어른이 되어야 할 것입니다. 그리스도인의 삶은 믿음으로 시작해서 믿음으로 끝나야 합니다.

> 너희 중에 누구든지 이 세상에서 지혜 있는 줄로 생각하거든 어리석은 자가 되라 그리하여야 지혜로운 자가 되리라(고전 4:18).

> 그러므로 상속자가 되는 그것이 은혜에 속하기 위하여 믿음으로 되나니 이는 그 약속을 그 모든 후손에게 굳게 하려 하심이라 율법에 속한 자에게뿐만 아니라 아브라함의 믿음에 속한 자에게도 그러하니 아브라함은 우리 모든 사람의 조상이라 기록된 바 내가 너를 많은 민족의 조상으로 세웠다 하심과 같으니 그가 믿은 바 하나님은 죽은 자를 살리시며 없는 것을 있는 것으로 부르시는 이시니라(롬 4:16-18).

이것이 그리스도인의 바른 태도입니다. 그리스도는 이렇게 말씀하십니다. "이르시되 진실로 너희에게 이르노니 너희가 돌이켜 어린 아이들과 같이 되지 아니하면 결단코 천국에 들어가지 못하리라"(마 18:3).

10. 그리스도인과 기질

그리스도인이 되는 것과 기질은 아무 상관이 없습니다.[30] 우리는 본질적인 개별적 인격 즉 우리의 기질은 신자가 된 후에도 변하지 않습니다. 그러므로 그리스도인이 되는 순간 우리는 모든 것을 할 수 있다고 말하거나 생각하는 것은 잘못입니다. 우리에게 있어서 천성적인 재능이나 능력이 힘을 발휘할 수도 있습니다. 그러므로 이러한 것을 아무 것도 아닌 것처럼 여기면 위험합니다.

우리 모두에게 있는 각자의 기질은 변화되지 않지만, 그러나 그 기질을 사용하는 면에 있어서는 상당한 변화가 나타납니다. 그러므로 신자가 은혜의 방편을 게을리 하고 우리로 강하게 만들 모든 것들을 사용하거나 참여하지 못하게 되면, 그는 여전히 연약한 상태에 머무를 수밖에 없습니다(고전 3:1; 히 5:13; 벧후 3:16).

신자는 자신에 대해 잘 알고 있어야 합니다. 그래야 그것을 통해 하나님의 사람으로 영광 돌리며 살아가는 데 유익을 얻을 수 있습니다. 그리스도인 중에도 다혈질인 사람과 점액질인 사람, 감정적인 사람, 예술적인 사람, 과학적인 사람, 쉽사리 믿는 사람과 그렇지 않은 사람, 재치 있는 사람

30　마틴 로이드 존스, 『로마서 강해』 14권, 35-40.

과 둔감한 사람이 있습니다.[31]

어떤 사람들은 가르침을 받은 적이 없기 때문에 기독교 신앙에 있어서 연약합니다. 그러나 어떤 사람은 강합니다. 이와 같이 믿음에 있어서도 다양하게 나타납니다. 모든 사람들은 다 동등하지 않습니다. 그러기에 신자들은 삶에서 신앙을 연단 받아야 하고, 검증 받아야 하고, 그리고 자라는 경험을 가져야 합니다. 신자는 결코 그 믿음이 성장되지 않고 멈추어서는 안 됩니다. 우리는 지속적으로 성장되고 성숙되어야 합니다.

> 너희는 이 세대를 본받지 말고 오직 마음을 새롭게 함으로 변화를 받아 하나님의 선하시고 기뻐하시고 온전하신 뜻이 무엇인지 분별하도록 하라(롬 12:2).

---

31 마틴 로이드 존스, 『앤솔러지』, 117-119.

18장
마음

1. 강퍅한 마음
2. 교만한 마음
3. 마음의 죄를 죽이는 일은 평생 하는 것입니다
4. 마음을 새롭게 해야

18장 마음

1. 강퍅한 마음

　하나님은 때로는 하나님을 배교하는 자들에 대하여 불신앙을 심화시켜 하나님의 능력과 영광을 보여 주시는 위대한 뜻을 이루십니다(롬 1:24, 26, 28).[1] 하나님은 하나님을 거부하는 자들에게는 하나님께서 제어하시는 능력을 거두어 가십니다. 그들은 의롭게 되지도 않으며, 성화되거나 구원받지도 못합니다(요 6:64-65; 8:47; 10:26; 요일 2:19). 그리하여 하나님은 죄인들을 제멋대로 하도록 내버려 두시고, 그들의 마음을 부드럽게 하는 그 모든 것을 다 거두어 가십니다(롬 9:17-19, 21-22; 벧전 2:8; 유 1:4).

> 24 그러므로 하나님께서 그들을 마음의 정욕대로 더러움에 내버려 두사 그들의 몸을 서로 욕되게 하게 하셨으니 26 이 때문에 하나님께서 그들을 부끄러운 욕심에 내버려 두셨으니 곧 그들의 여자들도

---

[1] 마틴 로이드 존스, 『로마서 강해』 9권, 239-241.

순리대로 쓸 것을 바꾸어 역리로 쓰며 28 또한 그들이 마음에 하나
님 두기를 싫어하매 하나님께서 그들을 그 상실한 마음대로 내버려
두사 합당하지 못한 일을 하게 하셨으니(롬 1:24, 28).

그렇게 하나님은 사람들 속에 있는 소욕을 더 격동시키십니다. 때로는
하나님께서 사탄을 사용하시기까지 하십니다. 그러나 사탄은 하나님께 억
제됩니다(마 12:29; 계 20:27).

이런 자를 사탄에게 내주었으니(고전 5:5).

하나님께서 제어하는 세력을 거두시어 사탄에게 넘겨주십니다. 그러
나 하나님께서는 악을 지으시지도 않으시고 그 악을 사람의 심령 속에 넣
지도 않으십니다. 다만 하나님께서 당신 자신의 위대한 목적을 위해서 이
미 존재하는 것을 악화시키는 것입니다. 하나님은 율법 안에서 하나님의
공의와 의를 강화시킴으로 그 일을 하십니다.

5 우리가 육신에 있을 때에는 율법으로 말미암는 죄의 정욕이 우리
지체 중에 역사하여 우리로 사망을 위하여 열매를 맺게 하였더니 8
그러나 죄가 기회를 타서 계명으로 말미암아 내 속에서 온갖 탐심
을 이루었나니 이는 율법이 없으면 죄가 죽은 것임이라 9 전에 율법
을 깨닫지 못했을 때에는 내가 살았더니 계명이 이르매 죄는 살아나
고 나는 죽었도다 10 생명에 이르게 할 그 계명이 내게 대하여 도리
어 사망에 이르게 하는 것이 되었도다 13 그런즉 선한 것이 내게 사
망이 되었느냐 그럴 수 없느니라 오직 죄가 죄로 드러나기 위하여 선

한 그것으로 말미암아 나를 죽게 만들었으니 이는 계명으로 말미암아 죄로 심히 죄 되게 하려 함이라(롬 7:5, 8-10, 13; 참고, 딛 1:15).

2. 교만한 마음

하나님의 형상은 타락과 함께 상실 되어 버렸습니다. 인간은 죄인이기 때문에 죄를 짓는 것이지, 죄를 지어서 죄인은 아닙니다. 모든 인간에게는 '교만'이라는 궁극적 문제가 있습니다.[2] 그리하여 인간은 즐거워하는 자들과 함께 즐거워하는 것이, 우는 자들과 함께 우는 것보다 더 어렵습니다. 이러한 모든 것 중에서 인간의 가장 큰 난제는 인간의 마음속에 질투심과 시기심 그리고 교만이 있다는 것입니다. 죄 된 인간의 마음은 이와 같습니다.

인간은 타락으로 인해 가지고 있었던 하나님의 형상이 왜곡되고 일그러졌습니다. 그런 인간의 마음 깊은 곳에는 교만과 불만족이 있습니다.[3] 이런 인간의 마음은 오직 하나님만이 채울 수 있습니다.

사람들에게는 영원을 사모하는 마음을 주셨느니라(전 3:11).

참된 그리스도인이라면 독단적으로 살아갈 수 없음을 알게 됩니다(행 12:5; 롬 12:15-16; 고후 11:27-29; 엡 4:3; 고전 1:10; 12:26; 골 2:1-3, 7; 시 131편;

---

2 마틴 로이드 존스, 『로마서 강해』 12권, 590-596.
3 마틴 로이드 존스, 『능력』, 44.

84:10-11; 딤전 6:17-19; 약 2:1-5; 마 16:19; 벧전 5:2-3; 요 13:15). 신자라면 다른 신자와 함께 살아가야 합니다. 신자가 교회 내에서 다른 신자들과 함께 생활하는 것이 신자의 생활이요 삶입니다. 왜냐하면 신자는 혼자서 신앙생활을 할 수 없기 때문입니다. 신자는 다른 사람을 섬기며 사랑하는 생활이 반드시 필요합니다. 다른 신자들에 대한 섬김은 신자의 중요한 신앙생활입니다.

신자는 옛 자아를 벗어 버리고 새 자아를 입어야 합니다. 신자는 정직하고 선한 마음으로 말씀을 굳게 붙들고 인내로 열매를 맺는 삶을 살아야 합니다(눅 8:15). 신자는 성령으로 말미암아 살고 성령으로 말미암아 성령의 열매를 맺어야 합니다(갈 5:16, 22-23). 신자는 사랑 안에서 행하며 살아갑니다(엡 5:2). 신자는 진리 안에서 행합니다(요이 4절). 신자는 자신을 위해 사는 것이 아니라 하나님의 영광을 위해 삽니다(고후 5:15). 신자는 점점 하나님을 닮고 우리의 말과 행동 속에서 하나님의 형상이 드러나게 됩니다.

신자는 이웃을 향해 선한 행동을 합니다. 그리스도인은 친구의 성공이 마치 자신의 성공인양 적극적으로 즐거워합니다(약 5:16; 롬 15:30; 고전 12:25). 이것이 신자가 가지고 있는 마음입니다. 신자는 점점 더 그리스도를 닮아 갑니다. 신자는 그리스도가 사신 대로 살려고 노력하는 삶을 살아갑니다. 신자는 거룩함을 향해 나아갑니다. 신자는 옛 자아를 버리고, 하나님의 사랑 안에서 살아갑니다. 신자는 하나님의 형상의 회복이 이루어지는 삶을 살아갑니다(마 5:16; 엡 4:1; 고전 10:31; 엡 5:1). 그리고 인간은 인격체이기에 자신의 행동에 대한 책임을 부정해서는 안 됩니다. 예수 그리스도를 믿고 구원받았다고 해서 아무 행동이나 해도 된다는 의미는 아닙니다. 구원 받았다는 것이 죄를 지어도 된다는 것을 허락 받은 것이 아닙니다. 신자는 구원 받은 후에 그리스도의 형상을 회복하기 위한 삶을 살아가도록 하나님의 성령이 신자 안에서 역사합니다.

3. 마음의 죄를 죽이는 일은 평생 하는 것입니다.

하나님은 하나님을 거역하는 자들과 함께 하시기를 그만 두십니다(창 6:3; 롬 1:19). 그러므로 신자는 하나님과 논쟁하지 말아야 합니다. 그러나 죄는 항상 인간의 마음을 강퍅하게 만듭니다.[4]

> 형제들아 너희는 삼가 혹 너희 중에 누가 믿지 아니하는 악한 마음을 품고 살아 계신 하나님에게서 떨어질까 조심할 것이요 오직 오늘이라 일컫는 동안에 매일 피차 권면하여 너희 중에 누구든지 죄의 유혹으로 완고하게 되지 않도록 하라(히 3:12-13).

죄는 항상 사람의 영혼 속에 존재하고 있었습니다. 죄는 한 순간도 인간의 마음에서 사라진 적이 없습니다(롬 7:17). 죄는 언제든 목적을 달성할 준비를 하고 있습니다(롬 7:18). 죄를 극복하려는 그 순간에도 죄의 법은 우리를 악으로 이끄는 성향과 활동과 제안들을 우리에게 합니다. 죄는 악주 능숙하고 용이하게 죄의 몸 안에서 활동합니다(히 12:1).

죄는 신자가 죄를 짓도록 하기 위해 적극적으로 영혼을 공격합니다(롬 7:24, 8:3). 죄는 끈질기고 집요합니다(롬 7:15-17). 죄는 우리의 정서를 형

---

[4] 마틴 로이드 존스, 『로마서 강해』 11권, 63-68.

클어뜨리고 헝클어진 정서를 통해 지성을 혼란하게 만들어 죄를 짓게 합니다(골 3:5-6; 롬 7:18-19). 죄는 우리의 지성은 공격합니다(히 3:13; 렘 2:19; 엡 4:22-24). 그리고 우리의 정서를 공격합니다(벧후 2:14; 수 7:21). 그리고 우리의 의지에 죄를 잉태하게 합니다(약 1:15; 고후 11:2-3; 엡 4:19). 그러기에 신자는 성령의 도우심 안에서만 살아야 합니다(롬 8:9). 성령님은 우리를 죄를 짓지 않도록 도우실 것입니다. 성령과 함께 하는 삶을 살아야 신자는 죄를 짓지 않는 소망이 있는 것입니다.

신자는 죄를 대적하는 일이 끝났다고 생각해서는 안 됩니다. 죄는 요동하고 변덕스럽고 만물보다 거짓된 마음속에 있기에 끝까지 깨어 대적해야 합니다(욥 14:4; 시 51:5; 요 3:6). 그러기 위해 신자는 항상 거룩한 마음을 품고 꾸준히 영혼을 지켜야 합니다(시 57:7; 119:6). 그리고 하나님께 대한 반감이 처음부터 생기지 않도록 예방에 힘써야 합니다(벧전 4:7; 마 16:22-23). 신자는 죄가 절대로 승리자로 만들어서는 안 됩니다(히 6:11-12; 눅 18:1; 롬 12:12; 사 40:31). 죄를 죽이는 것이 신자의 의무입니다. 우리는 이 의무를 이행하며 살아야 합니다. 그렇지 않다면 신자가 아닙니다.

그러면 왜 죄를 죽여야 할까요?

첫째, 죄는 우리의 마음 안에 항상 존재하므로 늘 죽여야 합니다(갈 5:17; 요일 1:8). 신자는 지속적으로 활동하는 죄를 죽여야 합니다(롬 7:19, 23).

둘째, 내재하는 죄는 죽임을 당하지 않는 한 영혼을 파괴하므로 우리는 항상 죄를 죽여야 합니다(갈 5:19-21; 히 3:13). 신자 안에 내재하는 죄는 성령과 새 본성을 반대하므로 신자는 항상 죽여야 합니다(벧후 1:5-7; 롬 7:23). 신자 안에 내재하는 죄를 죽이지 않을 때 두려운 결과가 주어지므로 우리는 항상 죄를 죽여야 합니다(고후 4:16).

셋째, 신자는 날마다 하나님을 두려워하고 은혜 안에서 자라 감으로써 거룩함을 온전히 이루는 것이 우리의 의무이기 때문에 우리는 항상 죄를 죽여야 합니다(고후 7:1; 벧전 2:2).[5]

넷째, 신자가 죄를 죽이는 일은 평생에 걸쳐 해야 하는 일입니다. 만약 하나님이 아무런 제한 없이 인간이 자신이 원하는 대로 사는 것을 허용하셨다면, 틀림없이 인간은 자기 자신과 인류 전체와 세계를 파멸시켰을 것입니다. 하나님의 긍휼하심으로 인해 인류는 오늘도 존재하고 있는 것입니다.

4. 마음을 새롭게 해야

그리스도인은 마음을 새롭게 함을 삶의 총체로부터 시작해야 합니다.[6] 신자의 삶은 마음과 사고방식과 이해의 영역에서 생각하기 시작해야 합니다. 마음이란 인격의 지성소를 의미합니다. 그것은 지성과 감정과 의지를 포함하는 의미입니다. 신자가 중생하면 이 마음의 변화가 시작됩니다. 그러므로 신자는 그리스도인으로서 삶을 마음을 다루는 일부터 시작해야 합니다(벧후 1:4; 엡 5:27). 신자는 마음의 정신을 다루어야 합니다. 이렇게 신자는 마음을 새롭게 하는 일부터 시작하는 것이 중요합니다.

또한 우리의 성품의 변화에 관심을 가져야 합니다. 하나님은 "이로써 그 보배롭고 지극히 큰 약속을 우리에게 주사 이 약속으로 말미암아 너희

---

5 존 오웬, 『죄죽임』, 김귀탁 역 (서울: 부흥과개혁사, 2013), 44-56.
6 마틴 로이드 존스, 『로마서 강해』 12권, 149-159.

가 정욕 때문에 세상에서 썩어질 것을 피하여 신성한 성품에 참여하는 자가 되게 하려 하셨느니라"(벧후 1:4)고 하셨습니다. 그러므로 신자의 삶의 목적은 하나님 앞에 거룩이어야 합니다.

> 자기 앞에 영광스러운 교회로 세우사 티나 주름 잡힌 것이나 이런 것들이 없이 거룩하고 흠이 없게 하려 하심이라(엡 5:27).

인간이 율법으로 말미암는 의를 얻으려는 시도는 소망이 없습니다. 우리 자신을 믿거나 다른 피조물을 의지한다면 그에겐 소망이 없습니다(눅 16:15; 빌 3:4-9). 그러나 믿음으로 말미암는 의는 분명하고, 명료하고, 본질적으로 단순합니다. 구원은 예수 그리스도의 십자가의 대속의 은총을 믿는 자들에게 주십니다.[7] 신자가 십자가에 못 박히신 그리스도의 순종에 의지할 때, 그리스도의 순종이 우리의 순종이 될 것입니다(행 4:12; 히 10:20; 롬 4:23-25). 그리스도의 의가 우리에게 전가될 것입니다.

이러한 일을 위해서 성령님이 우리 안에 계셔서 우리를 격려하실 것입니다. 성령의 역사로 신자는 그리스도의 구원을 믿습니다. 그러므로 신자는 성령의 인도하심에 반응해야 합니다. 이러한 것들에 대해 생각하고, 묵상하며, 그리고 그것들에 관해 기도해야 합니다. 이것이 마음을 새롭게 하는 일입니다(엡 5:25-27; 마 5:48; 골 1:25, 27-28; 살전 4:3; 5:23; 히 13:20-21).

> 그러므로 하늘에 계신 너희 아버지의 온전하심과 같이 너희도 온전하라(마 5:48).

---

[7] 마틴 로이드 존스, 『로마서 강해』 10권, 143.

마음이 새로워진 신자는 하나님의 뜻이 선하다는 것을 발견할 뿐만 아니라, 그 선한 뜻을 좋아하기 시작합니다(시 119:90; 1:1-2; 롬 2:18; 요 3:33). 그리고 하나님의 뜻이 옳다고 인정합니다(고후 1:19-20; 요일 5:1-3; 계 21:27).

19장
하나님 나라

1. 사도들의 종말관
2. 내세관
3. 하나님이 악인을 즉각 멸하시지 않는 이유
4. 심판의 날
5. 하나님 나라의 시민

19장 하나님 나라

1. 사도들의 종말관

역사는 하나님께서 세계 속에 간섭하여 들어와 '하나님'의 구속사를 산출하기 위해서 설치해 놓은 무대입니다. 인간의 역사는 모두 하나님의 통제 아래 있습니다. 인간의 역사는 하나님의 역사, 거룩한 역사입니다. 그 역사 속에서 하나님께서는 마귀에게 많은 일들을 하도록 허락하셨습니다(욥 1장; 요 12:31). 마귀는 이 세상에서 여전히 활동하고 있습니다. 그러나 많은 부분에 하나님에 의해 마귀는 사슬에 매여 있습니다(마 12:29; 계 20:2).

기독교 신앙을 유별나게 하는 표지는 모든 것을 종말론에 비추어 본다는 것입니다. 사도들은 주님의 재림이 가까웠음을 믿었습니다. 이 날 모든 사람은 주님의 심판대 앞에서 자신이 행한 것으로 심판을 받을 것입니다(고후 5:10; 전 12:14; 롬 2:16; 14:10, 12; 마 12:36-37). 이 심판을 믿기에 성도는 죄를 멀리하고 역경 가운데 소망을 잊지 않고 살 수 있습니다(벧후 3:7, 14; 고후 5:10-11; 눅 21:27-28; 롬 8:23-25).

주님은 베드로에게 주님의 재림의 문제는 네 영역 밖의 일이니 네 일에 충실할 것을 명하셨습니다(살후 2:1-2). 바울은 이 종말의 시간을 어떤 보편적인 시대를 뜻하지 않고 어떤 특별한 때라고 가르치고 있습니다. 우리는 주님을 만나게 될 때 부끄러운 마음으로 주님을 만나게 될 수도 있습니다. 어떤 이들은 아직 오지 않으셨으면 하고 생각하는 이들도 있을 것입니다. 그런 자들을 향해 주님은 "그가 강림하실 때에 부끄럽지 않기 위해" 노력하라고 하십니다(마 24:36, 42-44; 막 13:35-37; 눅 12:35-36; 요일 2:28; 계 22:20).

> 자녀들아 이제 그의 안에 거하라 이는 주께서 나타내신 바 되면 그가 강림하실 때에 우리로 담대함을 얻어 그 앞에서 부끄럽지 않게 하려 함이라(요일 2:28).

주의 재림을 기대하는 것은 거룩한 삶을 살아야 하는 우리의 소중한 이유이기도 합니다. 신자는 주의 재림을 항상 기다리고 고대하며, "우리의 허리띠를 띠고" 기다리라는 요청을 받고 있습니다(엡 6:14). 이런 자세를 취하고 사는 자들은 그 날을 즐거워하고 기뻐할 것입니다. 그러기 위해 우리는 그리스도의 향기와 사랑을 나타나고 전하는 삶을 살아야 합니다.

2. 내세관

사도 베드로는 만물의 회복됨을 소망하였습니다(행 3:19-21; 딤후 4:8; 딛 2:13; 히 6:11-12; 약 5:1; 벧전 1:13).

> 복스러운 소망과 우리의 크신 하나님 구주 예수 그리스도의 영광이
> 나타나심을 기다리게 하셨으니(딛 2:13).

주님의 초림 때에는 마귀의 일을 멸하러 오셨습니다(요일 3:8). 그리고 성경은 주님의 재림, 이 세상에 다시 나타나심에 관한 교리를 말씀하십니다(롬 13장; 히 9:27-28; 행 1:10-11; 마 26:64; 계 1:7; 6:2; 17:14).

> 한번 죽는 것은 사람에게 정해진 것이요 그 후에는 심판이 있으리니
> 이와 같이 그리스도도 많은 사람의 죄를 담당하시려고 단번에 드리
> 신 바 되셨고 구원에 이르게 하기 위하여 죄와 상관 없이 자기를 바
> 라는 자들에게 두 번째 나타나시리라(히 9:27-28).

> 볼지어다 그가 구름을 타고 오시리라 각 사람의 눈이 그를 보겠고
> 그를 찌른 자들도 볼 것이요 땅에 있는 모든 족속이 그로 말미암아
> 애곡하리니 그러하리라 아멘(계 1:7).

주님이 다시 오시는 즉시 선인과 악인의 보편적 부활이 있을 것입니다(요 5:28-29). 그날 주님께서 심판을 행하실 것입니다(행 17:31; 요 5:24-25). 그러므로 우리는 새 하늘과 새 땅을 바라보며 삶을 살아야 합니다(벧후 3:13). 모든 것을 앞으로 임하게 될 구원에 관한 가르침에 비추어서 보아야 합니다.[1] 그날 세상에 정죄와 영원한 형벌이 집행 될 것입니다(살후 1:7-10; 막 9:48; 눅 16:19-31; 마 8:12; 25:41, 46).

---

1 마틴 로이드 존스, 『로마서 강해』 13권, 337-350.

이는 정하신 사람으로 하여금 천하를 공의로 심판할 날을 작정하시고 이에 그를 죽은 자 가운데서 다시 살리신 것으로 모든 사람에게 믿을 만한 증거를 주셨음이니라 하니라(행 17:31).

환난을 받는 너희에게는 우리와 함께 안식으로 갚으시는 것이 하나님의 공의시니 주 예수께서 자기의 능력의 천사들과 함께 하늘로부터 불꽃 가운데에 나타나실 때에 하나님을 모르는 자들과 우리 주 예수의 복음에 복종하지 않는 자들에게 형벌을 내리시리니 이런 자들은 주의 얼굴과 그의 힘의 영광을 떠나 영원한 멸망의 형벌을 받으리로다 그 날에 그가 강림하사 그의 성도들에게서 영광을 받으시고 모든 믿는 자들에게서 놀랍게 여김을 얻으시리니 이는 우리의 증거가 너희에게 믿어졌음이라(살후 1:7-10).

또 왼편에 있는 자들에게 이르시되 저주를 받은 자들아 나를 떠나 마귀와 그 사자들을 위하여 예비된 영원한 불에 들어가라 46 그들은 영벌에, 의인들은 영생에 들어가리라 하시니라(마 25:41, 46).

성경 전체가 바로 이 최종적 심판을 향해서 집중되어 있습니다. 이것이 신자가 거룩한 삶을 살아야 하는 거룩한 동기입니다. 그날 본래 창조되었던 원 상태의 우주로 회복될 것입니다(엡 1:9-10). 그날 하나님의 심판이 임할 것입니다(벧후 3:10). 그날 상급심판이라는 심판이 있을 것입니다(요일 2:28; 3:2; 계 21:7; 22:12).

보라 내가 속히 오리니 내가 줄 상이 내게 있어 각 사람에게 그가 행한 대로 갚아 주리라(계 22:12).

21 그 주인이 이르되 잘하였도다 착하고 충성된 종아 네가 적은 일에 충성하였으매 내가 많은 것을 네게 맡기리니 네 주인의 즐거움에 참여할지어다 하고 23 그 주인이 이르되 잘하였도다 착하고 충성된 종아 네가 적은 일에 충성하였으매 내가 많은 것을 네게 맡기리니 네 주인의 즐거움에 참여할지어다 하고 34 그 때에 임금이 그 오른편에 있는 자들에게 이르시되 내 아버지께 복 받을 자들이여 나아와 창세로부터 너희를 위하여 예비된 나라를 상속받으라 46 그들은 영벌에, 의인들은 영생에 들어가리라 하시니라(마 25:21, 23, 34, 46).

그러나 신자는 구원을 받았다 할지라도 주님의 오심을 부끄러워할 수 있습니다. 그러므로 신자는 주님 오실 때 부끄러운 사람이 되지 않도록 조심해야 합니다(벧전 4:17; 고전 3:9-15; 고후 5:8-11). 그날 주님이 재림하여 우리를 판단할 것입니다. 우리는 그리스도의 심판대 앞에 서게 될 것입니다(행 17:31). 우리는 주님을 계신 그대로 뵈올 것입니다(마 5:8). 그날 주님 앞에 우리는 우리의 영과 혼뿐만 아니라 몸까지 함께 할 것입니다(롬 8:11, 22-23; 요일 3:2). 신자는 주님 앞에 영화롭게 될 것입니다. 그때 전인이 완전하고 철저하게 구속받을 것입니다(엡 5:27; 마 25:21, 23, 34, 46; 딤후 4:6-8).

11 예수를 죽은 자 가운데서 살리신 이의 영이 너희 안에 거하시면 그리스도 예수를 죽은 자 가운데서 살리신 이가 너희 안에 거하시는 그의 영으로 말미암아 너희 죽을 몸도 살리시리라 22 피조물이 다 이제까지 함께 탄식하며 함께 고통을 겪고 있는 것을 우리가 아노니

라 23 그뿐 아니라 또한 우리 곧 성령의 처음 익은 열매를 받은 우리까지도 속으로 탄식하여 양자 될 것 곧 우리 몸의 속량을 기다리느니라(롬 8:11, 22-23).

신자는 그날 의의 면류관을 받아쓰게 될 것입니다(딤후 4:6-8). 또한 온전한 지식, 충만한 이해, 그리고 완전한 즐거움을 경험하게 될 것입니다.

우리가 지금은 거울로 보는 것 같이 희미하나 그 때에는 얼굴과 얼굴을 대하여 볼 것이요 지금은 내가 부분적으로 아나 그 때에는 주께서 나를 아신 것 같이 내가 온전히 알리라(고전 13:12).

전제와 같이 내가 벌써 부어지고 나의 떠날 시각이 가까웠도다 나는 선한 싸움을 싸우고 나의 달려갈 길을 마치고 믿음을 지켰으니 이제 후로는 나를 위하여 의의 면류관이 예비되었으므로 주 곧 의로우신 재판장이 그 날에 내게 주실 것이며 내게만 아니라 주의 나타나심을 사모하는 모든 자에게도니라(딤후 4:6-8).

우리는 매일 위협을 당할 것이나 문제가 되지 않습니다. 우리는 이겨낼 것입니다. 우리로 함께 영화롭게 될 날, 또한 우리는 마귀와 그에 속한 모든 자들이 멸망당하고 영원히 쫓겨날 그 날을 소망하며 살아갑니다.

내가 확신하노니 사망이나 생명이나 천사들이나 권세자들이나 현재 일이나 장래 일이나 능력이나 높음이나 깊음이나 다른 어떤 피조물이라도 우리를 우리 주 그리스도 예수 안에 있는 하나님의 사랑에서 끊을 수 없으리라(롬 8:38-39).

3. 하나님이 악인을 즉각 멸하시지 않는 이유

하나님께서 악인을 즉각 멸하시지 않으시는 이유는 하나님의 오래 참으심과 긍휼하심 때문입니다(겔 18:23, 32; 33:11; 롬 2:4; 벧후 3:9). 하나님은 오래 참고 관용하심으로써 세상이 하나님 앞에 심판 받을 때 전혀 핑계를 대지 못하게 하십니다. 하나님께서 인간의 죄악의 관영함을 보시고도 즉각 심판하지 않으신 이유는 하나님께서 끝날에 인간으로 하여금 하나님의 심판에 대하여 아무 말도 하지 못하게 하려 함입니다.

> 23 주 여호와의 말씀이니라 내가 어찌 악인이 죽는 것을 조금인들 기뻐하랴 그가 돌이켜 그 길에서 떠나 사는 것을 어찌 기뻐하지 아니하겠느냐 32 주 여호와의 말씀이니라 죽을 자가 죽는 것도 내가 기뻐하지 아니하노니 너희는 스스로 돌이키고 살지니라(겔 18:23, 32).

인간은 스스로의 자기 자신들과 온 세상을 온전케 하리라고 기대하였습니다. 하나님께서 그렇게 해볼 만한 철저한 기회를 인간에게 역사의 긴 시간을 통하여 주셨습니다(고전 1:21). 헬라 문명과 로마 문명, 다른 문명이 다 동원되어 인간은 자신의 힘을 다 발휘해 보았습니다. 그러나 인간의 노력의 결과는 실패였습니다.

하나님께서는 당신의 목적을 에덴동산에서 공표하셨습니다(창 3:15). 그것은 여자의 후손이 뱀의 머리를 상하게 할 것이라는 것입니다. 그리고 구약성경에서 그 위대한 하나님의 목적이 이루어져 가는 것을 발견합니다. 하나님은 심판의 유예의 기간 동안 구원 받게 되어 있는 사람들이 구원을 받도록 하셨습니다(벧후 3:18). 하나님께서는 우리를 구원하시는 일을 통해서 하나님의 영광의 풍성함을 나타내십니다.

하나님께서 악인을 즉각 멸하시지 않는 이유는 그들이 심판 받을 때 그 심판이 더 두드러지게 하기 위함입니다(살후 2:8; 1:4-10; 계 6:16).[2] 그러나 하나님은 사람들의 죄에 대한 심판의 일부를 세상에 나타내고 계십니다. 하나님이 인간의 죄악을 당사자들과 그 후손들에게 일부 갚고 계십니다.[3] 두 번에 걸친 세계대전이 그 예입니다. 하나님의 최종심판은 유예되었지만 우리의 죄에 대한 심판은 역사를 통하여 보여주시고 계십니다. 그런 심판은 최후의 심판이 반드시 있을 것이라는 예표이기도 합니다.

우리가 분명히 알아야 할 것은 최후의 심판과 형벌이 있다는 것입니다(히 9:27; 계 22:20). 세상을 만드신 하나님께서 결국 심판과 함께 세상을 끝낼 것입니다(마 13:41-42; 눅 16:22-28; 계 21:8). 그 날을 향해 세상은 나아가고 있는 것입니다. 성경에서 심판의 사상을 제외하면 남는 것은 별로 없습니다. 그 하나님의 심판은 우주적일 것입니다(요 5:28-29; 행 17:31). 우리 모두 한 사람도 예외 없이 죽어서 하나님 앞에 서게 될 것입니다. 각 개인의 운명이 선포될 것입니다. 그리고 우리 모두는 주님 앞에서 심판을 받을 것입니다. 그 심판의 결과는 천국과 지옥뿐입니다.

천국의 기쁨은 형용할 수 없는 기쁨일 것이요, 지옥의 심판은 우리가 상상할 수 없는 무섭고 처참한 일이 될 것입니다. 심판은 개인적인 심판이

---

2 마틴 로이드 존스, 『로마서 강해』 9권, 209-310.

3 마틴 로이드 존스, 『하나님께로 난 사람』, 97.

될 것이며, 그 심판이 있는 날은 경악의 날이 될 것입니다. 우리는 이 땅에서 대단하게 생각했던 것이 그 나라에서는 사소한 것이 될 것이며, 이 땅에서 사소하게 여겨졌던 일이 하나님 나라에게 위대하게 될 것입니다. 우리는 이런 놀라운 일들을 보게 될 것입니다. 심판의 때 사람들은 자신의 일을 하나님께 직고해야 할 일이 각자에게 주어져 있습니다(갈 6:1-4; 고전 4:1-5).[4]

> 이를 놀랍게 여기지 말라 무덤 속에 있는 자가 다 그의 음성을 들을 때가 오나니 선한 일을 행한 자는 생명의 부활로, 악한 일을 행한 자는 심판의 부활로 나오리라(요 5:28-29).

그때 우리는 각자의 행위에 대한 책임을 져야 할 것입니다. 놀라운 구원을 받는 이들도 있고, 불 가운데 받는 구원처럼 손해와 수치를 당하면서 구원 받을 수도 있습니다. 그러므로 기회가 있는 이 세상에서 천국의 준비를 해야 합니다. 하나님 앞에 서게 되면 이미 늦을 것입니다.

> 13 각 사람의 공적이 나타날 터인데 그 날이 공적을 밝히리니 이는 불로 나타내고 그 불이 각 사람의 공적이 어떠한 것을 시험할 것임이라 15 누구든지 그 공적이 불타면 해를 받으리니 그러나 자신은 구원을 받되 불 가운데서 받은 것 같으리라(고전 3:13, 15).

---

4 마틴 로이드 존스, 『로마서 강해』 14권, 198-204.

4. 심판의 날

하나님의 심판의 날은 반드시 있습니다(행 17:30-31; 고전 3:13; 살전 4:16-18; 빌 1:6; 계 6:17; 딤전 5:24; 벧전 3:19-20).

> 알지 못하던 시대에는 하나님이 간과하셨거니와 이제는 어디든지 사람에게 다 명하사 회개하라 하셨으니 이는 정하신 사람으로 하여금 천하를 공의로 심판할 날을 작정하시고 이에 그를 죽은 자 가운데서 다시 살리신 것으로 모든 사람에게 믿을 만한 증거를 주셨음이라 하니라(행 17:30-31).

> 주께서 호령과 천사장의 소리와 하나님의 나팔 소리로 친히 하늘로부터 강림하시리니 그리스도 안에서 죽은 자들이 먼저 일어나고 그 후에 우리 살아 남은 자들도 그들과 함께 구름 속으로 끌어 올려 공중에서 주를 영접하게 하시리니 그리하여 우리가 항상 주와 함께 있으리라 그러므로 이러한 말로 서로 위로하라(살전 4:16-18).

그 심판은 모든 사람에게 떨어질 것입니다(롬 2:6-10). 그 심판은 개인적이고, 보편적이고, 개별적입니다.

> 또 내가 크고 흰 보좌와 그 위에 앉으신 이를 보니 땅과 하늘이 그 앞에서 피하여 간 데 없더라 또 내가 보니 죽은 자들이 큰 자나 작은 자나 그 보좌 앞에 서 있는데 책들이 펴 있고 또 다른 책이 펴졌으니 곧 생명책이라 죽은 자들이 자기 행위를 따라 책들에 기록된

> 대로 심판을 받으니 바다가 그 가운데에서 죽은 자들을 내주고 또 사망과 음부도 그 가운데에서 죽은 자들을 내주매 각 사람이 자기의 행위대로 심판을 받고 사망과 음부도 불못에 던져지니 이것은 둘째 사망 곧 불못이라 누구든지 생명책에 기록되지 못한 자는 불못에 던져지더라(계 20:11-15).

그리고 그 심판은 어떤 차별도 없을 것입니다(롬 2:9-10; 시 62:12; 잠 24:12).

> 주여 인자함은 주께 속하오니 주께서 각 사람이 행한 대로 갚으심이니이다(시 62:12).

> 네가 말하기를 나는 그것을 알지 못하였노라 할지라도 마음을 저울질 하시는 이가 어찌 통찰하지 못하시겠으며 네 영혼을 지키시는 이가 어찌 알지 못하시겠느냐 그가 각 사람의 행위대로 보응하시리라(잠 24:12).

어떤 사람도 그 심판이 공정하지 않다고 말하지 못하게끔 주님이 심판장이 되십니다(마 12:36; 16:27; 25:31-33; 히 4:12). 하나님은 믿지 않는 자를 심판하실 것입니다(살후 1:7-10; 마 7:21-23; 25:31-46). 주님을 믿지 않는 자들과 악한 일을 행한 자들은 영원히 고통 가운데 살 것입니다(마 8:12; 살후 1:8).

> 환난을 받는 너희에게는 우리와 함께 안식으로 갚으시는 것이 하나

님의 공의시니 주 예수께서 자기의 능력의 천사들과 함께 하늘로부터 불꽃 가운데 나타나실 때에 하나님을 모르는 자들과 우리 주 예수의 복음에 복종하지 않는 자들에게 형벌을 내리시리니 이런 자들은 주의 얼굴과 그의 힘의 영광을 떠나 영원한 멸망의 형벌을 받으리로다 그 날에 그가 강림하사 그의 성도들에게서 영광을 받으시고 모든 믿는 자들에게서 놀랍게 여김을 얻으시리니 이는 (우리의 증거가 너희에게 믿어졌음이라) (살후 1:7-10).

그 나라의 본 자손들은 바깥 어두운 데 쫓겨나 거기서 울며 이를 갈게 되리라(마 8:12).

하나님을 모르는 자들과 우리 주 예수의 복음에 복종하지 않는 자들에게 형벌을 내리시리니(살후 1:8).

우리는 그 날 이후 하나님 나라에서 살며 그 삶 속에서 하나님을 알고, 하나님을 닮고, 그리고 영원토록 하나님의 영광스런 면전에서 보낼 것입니다(롬 5:1-2; 8:30; 고전 1:30). 그날 하나님께서는 우리를 영화롭게 하시고 영예와 존귀를 부여하실 것입니다(요 5:44). 우리는 영원히 죽지 않고 하나님 나라에 거하게 될 것입니다(벧전 1:3-4; 요 17:3).

인간과의 관계를 주도하는 율법을 만들고 제정하신 분은 하나님 자신입니다. 그 하나님은 율법을 제정하신 분일뿐만이 아니라 재판장도 되십니다. 마지막 날 심판자는 하나님께서 심판할 권세를 주신 예수 그리스도입니다(요 5:22, 26-27; 행 10:42; 고후 5:10-11).[5] 그 주님이 세상을 심판하실 것입니다.

> 아버지께서 자기 속에 생명이 있음 같이 아들에게도 생명을 주어 그 속에 있게 하셨고 또 인자됨으로 말미암아 심판하는 권한을 주셨느니라(요 5:26-27).

5. 하나님 나라의 시민

기독교 복음은 하나님과 함께 시작합니다. 이 하나님 앞에 유대인과 이방인의 차이가 없습니다. 모든 사람에게 구원의 필요성이 있습니다. 하나님은 주님을 부르는 모든 자에게 구원을 주십니다(사 28:16). 이것이 하나님의 위대하심입니다.[6] 왜냐하면 하나님이 우리를 위하시기 때문입니다. 하나님이 우리를 위하신다는 의미는 "하나님이 우리를 위하시니 누가 우리를 대적하겠는가?"라는 의미입니다(창 15:1; 시 23:4; 27:1, 13-14; 46:1-7; 84:11; 사 40:10, 12-14, 22, 25-31).[7]

> 이 예수를 하나님이 그의 피로써 믿음으로 말미암는 화목제물로 세우셨으니 이는 하나님께서 길이 참으시는 중에 전에 지은 죄를 간과하심으로 자기의 의로우심을 나타내려 하심이니(롬 3:25).

---

5   마틴 로이드 존스, 『로마서 강해』 6권, 533-541.
6   마틴 로이드 존스, 『로마서 강해』 10권, 364.
7   마틴 로이드 존스, 『로마서 강해』 6권, 494.

신자가 하나님 나라 안에 있느냐? 그렇지 않느냐?는 매우 중요한 질문입니다. 하나님 나라는 하나님의 통치, 하나님의 왕 노릇을 하는 나라를 뜻합니다. 그 중심에는 항상 주 예수 그리스도가 계십니다. 오직 그 임금이신 주님께서 내 마음의 보좌에 앉아 계시는 것이 우리의 최대의 관심이어야 합니다(마 25:31-34).[8]

> 인자가 자기 영광으로 모든 천사와 함께 올 때에 자기 영광의 보좌에 앉으리니 모든 민족을 그 앞에 모으고 각각 구분하기를 목자가 양과 염소를 구분하는 것 같이 하여 양은 그 오른편에 염소는 왼편에 두리라 그 때에 임금이 그 오른편에 있는 자들에게 이르시되 내 아버지께 복 받을 자들이여 나아와 창세로부터 너희를 위하여 예비된 나라를 상속받으라(마 25:31-34).

신자는 하나님 나라의 시민이기에 더 이상 우리는 우리 자신의 것이 아닙니다. 하나님 나라의 시민은 자신의 옳고 그름은 자신이 정하는 것이 아니라 하나님의 법이 정합니다. 그러므로 우리는 그리스도인다운 방식으로 생각하는 법을 배워야 합니다(고전 3:1, 3, 20; 6:1-3; 2:16; 빌 2:4-5; 마 6:26-33).[9] 우리는 하나님 나라의 시민이므로 하나님 나라의 성격을 인식하고 기억해야 합니다(마 20:1-16). 그리고 하나님의 나라 백성으로 살아야 합니다.

---

8   마틴 로이드 존스, 『로마서 강해』 14권, 312-314.
9   마틴 로이드 존스, 『로마서 강해』 14권, 320-323.

> 1 형제들아 내가 신령한 자들을 대함과 같이 너희에게 말할 수 없어서 육신에 속한 자 곧 그리스도 안에서 어린 아이들을 대함과 같이 하노라 3 너희는 아직도 육신에 속한 자로다 너희 가운데 시기와 분쟁이 있으니 어찌 육신에 속하여 사람을 따라 행함이 아니리요 20 또 주께서 지혜 있는 자들의 생각을 헛것으로 아신다 하셨느니라 (고전 3:1, 3, 20).

하나님 나라에 들어가는 것은 다음과 같습니다.[10] 우리가 하나님께 화해하는 오직 한 길이 있으니 그것은 하나님께서 그의 피로 인하여 세우신 화목제물을 통해서입니다. 신자가 하나님을 찾는다는 것은 신자가 하나님을 만나려고 애쓰며, 하나님의 면전으로 들어가서 하나님의 임재를 인식하려고 애쓰는 것입니다. 그것은 하나님을 소원한다는 것입니다. 그것이 하나님을 찾는 것입니다.[11]

우리는 하나님의 영광을 추구하고 하나님의 영광을 드러내기 위해서 견딜 수 없어야 합니다. 하나님을 우리 삶의 중심으로 삼고, 하나님을 알고, 사랑하고, 그리고 하나님의 영광을 위해 살아야 합니다. 이것은 우리가 하나님을 영화롭게 하며, 영원토록 그를 즐거워하는 것입니다(웨스트민스터 신앙고백 대(소)교리문답 제1문).

신자인 우리는 하나님을 보면서 살아야 합니다. 우리가 하나님을 본다는 것은 하나님의 존재를 언제나 회상한다는 것입니다. 다시 말하면 하나님에 대한 그림을 그리듯이 언제나 우리 앞에 하나님을 전면에 모시고 살

---

10 마틴 로이드 존스, 『로마서 강해』 1권, 141.
11 마틴 로이드 존스, 『로마서 강해』 8권, 300.

아야 합니다.[12]

그리스도인의 칭의는 죄가 없다는 것을 의미할 뿐 아니라 그리스도 안에서 적극적인 거룩을 선언하는 것입니다(롬 4:25; 6:14; 10:4).[13] 그 거룩은 우리의 행위로 인한 것이 아니라 주님의 구원의 행위의 결과인 것입니다. 하나님은 우리의 행위를 보시는 것이 아니라 우리를 덮고 있는 그리스도를 보실 것입니다(계 6:11; 7:14). 그리고 그것을 통해 우리를 의롭다 하시는 것입니다.

> 예수는 우리가 범죄한 것 때문에 내줌이 되고 또한 우리를 의롭다 하시기 위하여 살아나셨느니(롬 4:25).

> 그리스도는 모든 믿는 자에게 의를 이루기 위하여 율법의 마침이 되시니라(롬 10:4).

신자인 우리는 예수 그리스도의 재림이 예기치 않는 시간에 갑자기 임할 것을 알기에 항상 깨어 있어야 합니다(마 26:41; 막 13:33; 롬 5:3-5). 그리고 우리는 그 재림의 날을 준비하는 삶을 살아야 합니다. 우리는 성령의 역사에 의지하여 마귀의 권세를 이기며 영적 전쟁에서 승리하며, 그리고 마침내 완전히 승리할 그날을 소망하며 살아야 합니다(고전 10:13; 살전 5:23; 계 22:20).

---

12 마틴 로이드 존스, 『로마서 강해』 8권, 317.
13 마틴 로이드 존스, 『로마서 강해』 8권, 112-136.

참고문헌

마틴 로이드 존스 저서들

마틴 로이드 존스.『로마서 강해』1권, 서문강 옮김. 서울: CLC, 1999.
마틴 로이드 존스.『로마서 강해』2권, 서문강 옮김. 서울: CLC, 2010.
마틴 로이드 존스.『로마서 강해』3권, 서문강 옮김. 서울: CLC, 2009.
마틴 로이드 존스.『로마서 강해』4권, 서문강 옮김. 서울: CLC, 2007.
마틴 로이드 존스.『로마서 강해』5권, 서문강 옮김. 서울: CLC, 2007.
마틴 로이드 존스.『로마서 강해』6권, 서문강 옮김. 서울: CLC, 2005.
마틴 로이드 존스.『로마서 강해』7권, 서문강 옮김. 서울: CLC, 2010.
마틴 로이드 존스.『로마서 강해』8권, 서문강 옮김. 서울: CLC, 2008.
마틴 로이드 존스.『로마서 강해』9권, 서문강 옮김. 서울: CLC, 2008.
마틴 로이드 존스.『로마서 강해』10권, 서문강 옮김. 서울: CLC, 2007.
마틴 로이드 존스.『로마서 강해』11권, 서문강 옮김. 서울: CLC, 2010.
마틴 로이드 존스.『로마서 강해』12권, 서문강 옮김. 서울: CLC, 2007.
마틴 로이드 존스.『로마서 강해』13권, 서문강 옮김. 서울: CLC, 2007.
마틴 로이드 존스.『로마서 강해』14권, 서문강 옮김. 서울: CLC, 2005.

마틴 로이드 존스.『성부 하나님과 성자 하나님』, 임번진 옮김. 서울: 부흥과개혁사, 2014.

마틴 로이드 존스.『성령 하나님과 놀라운 구원』, 임번진 옮김. 서울: 부흥과개혁사, 2014.

마틴 로이드 존스.『영광스러운 교회와 아름다운 종말』, 임번진 옮김. 서울: 부흥과개혁사, 2013.

마틴 로이드 존스.『능력』, 김종호 옮김. 서울: 복있는사람, 2014.

마틴 로이드 존스.『위로』, 정상윤 옮김. 서울: 복있는사람, 2014.

마틴 로이드 존스.『회개』, 강봉재 옮김. 서울: 복있는사람, 2014.

마틴 로이드 존스.『너희 하나님을 보라』, 정상윤 옮김. 서울: 복있는사람, 2009.

마틴 로이드 존스.『창세기에 나타난 복음』, 정상윤 옮김. 서울: 복있는사람, 2010.

마틴 로이드 존스.『하나님께로 난 사람』, 정상윤 옮김. 서울: 복있는사람, 2013.

마틴 로이드 존스.『설교와 설교자』, 정근두 옮김. 서울: 복있는 사람, 2014.

마틴 로이드 존스.『생수를 구하라』, 전의우 옮김. 서울: 규장, 2013.

마틴 로이드 존스.『생명수』, 전의우 옮김. 서울: 규장, 2012.

마틴 로이드 존스.『생수를 마셔라』, 전의우 옮김. 서울: 규장, 2013.

마틴 로이드 존스.『생수로 채우라』, 전의우 옮김. 서울: 규장, 2011.

마틴 로이드 존스.『생수를 누리라』, 전의우 옮김. 서울: 규장, 2012.

마틴 로이드 존스.『생수를 나누라』, 전의우 옮김. 서울: 규장, 2012.

마틴 로이드 존스. 『믿음의 시련』, 서문강 옮김. 서울: 지평서원, 2009.

마틴 로이드 존스. 『전쟁과 하나님의 주권』, 이광식 옮김. 서울: 지평서원, 2010.

마틴 로이드 존스. 『두려움에서 믿음으로』, 김은진 옮김. 서울: 지평서원, 2013.

마틴 로이드 존스. 『영광을 바라보라』, 조계광 역. 서울: 지평서원, 2014.

마틴 로이드 존스. 『타협할 수 없는 진리』, 김효남 옮김. 서울: 지평서원, 2014.

마틴 로이드 존스. 『전쟁과 하나님의 주권』, 이광석 옮김. 서울: 지평서원, 2010.

마틴 로이드 존스. 『성경적 찬양』, 이태복 옮김. 서울: 지평서원, 2013.

마틴 로이드 존스. 『만입의 고백 찬양』, 송용자 옮김. 서울: 지평서원, 2012.

마틴 로이드 존스. 『위기의 그리스도인』, 이광식 옮김. 서울: 지평서원, 2012.

마틴 로이드 존스. 『앤솔러지』, 신호섭 옮김. 서울: 지평서원, 2011.

마틴 로이드 존스. 『시대의 표적』, 서문강 옮김. 서울: CLC, 2007.

마틴 로이드 존스. 『영적침체』, 오성종, 유영기 옮김. 서울: 새순출판사, 1998.

마틴 로이드 존스. 『십자가』, 서창원 옮김. 서울: 두란노, 2014.

마틴 로이드 존스. 『세상의 유일한 희망』, 김현준 옮김. 서울: 나침반, 2003.

마틴 로이드 존스. 『하나님을 아는 기쁨』, 조용환 옮김. 서울: 생명의말씀사, 2011.

마틴 로이드 존스.『하박국 강해』, 박영옥 옮김. 서울: 목회자료사, 2005.
마틴 로이드 존스.『복음의 핵심』, 이중수 옮김. 서울: 목회자료사, 2011.
마틴 로이드 존스.『천주교 사상 평가』, 정동수 옮김. 서울: 그리스도 예수 안에, 2011.
마틴 로이드 존스.『산상설교집 상』, 문장수 옮김. 서울: 정경사, 2008.
마틴 로이드 존스.『산상설교집 하』, 문장수 옮김. 서울: 정경사, 2008.

기타 저서들

김학모 편역.『개혁주의 신앙고백』, 서울: 부흥과개혁사. 2015.
로버트 I. 레이몬드.『최신조직신학』, 나용화, 손주형, 안명준, 조영천 공역. 서울: CLC, 2010.
헤르만 바빙크,『개혁교의학1』, 박태현 역. 서울: 부흥과개혁사. 2014.
헤르만 바빙크,『개혁교의학2』, 박태현 역. 서울: 부흥과개혁사. 2014.
헤르만 바빙크,『개혁교의학3』, 박태현 역. 서울: 부흥과개혁사. 2013.
헤르만 바빙크,『개혁교의학4』, 박태현 역. 서울: 부흥과개혁사. 2013.
앤서니 후크마.『개혁주의 인간론』, 이용중 옮김. 서울: 부흥과개혁사. 2015.
앤서니 후크마.『개혁주의 구원론』, 이용중 옮김. 서울: 부흥과개혁사. 2013.
앤서니 후크마.『개혁주의 종말론』, 이용중 옮김. 서울: 부흥과개혁사. 2014.

마이클 호튼. 『언약적 관점에서 본 개혁주의 조직신학』, 이용중 옮김. 서울: 부흥과개혁사. 2014.

존 오웬. 『죄 죽임』, 김귀탁 옮김. 서울: 부흥과개혁사. 2013.

존 오웬. 『시험』, 김귀탁 옮김. 서울: 부흥과개혁사. 2013.

벌코프. 『조직신학』, 권수경. 이상원 옮김. 서울: 크리스챤다이제스트. 2005.

찰스 하지. 『찰스하지의 조직신학개요』, 원광연 역. 서울: 크리스챤다이제스트. 2004.

찰스 스펄전. 『스펄전 설교노트 1』, 김귀탁 역. 서울: 크리스챤다이제스트. 2006.

로이드 존스의 신학연구

Theological Studies of Martyn Lloyd Jones
Centered on the Lectures on the Epistle to the Romans

2016년 11월 30일 초판 발행

지 은 이 | 양우광

편　　집 | 정희연
디 자 인 | 이수정, 서민정
펴 낸 곳 | 사)기독교문서선교회
등　　록 | 제16-25호(1980. 1. 18)
주　　소 | 서울시 서초구 방배로 68
전　　화 | 02) 586-8761~3(본사)　031) 942-8761(영업부)
팩　　스 | 02) 523-0131(본사)　031) 942-8763(영업부)
홈페이지 | www.clcbook.com
이 메 일 | clckor@gmail.com
온 라 인 | 기업은행 073-000308-04-020, 국민은행 043-01-0379-646
　　　　　예금주: 사)기독교문서선교회

ISBN　978-89-341-1596-0 (93230)

* 낙장·파본은 교환해 드립니다.

이 도서의 국립중앙도서관 출판시 도서목록(CIP)은 서지정보유통지원시스템 홈페이지(http://seoji.nl.go.kr)와 국가자료공동목록시스템(http://www.nl.go.kr/kolisnet)에서 이용하실 수 있습니다.
(CIP제어번호: CIP2016026250)